陈方柱调研写作学习丛书之二

调研写作分类

精讲

新 版

三十一讲

陈方柱◎著

中国文史出版社

图书在版编目（ＣＩＰ）数据

调研写作分类精讲 / 陈方柱著. –– 北京：中国文史出版社，2020.1

ISBN 978-7-5205-1865-9

Ⅰ.①调… Ⅱ.①陈… Ⅲ.①调查报告—写作 Ⅳ.①H152.3

中国版本图书馆CIP数据核字(2019)第293423号

责任编辑：蔡丹诺

出版发行：中国文史出版社

社　　址：北京市海淀区西八里庄69号院　　邮编：100142
电　　话：010-81136606　81136602　81136603（发行部）
传　　真：010-81136655
印　　装：廊坊市海涛印刷有限公司
经　　销：全国新华书店
开　　本：1/16
印　　张：26.75　字数：460千字
版　　次：2020年5月北京第1版
印　　次：2020年5月第1次印刷
定　　价：66.00元

新版前言

　　在本书再版之际，我对出版社提出的"结合每个文种特点增加一点理论"，并"配合（自己）已有文章，作为范例附上篇目"表示感谢和接受。于是全力以赴地把本书（以下简称《精讲》）的理论进一步提升和完善，内容做了充实和丰富。

　　一是改错调整。发现原版《精讲》篇目第一、第二、第三、第四篇篇名定义还可以更加准确，再版的第一篇不再称为"基础理论篇"，而是"理论创新篇"；第三篇改"具体方法篇"为"文体运用篇"，因为这章说的是几种主要文体运用；第二和第四篇既有定义需要升华的部分，还存在分类调整的变化，现将其合并一处，命名"方法创新篇"。第五篇改为"第四篇"。正文全文包括序言，我都做了一些修改和微调，还分别给各篇增补了简短导言。

　　二是"结合每个文种的特点增加一点理论"。原书八个主要文种，我尽力增加了调查报告、发展战略研究、学习考察报告、工作经验和工作研究的理论和实例。还将《前言》中的"五大特点"增加为"八大"；必备素质中，增加和替换了一些内容；把第二讲例文《"到老"篇》替换成《留取文章立永言》，这都因为后者是前者内容的扩展，比前者更为丰富多彩。

　　三是增加了"第三讲　调研文章的来由、定义、作用和特点"。因为早在我的第一部作品《怎样写好调研文章》问世后，网络上就有读者批评没有专题回答调研文章的定义、特点等问题，该书修订和后读作品，我都没把这事做好，所以，这次我首先要考虑到要把这个内容补充齐全。

　　四是增加了第九、十和第二十六讲及其他几篇附录，这都是《精讲》问世以后的10多年间，我活到老，学到老，调研到老，继续探索的最新调研写作理论成果。

作为丰富调研写作基础理论内涵的这部分，可算是我的"独门利器"。我已年近八旬，如果不能抓住这次机会将新的总结成果汇集出版，那可能就失去了与读者朋友们分享的机会，将会让我抱恨终身的。

从宏观层面上讲，调研写作理论研究面临着滞后和不足的现状，与调研写作发展的实际需要严重脱节，面临着青黄不接甚至停滞或断裂的局面。中国写作学会副会长、中国写作学会公文专业委员会常务副理事长兼秘书长岳海翔誉我为"我国调研写作理论研究的奠基人，在当代应用写作理论界独树一帜"（见拙著《调研写作能力培训速成·序》，中国言实出版社，2013）我以老朽之身，借此机会，向社会做出一个微弱的呐喊：期待调研写作理论研究能够在尽可能的情况下，有所前进，有所发展，无愧于我们这个伟大时代。

最后，谨向中国文史出版社领导和编辑老师表示衷心感谢！

作　者

2019年11月于湖北荆门

序

陈方柱先生所著《怎样写好调研文章》一书出版后，在全国引起较大反响。河南省濮阳市委宣传部、登封市政府办公室等单位分别邀请他举办专题讲座，吉林省《应用写作》杂志开辟专栏连载该书的内容，全国不少热心读者也与他联系探讨调研写作的感受……方柱先生老骥伏枥，又写成《调研写作分类精讲》一书，并嘱我为其写序。

其实，作为方柱先生第一本调研写作专著《怎样写好调研文章》的责任编辑，我与他的交流都是通过电话和E-mail进行的。在编辑出版该书的整个过程中，方柱先生思维之敏捷、文风之硬朗以及对作品修改之精到，尤其是对调研写作的热爱之情，都给我留下了深刻的印象，以至于该书出版后，我与方柱先生一直继续交流如何在调研写作方面再有所突破。对此，方柱先生意兴盎然，终又写成《调研写作分类精讲》。

如果说当初的《怎样写好调研文章》一书，是我将方柱先生的写作思路从个人调研传记性质的书稿调整为一本讲述自己调研写作独特经验的书的话，那么，《调研写作分类精讲》一书则是从方柱先生最初强调各种调研文章如何从技术层面着手，然后展开深入的思路，我建议走"理论+技术+分类精讲"的写作模式。当然这其中的"理论"、"技术"和"分类精讲"一定要基于方柱先生40多年调研实践和独特的写作经验凝结，否则，它将成为普通应用写作的一般讲述，既不能突破前一本《怎样写好调研文章》的理论架构，又不能超越自己调研写作经验总结的理论素养层面。方柱先生为此付出大量心血，他将我们交流的写作模式有机整合，灵活地贯穿和应用于全书主体部分，在书中呈现"理论中有技术有方法、技术中有分析有解说"的精彩书面。

1.“分类精讲”的创新

本书中方柱先生将调研写作分为五个层次，也就是前四篇的内容：

在理论创新篇中，讲述调研写作者的必备素质，调研写作者要注重调研写作理论修养和理论研究，调研文章要有理论深度、实践力度和学术厚度，以及调研文章要有地方特色、现场感、形象感、厚重感等七讲，对于调研写作，既有一定的实际指导作用，又有比较浓厚而深刻的理论意义，在众多写作研究中都可称为“一家之言”。比如厚重感，作者书中概括为“人文精神、文化底蕴、思想内容、体例完备”等四个方面，又讲了如何构建调研文章厚重感的四个方法：坚持以人为本，突显人文关怀；坚持“两去”“四由”，突显本质规律；坚持点、线、面结合，突显历史厚度；坚持发扬传统，突显文化底蕴，并以自己几次亲历、经历为例说明，使人读后更感亲切、真实。

在方法创新篇中，讲述调研写作的共性问题与“十字对策”、调研写作的“发现”技巧、调研写作角度、调研写作思路和提纲、调研文章的主题提炼与材料选择，以及调研写作十二法等共六讲。这是《怎样写好调研文章》一书中相关内容的压缩或精简（也有很多再创作），反映在该书中，说明方柱先生的突破和创新并不是完全脱离上一本《怎样写好调研文章》的基本精神，而是它的继续和发展。还讲述融会贯通修志与调研写作方法的认识与思考、怎样对待和写作调研文章中的“四不像”、搜集整理《荆门市供水总公司志》资料的“四个三”及如何学好用活调研写作“十八般武艺”等讲。方柱先生由调研写作联系到地方史志编修，把“风马牛不相及”的几种写作方法联系在一起研究，探索新的方法，使读者从中受到启示和裨益。

在文体运用篇中，讲述怎样写好调查报告、怎样写好发展战略研究文章、学习考察报告、工作总结、工作经验、工作研究、典型材料等共八讲。这种分类的“精讲”，在方柱先生《怎样写好调研文章》一书中是没有的，在现今市面上关于应用写作的书中也少见，即便有涉及调查报告（调研报告）的，一般都只简单讲两三个“要点”“要领”“模式”之类，再列举一两篇范文、例文，很少有如本书中将几个调研文章的具体文种进行综合分析和比较研究，以作者自己写作或者编辑的实例，分三至五个侧重点展开分析和解说。我以为，方柱先生的这种方法符合调研写作的基本原则和规律，是对调研工作的科学总结，是对调研写作新的有益探索。

在环境篇中，作者就调研写作环境的方方面面都作了探讨，对各级各类调研队伍的建设可起到抛砖引玉之功。

2.倡导加强调研写作的理论修养和理论研究

方柱先生从近年来一些同志深感调研写作难、提高更难等困境入手，提出问题，分析原因，研究对策，建议广大调研写作者加强调研写作理论修养和调研写作理论研究，一方面用以指导现实的调研写作，另一方面创新和发展调研写作理论。他在本书前言中附上"调查研究是国家公务员安身立命的基本功"的命题文章，语重心长地指出，调查研究不仅是国家公务员安身立命的基本功，也是企事业单位工作人员安身立命的基本功，对广大大中专毕业生、各种求职者、营销人员和专业调研人员也有着极其重要的作用。作者于花甲之龄将自己40余年调研工作的经验和体会汇集成书，奉献给读者，其拳拳之心令我们肃然起敬，其执着的精神更值得我们认真学习。

3.集思广益再提高

方柱先生曾多次以其独特的"实例法"进行调研培训讲授，在讲授中针对写作实践中的具体问题作具体分析解答。他集思广益，对《调研写作分类精讲》文稿一再做出修改，使之充实提高，从而创新不断。因此，本书与《怎样写好调研文章》一书相比，除了在调研写作的基本理论和基本方法上一脉相承外，就是全部讲稿，从前言到最后一讲，90%以上附有精选的例文、范文。所选例文、范文，都是作者本人在讲授中被反复解剖分析，用于说明、论证某个或某几个观点而用的，没有一篇是图挂虚名。这也从另一方面说明了本书内容之实和"实例法"讲授之实。另外，据作者介绍，本书内容可以根据讲授对象的要求任意选择、拼装；内容可多可少，时间安排可长可短；讲座中也可以穿插一些由讲座对象提供的调研作品或者听讲者提出的问题，作为分析研讨的资料，使讲座更加生动活泼。如是，各方都会很轻松并从中受到启发。

侯景华

2009年1月

前　言

　　2007年6月，我的第一本调研写作专著《怎样写好调研文章》，由中国言实出版社出版发行后，吉林《应用写作》杂志约我以此书为基础，编写《调研写作实用技术》系列讲义，于2008年1月起连载。2008年春节前夕，河南省濮阳市委宣传部张玉民部长邀请我去作专题讲座。为此，我一方面把《调研写作实用技术》系列讲义撰写十二讲的计划增加到二十六讲，并突破《应用写作》原定每讲5000字的限制，增加内容，每讲写到6000至1.3万字不等。另一方面不分白天黑夜节日假日，大年三十、初一也加班加点，仅一个多月时间就完成《调研写作分类精讲》系列讲义30万字写作。张玉民部长的邀请，更使我萌生了走出湖北，面向全国，传播调研写作理论、方法和调研文化的渴望与期待。

　　2008年9月15—25日，河南省濮阳市政工干部调研工作培训班和登封市政府系统调研工作培训班相继邀我圆梦中原，与众多朋友交流、探讨调研写作基本理论、经验和方法，成为我40多年调研人生的一大盛事和快事。我的讲座最能吸引人的是一篇调研文章改变我和全家的命运，初中文化起点的我65岁时连续出版30多万字的两本调研写作专著和不少讲实话、真话、新话的精彩，尤其十多种实用调研写作文体分类深度精讲引人注目。在濮阳，50%的受众下载我的课件，有的还要求下载讲稿，给我很大鼓舞；在登封，40%的受众拿了新购的《怎样写好调研文章》一书请我签名，让我美美体会了一回明星签名售书的感觉；在登封，我还得知其市政府办公室调研科和秘书科自收到2008年第1期《应用写作》我的《调研写作实用技术》一文起，一方面将每期的这讲文章，复印给两科14人人手一份，先自学自用，再每周二晚安排2小时学习、讨论、交流各自自学自用的情况和心得体会，至今一期不少，一周不断。另一方面，千方百计与我联系，邀我讲座，使我倍感快乐。

　　作为默默无闻的调研实际工作者、调研理论创新者和调研文化传播者的我，能在中原大地这样文化底蕴深厚的两市探讨、传播调研及调研文化理念、理论和方法，当然是一件大快人心之事了！

　　濮阳、登封讲座还带给我许多启示。启示之一是要适当补充内容的不足。这两次讲座最使人们感到惊奇、新奇的是：为什么我能在很多人都深感清苦、辛苦、艰苦，而不乐意、不安心的调研工作岗位上，几十年如一日地乐此不疲，而且还获得了调研人生的巨大成功。不少领导要求我针对当前不少人这样对待调研工作的心理情绪，现身说法，补讲一些这方面的内容，启发大家。我想，这就是个对调研工作重要性的认识问题。于是，我临场发挥，以《调查研究是国家公务员安身立命的基本功》为题为大家补充一讲，受到好评。由此，我意识到这是《调研写作分类精讲》一书的一个严重不足。通过整理，我把这讲附到前言的后边，作为本书原稿的一个补充。我这样做，可能又是开了给前言附例文的一个先河，也算是个"创造"了。

　　濮阳、登封讲座也给了我很大鼓舞。当我回过头来再次比较这个姊妹篇的优劣时，给这第二本书从探索和超越的角度总结了八大特点：

　　一、理论化。理论是指人们由实践概括出来的关于自然界和社会知识的有系统的结论。理论化这个"化"字，在中文里，作为后缀，加在名词或形容词后边，就构成动词，表示转变成某种性质或状态。在这里，就成为调研及其写作理论的性质或状态，主要是采用宏观思考的方法，超越微观层次，依照事物的共性和深层次联系，将纷繁复杂的调查研究及写作理论、方法理出一个"智识秩序"，使之能够或容易被人们理解或把握。它的基本种类和形式，一是现成理论的连贯运用；二是理论性的创新思维。它以博采众长、有机糅合、恢宏潇洒和富含创新为理想特征，使调研及写作理论成为任何想从书本中学习调研的人一个指南。本书各篇都有一定比例现成理论和理论创新的宏观思考和探索。

　　二、系统化。系统化一是指同类事物按一定关系组成的整体；二是指有条有理、有系统地安排或规划等。本书的第二个特点就是将有关调研及写作的全部连贯运用的现成理论和创新理论、宏观理论和微观理论、基本方法和具体方法、传统方法和创新方法等，通过宏观思考与微观思考及其有机结合，有条理、有系统地合理布局为一个整体，给任何想从本书学习调研及写作的人一些有益而可操作的引导和指导。

　　三、模式化。模式是指既有积累经验的抽象和升华，也就是从不断重复出现的事件中发现和抽象出来的规律，如解决问题的经验的总结。只要是一再重复出现的事物，就可能存在某种模式。虽然并不必然是图像、图案，但可以是数字、抽象的关系，甚至是思维的方式。它强调的是形式上的规律，而非实质上的规律。它是理论的简化形式，可以向人们提供客观事物的整体内容。各个学科和行业均有自己固定的模式，但任何模式都是在不断地发展和创新着。本书中的"五官四肢体脑并用调查法""实例法""抄习法""三分二化法""与领导同层次思维法""自我否定法""发现法""角度法"等十法及诸种调研文章的写作模式都属于这种不断发展和创新。

四、实例化。结合实例写调研文章、讲调研的方法为作者独创，即称"实例法"，就像农技人员给农民讲授实用技术，在田间地头，一边操作，一边讲课，深入浅出，使受众一听就懂、一看就会，立竿见影。从二"姊妹篇"到本书，所有基本理论和具体方法多用实例演绎，即为"实例化"，是"姊妹篇"各书及本书一脉相承的又一显著特征，为全国读者受众、"粉丝"、学者、编辑交口称绝。

五、本土化。在主体不明的情况下，也可能被称为在地化，是相对全球化而来的另一趋势和潮流。这里主要指中国化、中华民族化，为中国人民所喜闻乐见，并读得懂、听得明、用得着；即使从国外引进的先进东西，也让它贴上"中国"标签，让中国人读得懂、听得明、用得好。如从西方引进的头脑风暴法、反头脑风暴法、德尔菲法等，就都与我国传统的集体访谈法融为一体，在调研及其写作中进行创造性运用。

六、简易化。即把复杂的东西搞得尽量简洁明了一点，把深妙莫测的东西搞得尽量浅显好懂一点，把高雅堂皇的东西搞得尽量大众化、通俗化一点，叫"大道至简"，让只有中等文化程度的人都能懂、好学、会用；有高等学历的人只要轻松翻翻，就可举一反三、立竿见影。如统计分析法，在统计科学中，就是一门相对独立的分支学科，其理论十分深奥，其内容复杂无比。我们在实际运用中，主要采用加减乘除运算，让只有中等文化程度的人都能懂、可学、会用。

七、普适化。使不论哪个行业、哪个阶层、哪种文化层次的读者都用得上、读得懂，喜欢读和用。科学无国界之分，知识无贵贱之别。本书知识性、运用性、实用性、可操作性强，适用于所有喜欢调研、从事调研工作的人参考、使用或批评。

八、完整化。本书的完整化特征，主要表现在它对调查研究最主要环节或内容的探索和开拓。尤其是对作为调查研究落脚点和归宿的调研写作的探索和开拓。调查研究真正的落脚点和归宿是通过调查和研究，最后形成新的观点、思路、思想和解决问题、改造社会和自然的对策和对策建议，一般指调研文章。调研文章的种类之多、总量之大，形成了一个新兴的种类，叫"调研文化"（陈方柱：《"调研文化"新概念解》，《秘书工作》2006年第12期）。本书属于调研文化宝库中的一片新叶，对调研文化新概念、理念进行了较好运用和传播。

然而，从另一角度讲，完整和成熟等都是相对的，绝对的完整和成熟都是没有的。因此，还需在更为广阔的时空范围内经受检验和提高。

濮阳、登封讲座给我最大的鼓舞是：我当以濮阳、登封讲座为起点，愿与全国市县各界朋友面对面交流，并期待沿着调研写作及其理论、方法的探索之路和调研文化的发展、传播之路，向前走，走到头！

附：调查研究是国家公务员安身立命的基本功

"调查研究是国家公务员安身立命的基本功"这个命题，于2006年5月，由湖北省荆门市委组织部徐远山副部长在荆门市组工干部调研工作培训班开幕式上提出，主要强调组工干部加强调研培训的重要性、必要性和紧迫性，要求广大组工干部学会学好调研方法和技巧，努力搞好组织工作和各项工作。我作为该班主讲，听到这个命题后十分震撼，认为他说得好；并认为，调查研究不仅仅是国家公务员安身立命的基本功，也是各级各类事业企业单位工作人员安身立命的基本功；对于不少大中专毕业生及各种求职者、营销人员和某些个人的学习和工作也有极其重要的作用。

一、什么是调查研究

调查研究是人们深入现场进行考察，以探究客观事物的真相、性质和发展规律的活动。它是人们认识社会、改造社会的一种科学方法。新闻工作者根据新闻报道的特殊要求进行采访，也是一种调查研究。新闻工作的调查研究，以社会生活中的新情况、新成就、新经验、新问题、新风尚、新人物为主要对象，其主要目的是为了弄清情况后据以传播新闻。

新闻工作的调查研究，坚持辩证唯物主义的思想方法，运用对立统一的观点，在详尽占有材料的基础上，具体情况具体分析，实事求是，通过分析事物产生的背景、环境、历史条件，事物发展的全过程，事物的内部联系和外部联系，从而抓住事物的实质。新闻工作的调查研究应从实际出发，深入现场观察访问，不轻信间接得来的情况和材料；要倾听不同意见，防止片面性；对任何疑点要跟踪追查，弄清事物的真相。对调查来的材料要反复验证，全面分析，区别真相和假象、现象和本质、个别和一般、支流和主流、偶然和必然，才能写出真实、准确的新闻报道。

按范围可分为典型调查、抽样调查和普查。

二、为什么说调查研究是国家公务员安身立命的基本功

（一）调查研究既是一门科学，又是一项工作；既是我们党一种优良传统和作风，又是一种工作方法；既是一种工作方法，又是一种思想方法，是我们的传家宝。毛泽东说：没有调查就没有发言权；江泽民说：没有调查就没有决策权。他们都身体力行，做了大量成功的调查研究工作，为革命、建设和改革做出了卓越的贡献。说它是工作方法和思想方法，主要是它坚持从实践中来，到实践中去，坚持一切从实际出发，实事求是，这是所有国家公务员最重要的思想方法和工作方法，所有国家公务员都必须学好学会，用活用好。

（二）各级党委、政府高度重视，大多数领导同志身体力行，使调查研究蔚成风气，成为改革和建设强大的推动力。湖北省荆门市各级领导每年都有写作2—4篇调研文章的任务，年底结账评比，奖优罚劣，既使调查研究蔚成风气，又使大家的调研能力不断提高。

（三）学会搞好调查研究是个人进步的需要。现在，公务员逢晋必考；凡考都涉及调研和调研写作能力，其考题大都是调研写作题，调研及调研写作能力强者占一定优势。荆门市委政研室、办公室调研及调研写作能力强者，每次晋升比例都大于其他部、委、局。有些调研者说，现在拼命为别人写，就是为了将来不再写和让别人拼命为自己写。只有自己进步，才有别人为你写呀。这些话不一定对。但在某些时候和方面，却也贴合实际。

（四）调研成果可使人名利双收。即使得不到名利，也可提高人的综合素质和文化品位。有些领导或今后当上领导的人，调研能力强、水平高者，工作往往左右逢源，或者能够高屋建瓴指导、引导下属开展工作，尤其调研工作；对于调研文章的审读把关，也会得心应手；至少不出笑话，不出洋相。湖北省荆门市各级党委、政府对调研文章作者实行物质奖励，而文学创作不予奖励。而我60多岁年龄，还把自己调研40多年的经验、经历整理成2本调研专著，从湖北讲到河南以至全国；并以调研写作为乐，以调研文章交友，知音遍全国，更可以说是名利乐多丰收了。

（作者联系方式：13774008838，jmcfz@163.com）

目录 CONTENTS

第三篇　文体运用篇 \ 237

第二十三讲　怎样写好调查报告 \ 238

第二十四讲　怎样写好发展战略研究文章 \ 269

第二十五讲　怎样写好学习考察报告 \ 293

第一篇

理论创新篇

新版

调研写作分类 精讲

在20世纪80年代中后期，我国科学技术园地只有极少数几种调查研究的理论专著和高等院校教材在教育、继续教育领域及全社会传播，如于真、许德琦等著《当代社会调查研究科学方法与技术》（工人出版社，1985年12月）；水延凯等著《社会调查教程》（中国人民大学出版社，1988年6月）。属调研写作理论萌芽的理论性文章，最早在媒体上出现的，当属拙作《简报要"减"还要"简"》（载《荆州报》1979年10月）和《"条"与"理"的辩证关系——谈总结写作》（载上海大学主办的《秘书》1988年第6期）；进入80年代以后，才有极少数相关调研写作理论方面的文章见诸报刊和网络，实为凤毛麟角。时至今日，最早和最后问世的调研写作专著，据笔者所知，只有拙著《怎样写好调研文章》（中国言实出版社，2007年）和拙著《调研习作比较》（中国文史出版社，2017年）及这10年间问世的《陈方柱调研写作学习丛书》中另外四本专著。所以，拙著《调研写作分类精讲》今日再版，笔者经过反复思考，直接将原版的"基础理论篇"改为"理论创新篇"，觉得只有这样，才是实事求是。

第一讲　调研写作者必备素质

近几年风靡全国以至海外的中国中央电视台《百家讲坛》节目，我也曾隔三差五看过一些精彩揭秘。我发现，古往今来，不论帝王将相、英雄豪杰，还是明星名流、能工巧匠，几乎所有专家学者在解说他们时都特别强调人的素质，主要以道德和职业道德为基础的、基本的或必备的素质。中国人民大学金正昆教授讲公关、礼仪时反复说：素质决定细节，细节决定成败；台湾师范大学曾仕强教授揭秘《胡雪岩的启示》，第一讲就是"德行定终生"。这一点，我很赞同。所以，我在探讨调研写作时，也把调研写作者必备的基本素质放到了第一讲。

调研写作者必备的基本素质是什么，又如何具备和必备呢？我想谈谈自己的亲身经历和体会，供大家参考。

我以为，调研者必备的素质就是要有"五心"、"四敢"、过好"三关"、搞好"两个结合",实行"一个否定",合称"五四三二一法"。调查研究无论作为一项工作,还是一门科学,无论对于初出茅庐的学手、新手,还是经验丰富的高手、老手,都是一种难活、累活。因为这是仁者见仁、智者见智的。你是经验丰富的高手、老手,必然目标远大,要求高而且严,要求在更大的范围内发挥参谋作用,这对于你当然也就是一件难事、苦事了。初出茅庐的学手、新手更不必说了。万事开头难,怎么入门、怎么起步,怎么说都是难事、苦事、累人的差事。如果这些学手、新手心存高远,有抱负、有志向,欲向多出、快出、出好调研成果冲刺,欲创精品名牌,那就更是一件难事、苦事、累人的事了。

俗语说:"世上无难事,只怕有心人。"调查研究也正是这样。它虽然很难,但只要你有心,是个有心人,它就会由难变易,再不难了;即使很难,你也会知难而进,迎难而上,不会打退堂鼓的。

一、调研者要有"五心"

做调查研究的有心人,要有什么心呢?主要是要有"五心",即事业心、责任心、热心、决心和信心。

(一)调研者要有事业心

调查研究是一种事业。魏文帝曹丕在《典论·论文》篇中讲:"盖文章,经国之大业,不朽之盛事。"调查研究最关键的环节、落脚点和归宿,就是要写好调研文章,并争取文章在更高领导层次和更大时空范围内应用。简而言之,就是要写出好文章。写文章,用曹丕的话说,就是一项经国济世的事业。毛泽东同志说:"没有调查就没有发言权。"江泽民同志说:"没有调查就没有决策权。"都充分肯定了调查研究不可或缺和不可替代的作用,并且他们都身体力行,大力提倡大兴调查研究之风,对中国的革命、建设和改革的发展起到了巨大的推动作用。尤其在建设和改革中,不少党政领导和国家公务员都深刻体会到,调查研究是大家搞好工作、安身立命的基本功和重要的工作作风、方法。调查研究作为经国济世的一项事业,几乎对全国上下各级各类决策者和调研人员、在读及求职大学生、党校学员及其他培训、求职人员都具有重大的作用和意义。所有调研者,都应把它当成一项事业,树立起必要而坚强的事业心。

（二）调研者要有责任心

调查研究作为一项工作，它给了每个从业人员一个职位。凡是占有这一职位的从业者，都应该相应承担属于这个职位的职责。从爱岗敬业和职业道德的角度讲，你也要承担责任。凡是交给你的调研任务或者选题，都是使命，都是责任。调查研究是要出成果写文章或者发言、决策的。从文责自负的角度讲，你也要承担责任，并责无旁贷。所以，一个调研者必须爱岗敬业，树立坚强的责任心，才能尽职尽责，搞好调研。

（三）调研者必须热心调研，有热情、有兴趣、肯尽力

热情和兴趣是干好一切工作必不可少的动力之一。对于辛苦、清苦而又艰苦的调研工作，更是不可或缺。

（四）调研者要有决心和信心

这"两心"合在一起说。决心就是一心一意、坚定不移、意志坚定。信心是相信自己的愿望或计划、理想、目标一定能够实现的心理情绪。这两种心理情绪对于面临着许多困难、问题的调研工作取得成功是极其重要的。现实中，许多调研者，事业心、责任心不能说不强，热情、激情也不能说不高，但一遇到困难，就见异思迁，半途而废，不能坚持到取得最后的胜利。所以，调研者一定要有坚定不移的决心和信心，这是调研者不可或缺的精神力量和保证。

二、 调研者要做到"四敢"

（一）调研者要敢于树立远大目标

无论是调研集体，还是调研者个人，都要树立远大的目标，既要有中长期大目标，又要有短期目标；甚至是每个课题，都要有较高、较大的目标，争取调研成果的最大价值实现。目标对于人的激励作用是很大的。对于调研者个人来说，如果一个人把调研作为自己的终身事业，是可以而且应该在年轻时就树立远大目标的。我在20多岁的时候，刚进镇党委办公室不久是负责农情调研的，同一位负责宣传报道的同事在工作之余一起聊天，谈长远打算。我们说，今生今世，一定要上一回《人民日报》，上一回《红旗》杂志（《求是》杂志的前身）。这就是我们当时树立的远大目标，也有点初生牛犊不怕虎吧。后来的几十年中，我俩的宏愿基本上都实现了。

（二）调研者要敢于拼搏，迎难而上

随着经济社会的发展，调查研究的视角主要都转移到了全社会关注的热点、难点、疑点问题，使调研者面临不少的困难。这些困难，从客观上讲，主要是：

1.新出现问题披荆斩棘难

我们所处的时代是一个急速变化发展的时代，新情况、新问题不断出现，这对调查研究来说，既是一个机遇，也是一种挑战。就机遇来说，新情况、新问题多，需要调查研究的选题当然也就多了，这对调查研究的发展和调研者的进步当然是一件好事。从挑战来说，由于新情况、新问题才刚刚出现，调查研究的人少，可供借鉴参考的调研信息资料不多，一切都得自己从头做起，做开创性的工作，其难度是很大的。

2.深层次问题深藏不露，把握难

改革开放进入"深水区"以来，经济社会情况越来越复杂多变，许多老问题尚未解决，新矛盾逐渐显露，一方面增加了老问题解决的难度，另一方面也使新矛盾和尚未显露的矛盾更难解决。新旧交替，优劣相间；虚实混杂，真假莫辨；诚信缺失，道德沦丧；分配不公，贫富差距拉大；环境恶化，党群干群关系紧张，这使所有调研部门和人员的任务和难度加大。

3.政策界限不明，使分清是非难

改革开放以来，经济社会发展迅猛，而政治体制改革长期滞后，政策法规尚有许多空当；有些改革项目流于形式，有的改革则偏离初衷，陷于某种误区，使政策法规界限更为模糊，不少调研者十分困惑。

4.环境不优，听真话难

调查研究的硬软环境都有待优化。从硬环境讲，由于资金紧缺、装备落后，跟不上信息化时代调研的需要。从软环境讲，民主法制不健全，讲真话办实事的氛围有待进一步营造，调查研究之风也有待进一步兴起，使不少调研活动受阻在所难免。

从调研者的主观方面讲，有的是能力不足。特别是有些调研人员能力素质与所选调研课题反差过大，感到力不从心。有的是奉献精神不强，故步自封，不思进取，经受不住物质诱惑，不愿在清苦而又辛苦的调研岗位上再作奉献。有的是信心不足。因调查研究任务重、要求高、时间紧，对于如何抢前争先、创优升级信心不足，仍是个思想境界不高的问题。

面对上述问题，调研者只有振奋精神，勇敢拼搏，知难而进，迎难而上，才能到达成功的彼岸。调研者应敢于拼搏，敢做第一个吃螃蟹的人。俗话说："不入虎穴，焉得虎子。"调查研究就是要深入实际，深入群众，深入龙潭虎穴，尽量多地占有第一手材料，做第一个吃螃蟹的人。有时，连禁区都要敢闯。调研宣传要守纪律，调查研究应该是无禁区的。

（三）调研者要敢于发言

即要敢于建言献策，敢讲真话、实话、新话，言人所未言和未敢言。毛泽东说的"没有调查就没有发言权"，只是说有了调查就有了发言权，但有了发言权并不就等于是你发言和发了言。现实中，有不少人就是调查了甚至也研究了，但他就是不发言，默不作声；有的是不愿发言，有的是不敢发言，有的是没有机会发言；有些人虽也发言了，但他并没有讲真话、实话、新话，而只是言不由衷，讲了一些假话、虚话、空话，骗人害己，误国误民，这些都是与调查研究及调研者自身的职责权利相违背的。

（四）调研者要敢于否定自我和挑战、超越自我

调研者的否定自我，主要是对自己既有调查研究及其成果进行反思，看其是否全面、完整、真实、准确，是否确有新意和切实可行。一个真正热心的、有事业心和责任心的诚实调研者是应该乐意和敢于这样做的。因为一个正确的认识往往不是仅仅一次调研就可以成功的，必须反复思考，反复进行否定之否定，才能由简单到复杂、由低级到高级，最后达到对客观实际内在规律性、条理性和理论性的正确反映。现实中，进入虎穴，不得虎子的情况是常有的，入虎穴与得虎子不能简单画上等号。至于挑战和超越自我，一个热心负责的调研者，也应该乐意和敢于这样做。只有挑战自我，才能进步；只有超越，才能创新，实现自己最大的人生价值。

三、调研者要过好"三关"

（一）调研者要过好知识关

调查研究是一种文化。我们说："调查研究是文化，没有文化难调查。"没有文化连调查了解情况都难以做到，就更别说研究问题，思考对策并建言献策了。调研者不仅要有广博的知识，在当代知识爆炸和信息化高速发展的时代，还要不断进行知识更新，不断拓宽知识面，丰富知识库存，这样才能适应调查研究的需要。

（二）调研者要过好能力关

调查研究不论是作为一项工作，还是一门科学，都是高级复杂的创造性劳动，其技术含量很高。调研者必须学会并能够熟练运用文献调查法、访问调查法、问卷调查法等传统的方法和现在新产生的一些方法，如网上调查法等。学会并掌握了这些方法，还有了丰富的文化知识，并不等于调查研究就一定能成功。调研者还必须具备很高的能力素质，能够把这些知识用好用活，进行创造性的运用和创造性的劳动，才可能真正获得成功。

这些能力主要包括辩证思维能力、统摄思维能力、延伸思维能力、逆向思维能力、换位思维能力、逻辑思维能力等。更重要的还要有综合分析能力和文字表达能力及这些能力的创造性运用。因为所有一切调查研究，都必须最终形成文字材料，才可进行交流，进入决策运用程序。否则，调研就白费工夫了。

（三）调研者要过好思想关

思想是行动的先导。从调研工作的性质、任务、职业和职责特点讲，调研者在确立正确的世界观、人生观、价值观、权力观、苦乐观的基础上，还要牢固树立拼搏精神、创新精神、奉献精神和团队精神四种精神。

拼搏精神。敢拼才能赢。拼搏精神就是古典文学名著《水浒传》中拼命三郎石秀的那种拿命来拼的精神，不怕苦、不怕累、不怕死、不弯腰、不后退；满负荷工作，不屈不挠，连续作战，百折不回，抢前争先，不达目的不罢休。

创新精神。调研创新，主要是创立新思想、新观念、新思路、新举措，用以建言献策，解决经济社会中出现的新矛盾、新问题。绝不人云亦云，吃别人嚼过的馍。一是注重开拓性创新，在没有路的荒山野岭中踩出一条路来。二是注重超越性创新，对他人已经研究并且创出了成果的课题，或者延伸思维，或者逆向研究，创造出新的思想或者办法。三是注重结构性创新，即改变既有的结构组合，创造出新的结构组合。总之，要像加工制造业那样，人无我有，人有我新，人新我变。

奉献精神。调研建言，就意味着奉献。调研人员一年到头忙忙碌碌，加班加点连轴转，辛苦又清苦，却不显山、不露水。没有脚踏实地的作风、无私奉献的精神是搞不好的。诚实敬业、甘于奉献是调研部门工作人员必备的人格素质，一定要正确认识自己的工作和价值，正确对待权力、利益、名位，处理好苦与乐、得与失、家庭与事业、个人与集体的关系，爱岗敬业，不辞劳累，甘当淡泊名利的"小草"，乐于奉献的"蜜蜂"，恪尽职守的"螺丝钉"。

团队精神。虽然调查研究也是一种独立思维很强的脑力劳动，但调研工作是党和国家全部公共事务、公共事业的一个重要组成部分，调研工作不是某个或者几个调研人员个人或者小集团的私事；每个调研者个人的能力、知识、精力、时间都是有限的，都需要他人的配合、支持和帮助，尤其是一些大的调研活动，任何调研者都会孤掌难鸣，必须与他人协调配合，多方互补。因此，调研者必须牢固树立起坚强的团队精神，随时与他人配合，形成合力，以完成所有的，尤其是一些时间紧、工作量大、"高精尖"的调研任务。

四、 调研者要搞好两个理论与实际相结合

一是科学（社会科学和自然科学）技术理论与社会实践相结合。

二是调研理论与调研实际工作相结合。即在调研实际工作中调研者要注重加强调研理论修养和调研理论、方法的研究探索，不断总结、梳理自己的调研经验、感悟，用以提高自身调研能力和质量，进而引导、启发自己和他人的调研实际工作。

五、 调研者要实行"一个否定"

即自我否定。主要在文章写成后，大胆否定一下自己的全部构思及写作，看主题是否真正新颖、独特，并道理充分、说服力强；布局是否真正合理，又结构严谨；语言是否真正精练朴实，又文风端正；在此基础上进一步提炼、深化、升华主题，严密结构，精练语言，端正和优良文风。

六、 我自己如何树立"五心""四敢"过好"三关"

前面已经讲了如何树立"五心"、"四敢"和"过好'三关'"等一些理论和方法，而我自己又是怎么做的呢？我想以我2006年11月在《秘书之友》上发表的一篇《我做调研四十年》及其续篇《我做调研四十年后的"三个三"》（2011年2月整理），以为王婆卖瓜，自卖自夸，或叫"现身说法"，供读者诸君批评。

◎附一：我做调研四十年

我的第一个上级第一次给我安排调研工作时告诉我，"没有调查研究就没有发言权"，从那时到现在已40余年了。40多年来，我几乎没有丢开过这项工作。伴随着调研工作，我从一个英姿勃发的青年，平平静静、曲曲折折地走向了老年。在这个漫长的历程中，我既实现了只属于我的独特而平凡的人生价值，又形成了只属于我的思想方法和人生观、价值观。

（一）文学打基础　调研"跳农门"

1944年5月，我出生在湖北省仙桃市农村的一个农民家庭。我的祖宗数代目不识丁，父亲只读过75天私塾。1957年，我成为全村第一个考入县城中学的孩子。由于偏爱文学，偏信生活体验对文学创作的重要，高中第一学期我便辍学归田，本着耕读为本的传统精神走上了自学之路。白天，我坚持参加集体劳动，学做各种农活；夜晚和节假日及所有零星时间，则用于读书和写作。我夏练三伏，冬练三九，四年多时间大致自修完了大学中文系的课程。我对中国古今诗词情有独钟，不少名篇佳作能背诵如流；欧美古典文学尤其是名诗佳作，我也浏览了不少。我习作的重点是诗和散文，主要写江汉平原的风土人情和生产生活。20岁前后，我的诗作连续在当时有名的《长江文艺》上出现。素昧平生的公社社长发现我是个人才，热情地推荐我当上国家干部，从此我的人生旅程开始了新的一页。当上国家干部后，我自觉不自觉地实行了"四个转变"：从偏爱文学向学习政治、政策转变，从文学采访向调查研究转变，从文学创作向公文写作转变，从自由选题写作向写作命题作文转变。通过几年磨炼，我的农情汇报、总结材料、典型材料等调研文章得到各方好评，有的被省及省以上报刊发表，有的在省及省以上理论研讨会上交流，我也成了一名名副其实的"调研干部"。20世纪80年代初期，大中城市成为"乡下人"向往的地方，但那时的"农门"可不是谁都能跳出去的。你要么有钱，要么有权，要么有技术职称。否则，就只能望"城"兴叹。我虽一无所有，也还是想跳跳"农门"。于是，我带了一篇出席全省第三次、全国第四次畜牧经济理论研讨会的调研文章来到新建的湖北省荆门市。这篇《价值规律与生猪生产问题初探》的文章，是我在沔阳县（现仙桃市）三伏潭公社分管多种经营两年多的调研成果，荆门市领导看了也视我为人才，当时，有三个市级单位抢着要我。最终，我选择了我最向往的市委办公室。

我的一家也随之来到荆门，圆了"城市梦"。

（二）长年冷板凳　为人作嫁衣

从政40多年，遇到的15个顶头上司几乎没有不认可我的文字功底、调研能力和工作精神的。这对别人可能是青云直上的条件，但对我却没有带来什么幸运和快乐，甚至是我长坐冷板凳、"原地不动"的主要原因：老领导大多语重心长对我说："我离不开你，我不走，你可不能（不准）走呀！"新领导大都敬重有加："你是老调研，情况熟，工作好，你不帮我谁帮我？"当他们晋升新职的时候，往往都这么对我说："辛苦（或委屈）你了，我没把你的事弄好！"一些近三十年前我当科级干部时的后起之秀早已晋升为我的上级了，可我还是个科级。一位我三十年前的朋友、同事当上我的顶头上司后夸我"宝刀不老，精神不错"！我说："我还是那句老话:对人生世事，升官发财一是看淡而不看穿，二是达观而不悲观，三是追求而不强求；以平常心干平常事，做平常人，保持平常人的心态，这就是我的精神！"青年时代，我毅然放弃了一个青年人的文学梦，成了"调研迷"。我之所以能做到这一点，是因为我在调研工作中正确处理了以下四种关系:一是"要我写"与"我要写"的关系。一个调研干部的职责就是搞好调查研究，写好调研文章，为领导和领导决策服务。"要我写"，这是秘书人员的职责所系，你就不得不写。"我要写"是因为我占据了这个职位就应该调研写文章；"有为"才能"有位"，所以，只要是领导和单位要我写，我从不推辞。但领导、单位不一定天天给你派任务。一个调研工作者也不应该等着上级派了任务才去调研写文章，像桐油灯盏，拨一下亮一下，而应该主动出击，自选课题，履行自己的职责。二是给领导写与给自己写的关系。一个调研工作者不能只给领导写调研文章，还要给自己写。当然，应该把给领导写放在第一位，把给自己写放在第二位。我有很多文章都是站在领导的角度和思维层次上写的，写好以后先给领导看，领导认可给领导，领导觉得不合适就自己署名发表。20世纪90年代《农民闯市场的十大趋势》《农民种粮积极性越高越要注重抓好粮食生产》《化解六大难题加快农业产业化》等近百篇由我捉刀的文章都是署领导名发表。《当前农副产品增产减收的表现、成因及对策》《发展有中国特色政策科学应实现"四个转变"》《谈形式主义和官僚主义》等则留给了我自己。三是从兴趣出发与从需要出发的关系。兴趣是动力，写文章离不开兴趣。有一次，领导给我们派了一个否命题课题调查报告的写作任务，大家都觉得不好把握，不想接受。领导问我有没有兴趣，我说:我是兴趣服从需要、服从纪律，既然是领导意图，就是需要，就是纪律。于是，我接下这个任务，花了好大力气才完成。谁知这篇文章被省刊发表时，高明的编辑还是把它改成了正命题。有些选题尽管自己有兴趣，但如果不是领导关注的，就干脆不写。四是写（编）文章与写人生、创品牌的关系。文责自负，是所有文章作者共同遵守的法则。我对自己的要求是要么不写不编，要么就写好编好，经得起推敲和历史检验。写文章就是写自己，写自己的人生，创自己的品牌。我编《荆门研究》17年，编稿近千篇，从未出过大的毛病。2002—2004年，我"独家经营"《决策参考》（中共荆门市委办公室主办），把它当成了自己的品牌。有时编一篇比自己写一篇还吃力，我也总是字斟句酌，一丝不苟，力争篇篇代表自己的水平，代表单位以至荆门市水平。

（三）寸心知得失　快乐"夕阳红"

古人云:文章千古事，得失寸心知。文学创作和调研写作都是写文章，都是千古事。中学时代，辍学归田，可算我人生第一失。但我信守传统耕读为本，立志自学，"零距离"接触农村、农业、农民，体验生活，为后来调查研究"三农"问题打下了坚实的基础，这又是得。青年时代，放弃文学梦，可说是我人生第二失。但文学的教化人生、陶冶性情是在潜移默化之间，而调研工作通过建言献策，"致君尧舜上，再使风俗淳"，几十年笔耕不辍，几百篇调研文章直接服务领导决策，发挥改造社会、服务大众的作用，这也是最大的得了。长年冷板凳，为人作嫁衣，自己却原地不动，在别人眼里这也是失。但这磨炼了意志，磨平了心态，积累了知识和经验，"白发渔樵江渚上，惯看秋月春风"。现在的我，无怨无悔，宠辱皆忘，处变不惊，这也是人生之大得了。

我青年时立志自学，而且活到老，学到老，失去了许多娱乐的时间，这是失。但这也给我带来了乐趣。在这知识爆炸、竞争激烈的年代，我尚能返聘编刊物，尚能结识年轻的朋友，可谓老有所为，老有所乐。这难道不又是人生之一大得吗？

◎附二：我做调研四十年后的"三个三"

《我做调研四十年后的"三个三"》（下称"三个三"）之所以如此命题，因为《秘书之友》2006年第11期发表我《我做调研四十年》（下称《四十年》），总结回顾了我2005年以前40多年调研人生旅程；"三个三"是继它之后，继续回顾我在退休之后的7年多时间里，对调研政研50年人生依依不舍的、更为深层的眷顾、感悟与继续调研政研的人生旅程，归纳起来，就是"三个三"。这"三个三"，也基本上囊括了我调研人生50年的主要的内容、体会和感悟等:

（一）"三个难以"。这是我对过去50年调研政研生涯的情思与眷念。

一是对50年调研政研的情结与情愫难以割舍。我生在农村，长在农村，参加农村工作20年整。可就是因为调研，我才跳出"农门"，进入政策研究之门；进而，徜徉在社会科学、自然科学及众多新兴科学、边缘科学和交叉科学的门里门外。1982年，我以仙桃农村为题材，写了篇《价值规律与生猪生产问题初探》的调查报告，先后出席全省第三次、全国第四次畜牧经济理论研讨会。1985年，我就凭这篇文章被荆门市委作人才引进，安排到政研室工作，并让我举家进城，改变了全家命运；1994年，我凭众多调研成果破格晋升社科副研究员；被聘为湖北省社科院荆门分院所长、研究员。

二是对50年调研政研工作的经历和经验难以忘记。参加工作前，我是仙桃农村一名文学青年，不少诗文在当时有名的《长江文艺》上初露头角。当上国家干部后，我毅然放弃文学梦，当上调研迷。对比文学作品的潜移默化，我更喜欢调研文章直接进入领导决策，或被中央、省、市报刊发表，在更大范围和更高层次上转化为改造社会、改造自然的物质力量。物换星移，50年过去。历历在目又难以忘记的是我所写调研文章、文稿1000篇，编辑《荆门研究》《决策参考》文章1000篇。前者发表近半，市及市以上领导采纳和进入决策200余篇；后者不少由领导批示，印发各地学习参考。语云："文章千古事，得失寸心知。"我则是：调研使我知得失，无怨无悔只觉值。三是我50年调研政研工作和思维惯性难以停顿。我的第一个上级第一次给我安排调研工作时告诉我："没有调查就没有发言权。"从那时到现在已经50年。50年来，我几乎没有丢开过这项工作。伴随这项工作，我从一个英姿勃发的文学青年平平静静、曲曲折折地走到了老年。在这漫长的历程中，我既实现了只属于我的独特而平凡的人生价值，又形成了只属于我的思想方法和人生观、价值观。概括地说，就是活到老，学到老，干到老；干我自己喜欢的调研政研，写（编）自己喜欢写（编）的文章著作；调研政研不停步，上下求索苦变甜。2004年5月，我办完一切退休手续，却被单位返聘继续编辑《荆门研究》和《决策参考》。2006年，我注册成立荆门市经世调查研究所，自任所长，继续进行调研政研写作、培训辅导等调研政研服务、理论探讨和"传帮带"工作；还被省市新闻出版部门聘为书报刊信息员、审读员；被荆门多家单位分别聘为市老区建设促进会副秘书长、市党史办公室特约调研员、市第二届修志特约编审和专家组成员及两部部门志主笔等，比在职时工作任务更多更重；虽很辛苦，但也快乐。这就是因为我把调研政研当作自己的终生事业，上下求索，无怨无悔。

（二）"三个研究"。这是我做调研政研50年后的主要调研政研理论研究的方向和实践。

湖北省社会科学院长江流域经济研究所所长、研究员秦尊文博士，在为我的第一本调研写作专著《怎样写好调研文章》（简称《怎》著）的序中送给我调研实践工作者、调研理论创新者、调研文化传播者三个荣誉称号。我的调研理论创新主要有三：

1.调研创新研究。主要是2005—2009年五年出版"姊妹篇"调研写作专著2部，一个著名期刊的两年24期研究调研写作的长篇连载。2010年应邀编写农业部管理干部学院《青年干部农业问题调研案例评析》调研培训专用教材，同时完成第三"姊妹篇"《创新调研写作三十六讲》。2005年起，我开始利用业余时间收集、整理四十多年调研政研的经历、经验、体会，以自己独创的"实例法"为主线，串联亲历亲见的调研实例和上升到一定理论层次的调研经验等，2007年6月，由中国言实出版社出版发行《怎》著一书，30万字。10月，吉林《应用写作》杂志社约我以《怎》著为基础，编写《调研写作实用技术》（简称《技术》）讲义，从2008年1月起，在该刊《写作课堂》专栏连载，每期5000字左右。言实出版社编辑综合我一书一刊（指《应用写作》上我的讲义稿），约我进一步挖掘"库存"，再创新著，仍以"实例法"为主线，以更加理论化、系统化、模式化、成熟化、完整化的创作手段，分基础理论、基本方法、具体方法、方法创新等篇，将调研写作者的理论修养和实践相结合，详尽阐述调研写作的共性问题、"发现"技巧、写作角度、写作的思路和提纲等内容，并对怎样写好调查报告、发展战略研究、工作总结、工作经验等调研写作的专题文章给出具体的方法，于2009年1月出版《怎》著"姊妹篇"《调研写作分类精讲》（简称《精讲》），31万字，把我的调研写作研究成果再次推向全国。

2.调研文化及其发展研究。2006年7月，正是《怎》著初稿忙于结束期间，《荆门日报》约我写一篇发展"荆门品牌经济"的文章。我凭靠对调研及调研写作的多年积累和思索，对全国名牌浙江"红蜻蜓鞋文化"的鞋文化三字产生联想；8月，我集中精力查找资料，提炼主题，撰写了《"调研文化"新概念解》一文，我在严格定义的基础上，从"主体客体的广泛性、思想观念的创新性、内容材料的真实性、对策措施的可操作性、建言献策的时效性和语言表达的特殊性"等6个方面阐述了调研文化的特点，又从改革调研体制、整合调研资源、实行调研文化事业化和产业化发展等方面提出3条对策。2006年12月和2007年2月，分别被《秘书工作》和《荆门职业学院学报》发表。2007年，我对调研文化和楚文化的发展渊源做了进一步探讨。2008年8月，《应用写作》在连载我的《技术》讲义时，摘发了我对调研文化整体构成研究的新成果。我还多次设想、设计并向不少朋友和领导宣传如何把荆门或者其他县市（地区）打造成调研文化之乡的方案……

3.调研写作与史志编修融会贯通及其技术运用研究。由于我在调研政研方面的一技之长和经世调查研究所的开办，2006年，我被市党史方志办公室聘为特约调研员和第二届修志特邀编审和专家组成员，另有2家部门志聘为主笔。我发现，编史修志离不开调研政研，是调研政研的另一片热土，三者有许多共同之处；然而，又另有洞天；尤其是修志，还另有更为特殊的要求。为了适应新的工作和要求，我加倍努力学习，努力工作。我从修志与调研写作的对比中，找到它们在理论原则和作用上的一致性；发现它们在方法上的兼容性；探索到二者融会贯通的三条途径。我把这些方法运用到修志实践中，还真的取得了一定效果。2008年5月，我《搜集整理〈荆门市供水总公司志〉资料"四个三"》的经验，被市方志办向全市印发后，受到一致好评。不少修志的同志告诉我：照你那个办法搞，还真行哩！8月，《中国地方志》全文刊登。2010年2月，公开出版发行《荆门市供水总公司志》；同年撰写《学习第二轮县志艺文入志新理论保持〈供水志〉相关内容完整》《修志技术六字歌》等修志理论文章。

（三）"三个热心"。这是说我的调研政研热心主要是在三个方面：

1.热心做课题。不断充实和完善自我，续写自己的调研人生。我由于有前述"三个难以"，每当听到新鲜话题，就要费一番思考，尤其是有人邀约，就心动，就闻鸡起舞，不知老之已至。2006年7月，是我一生中最忙的时间之一。几乎在同一时间，我一边完成《荆门日报》约稿《拓宽创牌渠道品牌强市——发展荆门品牌经济之我见》，一边撰写《"调研文化"新概念解》，分别被新闻出版总署网站和《秘书工作》选用。2007年，我在为市老促会撰写《以真情倾注老区用事实促进发展——湖北省荆门市促进服务老区建设的做法》的同时，完成了市党史办公室交办的近3万字的《抗战时期荆门市人口伤亡和财产损调研报告》，可在近期出版。2008年春，先后为市科技局和市科协完成两个课题调研，其中，为市科协完成的《道德修养与科技工作者的社会责任研究》22000字，被省科协选送中国科学技术协会。2008年11月，市社会救助站一篇出席全省救助工作会议的经验材料请我修改，我给它两易其稿，既大量充实内容，又全面调整结构，别出心裁地用事实说话，由浅入深地就事论理，使全文言简意明，鞭辟入里，受到全省会议好评。退休后的7年中，我每年为他人撰制修改调研文章10篇以上。

2.热心搞培训。一则是为了帮助别人，也就是"传帮带"吧，让大家共享我的调研政研经历经验；二则通过双向交流，提高我自己。2008年9月，我到河南省濮阳市委宣传部讲座调研写作，该部张玉民副部长给我提了几条宝贵意见。如《精讲》第245—247页，关于《捕蛇者说》评介古文过多，使现在的不少受众听不明白。我听了之后，就对原稿做了改动。三则，最让我应该热心搞培训辅导的一个原因是社会需要。在改革开放、经济发展、社会进步中，党政机关、事业企业单位人员变动大，调研政研队伍青黄不接问题突出，对调研政研培训辅导要求十分迫切。河南省登封市政府办公室的同志告诉我，他们调研科、秘书科自收到2008年第1期《应用写作》我的《技术》一文起，一方面将每期的这讲文章，复印给两科14人人手一份，先自学自用，再每周二晚安排2小时学习、讨论、交流各自自学自用的情况和心得体会，至今一期不少，一周不断；另一方面，千方百计与我联系，邀我讲座，使我感动不已。我到他们那里讲座两天，200人参加，人手一册我的《怎》著，且无一人迟到早退；还有40%的同志，拿了我的书，列队请我签名，使我倍感调研政研培训辅导是我应尽的职责，我有责任在更大范围和更高层次上把调研政研的"传帮带"进行到底。2010年3月，我受邀走上农业部管理干部学院讲台，为其青年干部讲授我的"姊妹篇"调研专著，该专著被定做学院长期使用的辅导教材。

3.热心交调友。以文交友，其乐无穷。孔子说，有朋自远方来，不亦乐乎！我以为，交友不分远近，一样其乐无穷。2006年秋，我的《我做调研四十年》和《说说我的自学人生》分别在《秘书之友》和《秘书工作》刊登，还传播出我的《怎》著出版发行的信息。在市内，荆门市市委常委、秘书长把我的文章在局域网上批示给全办公室系统学习，不少年轻的同志把我当知心朋友和老师；在市外，不少陌生的朋友写信、打电话跟我联系：最先是宁夏自治区科技厅办公室张儒同志打电话告诉我，说他看到这个书名就想买；接着是四川省合江县委办公室的罗小琴同志写信告诉我，说她读了我的调研人生经历，感动不已，后来与我结为莫逆之交。《怎》著和《技术》长篇连载发行全国之后，十多个省市区近百名读者、编辑、领导给我打电话、写信联系，与我相互交流调研写作心得体会。2008年12月，江苏省高邮市戴胤信同志电话索要我《搞好四个推进加快农村城市化步伐》和《化解六大难题推进农业产业化发展》全文，我特意翻出两文原稿，重新制成电子文本给他发去。我在河南登封讲座以后，有10多位朋友经常与我电话和电子邮件联系；有的把他们调研政研写作的初稿发过来与我讨论，我都一一认真拜读、修改，或提出具体修改意见，使我们之间通过调研政研建立起来的友谊日益加深。

2009年2月28日，一位自称"希望把调研工作作为一生事业的人"——吉林省盘锦市人民银行调研统计科李金辉同志发给我一封1300多字的信，讲他读完我的第一本书后，怎样千方百计想办法同我联系不上，而当他从我的第二本书上得知我的电子邮箱地址之后，就立刻跟我联系，一边表达他对调研政研的热爱，一边老朋友似的与我探讨调研政研的一些理论和实际问题……

在本文结束的时候，借此机会，口占一绝，特向全国新老调友，相识的，未识的；过去的，当前的，未来的；女士，先生；长辈、后生人等，一起略表谢忱：

短信长笺天外来，一词一字一心怀。

纵然世代不相见，结友交朋乐美哉！

第二讲　调研写作者要注重调研写作理论修养和理论研究

从我近年结识的调研写作人员看，不少同志，包括一些调研写作经历较长、学历较高的同志，深感调研写作难，提高调研写作水平更难；有的甚至认为自己调研写文章是碰机会，写好了就好了，写不好就写不好，没有一点把握和定准。除了其他主客观因素，很重要的一点，是他们写作理论修养，尤其调研写作理论修养不够，对调研写作理论研究和钻研不够所致。这个问题值得探讨。

一、关于理论、调研写作理论及修养、研究的释义

（一）关于理论

《现代汉语词典》的释义是：人们由实践概括出来的关于自然界和社会的知识的有系统的结论。

百度百科的释义有两种：

其一是名词释义：①在某一活动领域（如医学或音乐）中联系实际推演出来的概念或原理。②从对事实的推测、演绎、抽象或综合而得出的"对某一个或某几个现象的性质、作用、原因或起源的"评价、看法、提法或程式。

其二是动词释义：①讲理：与他家里理论；②理睬：别理论他；③处理：书札多，每日理论不下。

（二）关于调研写作理论

从上述释义看，一言以蔽之：调研写作理论主要是在调研写作活动中联系实际推演出来的概念或原理。调研写作理论来自于调研写作实践，或调研写作实践者们的"推演、演绎、抽象或概括"。

（三）关于修养

"修养"一词原意包括修身养性、反省自新、陶冶品行和涵养道德。马克思主义赋予"修养"新的含义，就是要进行自我教育、自我改造。这种教育和改造离不开群众的社会实践，离不开实践中个人的主观努力。"修养"这个词，从广义看是指人们政治、道德、学术以至技艺等方面进行的勤奋学习的涵养锻炼的功夫，以及经过长期努力达到的一种能力或思想品质；从狭义看，"修养"通常是指思想品德修养。思想品德修养是以人的政治态度、思想意识和道德品质为基本内容的。修养的本质如同人的性格，最终还是归结到道德情操这个问题上。《现代汉语词典》的释义：主要指人们通过学习和锻炼所达到的理论、知识、艺术、思想等方面的一定水平。

（四）关于研究。研究"research"源自中古法语，意思是彻底检查。研究是一个主动和系统方式的过程，是为了发现、解释或校正事实、事件、行为，或理论，或把这样的事实、法则或理论做出实际应用。"研究"一词常被用来描述关于一个和特殊主题的资讯收集。《现代汉语词典》的解释：①探求事物的真相、性质、规律等；②考虑和商讨（意见、问题）。研究有基本研究、基础研究、纯粹研究、应用研究数种，通常研究直到应用才停止。

新的知识会透过三种研究过程而得到：试探性研究：发掘问题、弄清问题；建设性研究：为问题提供解决方法；经验性研究：为解决方法的可能性提供实质证据。学者常用的研究方法有：行动研究、实验、个案研究，参与者观察、经验和直觉、面谈、调查、统计分析、数学模型及模拟、原文分析、分类、制作地图、符号论、线索分析等。

二、调研写作理论修养和理论研究"两个不够"的原因

调研写作理论修养和理论研究是两个内涵和外延都有许多不同的过程，调研写作者只有分别或者同时下功夫认真学习、锻炼，才可同时或先后提高。但就当前和长期以来的不少调研写作者，在这两个方面都存在着一些不足：

一是学习和锻炼的时间和精力不足。修养既是一种学习、读书的过程，又是一种思想和性情磨炼，心或心灵陶冶的过程。研究则既是一项工作，又是一门科学、一种学问，证明命题成立需要反复的测试和验证。而我们许多调研写作者，调研写

作繁忙，很少有时间坐下来看书学习，研究问题，他们的调研写作理论修养和研究不够当然是可想而知的。

二是兴趣和认识不足。有的把调研写作实践与调研写作理论分割开来，甚至对立起来，认为能写文章就行了，管他理论不理论。兴趣是加强学习，提高理论修养水平和研究能力的动力，而学习理论、研究问题，本身就比较枯燥无味，工作压力和精神压力本来就很大的调研写作人员，由于兴趣、认识"两个不足"，当然就更加影响调研写作理论修养和理论研究工作的加强。

三是调研写作理论发展滞后，调研写作理论及其信息资源不足。我国自古以就是一个写作大国，既是文学创作大国，又是应用写作、公文写作大国，也是调研写作大国。但写作理论普遍滞后，各种写作理论都发展不足。提到写作理论，人们总是想到《文心雕龙》《典论·论典》等几部古代经典，当现代叫得响的写作理论书籍不多。调研写作理论专著更是寥若晨星。近些年虽有不少部门，为了培训教育，组织出版过一些调研教材，但在调研写作方面，除了一些非调研写作人员纸上谈兵、"沙盘推演"一类的教条式教材掺杂其间外，几乎很少系统、完整、成熟的调研写作理论著作和文章供一线调研写作人员学习参考，调研写作理论及其信息资源不足，导致越是对调研写作人员学习和研究理论无劲，调研写作人员越是对调研写作理论学习和研究无劲，调研写作理论及其信息资源就越是进入枯竭的恶性循环，阻滞调研写作及其理论进步发展，以至阻滞调研文化甚至大文化和经济社会发展。这可决不是夸大其词、故弄玄虚和耸人听闻，而是不争的事实！

三、调研写作者注重调研写作理论修养和理论研究甚为必要和重要

（一）这是调研写作加强思想修养、提高人的思想政治和文化素质的需要。前面讲了，马克思主义赋予"修养"的新的含义，就是要进行自我教育、自我改造；就是要让人通过多方面的勤奋学习和涵养锻炼，努力达到一种能力或思想品质。人的思想是可塑的。一个人如果每天观同一幅好画，阅读某部佳作中的一页，聆听一支妙曲，就会变成一个有文化修养的人——一个新人。心的陶冶、心的修养和锻炼是替美的发现和体验做准备。性情的修养，不是为了别人，而是为自己增强生活能力。修养的基础是内心对话，人在这种对话中既是自己的原告，又是自己的辩护和

法官。修养之于心地，其重要犹如食物之于身体。以一般人而言，最简便的修养方法是读书。有教养的人或受过理想教育的人，不一定是个博学的人，但是个知道何所爱何所恶的人。源静则流清，本固则叶茂；内修则外理，形端则影直。调研写作者，属有文化的人，就应该勤学苦练，陶冶性灵，成为一个有文化修养的人。

（二）这是调研写作工作的实际需要。理论是实践的指南。调研写作无论作为一项工作，还是一门科学、一种学问，都离不开理论的指导。它无论作为一项工作，还是一门科学，都是有规律可循、有窍门可以掌握的。它决不是风吹浮萍草，脚踩西瓜皮，吹到哪里是哪里，滑到何处是何处。为什么说文无定法亦有法，文无定体亦有体呢？为什么成熟的作家、诗人、调研写作者，写什么就是什么，写什么就像什么，而且一挥而就呢？道理就在于所有这些写作，都是有规律可循、有诀窍可以把握的。有的同志尽管长期调研写作，却始终长进不大，靠凭碰运气写作，原因就在于对调研写作，以至所有写作理论修养不够，理论研究不够，没有触摸到这些写作的规律，掌握这些写作的诀窍。磨刀不误砍柴工，对于调研写作来说，摸清调研写作的规律，掌握调研写作理论，就一定会提高调研写作能力，这是毋庸置疑的。

（三）这是发展和建立健全调研写作理论体系的现实和历史的需要。同其他所有一切理论和理论体系一样，调研写作理论及其体系必须和必然产生于调研写作实际。必须经过调研写作实践的反复验证和实验，才能真正建立健全和成熟完善。广大调研写作者，是调研写作理论的真正实际的创造者、检验者和试验者。我国调研写作理论滞后，发展不足，最需要广大调研写作者身体力行，一边努力调研写作，一边深入研究、探讨、创立、创新调研写作理论及其理论体系，这既是现实的需要，更是历史的需要。广大调研写作者义不容辞，当仁不让，应该勇敢挑起这个历史和现实的重任，在加强自己调研写作理论修养的同时，加强调研写作理论研究，把调研写作理论研究推向新的历史的更好水平，不亏于我们调研写作大国的现实和历史的需要。

四、怎样加强调研写作理论修养和理论研究

一是尽量多地看书学理论。古往今来、古今中外，加强理论修养，最简单、最便捷的办法，还是看书学习。说到看书学习的好处，古往今来的格言、警句、名言、名句，可说车载斗量、汗牛充栋，几天几夜列举不完。调研写作者要想加强理

论修养，看书学习，真正是一条捷径。在当前调研写作系统、完整、成熟的专著不多的情况下，一方面可以有选择地参阅既有调查研究、公务写作、应用写作、其他、；各种写作零星或者整块理论文章和书籍'；另一方面，扩大范围，一些相关、相近学科的理论著作、文章也可尽量多地选读和参阅，如哲学、逻辑学、思维科学、演讲与口才、文学创作等。知识在于积累。理论修养更要日积月累，功到自然成。

二是理论联系实际。可能有人会说这是老生常谈，是大道理，空理论。其实，它既是大道理，又是硬道理、实打实的道理。只要真正联系实际学，带着问题学，理论联系实际，许多非常枯燥无味的理论原则，可能立刻就变得生动活泼、津津有味起来。这可能也是仁者见仁，智者见智，与看书学习者、理论研究者个人的思想政治理论修养有紧密联系的。毛泽东在《整顿党的作风》中说："真正的理论世界上只有一种，就是从客观实际抽出来，又在客观实际中得到了证明的理论。"邹韬奋《理论和实践的统一》指出："理论和实践是统一的，总是分不开的。"实际一旦联系理论，或者说理论一旦联系上实际，那个理论的路子就会越走越宽广。一可说理立论，依理评论；二可据理争论，讲道理。调研写作就是讲道理的写作，既要有理论深度，又要有学术厚度。有理走遍天下，无理寸步难行。凡有良好教养的人，都有一种禁诫：勿发脾气。而通过灵魂的最纯洁的宁静而达到最高修养的境界。

三是在实践基础上探索提高，在探索提高的指导下再实践，再提高，循环往复，以至无穷。探索是什么？就是多方寻求答案，研究问题，解决问题。我们在前面详细引述了"研究"一词的释义，调研写作者如能养成研究和自觉研究的习惯，并按照"新的知识会透过三种研究过程而得到"的理念和方法去做，其理论修养和研究能力就会大大提高。

五、我的回顾和体会

在看书学习，包括对调研写作理论的看书学习方面，我可以说是终身的。我曾先后发表过一篇叫《到老篇》，一篇叫《三无止境》的散文随笔。前者的第一个"到老"，叫"活到老，学到老"；后者的第一个"无止境"叫"学无止境"。现在我敢不谦虚地说，我基本做到了。

对调研写作理论的研究探索，我40多年调研写作的人生经历，大约可以分为三个阶段。第一阶段从20世纪60年代到80年代，是我初学调研写作及调研写作理论的入门阶段。我最早学写的一篇调研写作理论文章叫《简报要"简"还要"减"》，湖北省荆州地委办公室简报很快印发全地区。当时，"文化大革命"结束不久，拨乱反正刚刚开始，我针对党政机关"三多"问题，提出了如何让简报简短、简练、简要、精简，如何减少简报期次、印数及印发层次的建议，引起较大反响。我的第二篇调研写作理论文章叫《"条"与"理"的辩证关系——谈总结写作中的问题与对策》，针对当时总结写作中普遍存在的"全、浅、杂、散"等问题，提出了4条改进办法，在上海大学《秘书》杂志发表。

第二阶段为20世纪90年代。我对调研写作理论的钻研一方面是自己的兴趣和自觉，另一方面是市直和县市区不少部门调研写作人员需要培训辅导。这一时期，我差不多每年都要讲授6—8次，也差不多每年更新2—3个讲稿，你总不能老是炒剩饭呀，这就逼着我看书学习、想问题，"发现"技巧、角度选择、调研十二法等，都是这个时期的作品。

第三阶段是2000年至今，主要是在总结回顾过去一些年在调研写作理论方面成果的基础上，发表、出版了《"调研文化"新概念解》《怎样写好调研文章》等专论、专著，使自己的调研写作理论研究逐渐向理论化、体系化发展，并逐渐提高到一个新的水平。

这其中，虽有许多难辛困苦，但也苦中有乐。大约主要有三：

（一）以调研文章交友。为拙著《怎样写好调研文章》写作序二的是中共中央办公厅秘书局主办的《秘书工作》编辑部主任，我们结为忘年交，就因为我写了篇《说说我的自学人生》，2006年10月在《秘书工作》发表后，我们就慢慢成为朋友。又因那篇文章中报道了我的《怎样写好调研文章》这个书名，第一个给我打电话的是宁夏科技局办公室主任张儒，他说他看到那个书名就想买一本，他跑遍银川市所有的书店都没买到，所以就直接找我。第二个是湖北省麻城市国税局办公室主任夏辉，他读了这篇文章，就找到我，要同我交朋友，要买这本书。他说我的人生经历同他很相似，后来每个大节日都给我打电话、发短信联系。四川省合江县委办公室罗小琴同志，2007年春节给我寄了一份贺年片，写了200多个字的感言，就是读了《说说我的自学人生》，很感人的。这以后，五一、中秋、国庆都给我发短信祝贺。

拙著出版发行以后，我把这些情况告诉该书编辑侯景华老师，实现写书、编书的最大乐趣共享。

后来又有吉林《应用写作》杂志王竹洁老师向我约稿的事，2008年春节期间，河南省濮阳市委宣传部张玉民部长飞鸿传书，贺年之外，又邀我讲课，岂不都是今生乐事！

（二）以调研写作为乐。这里有一段我与荆门市委办公室两个年轻同志一段很精彩的对话。

一个炎热的夏夜，我在市委大院一块条石上纳凉，聊起过去农业学大寨时的艰苦生活。他俩给我烟抽：

"抽支烟吧！"

"我不抽烟呀。"

"喝不喝酒呢？"

"不喝酒。"

"打不打牌？"

"不打牌。"

"咋，咋，咋，你这个人活着有什么意思？！"

"我，我……我这个人活着就是这个意思，好像还有点意思嘛！"

我们都哈哈笑了。

说句老实话，我真的只对写调研文章、编调研文章、读调研文章有点兴趣。

就是我退休的这几年，都很有一些熟悉的、不太熟悉的人找我修改调研文章，多数我都给他们帮忙，出些点子，改改文字什么的。

我读调研文章，好的调研文章，我是当文艺作品读的，我觉得它们与小说、散文甚至诗歌一样有意境、有味道。

（三）以研究调研写作和修志编史为老有所为。退休后，我社会职务和事务可真还不少：

①注册登记成立荆门市第一个调查研究所叫荆门市经世调查研究所，并自任所长，业务还不少，比在职时还忙。

②担任市老区建设促进会副秘书长，主要为之写领导讲话和调研文章。

③为市党史方志办特约调研员，完成抗战调研报告。

④为荆门市二届修志顾问专家组成员和特邀编审，涉足新的调研写作领域。

⑤分别担任荆门市建设志和供水总公司志主笔，找到新的乐趣。

⑥分别担任湖北省新闻出版局和荆门市新闻出版局书报刊信息员和审读员。

⑦受聘担任湖北省社会科学院荆门分院社会舆情与调查研究所所长。

⑧还为多个单位编辑出版调研文集数部；在网上、报上与老年诗文朋友咏诗填词发表散文随笔等作品。

⑨把调研写作与传统修志写史结合起来，又写史，又修志，又写调研文章，还深化调研写作理论研究；新近写成这部《调研写作分类精讲》专著，可说是老有所为和所乐了。

◎附：留取文章立永言

笔者从20世纪60年代初与调研写作结下不解之缘，至2004年退而不休，被市委办公室返聘编辑《荆门研究》；2006年，创办荆门市经世调查研究所并自任所长；2007年，受聘任荆门市第二届修志顾问专家组成员和特邀编审；2009年受聘任荆门市社科联第四届学术委员、省社科院荆门分院社会舆情与调查研究所所长、研究员；2010年加入中国公文写作研究会任会员、理事、研究员、公文学家，为荆门市科技局、科协、质监局、财政局、救助站等单位撰写、修改调研文章30多篇，为荆门市以至全国6省市及周边县市讲座调研写作100多场次；以自己50多年调研写作的经历、经验和不断创新的调研写作理论体系，出版调研写作专著5部，另由中华工商联合出版社策划出版10部组合《陈方柱调研写作学习丛书》，陆续进入编印阶段；参修、参评、参统（编）和主修10多部省、市（部门）、县市区、村志稿。2007—2014年，共出版调研写作专著、志书10多部600万字。主要做法为"四无两留"。"四无"即"学无止境""思无止境""调（研）无止境""写无止境"；"两留"为"留取文章立永言""要留思想在人间"这两个相容或互包含且同心或不同心的圆。

学无止境　高中阶段，我辍学回乡当文学青年，走上自学之路；退休后的2006年10月，《秘书工作》发表我《说说我的自学人生》，以"自学助我'跳农门'""自学得自励""自学无止境""自学知得失"4个部分，对我退休前40年的自学作了个较为全面的总结。谁知很快，这个总结变成我自学人生的又一个起点，2007年初，我开始学习修志知识，从调研写作进入到一个新的领域。俗话说，隔行如隔山。我的办法是翻"山"

越"岭"学、从头开始学、向一切内行人学；对于修志工作每个环节的知识都认真学，认真记；每次修志会议上的专家发言，都一字不漏地全记下；连个别专家丢下的发言"小纸条"，也捡起来仔细看，反复学。逐渐感悟到："学无止境。活到老，学到老；学到老，学不了；学不了，仍然学而不厌。此乃学之佳境、科学圣境、人生仙境也。"被多家媒体编入多种"名家名言"，在海内外传播。

思无止境 两千多年前的教育家孔子曾经说过："学而不思则罔，思而不学则殆。"意思是说，一个人的学习，如果只知死记硬背，而不加以思考、消化，那他就毫无收获。只有学而思之，才能将所学知识融会贯通，举一反三。调研写文章和编史修志，都需要自己把学习得到的知识和调查搜集整理的资料，通过自己的深思熟虑、独立思考，提出别出心裁的建言献策和编纂成存史、咨政、教化的志书，服务领导决策和经济社会发展。我从开始自学和进入社会当文学青年时起，尤其是与调查研究结下不解之缘起，就坚持学而时思之，深思细思，独立思考；慎思明辨，思时代之思。改革开放初期，国门大开，引进国外先进科学技术成为时尚。那时，我还在偏远而封闭的农村，却思绪万千，问天，问地，提出一个大胆想法：建设社会主义精神文明，要适当引进国外先进思想文化。1984年初被《广东社会科学》摘要发表。1997年，我在《深圳特区报》发表《改革无止境》的思想观念。2008年1月11日，我在市社科联举办的荆门市《解放思想 开放崛起大讨论》座谈会上，以《解放思想是大道理更是硬道理》为题发言，认为过去解放思想不能代替今天解放思想；今天解放思想，也不能代替明天解放思想；改革和建设每到一个关键时期都要进行一次解放思想：解放思想永无止境。得到与会好评。也正是这次会议，使我思无止境的思想牢固树立，至今不变，而且愈益牢固。

调无止境 调查研究自有人类活动的那一刻起就开始发生，到人类社会无论发展到怎么高水平都不会终止，是人类社会最为源远流长的文化和文明活动。它既是一门科学，又是一项实际工作，还是几乎所有文章写作（包括文学作家的体验生活）的前提和基础，是人类社会一项永久的事业。我自从与之结下不解之缘起，就把它当作自己的终身事业：青年时期，我走村串户，当了10年农情员（主要搜集整理农村、农业、农民情况）；中年以后，实现了我的"调研城市化转移"和向多学科拓展；谁知退休以后，我走进修志领域，还是以调查研究开路，在修志中创新调研写作理论和方法，又采用多种创新调研写作理论方法，使修志走向成功：我从学修、参修、主修村志、《供水志》开始，参修、参评、参统（编）和主修10多部市及市部门志、县市区志稿；2014年成为参与《湖北湖泊志》编纂、统稿骨干，在哪一部志稿的编纂、编辑、编审中，我都充分发挥自己的调研优势，把自己有限的生命融入到无限的调查研究之中。我在这七八年10多部志稿的编、审、统稿中，都不断加深对调无止境的认识，决心坚持参与这项无止境的工作，使我调研人生的列车，在调研与修志的两条轨道上并轨运行，永无止境。

写无止境 凡是文章、书籍，无论调研文章，还是修志编史都是靠写，是写出来的；无论是用毛笔写、钢笔写、中芯笔写，也都是手写；电脑写虽不是手写，但是手的延长，也仍然是写，写也是无止境的。写无止境，也有个动力机制问题。我的写无止境的动力机制主要来自三个方面：一是前述的学、思、调三无止境，必然或可能厚积薄发，使写无止境。2007年6月，我由中国言实出版社出版第一本调研写作专著《怎样写好调研文章》后，出版社编辑侯景华老师鼓励我再写2—3本书。我说，这第一本书都把我写死了，还2本、3本啦？！她说，我发现你积累丰厚，应该没有问题。10月，《应用写作》杂志社约我以第一本书的核心内容，为其"写作课堂"专栏撰写"调研写作实用技术"系列讲义26讲。侯老师一接到我发给她的这个讲义提纲，就对我说，看，这不就是你第二本书了吗？真的，费劲不大，第二本书在2009年1月问世；谁知，接二连三，几乎一发不可收手；至2014年年底，《陈方柱调研写作学习丛书》10本中的8本书稿均已聚集到中华工商联合出版社，整装待发。与此同时，我修志编史，每章、每节，也都离不开我习以为常的学、思、调。二是不断推陈出新和超越自我地写。我说过，写文章要不说别人说过的话，少说别人知道的话，只说、说好别人未说、未能说、未敢说的话……这就是不要人云亦云，"不吃别人嚼过的馍"，一定要推陈出新；古语说，戏唱三遍无人看，这就是要求我们不断地超越自我。我的五姊妹篇调研写作专著，每一本出版发行后，我在进行调研讲座时，不论在哪儿，都不再用旧的讲稿或课件，都是采用新的；每一个新的讲稿或课件，也就是下一本新著的雏形。这就是我不断推陈出新和超越自我。三是调研、修志等都必须永续不断地接力进行。我几十年的调研实践证明，许多课题不是一人一次就能终止的，有的要经过好多年、好多次的与时俱进，才能完成。比如有关粮食的课题，我从青年写到老年未写完，下辈的下辈也可能写不完，非经几代人不断接力调研不可。所以，我提出接力调研的理论并付诸实施。修志工作的永续进行，古代已经实行；2006年国务院规定每20年左右进行一届次，那就是无穷尽了。

要留思想在人间 这是我在一次乘公交时，听到一位年轻记者说的话。我很震撼，特意找他聊了一回。谁知使我失望，因为他所说的都是别人的思想，没有自己的思想。

当然，我也一样平淡无奇，说过不少人云亦云的话。但我还是很喜欢他这句话，特意借作本节标题，统领我留取文章立永言的理念和实践。在长期的调研写作实际工作中，我坚持用事实说话，实话实说，喜忧兼报，坚持敢说、说好实话、真话、新话、直话，大胆为上级领导和经济社会发展建言献策，直抒己见。我之所以能够进入修志领域，主要就在于我能够在这个领域里发挥调研写作的长处，坚持凭事实说话，直书其事。2014年7月，我受邀参与统编《湖北湖泊志》，发现荆门市《天鹅湖》志稿中东宝山海拔高度与山顶东山宝塔实际总共高度，与文中所用另一个总高程相差8.7米，便找某局某某核实，某某说："你对这个都抠？"我说："是，我搞的就是这点事呀。我对写文章的要求是，要么不写不编，要么就写好编好，经得起推敲和时间检验。写文章就是写自己，写自己的人生，创自己的人生品牌。"最终一是一、二是二，精益求精，查对准确。在退休后的10多年中，我坚持把调研写作和志书编纂的理论探讨和传播紧密结合起来，并以此为重点，边探讨，边运用，边总结，把调研写作理论研究提高到一个新的水平。被誉为"我国调研写作理论研究的奠基人，在当代应用写作界独树一帜""陈方柱是一位很值得推崇的调研专家"" 他在全国各类报刊发表文章500多篇，出版论著5部；退休之后，也连年受邀到全国各地知名院校讲座；在这知识爆炸、竞争激烈的年代，以古稀之年受聘编纂、编审多部志书……用文章服务大众"。我在《七十抒怀》中写道："志存胸内孕良策，留取文章立永言。"我想，这些就是我的要留思想在人间吧。

（原载《应用写作》2015年第2期）

第三讲 调研文章的来由、定义、作用和特点

一、调研文章的来由

王宝珊在其专著《调研理论与操作实务》（中国言实出版社，2010年）"第二章第一节调查研究是推动历史发展的前提条件"中说："调查研究最早发生在中国，却发展于欧美各国……所以，在介绍调查研究的发展过程和历史作用方面，只限于欧美相关各国和中国的情况。"这就是说，调研文章的产生、形成和发展经历了一个既漫长又曲折的发展过程，直到1953年，毛泽东发表《解决"五多"问题》的文章，其中的"公文报告"里，不少是调查报告、情况汇报、简报等调研文体（章），没有"调研文章"这个名词和概念；到20世纪60年代，尤其70—80年代，尽管报刊和内资材料中的工作总结、情况汇报、简报、调查报告、经验材料、先进典型材料等逐年增多，但"调研文章"的名词和概念，也仍然没有真正有文字记载。真正有文字记载、并实际应用"调研文章"这个词语、概念，是1991年1月，中共荆门市委政研室结集编印的1990年的《调研文选·努力提高自身素质（代序）》，"我们在参与为市委办文、办会的同时，深入进行调查研究，撰写了不少调研文章……"。这本选集共收入37篇调研文章，具体文体可分为工作研究、工作总结、工作经验、调查报告、战略发展研究、典型材料等数种。这是较早或者说是最早把几种不同文体的调研类文章合并在一起，总称调研文章。此后，调研文章这个概念就逐步应用广泛了。如果笔者没有记错，或者遗漏的话，调研文章这个概念最早提出并应用到实际工作之中的时间，就在1990年之前不久的一段时间内；还可武断地说，不会早于1985年。

二、调研文章的定义

调研文章指凡是对某一情况、某一事物、某一问题进行调查研究，将所得资料和结论，按照一定的文章体裁整理而成的书面或电子版材料，都可称为调研文章。

也就是说，它是凡以调查研究为前提和基础，撰写的用以汇报情况，总结成绩，分析问题，交流经验、对策建议、学习考察报告和其他一些为领导决策参考文章、材料的总称。其文体，就叫调研文体。

三、调研文章的作用

调研文章的作用，简单概括地说，主要有总结得失、辨明是非、研讨工作、服务决策、丰富库存、积累史料六种。

1.**总结得失**。凡是总结工作，都要坚持"两点论"，在总结成绩、经验的时候，不要忘了总结存在的问题和失误。要坚持实事求是原则，有成绩、经验，就总结成绩、经验，树立榜样，推动今后的工作；有问题、教训，就总结问题、教训，前车之鉴，后事之师。对于专题总结成绩、经验的材料，另当别论，不可片面强调一定要找几个问题才行。总结教训的时候，要看到积极因素，看到失败是成功之母。

2.**辨明是非**。通过反映工作中某种带倾向性、普遍性的问题，暴露其真相，找准原因，分析危害，以期引起有关党政组织、有关部门或全社会的重视，促成问题的解决。这虽是调研文章的一项重要功能，但也要本着实事求是的原则进行，以查清真相，辨明是非才行；尤其不可先入为主，带着观点找问题。即使是专题揭示问题的课题，在调研实际中，也要明辨是非，弄清事实，不可被假象迷惑，要透过现象看清本质；不可人云亦云，把谬误当真理；不可偏听偏信，犯调研失实的错误。

3.**研讨工作**。不少调研文体担负这种任务。工作研究、调查报告、发展战略研究、可行性研究报告、学习考察报告、工作安排等，都得针对工作中的困难和问题，提出对策措施，推动工作和事业发展。就是专门揭示问题的文章，有的也还必须提出解决问题的办法，揭示问题，就是为了解决问题，防止问题蔓延，把问题解决在萌芽状态。

4.**服务决策**。这是大多数调研文章写作的最高目的和归宿，服务的决策越多、服务决策的层次越高，对象越广大，服务时间越长久，调研文章的作用发挥就越好。不只让规定的领导决策使用，还要能让非规定的领导、非领导，未来的领导、非领导决策参考，那个作用力和影响力该是多大。

5.**丰富库存**。丰富库存就是丰富信息库存。现在是信息时代，信息就是财富，就是宝贝。现当代调研文章是现当代最好的信息载体之一。凡是好的、成功的调研文章，都负载着一定的有用信息，这种调研文章越多，我们的信息库存就越丰富。各级各类、各行各业好的、成功的调研文章集合起来，就构成了我们取之不尽、用之不竭的硕大无朋的信息宝库，让我们能够永无止境地信息共享。

6.积累史料。尤其工作总结、工作经验、典型材料、情况汇报等，是编史修志（地方志书）的最好文献资料。这些文章一定要实事求是，内容翔实，要素齐全，典型完整，一定要言之有物（人物、事物、实物）、有情、有思想、有理论，数量准确，尤其要有时间、地点，个性鲜明，具体实在，用事实说话。

调研文章的这六大作用相互联系、相互补充、相互依存，总结得失是基础，辨明是非是核心，研究工作是主体，服务决策是目的，丰富库存和积累史料是附加值和副产品，它们一旦捆绑发挥，整体联动，就会转化成巨大的精神原子弹和物质力量。

四、调研文章的特点

1.针对性。写调研文章必须有明确目的，做到有的放矢。这有两层含义：首先，必须明确读者对象。任何调研文章都是写给别人看的，或领导机关，或专业同行，或一般群众。读者对象不同，写作方法就应有所不同。其次，必须明确解决什么问题。任何调研文章都是为解决某一或某些问题而写的，或做学术探讨，或供决策参考，或进行思想教育等。既无明确读者对象，又无明确解决问题目的的调研文章，是毫无意义的，也是肯定写不好的。

2.真实性。调研文章最基本的特点是真实，是用事实说话，真实地反映客观现实。这就要求：调研文章中的事实必须是真实的，而不是虚假的、歪曲的；必须是具体的，而不是抽象的、笼统的；必须是准确的，而不是模糊的、含混不清的；必须是完整的，而不是支离破碎、残缺不全的。如果调研文章不能如实反映客观情况，事实不具体，数据不准确，内容不完整，那就失去了调研文章的意义。

3.典型性。有三层含义：一是调研文章用事实说话，在这些事实中，一定要有完整的典型事实材料。这些典型事实材料就好比原子的核、果实的内核、脊椎动物的脊梁。不能全是一些东一鳞、西一爪的零星事实，如都是反映概况的数据之类。二是反映先进人物、先进单位等的先进事迹典型材料或先进经验典型材料，即调研文章中典型材料那个文体的典型材料。三是凡是优秀的调研文章，都能抓住事物本质和事物发展变化的本质规律，树立起事物发展的目标，指明事物发展方向。所采用的事实材料都具有鲜明的时代特点，具有一定的代表性和先进性；所揭示的问题都具有一定的普遍性。这种特点在总结经验和反映典型事迹的典型调查材料中表现得尤为突出。

4.说理性。调研文章主要用事实说话，就事论理，一般都采用夹叙夹议手法，都属说理文范畴，都有很强的说服力，具有一定的理论性、条理性、经验性、实证性的调研文章尤其如此。

5.实用性。调研文章属实用文体。它的针对性、真实性、典型性、说理性特点都表现在有用、可用、实用上，主要能够有效解决现实工作中的困难和问题，推动各项工作前进，事业发展。它不是绣花枕头，空谈一阵，束之高阁的东西。

6.时效性。调研文章的写作或发表，必须讲究时效。如果调研文章的写作或发表延误时间，错过时机，没有及时解答人们迫切需要回答的问题，成为"马后炮"或"明日黄花"，那么，调研文章就会失去或降低应有的社会作用。

调研文章的上述特点是相互联系的。针对性是调研文章的目的；真实性则是调研文章的基础，是针对性、典型性、说理性和时效性等赖以存在的前提；典型性、说理性、时效性等则是针对性、真实性的客观要求。

第四讲　调研文章要有理论深度、实践力度和学术厚度

一、什么是理论深度、实践力度和学术厚度

理论的释义：在《现代汉语词典》里，理论指人们由实践概括出来的关于自然界和社会的知识的有系统的结论。引申义有说理立论、争论讲理、理由、系统的理性认识，也泛指某种观点。

深度的释义为：①深浅的程度；向下和向里的距离。②（工作、认识）触及事物本质的程度。③事物向更高阶段发展的程度。如：向生产的深度和广度进军。④程度很深。理论深度，主要（工作认识）触及事物本质的程度。俗话说："诗书无底，武艺无根。"诗书，应该说主要是指理论。这是不难理解的。

实践的释义：①是实践主体的行为，是实践意识的表现形式；②是人们改造自然和改造社会的有意识的活动。

力度的释义为：①力量大小和程度；②功力的深度，内力的深度；③曲谱或音乐表演中音响的强度。

学术的释义：有系统的、较专门的学问。进一步说，学问也是知识，是正确反映客观事物的系统知识。

厚度：指扁的东西上下两面之间的距离。用在学术上，就不再是简单的扁的东西上下之间的距离，而是丰厚、厚重、厚实等意思。

二、调研文章为什么要有理论深度、实践力度和学术厚度

（一）从调研文章与理论、实践和学术的关系看，它应该有理论深度、实践力度和学术厚度。调研文章是对某一情况、某一事物、某一问题调查研究后，将所得的材料和结论综合写成的书面材料。调查研究既是一项工作，又是一门科学，它

既是理论，又不是理论。说它是理论，是说它是工作理论，不是纯理论；说它不是理论，它又离不开理论，它必须就事论理，以理服人。只有有一定的理论深度，才能论理深刻，雄辩有力，以理服人。调研文章的理论涵盖广泛，既有政治理论、政策理论，还有社会科学、自然科学的各种基础理论和理论原则，它都既研究，又实行，但又不与之相混淆，相违背，或相代替，而是各自独立，自成体系。几乎是同样的道理，调查研究既是学术，又不是学术。说它是学术，是说它是有关于调查研究的系统的专门的知识，但不是纯学术。说它不是学术，它又跟学术有很深的联系，它所能够提供的资料，有很多都有一定的学术价值，尤其一些历史的、考古的课题，是相关学术界不可或缺的。调研文章与实践的关系，可谓密不可分，调研文章就是从实践中来，到实践中去，为实践所运用的。没有实践，就没有调研文章。

（二）从调研文章的功能和写作目的看，它更应具有理论深度、实践力度和学术厚度。所有调研文章都是为了了解某些情况、解决某个问题，才进行调研和调研写作的。不论是总结工作，总结经验，研究工作，推广经验，还是解剖问题，揭露矛盾，分析原因，制定对策，都要抓住事物本质，把握本质规律和本质特点，把感性认识上升到理性认识，并使认识系统化、条理化，甚至成为道理、理论；并言之成理，言之有据，才能以理服人，起到应有的作用。孔子说，言之无文，行之不远。俗话说："有理走遍天下，无理寸步难行。"调研文章若言之无理，就寸步难行了。所以，它必须具有一定的理论深度。调研文章要想行之更远，风行天下，就必须有较强的力度才行。否则，就等于白写。调研文章"把感性认识上升到理性认识，并使认识系统化、条理化，甚至成为道理、理论"，这就是知识，是正确反映客观事物的系统知识，也就具有了学术价值；其价值的大小，与它丰厚、厚重、厚实的程度成正比，这是不以人的意志为转移的。

（三）从调研文章本质自身的特点看，它既是一项工作，又是一门科学，这就决定了它必须既有理论深度、学术厚度，又有实践力度。调研写作，是不少人的工作职责，为实际服务，这就要求它必须具备一定的实践力度。从它是一门科学来讲，它就是理论，就是学术，具有理论深度和学术厚度是题中应有之义。魏文帝曹丕在《典论·论文》篇中说："盖文章，经国之大业，不朽之盛事。"即使我们撰写一篇关注身边眼前民生民意的比如饮水、治病的小文章，不说录入地方党史、方志，就是刊登在某个地方报刊的一个角落，日久天长，也就成了历史，没有一点理论深度和学术厚度，其价值就要大打折扣。

三、理论深度、实践力度和学术厚度三者在调研文章中的关系

在调研文章中，理论深度、实践力度和学术厚度三者各自代表一个方面的功能和特性，它们之间的关系，就可用三面角锥形金字塔比喻。金字塔原为三面角锥形古王陵墓葬，因形如中文的"金"字，故称"金字塔"。金字塔结构严谨，构造坚固，形状精美。古埃及金字塔历经4500年风雨冲刷、许多次强地震震荡，仍安然无恙。理论深度、实践力度和学术厚度三者，若能在调研文章中构成这样一个有机整体，就可收到 1 + 1 + 1 > 3 的效果。不论在理论上，还是在实践中和学术上，都会光芒四射，发挥极大的作用。

四、怎样增强调研文章的理论深度、实践力度和学术厚度

现在结合拙作《谈形式主义和官僚主义》、《办实事排风险为发展农村市场经济服务》及《策划业：一个亟待发展的新兴产业》（分别简称《谈》文、《办》文和《策》文），集中谈谈我的认识和体会。

《谈》文写于2001年年初，发表于名不见经传的中共湖北省荆门市委内资刊物《荆门研究》同年第2期上，后被中国国情报告编委会编入《当代中国领导干部创新论坛》，由北京当代中国出版社于2004年出版；《办》文写于1993年，被市委领导纳入决策，在省内外产生了一定影响；《策》文写于1997年，最先投稿《光明日报》，因无回音，再投中共中央党校《理论前沿》，被该刊当年第20期摘发了半条导语和发展思路中的四条措施。这对于作者我来说也就够了。出乎意料的是，2001年1月11日，《策》文一稿以《策划业的特点及发展路径》为题，全文刊登在《光明日报》理论版的头条位置，以重点理论学术文章的面目展现在全国读者的面前。

我只是一个普通的调研人员，这样两篇平常的小文章，分别出现在中国跨世纪的鸿篇巨制《当代中国领导干部创新论坛》和国家顶尖级的理论学术大报上，没有一定的理论深度、实践力度和学术厚度是不可能的。《办》文虽无上面那种风光，其实践的力度也是显而易见的。

那么，这三篇文章的理论深度、实践力度和学术厚度到底是怎样形成的呢？我的做法是：

（一）站在时代和历史高度，把握大局、全局。这是调研文章理论深度、实践力度和学术厚度的基石，主要是要弄清楚调研文章的时代背景，突显时代主旋律。我在《谈》文开头语中写道：

长期以来，中共中央反复要求"全党上下，全国上下，必须狠刹形式主义、官僚主义的歪风"，还在重点列举了两个主义的种种恶劣表现和严重危害之后，一针见血地指出了两个主义产生的思想根源、历史根源和社会根源，进一步为我们批判和破除这两个主义指明了方向。

寥寥数语，就点明了时代背景，把全文立足点放到时代和历史的制高点上。中国共产党第十五届中央委员会第五次全体会议，于2000年10月9日至11日在北京举行。全会按照十五大对新世纪我国现代化建设的总体展望和部署，提出了"十五"时期我国经济社会发展的主要奋斗目标；会议强调，要按照"三个代表"重要思想的要求，全面加强党的思想、组织、作风建设，增强党的凝聚力和战斗力。树立求真务实、真抓实干的工作作风，反对形式主义、官僚主义。坚持从严治党，深入开展反腐败斗争。着眼于事业发展和新老交替，加强干部队伍和各级领导班子建设，保证有中国特色的社会主义现代化事业继往开来、开拓前进。

这样一来，就为作者我把握全局、大局，增强文章理论深度、实践力度和学术厚度打下坚实基础。

对于如何站在时代和历史高度，把握大局、全局，《办》文和《策》文，虽然都未有如《谈》文一样列举中央会议和领导讲话，但《办》文通过对市场风险的分析和我市却仍然保持了较快发展速度，并获得几项殊荣来实现；《策》文则通过对策划业历史发展过程的简单回顾来实现，达到了异曲同工之妙。

（二）掀开历史面纱，抓住本质和规律。这是增强调研文章理论深度、实践力度和学术厚度的关键。在《谈》文中，为了深刻剖析两个主义的共同点，我从五个方面，尤其是从思想根源、阶级根源、历史根源三个根源上深挖细找，一直找到了最早的奴隶制社会。这就既掀开了它的历史面纱，又抓住了它的本质和规律，对于挖出两个主义的危害打下坚实基础。在《策》文中，为了探索策划业的本质和规律，我追溯到我国最早的谋略大师西周初年的姜尚。这个历史渊源可不浅吧。

（三）注重地情地物，突出特点特色，使文章理论深度、实践力度和学术厚度进一步增强。为了突出荆门的地情特点，我在《办》文第一块中，着力列举了全市大办的三件实事，尤其第一小条，抓水利建设，增强抗旱排涝能力。我们坚持防抗结合，以防为主，既抓抗旱设施建设，又抓防洪排涝工程建设；既抓"小型大规模"设施建设，又抓"大型大规模"设施建设；既抓兴建、扩建、改建，又抓完善配套；既抓建设，又抓管理。仅在近三年中，就投工2000多万个，在加固、维修西荆河，汉江围堤，双店排灌渠，漳河总干、二干、三干、四干渠大型重点工程的同时，还使226处中小型水库、4.78万口塘堰和300多处水利设施得到较大改善和配套完善，并配套115—630千瓦电站212座，装机254台，容量30168千瓦。蓄、引、提、排相结合，灌溉面积达111.5万亩，占全市水田总面积的80.6%，使全市旱涝保收面积达到110多万亩，占总耕地的74.3%。

既突出了实事，更突出了荆门地情地物，使全文的实践性、政策性、综合指导性、可读性大大增强。

《谈》文和《策》文属论说文范畴，虽地方特色不明显，但行业特色很鲜明。《策》文对策划业的特点，归纳得比较完整、鲜明、深刻，较好反映了策划业高智能的本质，使文章具有一定的学术厚度和价值。因此，该稿在石沉大海四年之后，仍被刊发，可见它在编辑头脑中印象之深。

（四）注重观点提炼，加强材料配套。这是调研文章甚至所有论说文都必须做到基本要求之一。只有这样，才能保证文章说理透彻，说服力、感染力、震撼力强。也只有这样，才能谈得上文章的理论深度、实践力度和学术厚度。我的文章，一般比较注重观点提炼，尤其材料与观点配套，材料与材料配套。不论记事说理，就事论理，还是理论、推理，都比较注重条理性和逻辑性，注重论据与论点配套。哪怕一点点不配套，要么就推不出，要么就不流畅，给文章留下硬伤。《谈》等三文，在这方面是做得比较好的。

（五）符合、宣传、贯彻、深化并创新政治、政策及各种科学理论和理论原则。这是调研文章有没有理论深度、实践力度和学术厚度的根本之所在。首先，必须符合党的思想政治理论、政策及政策理论原则，符合各种科学基本理论和理论原则，不可违背和反对，逆潮流而动。其次，必须坚持贯彻、宣传党的思想政治理论和政策、政策理论及其原则。党的政策是党的生命。调查研究无禁区，但理论宣传有纪律。再次，要深化并创新党的思想政治理论、政策及政策理论。调研文章不能做简单的传声筒，而要做"发酵剂""扩大器"，扩大党的政治理论、政策及政策理论的功能。对于其他科学理论，除了做"发酵剂"和"扩大器"，还要充分发挥"催化"和"裂变"的作用，把一切正确的理论、政策原则的功能和精神力量扩大到极致，变为强大无比的物质力量，以加快经济社会迅猛发展。若如此，调研文章的理论深度、实践力度和学术厚度就可以算是构成一个三面角锥形金字塔，就可打百分了。本讲所列《谈》《办》《策》三文，就都是朝这个方向努力的。

◎附一：谈形式主义和官僚主义

长期以来，中共中央反复要求"全党上下，全国上下，必须狠煞形式主义、官僚主义的歪风"，还在重点列举了两个主义的种种恶劣表现和严重危害之后，一针见血地指出了两个主义产生的思想根源、历史根源和社会根源，进一步为我们批判和破除这两个主义指明了方向。笔者拟从综合分析这两个主义的不同点和共同点及其相互关系入手，深刻认识它们腐朽没落而恶劣的本质和形成的原因，以便更好地予以批判和破除。

一、形式主义和官僚主义的不同点

从内涵上看，从行为主体、表现形式和表现层次来看，这两个主义是不同的。形式主义是一种片面追求形式而忽视内容的形而上学的观点、方法和作风。官僚主义是一种脱离群众、脱离实际、做官当老爷的思想作风和工作作风。前者的行为主体可以是领导人，也可以是其他一般公务人员。这些人当然一般只能是参与者，或者既是参与者，又是受害者。后者的行为主体可以是领导人，当官、带长的那些人。在表现形式和结构层次上，前者主要在工作方法、方式这个层面上表现，思想根源上也主要是形而上学观点。早在抗日战争时期，毛泽东同志就曾对此进行过严厉批评，指出这是一种"最低级、最幼稚、最庸俗的方法"。后者除了工作方式、方法上的表现之外，在思想观念层次、结构层次上比前者复杂，具有做官当老爷的整套思想和工作作风。

二、形式主义和官僚主义的共同点

1.思想根源相同。世界观都是主观主义、唯心主义、个人主义的东西，方法论都是形而上学，都产生于封建主义的"官本位"思想。这一点，江总书记已反复指明，并给予了尖锐的批判。

2.阶级根源相同。都是剥削阶级腐朽没落的思想作风和工作作风，都是压迫、剥削、愚弄人民的手段和工具。

3.历史根源相同。都是阶级出现、国家产生之后，劳心者治人、劳力者治于人的产物。早在奴隶制社会，奴隶主阶级对于奴隶的奴役和压迫，大约可说是官僚主义的萌芽吧。对于奴隶，他们要打就打，要骂就骂，要卖掉就卖掉，要处死就处死。他们摆阔气，讲排场，搞盛大的祭祀活动和陪葬制度，大约可说是最原始、最野蛮、最残忍的形式主义了。几千年来，尽管经历了成百上千次改朝换代，但这两个主义却都被沿袭下来了。一部人类文明史，也可以说是形式主义和官僚主义的传家史、"发展史"。

4.发生的领域和频率基本相同。凡有公共权力行使的地方，它们都有可能出现。从当前机构臃肿、人浮于事的情况看，它们都是党政工作部门的常见病、多发病。

5.危害基本相同。主要是图虚名，招实祸，劳民伤财，误党误国；导致权力腐败，干部变质，干部队伍瓦解；破坏党风廉政建设，损害党和政府形象，损害党群、干群关系；恶化经济和社会发展环境，影响改革深入、经济发展和社会稳定等，在这些方面，它们都占相当份额。而且，在有些方面，有些时候，那些严重的危害，分不清到底是谁的，因它们完全融为一体，完全是它们共同所为。

三、形式主义和官僚主义相互之间的关系

一是主从关系。一般来讲，形式主义是官僚主义的工具和手段，官僚主义是形式主义的"后台老板"和"保护伞"，官僚主义采用形式主义手段推行自己的意志，显示自己的权威和尊严，以达到自己利己害人的目的；形式主义只是被动地为官僚主义服务，被官僚主义当狗使唤。在这种情况下，它们是一种亲密的主从关系。

二是互相联系，互为因果。我们对二者之间关系的认识，仅只停留在一种简单主从关系上是远远不够的。因为它们之间的联系决不只是表面层次上的一种简单的联系，而是更有其深层次的多方面联系，其中，最明显的一种关系是互为因果：官僚主义既要高高在上，脱离群众，脱离实际，又要愚弄群众，压制群众，那么，它就采取了形式主义方式，在这里，官僚主义是因，形式主义是果。从另一方面看，官僚主义之所以特别青睐形式主义，是因为形式主义对于官僚主义有许多特殊的用场，它可以把官僚主义打扮得很漂亮，很可爱，掩盖住官僚主义真面目，使官僚主义者更加升官发财，权威无比。在这种情况下，有的往往走向反面，发生一些意想不到的突发事件和群体性事件，酿成官僚主义的恶果。在这里，形式主义反倒成为因，而官僚主义则成为果。

三是互为手段，相互为用。它们的这种关系是在利己的共同目的下结成的。如果我们把官僚主义看作一个个人主义的"傻大个子"，形式主义就是它的左右手，有了这左右手，它就可以为所欲为；如果我们把形式主义看作个人主义的"小矮人"，官僚主义就是它背后一根撑棍。形式主义要想生存下去，并蔓延推广，必须借助官僚主义帮忙；形式主义才能横行人间。这就是它们互为手段、相互为用的关系。

四是互相渗透，融为一体。它们你中有我，我中有你，谁也离不开谁。作为两股歪风，它们同一源头；作为两条害虫，它们同属同种。它们融为一体，其危害就好比$-1+-1>-2$，远远大于它们单独横行的危害。

四、形式主义和官僚主义腐朽没落的共同本质

只要我们认真领会江总书记关于"形式主义，要害是只图虚名，不务实效""官僚主义作风，要害是脱离群众，做官当老爷"论断的深刻含义，就可以深刻认识这两个主义腐朽没落而恶劣的本质：

1.主观性、片面性。形式主义和官僚主义坚持主观主义的形而上学观点，脱离实际，脱离群众，坚持以个人利益个人喜好决定工作方针，片面追求形式，忽视内容，往往顾此失彼，造成决策失误，工作出乱子，以至酿成恶果。

2.虚假性、欺骗性。形式主义和官僚主义者们都是懒汉，他们由于长期脱离实际、脱离群众，既不愿意吃苦耐劳办实事，又不深入实际，了解实情，而又想获取荣誉，得到升迁，就只好弄虚作假，虚报浮夸，用假话和假象蒙上瞒下，达到不光彩目的。虚假性、欺骗性就成了它们共同的本质。

3.专制性、顽固性。形式主义和官僚主义因其脱离实际，脱离群众的本质特点，所以，群众很不满意，非常反感，坚决反对。在这种情况下，它们要想推行下去，就只好靠行政体制的作用，实行愚蠢、顽劣的强迫命令，固执不变地强制推行，摆出专制主义的嘴脸。

4.腐蚀性、流行性。形式主义、官僚主义这两股同一源头吹起的歪风，两个同一藤蔓上结出的毒瓜，腐蚀性、流行性极强，虽然很多人都讨厌它们，但它们像臭豆腐，闻起来臭，吃起来香，一沾上它们，就可能上瘾；加上它们还往往靠行政手段推广，所以，它们不仅腐蚀性强，使人蜕变堕落快，流行也快，像流行性感冒，一阵风就可以流传很广。

5.腐朽性，没落性。尽管它们具有上述特点，十分顽劣，但毕竟是腐朽没落的东西，从它们产生的根源和条件看，它们的组织构成都已经坏死，没有什么积极的作用；

它们的生命已经衰败，趋向灭亡，不仅人民十分唾弃它们，而且，它们所依附的剥削阶级的政治势力早已衰落了、没落了，等着它们的只能是灭亡。

五、形式主义和官僚主义在新的历史时期尚能存在和蔓延的原因

第一，执政党的地位，很容易使我们的同志沾染形式主义、官僚主义的习气。自20世纪中叶，我们党夺取政权以来，一直处于稳固的执政党的地位，并在继续巩固新民主主义革命胜利成果的基础上，取得了社会主义革命建设的一个又一个胜利，各族人民坚决拥护我们党，各民主党派和无党派人士坚决跟党走，我国国际地位日益提高。所有这一切，使不少同志有些忘乎所以，逐渐地听不得不同意见，逐渐地做官当老爷起来。邓小平同志曾经说过："执政党的地位，很容易使我们的同志沾染上官僚主义的习气。"作为官僚主义的帮凶的形式主义也就紧随其后，潜滋暗长起来。

第二，长期封建社会"官本位"思想影响。我国是一个经历封建社会2000多年的国家，封建官本位思想根深蒂固。封建官本位思想的核心是官贵民贱、上智下愚，做官当老爷。为了这做官当老爷的尊贵、权势、威严，最好的办法就采用官僚主义、形式主义这两种作风，欺压人民，蒙骗人民，巩固并不断提高自己的官位。这种思想虽几经冲刷，但还是像毒菌一样被继续传承下来。受这种思想的影响，我们有不少同志就自觉、不自觉地搞起官僚主义、形式主义一套把戏来了。俗话说：人人不当官，当官都一般。这个"一般"就是一般都搞官本位、官僚主义、形式主义一套。

第三，错误思想路线、政治路线和组织路线的影响。在过去较长一段认为左比右好，越左越好，宁左勿右的日子里，形式主义和官僚主义都倍受青睐：认为"人有多大胆，地有多高产"是敢想敢干；认为"官出数字，数字出官"、强迫命令是党性强；甚至整死了人也是好心办错事，说什么"问题在下面，责任在上面，根子在敌人"。其他一些时期对这两个主义也是褒多贬少，甚至只褒不贬，仍然大说假话大提拔，小说假话小提拔，不说假话不提拔。这是形式主义、官僚主义赖以蔓延、肆虐的现实土壤。

第四，个人主义恶性膨胀，对形式主义和官僚主义迫切需要。有些人从个人主义和极端利己主义出发，在原有"千里当官只为嘴，万里当官只为财"的旧的"官念"上，又加上改革开放混入的拜金主义和金钱至上主义，他们当干部就是为了升官发财。而搞形式主义和官僚主义又最为简单省事，既不需吃苦耐劳，又不需革新开拓，就可以青云直上。本钱小、利润大；投资小，回报大；有的人似乎越搞形式主义、官僚主义，越升官发财，越升官发财，就越搞形式主义、官僚主义，形成了升官发财与形式主

义、官僚主义相互利用、互帮共进的恶性循环，使形式主义、官僚主义得以肆虐横行。

第五，机构臃肿，人浮于事是形式主义、官僚主义滋生蔓延的体制条件。尤其官浮于事，官满为患，官多了，多个菩萨多炷香，官官都要有官的威严、官的权势，官僚主义也就多了。官僚主义一多，就又要因官设事，搞形式主义；形式主义搞不通，就又要借助官僚主义强迫命令等来推行，这样官僚主义就同形式主义联手互动，得以蔓延。

第六，民主与法制不健全是形式主义、官僚主义肆虐的制度性原因。我国政治体制改革滞后，民主法制不健全，人们民主意识、法制意识淡薄，人治因素仍占很大比重。不少同志错误地把党委领导下的首长负责制、厂长经理负责制视作封建家长制，甚至"一把手所有制"，人财物都是他一人的私人财产，不少单位一把手一票大于众多委员或副职总票数之和，基本上是一把手一人说了算。民主监督弱化，对于形式主义、官僚主义缺乏应有的抵制和批判，纪律、法律对官僚主义、形式主义约束不足，也约束不住，给形式主义、官僚主义以很大活动空间。

第七，根深蒂固的传统思维方式的束缚。不少同志思想僵化，科技文化水平低，对于市场经济条件下出现的一些新情况、新问题，仍然习惯于采用传统的思维方式对待、处理，最常见的就是形式主义、官僚主义方式。比如互相推诿，或者以强迫命令压服，留下出现新的更大乱子的隐患，以至再出乱子，再用新一种形式主义、官僚主义办法处置，出现"形式主义、官僚主义——乱子——形式主义、官僚主义"的恶性循环。

第八，政绩考评缺乏科学合理又好操作的标准和方法，给形式主义和官僚主义以可乘之隙。改革开放以来，人民群众加快发展经济的热情高，要求迫切，各级领导也有快创佳绩的愿望。但由于政绩考评的标准和方法不科学，不少思想品质不纯的人就钻了空子，采取虚报浮夸、弄虚作假等手段假造政绩，骗取名利地位，使形式主义和官僚主义得以重新抬头。

◎附二：办实事排风险为发展农村市场经济服务

随着市场经济的发展，作为低效产业的农业生产所面临的风险越来越多，越来越大，丰产丰收越来越难以保障，农村经济持续稳定协调发展也愈来愈困难。面对这种情况，更需要我们把农业放在首位，注重解决实际问题，提高农民承受风险的能力，促进农业生产的发展。正因为这样，我市农业在近几年仍保持了较快发展速度，对国家的贡献越来越大，先后被国务院授予"夏季粮油生产先进单位"、"粮油生产先进单位"和"南方水稻产区售粮之冠"等称号。

一、带领农民努力改善生产条件

1.抓水利建设，增强抗旱排涝能力。我们坚持防抗结合，以防为主，既抓抗旱设施建设，又抓防洪排涝工程建设；既抓"小型大规模"设施建设，又抓"大型大规模"设施建设；既抓兴建、扩建、改建，又抓完善配套；既抓建设，又抓管理。仅在近三年中，就投工2000多万个，在加固、维修西荆河，汉江围堤，双店排灌渠，漳河总干、二干、三干、四干渠大型重点工程的同时，还使226处中小型水库、4.78万口塘堰和300多处水利设施得到较大改善和配套完善，并配套115—630千瓦电站212座，装机254台，容量30168千瓦。蓄、引、提、排相结合，灌溉面积达111.5万亩，占全市水田总面积的80.6%，使全市旱涝保收面积达到110多万亩，占总耕地的74.3%。

2.抓治田改土，保护耕地，增强地力。一是改造中低产田。主要根据不同地区、不同种类耕地的特点，分别采取耕地轮作措施、工程措施、生物措施、配方施肥等，使全市36万亩长期低产的低湖田、冷浸田、挂坡田得到较好改造，其防涝、抗旱、抗病虫能力明显增强。二是改造"三荒"。20世纪80年代末期以来，我们就把占全部国土面积15%的三荒地当作治田改土、保护耕地和增加地力的重要措施来抓，统一制订规划，集中使用劳力，实行综合开发，使逐年开发的35万亩三荒地的经济效益以13.4%的速度增长。同时又较好地保护、开发并利用了耕地资源，缓解了人地矛盾。三是防治耕地污染。首先，依法控制污染源。对现有排放"三废"的企业限期环境污染控制达标；对新上项目，坚持没有污染控制处理规划的不让上。第二，实行谁污染，谁治理责任制，依法征收排污费，坚持专款专用。第三，控制农业的自身污染，做到科学用药，科学施肥。上述措施，较好地控制住掠夺性经营土地的行为，使全市150万亩耕地产量增加，地力不减。

3.抓改良品种，发挥优势效应。对品质好、抗灾害能力强的品种，坚持提纯复壮，进行适当改造后予以保留。在恢复、改造传统产品的同时，积极引进和推广高抗、高产、优质品种。我们先后引进农作物、畜禽和水产优良品种近千种，广泛推广使用的有300多种。

二、正确引导农民走向市场

1.思想引导。主要以党的基本路线和十四大精神为指针，着重抓了"四破四立"。

即破除"求福求安"的守成观念，树立加快发展的进取意识；破除墨守成规的封闭保守观念，树立敢闯敢冒的创新意识；破除传统小农经济观念，树立商品意识、竞争意识；破除计划经济"保险"的观念，树立市场经济的风险意识。

2.政策引导。从农村现实生产力水平和绝大多数农民的愿望出发，继续稳定和完善以家庭联产承包责任制为中心的若干基本政策，进一步落实农民的经营自主权，增强他们战胜市场风险的内动力。从发展市场经济的迫切要求出发，及时制定一些巩固和发展农业的优惠政策，减少了市场风险对农业的冲击。同时，出台了一些鼓励竞争，鼓励开发的突破性政策，加大了改革力度和步伐，使农民既感到市场竞争的压力，又不至于束手无策。

3.信息引导。一是建立健全信息网络。上联中央、省里的各类信息源，下联千家万户农民，外联周边县市及沿海、沿边以至国际市场。二是多渠道、多层次、多形式传递信息。主要是利用报纸、广播、电视和开信息发布会，广泛向农民宣传。三是努力提高信息采用率和质量。我们把信息咨询服务放在重要位置，坚持用信息引导农民调整产业结构和产品结构，用信息引导发育农村市场，用信息引导农产品转化增值，用信息引导农民进入流通领域。

三、综合治理农村社会治安

1.教育治理。一是理想前途教育；二是文化知识教育；三是道德情操教育；四是法制纪律教育。教育农民要遵纪守法，做有理想、有道德、有文化、守纪律的新型农民。

2.法律治理。一是重点打击破坏农业生产和侵犯农民合法权益的犯罪活动。1993年春，在烟垢、官当等9个镇、乡开展了以反盗窃和打击破坏电力设施为主的重点整治，有力地促进了春耕生产。二是抓住发案多的地方，突出重点，不断出击。今年来，我市政法机关同交通部门密切配合，在荆潜公路、荆沙公路沿线共破获车匪路霸案件250多起，给犯罪分子以沉重打击。三是集中进行公开打击处理。今年以来，分别在子陵、姚集和荆门城区等地召开公开处理大会12次，大大震慑了犯罪分子，鼓舞了群众。

3.行政治理。一是整治民风。主要是查禁赌博、贩黄、看黄和封建迷信活动等。二是加强人口管理。主要在放活农村劳动力的基础上，加强对流动人口的管理，注意防范犯罪分子流窜作案，防患于未然。三是加强市场管理，防止和查处欺行霸市、制假、卖假、坑农害农和其他盘剥农民的行为。四是及时调解民事纠纷，防止因纠纷引起的投毒、毁坏生产设施等破坏农业生产的报复行为发生。

4.群众治理。一是健全治保会、调解会、综合治理办公室以及其他治安保卫组织。二是稳定治安联防队伍，包括护林队、护青队、护厂队等，并明确职责，规定任务，完善制度。三是建立村规民约，提高群众自我教育、自我约束、自我防范的能力。

◎附三：策划业：一个亟待发展的新兴产业

策划一词，义指筹谋、计划或谋略之术。最早的谋略大家应首推被称作姜太公的吕尚。他多兵权奇计，佐武王伐纣成功，为周王朝奠定了基业，"故后世之言兵及周之阴权皆宗太公为本谋"。现代策划，指策划人通过对信息量的定位把握处理和质的提炼升华，创造出庞大综合生产力的计划谋划。一次成功的策划，往往能使一个产品走红、一个企业发展、一个产业兴旺、一个地区繁荣，这当然是一种先进和有效的经济增长方式。随着改革的深入和经济社会的发展，一方面各行各业对消费者的争夺愈演愈烈，不少企业家为了立足发展，愈来愈倚重策划的作用，企望策划家帮助；另一方面，策划家们为争取稳定的客户，也不得不绞尽脑汁，把新的观念、新的信息带到经济运作之中，以帮助那些因财富骤然增值而文化品位相对欠缺的企业家们从中确立文化的品格与价值，同时获取自己应有的物质回报，让知识产权在市场经济条件下，实现它的物质价值。现代策划和策划业是改革开放的产物，它的发展会把改革开放更加引向深入。

策划业作为一种新兴产业，与传统产业和信息业、咨询业等新兴产业相比，有以下主要特点。

一是智能性。指其是"智囊"，出智谋，智慧，不是简单要求其从业人员有较高的文化水平和专业技术水平，而是要求他们具有强烈的创新意识和卓越的创造能力和执行能力，要求他们积极进取，有旺盛的求知欲和强烈的好奇心，对现成的事物不是盲从，而是敢于脱出一般观点的窠臼，大胆发问；对环境有敏锐的感受能力，可以凭直觉觉察到人们所未注意的情况和细节；联想奇，幻想奇，想象丰富，思路开阔，善于举一反三、闻一知十、触类旁通；点子多而新，且不同凡响；逻辑严谨细密，无懈可击；勇于弃旧图新，善于别出心裁，往往能打出一套套眼花缭乱的"迷踪拳"或"空手道"，令外行瞠目结舌，内行拍案叫绝。

二是渗透性。策划业从总体上讲大至对国际、国家的政治、经济、文化、军事以及整个社会，小至项目、产品甚至个人都有很强的渗透力和扩散性，且有很高的态势和巨大的潜力。比如经济，在国内已表现在广泛地向传统产业渗透，推动其他多个产业向高级化发展。

三是全局性。现代策划讲究的是大的战略，是从全局、大局着眼，而整合多种资源，转动生产力魔方；是"跳出企业看企业""跳出市场造市场"，不是只主攻战术运作，搞"施工队"一类的雕虫小技，而是将战略与战术完美结合，做到攻必克，战必胜。

四是全程性。现代策划从接受任务，调查了解情况开始，到制定方案、方案实施，到实施反馈，全程负责，不是只卖"点子"、开药方，不问效果的一锤子买卖。它以负责到底的精神对待策划，不得到满意结果不算成功。

五是机动性。策划和策划业主要凭靠脑力，凭靠大脑对各种信息的准确把握和创造性运用。不需要很大投资就可取得巨大的经济和社会效益。机动灵活，可以流动作业，跨部门、跨地区甚至跨国界都行，真可谓运筹帷幄，决胜千里。

六是时效性。策划讲审时度势，重在适时、当时。太超前了，不易被人接受；太滞后了，时过境迁，一钱不值。再好的策划，如不被及时采纳、实施，其效用会永远消失。它是知识的力量，不受物质不灭定律支配。它既可以被人创造，也可以被人毁灭，是要付出昂贵代价的。

如何更好地发展我国策划业，这里提几点不成熟的建议：

（一）增强策划意识。要在牢固树立策划业也是第一生产力、新的经济增长点观念的基础上，树立策划与决策并重，先策划，后决策；不经策划，不让决策和科学策划、全程策划、多方策划以及重视旁观者清的外部策划的观念，并像重视高新技术产业、第三产业和个体私营经济那样重视策划以及策划业的发展，真正把策划业当作一个新的支柱产业对待。

（二）强化行业管理。鉴于策划业是一个涉及广泛的新兴产业，目前又正处于缺乏管理的无序发展状态，国家应在加强调查研究的基础上，按照有关法规，参考国际惯例，将其划归适当的部门统一管理。同时推出对从业人员的考试认证制度，策划从业人员都需经过国家考试认证。考试认证可由人事部门承担，其合格者可视同其他专业人才一样由组织人事部门分级管理。对策划机构，施行资质等级评定制度。这就是说，有没有国家的认证、够得上什么级别，都是委托者可用于鉴别其可信任度的标准。还要建立健全其他法规制度，如知识产权制度等，使策划从业人员、策划服务、收费办法等有章可循。

（三）加强队伍建设。一是深化改革，促进人才流动。鼓励体制内部有能力、有志于策划发展的知识分子个人和机构单独或者成建制地向体制外转移，创办、兴办、领办自由运作的、独立的策划实体，以壮大策划家队伍。二是把策划人员纳入职教、成人教育等正规的教育培训体系，订立制度，进行道德、业务等多方面的教育培训，以提高他们的职业道德及业务素质。在业务教育培训方面首先要加强策划理论的研究和开发，要在大力挖掘、改造我国古代的策划经验、理论的同时，引进国外的先进经验，创建适合我国现代策划业发展的新理论，并用以教育培训策划人员，提高他们的理论业务素质。四是要求策划机构、人员不断改进策划条件，尽量采用现代科技，提高策划质量，以质量占领市场，以质取胜。

（四）优化发展环境。一是加强舆论宣传。着重宣传策划理论和发展策划业的先进典型，一方面给策划业的发展以正面引导，一方面消除人们对策划业的愚见、短见、偏见、妒见，让全社会都来关心、支持策划业发展。二是放开策划市场，实行策划项目向社会公开招标制度，打破行业垄断，实行平等竞争，为策划家提供能够充分发挥自己聪明才智的舞台。三是制定政策，鼓励策划家与企业家结合，共同创造最好的企业效益和社会效益。

第五讲　调研文章要有时代特色、地方特色、行业特色

　　第十三届CCTV青年歌手电视大奖赛评委、著名歌手韩红点评一名参赛歌手决赛中的出色演唱时，在高度评价之后说，尽管你这次可得很高分数，但我经过多次评审你的演唱，有一点，我不得不给你指出，你今后的拼搏可能很困难，这就是你缺乏你自己，我们几乎谁都很难听出是你的声音。不像我和满文军，还有一些歌手，只要一听到他们的歌声，别人就会知道这是谁在歌唱。

　　韩红的话，立刻使我想起当前不少调研文章，如果不署作者姓名、单位地址、时间，就随便补上个什么人名、地名、时间都一样可行，也一样没有用处。我曾审读过一篇题为《发挥自身优势　服务经济发展》的来稿，可谓"放之四海而皆准"，不论署湖南、湖北、广东、广西，哪个地方的单位、人名，都可说得过去。"自身"是谁？不论什么地方、个人、单位都是，又都不是。写了就等于没写，读了也就是没读。这其中的原因很简单，就是没有一点地方特色，全文连能够说明该文所说何处之事的一个关键性语词都寻不到，让人不知他在写哪个时代、哪个行业、哪里的人、哪里的事。

一、什么是地方特色

　　这个问题，浙江省开化县常茂林老师在《谈谈对地方特色的理解、提炼和把握》（《中国地方志》2008年第3期）作了很好的回答：就其本质而言，地方特色是一地地情构成要素中的特殊部分，这种特殊部分是客观存在的，是当地地情要素的主体。而且，有些地方特色是不断发展，因时而异的，并处于动态的变化之中，因此，它又富有时代特征。

　　常老师是编修地方志的专家，对地方特色的研究非常深入。在该文中，他从地方志编修的角度，要求"我们对地方特色这个概念作更为完整的认识和理解，并在此基础上，对当地的地方特色作科学的提炼和把握。"他认为："地方特色表现在社会生活的各个方面，包括宏观层面、中观层面和微观层面，在各个层面之下的

地方特色，又具有内在的、有机的联系，使一地的地方特色构成一个特有的、无形的网络。"他具体讲，一般来说，宏观层面的地方特色大都表现在外部，关系到全局；中观层面的地方特色，是一地之地方特色的主要内容，它体现在社会生活的各个方面；微观层面的地方特色则表现得更为具体，但这里有一个选择和把握的问题，要将那些最能反映地方特色的人和事兼收并蓄，写进志书。

尽管常老师所讲这些，都是针对编修地方志的。但我以为，对于调研文章的写作，意义十分重大。

二、调研文章为什么要有地方特色、时代特色和行业特色

（一）调研文章的资料来源、写作冲动及作用发挥都离不开一定的时代、一定的地方和一定的行业。

首先说资料来源。调研文章写作，调查是基础，研究是关键，调查是取得研究资料的第一位的工作。而调查必须在一定的时间和空间中进行。不论你采用哪一种方法调查，直接调查还是间接调查，间接调查原来也是借用或者占用别人在一定时空中调查取得的资料，包括文献资料，也都来源于一定的时空、一定的地方，具有一定的地方色彩。否则，它就不是调查产生的资料，而是主观臆想，或者是凭空捏造，那就不是调查材料，写出的文章也不是调研文章。

其次说写作冲动，即写作目的。凡是调研文章，都是为了解决现实中某些问题才写的。所有现实中的问题都存在于一定的地方，一定的时空之中，打着一定地方的烙印，带着一定地方的色彩。不是针对一定地方的问题撰写的调研文章，就没有针对性，也就没有用途，写了白写。

再次说调研文章的作用发挥。针对一定地方问题撰写的调研文章，必须首先能够解决那个地方的问题，至少是对解决那个地方的实际问题有一定的实际作用。比如一个人，你首先要能够管住管好自己，然后才能管住管好别人；一个连自己都管不住、管不好的人，就别想管住和管好别人了。

（二）借用常茂林老师的话说，如果把调研文章比作一个人，地方特色就代表人的个性。只有写好地方特色的调研文章，才是生动活泼、为读者喜闻乐见的好文章。

（三）有人说，只有民族的才是世界的，只有地方的才是国家的。我以为，只有

地方的才是民族的。这也是个个性和共性的关系问题，也即共性寓于个性之中，个性又受共性制约，个性和共性在一定的条件下相互转化。地方特色就是个性，民族性就是共性。形象地说，共性与个性就是一组彩色铅笔，共性是书写绘画的工具，都是铅笔，个性就是不同的颜色。没有地方特色，就没有民族和国家五彩斑斓的美丽图画。

（四）从编修地方志和地方党史的角度讲，调研文章中，好多种都是写史修志的最好资料来源。如工作总结、工作经验、调查报告、典型材料等，而这些文章，只有地方特色鲜明的，才是修志写史的最好资料，才可以编入史志，再现这个地方的历史，继续甚至永远发挥存史、资政、教化的作用。

三、怎样增强调研文章的地方特色、时代特色

（一）养成调查研究的良好习惯。凡是经常写、喜欢写调研文章的人都要养成这种习惯，把调查研究当作自己的职责和义不容辞的任务，坚持做到一切结论产生在调查研究的结尾，而不是在它的开头，或者干脆不用调查研究就下结论，信口开河。养成调查研究的习惯，就是坚持一切从实际出发，实事求是，言必有据，不讲空话。现代社会，调查研究的方法很多、途径很多，但不论你采取什么方法、什么途径，你的事实材料也都一定要是从一定的时空中来。只要是从一定时空中得到的事实资料，它就具有一定的地方特色，不是微观、中观的地方特色，也多少具有一定的宏观地方特色，那也叫地方特色；即使是他山之石，也一定是来自于现实中的"他山"，不是凭空捏造，也会有他山的地方特色，那也是有地方特色。

（二）坚持从实际到实际，即从群众中来，到群众中去的理论。切忌从理论到理论，大话、空话、套话连篇。我写调研文章几十年，一直都比较注重从身边眼前的人、事、环境的发展变化，探讨、归纳、提炼、验证事物发展变化的规律、经验、理论和原则等，很少引用，尤其不在文章开头就引用名人、文件、文献语录，切忌用语录验证语录，用文件验证文件。我曾自卖自夸、自我解嘲说："板凳能坐十年冷，文章不写一句空。"

（三）在什么山上唱什么歌，在什么时代说什么话。这样两句歌词，对于撰写调研文章，就是有关地方特色的两条原则：前一条是要求反映地方特色，不搞放之四海而皆准；后一条是要求反映时代特色，与时俱进。调研文章一般都是为了回答或

者解决一定的问题才写的，都是有目的的，都要用事实说话，以理服人。前一条要求用身边眼前的，也即本地方的事实说理，实实在在，看得见、摸得着，最有说服力和感染力。在我四十多年的调研写作中，基本是做到这一条了的。我原在沔阳县三伏潭公社工作时写的调研文章，就都用沔阳县和沔阳县三伏潭公社的事实材料分析问题，解释原因，制定对策建议。如《价值规律与生猪生产问题初探》就全是采用沔阳县及其三伏潭公社有关生猪生产的事实材料和数据说话，带有鲜明的地方特色，甚至那些"派、补、罚、扣"的办法，也都只有传统粮棉产区的沔阳县，才能在那样一个特定的历史条件下产生并实行一段时期。1985年，我到荆门市工作，我的调研文章就全是说荆门话、论荆门事，为荆门市委、市政府建言献策，尽量突显荆门的地方特色。

在什么时代说什么话，要求调研文章与时俱进，既要有时代特色，更要反映地方特色，是与时俱进下的地方特色。这个要求肯定就更高了。回想我的调研写作，这一点，也是基本做到了的。1986年，我到荆门不久，城市经济体制改革刚刚拉开序幕，我写了《发展与大中型企业联合　加快荆门经济建设发展》；20世纪90年代初期，社会主义市场经济体制开始建立，我一连写了10多篇发展荆门城乡市场经济的系列化文章；近几年，我虽然退休了，也还是写了《拓宽创牌渠道　打造品牌强市——发展"荆门品牌经济"之我见》等系列文章，时刻不忘突显荆门的地方特色。

（四）注重地方特色的深刻性和完整性。所谓深刻性，就是要在反映地方特色时触及事物的本质，不能只是停留在原始的、表面的、浅层次地方特色上。所谓完整性，就是要全方位、多侧面、深刻地反映地方特色，即既要恰如其分地反映中观和微观地方特色，也要适当反映宏观地方特色，并在认真分析地情特点的基础上，提炼出关系全局的东西，抓住地方特色的本质。为了说明这个问题，也为了节省篇幅，我只回顾一下1997年底，我为荆门市委领导撰制的一篇全市农业产业化发展的经验文章：《创新三种模式　做好一篇文章——荆门市推进农业产业化的做法》（以下简称《创》文）。全文四大块。全文总导语和第一块开头的两句话，就鲜明突出地反映了《创》文宏大的时代背景和宏观地方特色：

最近几年，我市农业产业化发展加快，逐步走向高速度、高效益、可持续的良性发展轨道。1996年工农业总产值达到300.3亿元，其中农业总产值62亿元，农民人平纯收入2486元，居全省首位；预计1997年工农业总产值、农业总产值和农民人均纯收入可分别比上年增加23.3%、16.1%和20.7%；农民人均纯收入可达2900元，可望再居全省之首位。之所以如此，主要就在于我们大胆创新三种模式，努力做好一篇文章。这三种模式就是市辖区工程农业模式、京山县生态农业模式、钟祥市效益农业模式；一篇文章就是农业产业化。我们的具体做法是：

抓住特点　突破难点

近几年来，我们坚持以邓小平理论为指导，以市场为导向，结合本地实际，注意总结和推广群众创造的新经验，形成了各具特色的三种农业发展模式，农业产业化经营迈出了坚实的步伐，为解决农业面临的问题及深层次矛盾探索了一条新路子。

"农业产业化"是改革开放以来"三农"工作中人们耳熟能详的词语。文章开门见山，直击主题；接着浓墨重彩，分别在两组光彩夺目的数字之后，接连推出"居全省首位"和"可望再居全省之首位"两个鼓舞人心的在全省名次摆位，在强烈明快地把荆门在湖北省的突出地位传递给了读者之后，进一步推出具体的核心主题，总导语写完跳过第一个小标题后，在简括新鲜经验的同时，大笔勾画了创造这一新鲜经验的历史情况和时代背景，使全文的宏观和中观地方特色跃然纸上。为了深刻完整地突显荆门市推进农业产业化的中观和微观地方特色，各块文章，按照表达的需要，分层次，多侧面，"抓住特点，突破难点"；"因地制宜，突出特色"；"三位一体，整体推进"；"政策支持，政府推动"，全文分为四块，憨畅淋漓，徐徐展开，使在荆门这个传统农业大市沃土上创立的工程农业、生态农业和效益农业三种模式，以各自不同的特点和地方特色跃然纸上。尤其第二块，"因地制宜，突出特色"，从"我市国土面积广阔，自然资源丰富，地形地貌复杂"落笔，飞流直下，一泻千里，滔滔不绝地描述了市辖区、京山县、钟祥市分别创立工程农业、生态农业和效益农业的艰苦过程和成功的喜悦，尤其"做好一篇文章"的胜利的歌声，字里行间透露着鲜明的地方特色。第三块和第四块分别在不同的侧重点上，对文章的地方特色进行了必要的补充，使其更加深刻和完整。

该文突显地方特色的三个显著特点和方法

一是比较多地使用完整、具体的典型事例。如因地制宜，突出特色一块中，分别完整、全面地介绍了市辖区的工程农业、京山县的生态农业、钟祥市的效益农业三个典型；三个典型一方面各自突显了不同的地方特色，另一方面合而为一，共同突显了荆门市的地方特色。

二是尽量多地使用具体生动的事实材料和准确而且精确的数据资料说明问题，突显地方特色，使人深信不疑。比如对京山县生态农业模式的介绍，完全是真实的事实和准确而又精确的数据，具有鲜明地方特色：

1993年被确定为全国50个生态农业试点县之一的京山县，早在1985年就开始探索试验生态农业建设路子。10多年来，他们立足七山一水二分田的资源优势，坚持以市场为导向，高山远山松栎杉，低山近山果药茶，平畈冲畔粮棉油，水面庭院猪鱼鸭，大规模、高标准开展县域生态农业建设，不断加快农业产业化进程。截至目前，全县开发荒山建成林果特基地100多万亩，相当于将京山的耕地面积扩大了一倍多；开挖精养鱼池6万亩，改善牧场20万亩，森林覆盖率由1985年的23.5%发展到45%的水平；目前，全县上下建设生态农业的积极性分外高涨，形成了"四个回流"的好趋势，即山下人往山上"流"，城里人往乡下"流"，机关单位人员往基地"流"，县外人员往县内"流"，促进全县产业结构日益优化。

三是微观层面的地方文化特色。荆门是荆楚文化的发祥地之一，2000多年前，其著名代表作家宋玉就提出了"阳春白雪"与"下里巴人"的高论。京山县的两首和钟祥市的一首顺口溜，正好是荆楚大地上现代版的宋玉所称的"下里巴人"，突显荆楚文化特有的乡土文化特色和深厚的文化底蕴。京山县的两首歌谣是：

高山远山松栎杉，低山近山果药茶，平畈冲畔粮棉油，水面庭院猪鱼鸭……

山下人往山上"流"，城里人往乡下"流"，机关单位人员往基地"流"，县外人员往县内"流"。

钟祥市的歌谣是：

拉长产业链条，向结构优化要效益；强化产业基础，向规模经营要效益；提高产业素质，向科技进步要效益；增强产业活力，向管理要效益。

值得一提的是，该文在突出地方特色和时代特色的同时，还较好实现了农村农业的产业和行业特色，与该时、该地的工业、商业及其他行业的文章明显区别。

◎附：创新三种模式　做好一篇文章——荆门市推进农业产业化的做法

最近几年，我市农业产业化发展加快，逐步走向高速度、高效益、可持续的良性发展轨道。1996年工农业总产值达到300.3亿元，其中农业总产值62亿元，农民人平纯收入2486元，居全省首位；预计1997年工农业总产值、农业总产值和农民人均纯收入可分别比上年增加23.3%、16.1%和20.7%；农民人均纯收入可达2900元，可望再居全省之首位。之所以如此，主要就在于我们大胆创新三种模式，努力做好一篇文章。这三种模式就是市辖区工程农业模式、京山县生态农业模式、钟祥市效益农业模式；一篇文章就是农业产业化。我们的具体做法是：

抓住特点 突破难点

近几年来，我们坚持以邓小平理论为指导，以市场为导向，结合本地实际，注意总结和推广群众创造的新经验，形成了各具特色的三种农业发展模式，农业产业化经营迈出了坚实的步伐，为解决农业面临的问题及深层次矛盾探索了一条新路子。

一是加快改进组织形式。主要是采取股份合作制、中介组织、公司+基地+农户等形式，把分散经营的一家一户农民紧密、半紧密或松散型地联结起来进行生产经营，以抗击自然风险和市场风险。截至目前，全市采取主导产业、龙头企业、商品基地、中介组织、经济能人等形式，带动参加一体化经营的农户已有34.5万户，约占总农户的51.6%。二是加快调整产业结构。一方面大力发展龙头企业，加强集团建设和集团化重组，实行农副产品多次转化，促进多种经营和二、三产业发展。截至目前，全市共有乡及乡以上农副产品加工、经销企业4000多家；已经挂牌成立龙头企业集团13家；1996年全市多种经营产值占农业产值比重上升到64.6%；农产品与其加工值之比为1:1.7，居全省前列。三是加快转变经济增长方式。主要是加大科技投入，大力引进、开发新技术、新品种、新产品，不断提高农业的科技含量和农副产品的转化增值率和效益率。全市良种综合普及率在95%以上，推广立体种养模式面积800多万亩，推广新品种、新技术、新化肥、新农药应用面积135万亩，科技在农业中的贡献份额已达51%。四是加快推行企业化管理。主要是把农业当企业办，突出抓好基地改造、品种改良、企业化改革，建立充满活力的管理体制，科学的服务体系和稳定的销售渠道，不断提高农业劳动生产率。

因地制宜 突出特色

我市国土面积广阔，自然资源丰富，地形地貌复杂。探索、创新农业模式，只有因地制宜，并充分尊重群众的首创精神，做到百花齐放，百家争鸣，才能真正创造出既有鲜明地方特色又行之有效的农业发展模式，真正推动农业生产力发展。我市工程农业模式、生态农业模式、效益农业模式等的产生和推广就较好做到了这点。

工程农业模式是市辖区农民着眼过去40多年兴办农业工程的经历、经验，结合当前发展农业产业化的实际，在思想认识和工作实践上由农业工程向工程农业转变的结果。他们立足市辖区农业工程多而质量高的实际，坚持以市场为龙头、以工程为主体，用现代工业手段实现了农业的快速、持续、健康发展。1996年，在遭受严重自然灾害的情况下，农业总产值比上年增长14.4%，农业总产值与农产品加工值之比达到1：2.2，高出全省农业总产值与农产品加工值之比0.8个比值。

1993年被确定为全国50个生态农业试点县之一的京山县，早在1985年就开始探索试验生态农业建设路子。10多年来，他们立足七山一水二分田的资源优势，坚持以市场为导向，高山远山松栎杉，低山近山果药茶，平畈冲畔粮棉油，水面庭院猪鱼鸭，大规模、高标准开展县域生态农业建设，不断加快农业产业化进程。截至目前，全县开发荒山建成林果特基地100多万亩，相当于将京山的耕地面积扩大了一倍多；开挖精养鱼池6万亩，改善牧场20万亩，森林覆盖率由1985年的23.5%发展到45%的水平；目前，全县上下建设生态农业的积极性分外高涨，形成了"四个回流"的好趋势，即山下人往山上"流"，城里人往乡下"流"，机关单位人员往基地"流"，县外人员往县内"流"，促进全县产业结构日益优化。

钟祥市效益农业模式，是在20世纪90年代初期，针对该市长期以来农业增产不增效，农民增产不增收的困惑提出并付诸实施的。几年来，他们按照"因地制宜，规模开发，生态良性，效益最佳"的原则，不断拉长产业链条，向结构优化要效益；强化产业基础，向规模经营要效益；提高产业素质，向科技进步要效益；增强产业活力，向管理要效益，使全市农业总产值年递增达到17.7%。1994年农业增加值居全国百强县（市）第5位；1995、1996年连续两年农民人平纯收入和小康建设综合评价分别处于全省首位。

三位一体　整体推进

我市工程农业模式、生态农业模式和效益农业模式既各具特色，各有侧重，又互相联系，互相渗透；在加快推进农业产业化方面既各打各的优势仗，各闯各的发展路，又互相借鉴、互相补充、互相完善，共同铸造农业产业化的坚实基础，共同拓宽农业产业化的发展途径。一是联合拓宽两个市场。我市工程农业、生态农业、效益农业"三农"相加，实为强强相加，优势更优，农副产品及其加工产品，不仅数量增长快，市场竞争力和占有率也大幅度提高。截至目前，全市已初步形成以全国30多座大中城市农副产品市场为"窗口"，以本地农贸市场为主体的市场流通体系。1996年底，全市已建成各类农产品市场2213

个，年成交额18.5亿元。二是共建基础设施。近年来，我市围绕培植主导产业、发展龙头企业、建立商品生产基地，加快农田水利、农机化、交通通讯、城乡市场、科教文化等5大系列的基础设施建设，力争"九五"期末，全面抓好堤防加固、崩岸治理、渠道配套和设备维修，80%的中低产田、中低产园、中低产塘得到较好整治，农机具配套比达到1：1.3以上，综合机械化水平达到70%。三是加快建设有鲜明特色的鄂中区域经济。近几年，我们坚持以"三农"为基础，用大农业标准发展特色农业，不仅较好推进了农业产业化发展，而且，使区域经济上到一个新台阶。全市以林牧特生产为主的山地农业区、以粮油为主的粮油农业区、以棉花为主的棉花农业区、以水产养殖为主的水产农业区、以服务城市为主的城郊综合农业等5大区域已经形成，成为我市国民经济发展的坚实基础和新的经济增长点。

政策支持　政府推动

创新农业模式、推进农业产业化是现阶段农村生产力发展所必需的，是在市场经济条件下现行农村基本经营制度的完善和发展。它离不开政策的支持和政府的协调指导。

在政策支持方面，我们除了认真执行党在农村的基本政策之外，一是进一步深化县乡经济体制改革，完善土地流转制度，鼓励拍卖"四荒"。截至1997年7月底，全市已拍卖基地8.5万多亩，收取拍卖金4000多万元，既偿还了过去村级债务，又增强了滚动开发能力。二是建立基本农田保护区制度，加强对工程农业、生态农业和效益农业生产基地的保护，确保了农副产品生产基地的利益不被侵害。三是完善税收政策。对新开发的农业商品基地，新上、新组建的农业产业化龙头企业和企业集团，3—5年免征税费。四是制定和完善资金投入政策，建立多元投入机制。市政府每年安排500万元单列为农业产业化发展基金，各县市区政府每年安排200万元资金用于扶持具有本地特色的主导产业，银行每年单列1亿元专项贷款用于龙头企业的流动资金周转。

在政府推动方面，从市到县市区都建立了组织领导、科技推广、技术培训、生产资料供应服务等4大社会服务体系，较好地克服了条块分割、部门制约的体制障碍，形成了创新三种模式、做好一篇文章的合力。

在领导方法上，各级各部门都自觉由过去只抓某一生产环节向抓整个产业发展转变，从实际出发，研究制定配套政策，优化发展环境，强化宏观指导，促使"三种模式"和"一篇文章"向多层次、宽领域协调发展。

第六讲　调研文章要有现场感

一、什么是现场感

现场感，是个较新的外来词。最新版《现代汉语词典》上都找不到，互联网上却有不少说法。最突出的是"菲林感"，与现场感相近的；新闻报道、演讲稿、历史写作、文学作品等，强调、宣传、研究和解释现场感的文章、文字还不少。

什么是菲林感？Film Like。什么是现场感？Live Like。所谓菲林感，简单地说，是让我们的眼睛在Ntsc Viaeo系统上看到有如电影胶卷（亦称菲林）所放映出来的影像品质，而且还有像看电影大银幕那种震撼享受。而所谓现场感，就是让我们的耳朵在多声道的环绕模拟之下，听到如置身现场般的音响效应。

电影上所说的现场感是通过观众的听觉感觉到事物现场情况的最简单的心理过程，这种心理过程是形成各种复杂心理过程的基础。

我所说的调研文章的现场感，除了读者在阅读中感觉调研文章所反映客观事物现场情况的心理过程之外，还有调研写作者在调研中深入现场的直观感觉，以及这种直观感觉在文章中的保留、提炼、深化和升华所能形成的复杂心理过程等。

调研写作者在调研实践中对调研现场的直观感觉与电影文学创作、电影制作、文学创作者创作思维是不同的，前者的现场感，主要来源于调查研究实际的现场，尤其直观而且实在。后者大都来自于他们的创作思维，或者形成于观众的眼睛所看到的有如电影胶卷（亦称菲林）所放映出来的影像品质，或者听众的耳朵在多声道的环绕模拟之下，听到如置身现场的音响效应。前者为实，后者为虚，所以不同，不仅不同，甚至还有较大的差异。

调研写作者的现场感，与演讲稿写作者也不同。天天招生网版主推荐的《增强演讲稿写作的现场感》一文说：

"演讲稿写作的思维方式颇为独特，在构思和下笔时就提前进入了'现场'，在内容选择、语言选用和谋篇布局上都要有临场感，都要对未来的现场气氛和效果有所预感，有所把握。也就是说，要写好演讲稿，就要突破一般文章写作的思维定式，从寻找现场感觉入手，以此作为运思行文的分寸，做到适合现场表达、适合现场控制、适合现场听众、适合现场环境等。"

实际上这都是作者预设的现场感，不是有如调研写作者在调研现场，实际感受到的对实际存在现场的直观感觉。调研写作者的现场感，实际上既是现实的现场感，又是历史的现场感。因为现实的现场，一旦时过境迁，这种现场就成为历史的现场；这种现场感，也就是历史的现场感了。经过调研写作过程中的创造、提炼、深化、升华而成为调研文章的现场感，将更为真实、具体、亲切、感人，具有更大的感染力、震撼力和震撼的享受。调研文章中，有相当一部分，比如工作总结、工作经验、工作研究、考察报告、典型材料、调查报告，都是记录历史、还原历史、再现历史的，有的直接或间接成为历史资料或地方志编修资料，进入史志，流传永久；有的"究天人之际，通古今之变，成一家之言"，如诸葛亮的《隆中对》等，既创造了一个时代的稳定和发展，又流芳百世，启迪后人，成为中国传统文化的瑰宝。诸葛亮当年在隆中草堂与刘备谋划对策的那么一个现实现场，不就是这样的一个历史现场吗？

二、调研写作为什么一定要有现场感

现场感对于调研写作者来说，既是先天有利条件，又是后天需要；既是调研写作者必备的心理要素，又是其必备的材料要素。说它既是先天条件，因为调研写作的材料，大部分来源于现实，来自于调研现场，这本身就都是先天存在的有利条件。调研写作者只要深入实际，就可顺利获取。至于需要，我们后边再说。说到心理要素和材料要素，这是一而二、二而一的同一事物的两个方面。现场感本来就是调研文章写作者和读者对于文章所反映现实事物现场的一种感觉、感受，既是实物要素，又是心理过程和心理情绪，是调研写作者不可或缺的心理要素。

调研写作之所以一定要有现场感：

（一）可以使调研写作更为条理清晰、层次分明。调研现场一般都是按照一定的时间顺序、空间顺序或者逻辑顺序布局的客观存在。调研写作者经过深入实际，深入现场，调查了解情况，对调研现场就会产生很深的印象、很深的现场感。当他叙述这些实际时，条理就会比较清晰，层次就会比较分明。我在调查了解荆门市供水总公司取水、制水工艺过程时，先是靠各厂、站生产人员或文秘人员报送材料，但无论他们报送怎样详细（他们自己认为很详细）的材料，我始终看不明白，想不清楚，无法编写。后来，我直接进入"三厂""一站"的各个生产车间，由生产人员带领，边看边聊，口问手写，连比较复杂的生产过程都在我脑子里有了一个大致的轮廓，尤其是对一些主要生产环节的空间顺序和时间顺序有了个大致了解，我在编稿时，就得心应手多了。

（二）可以使文章真实、生动、亲切、感人。调研文章所记述的事物现场，都既是现实的现场，同时也是历史的现场。一些好的现场记述，不论时间多么久远，都能给人以真实、生动、亲切、感人的感觉。比如《农民闯市场的十大趋势》中的第七条：

"七、由提篮小卖向既提篮小卖，又车装船载、长途运销发展。这是农村市场经济发展的又一重要表现。提篮小卖是我国农民最原始的交易手段和形式。时至加速发展社会主义市场经济的今日，他们觉得已很不适应了，而应代之以先进的现代工具和交易形式，向远距离、大批量的现货乃至期货交易发展。荆门市农民近年每年运销到全国20多个省市的十几亿斤粮棉油肉鱼蛋奶禽和几百万吨原煤、水泥、石膏、石灰、木材及其制品，就主要是靠整列火车和许多个汽车队、船队来完成的。但在服务本地人民生活方面，提篮小卖仍在继续发挥其作用。"

时隔20多年了，当时，在改革开放初期，从自给自足自然经济束缚下解放出来的农民，"由提篮小卖向既提篮小卖，又车装船载、长途运销发展"的长篇历史画卷，仍历历在目，使人心旷神怡，激动不已。

（三）可以增强调研文章的时代感、厚重感、可信度、感染力和震撼力。前面讲了，调研文章所记述的事物现场，都既是现实的现场，又是历史的现场，这些现场，都存在于一定的具体的时空之中。好的时空现场的记述和展示，就能较好地记述和展示那些个时代，那些个地域的特点。而具体的，才是时代的；地方的，才是民族的。无论它是反映情况，反映那个时代的社情民意，还是热点、难点、焦点、疑点问题，也无论它是分析原因，分析那些问题的现实原因、历史原因、深层次还是浅层次原因，还是针对这些问题原因建言献策，尤其献新策、献奇策、献良策，它都能给人以鲜明的独特的时代感、厚重感、可信度、感染力和震撼力，使人相信，使人共鸣，使人受到教育和启迪。无论历史上的调研名作，还是现实中一些成功的调研作品，都具有上述这"两感""两力""一度"，都既有强烈的现实的现场感，又有强烈的历史的现场感。毛泽东的《湖南农民运动考察报告》《才溪乡调查》《长冈乡调查》不用说了，费孝通的《江村调查》《重访江村》《三访江村》等系列文章，只要提到它的名字，我们就能忆起那些个真实、具体、生动、亲切、感人的事实和现场，使人深信无疑，并能从中受到莫大的教益和震撼。

三、怎样增强调研文章的现场感

（一）深入现场，仔细观察。真正的现场感，一定是来自于真正的现场，来自于对真正现场的仔细观察。尤其现场事物的空间排列，不是你坐在家里、办公室里想象得出的。有些工厂设施、设备的空间组合，不论它怎样复杂，只要你亲自去认真看了，即使走马观花，也多少有些印象，比不去会好多了。所以，我们一定要深入现场，仔细观察，这是不论怎么先进的信息化传递手段都代替不了的。

（二）口问手写，取得第一手材料。这更是任何现代办公自动化所代替不了的。不论互联网怎么先进，怎么能够给我们提供丰富真实的资料，对于现实中最新出现的新事物、新问题、新情况的了解，还是离不开"身入""心入"现场，离不开口问手写，取得第一手材料。互联网上的信息资料是从哪里来的呢？互联网只能传递、储存资料，并不能生产资料，它的资料百分之百还是来源于别人的口问手写，来源于别人的第一手材料。所以，调研写作者一定不能偷懒，一定要腿勤、手勤、眼勤、嘴勤，要深入现场，口问手写，纸记脑记，多记多想，冥思苦索，收集整理更多更好的第一手材料。

（三）分析研究，抓住本质特点。世上没有两片相同的树叶。世间更不会有两个相同的事物现场和两个相同现场中的两个事物，所有现场和事物都是各不相同的。要想增强文章的现场感，最重要的就是要通过深入分析研究抓住事物现场和事物各不相同的本质和本质特点。2007年，我被荆门市老区建设促进会聘为副秘书长，受命写了一篇《以真情倾注老区　用实事促进发展——湖北省荆门市促进服务革命老区建设的做法》经验文章，仅从标题看，就是既抓住了事物本质特点，又有很强的现场感。从我对荆门革命老区的历史追述到对现实困难的描述和分析，不仅可以给人以鲜明的现实的现场感，还给人以深刻的历史现场感，使人不禁联想起李先念等老一辈无产阶级革命家当年驰骋荆门革命老区的历史画卷，还对老区人民产生深厚的革命感情，并引起内心深处的共鸣和震撼：

"湖北省荆门市现有老区乡镇38个，人口149.3万人，分别占全市乡镇、农村人口总数的66.7%、75%；其中，著名的大洪山革命老区，是原中国国家主席李先念当年所部新四军五师战斗和活动的中心地带。一方面，由于历史的原因和自然条件的局限，不少老区乡村经济发展缓慢，人民生活贫困，行路难、饮水难、通讯难、看病难、就业难、小孩子入学难等"六难"长期制约着老区经济社会的发展。另一方面，由于老区情况特殊，不少地方山高路窄，坡陡弯多，交通不便，进出困难；不仅地域封闭，思想也较为封闭；公共基础设施建设更是十分薄弱，老区贫困地区人民脱贫致富一直十分困难。"

（四）源于生活，高于生活，较好实现由感性认识向理性认识的高度飞跃。

"源于生活，高于生活"，是文学艺术上的一个行业用语，对于调研写作，也是很适用的。调研写作，不是简单的照相、简单的复制和粘贴，而必须能动地反映现实，反映现场，使人们对现实事物的认识由感性阶段，向理性认识阶段飞跃。这一点，在拙作《以真情倾注老区 用实事促进发展——湖北省荆门市促进服务革命老区建设的做法》里，也有较好的表现：

"2001年，《中国农村扶贫开发纲要（2001—2010年）》及《湖北省扶持老区建设条例》发布后，荆门市委、市政府反复集中学习贯彻《纲要》和《条例》精神，统一认识，制定办法，一致认为，没有老区贫困地区的经济振兴，就没有全市经济振兴；没有老区贫困地区小康，就没有全市小康。尽管老区贫困地区人民脱贫致富困难巨大，但关键在于我们各级党委、政府和领导干部用什么感情、态度和决心来抓这项工作。如果我们带着深厚的感情，以真情倾注老区，用实事促进发展，就不难了。"

本文实现这一认识论的第一次飞跃，是通过荆门市委、市政府结合"老区贫困地区人民脱贫致富困难巨大"的实际情况，反复集中学习贯彻《纲要》和《条例》精神，统一认识实现的。并达到了正确理解党的政策的高度，为下面用实事促进发展奠定了较好的理论基础。

◎附：以真情倾注老区　用实事促进发展
——湖北省荆门市促进服务革命老区建设的做法

最近几年，湖北省荆门市坚持以真情倾注老区，用实事促进发展，使革命老区和贫困地区发生了较大变化，受到各方好评。

湖北省荆门市现有老区乡镇38个，人口149.3万人，分别占全市乡镇、农村人口总数的66.7%、75%；其中，著名的大洪山革命老区，是原中国国家主席李先念当年所部新四军五师战斗和活动的中心地带。一方面，由于历史的原因和自然条件的局限，不少老区乡村经济发展缓慢，人民生活贫困，行路难、饮水难、通讯难、看病难、就业难、小孩子入学难等"六难"长期制约着老区经济社会的发展。另一方面，由于老区情况特殊，不少地方山高路窄，坡陡弯多，交通不便，进出困难；不仅地域封闭，思想也较为封闭；公共基础设施建设更是十分薄弱，老区贫困地区人民脱贫致富一直十分困难。

2001年，《中国农村扶贫开发纲要（2001—2010年）》及《湖北省扶持老区建设条例》发布后，荆门市委、市政府反复集中学习贯彻《纲要》和《条例》精神，统一认识，制定办法，一致认为，没有老区贫困地区的经济振兴，就没有全市经济振兴；没有老区贫困地区小康，就没有全市小康。尽管老区贫困地区人民脱贫致富困难巨大，但关键在于我们各级党委、政府和领导干部用什么感情、态度和决心来抓这项工作。如果我们带着深厚的感情，以真情倾注老区，用实事促进发展，就不难了。于是，把促进、服务革命老区建设当做各级党委和政府的职责，拿在手上，切实加强了对市老区建设促进会和扶贫基金会的领导，并帮助和支持"两会"建立健全了基层组织，还多次动员全社会关心支持"两会"工作，使"两会"工作顺利开展。

一、一点一滴倾注，真情融进人心

感情问题，是个立场问题。忘记老区，就意味着忘记历史、忘记革命，就意味着背叛。以真情倾注老区，我们主要做了以下三项工作：

一是真情宣传老区人民的历史功绩。由于经济社会的发展和人的自然老化，各级各部门领导和工作人员随时都有变化，我们老区会按照市委、市政府的要求，根据人员变动的情况，采用开会、新闻媒体、办展览等多种形式，选择"七一""八一""十一"等革命传统节假日，坚持不懈地向他们宣传老区人民的历史功绩，让他们了解老区、认识老区、记住老区，自觉承担帮助、支持老区建设的历史责任。

二是与时俱进，牢固树立长期作战思想。由于经济社会发展快，又发展不平衡和老区情况特殊，自全面建设小康社会和加快建设新农村以来，促进、服务老区贫困地区建设不再是简单解决温饱的问题，而更多的是要不断缩小贫富差距，其要求愈来愈高，时间愈来愈紧迫，社会各方都能与时俱进，下定决心和信心，树立长期作战的思想，坚持把促进、服务工作进行到底。

三是注重教育引导老区贫困地区人民自立自强，成为脱贫致富的原动力。扶贫先扶志（气）和智（力）。主要是在老区贫困地区广泛开展革命传统教育和爱国主义、社会主义教育，帮助人们继承和发扬过去那种不怕流血牺牲、自力更生、艰苦奋斗的精神，坚贞不屈、无私奉献的精神，勤俭持家、厉行节约的精神。同时，实行教育和科技扶贫。2004年年初，为了加大对大洪山革命中心地带的扶持力度，我们从市直单位选派了4支工作队分别进驻京山县新市镇八字门、小焕岭村等地开展以点带面帮扶工作。10月份，通过实地查看，向市领导反映了当年中共鄂豫边区委员会、鄂豫边区行政公署的重要会址——罗家祠堂损毁殆尽的情况，引起市委、市政府主要领导的高度重视，责成市、县两级财政拨出专款40万元进行抢修，恢复原貌后，成了当地进行革命传统教育和爱国主义、社会主义教育基地，使这里的人民深受鼓舞。

二、一件一件做好，实事促到实处

饭要一口一口地吃，事要一件一件地做。促进、服务老区贫困地区建设是一项庞大的系统工程，应该一件一件做好，实事促到实处。

（一）调研建议促进做。市老区建设促进会和扶贫基金会的老领导、老同志，不顾年事已高，仍很热心于促进服务老区贫困地区建设，每年进行两至三次深入细致的调研，以调研成果促进市委、市政府重视和支持老区贫困区建设。2006年9月，市委书记傅德辉读到市老促会《关于加快北山革命老区发展的调查报告》后，当即作了重要批示：一是从2007年起由市直选派10支实力较强的工作队进驻北山10个老区村，二是像扶持丹江水库移民集中安置区——钟祥市大柴湖镇那样扶持老区发展。同时提交的另外两个调研材料也很快得到领导批示，交有关部门实施。

（二）市委领导带头做。2006年1月，荆门市第六次党代会刚一结束，当选市委书记傅德辉就到北山革命老区走村串户，了解社情民意，并把东宝区子陵镇新庙村定为工作联系点，一定五年，力求一年抓几件实事，并把每一件实事办好，抓出实效。

（三）"两会"会员单位驻点做。全市现有会员单位74个，其中理事单位29个。近五年来，市委、市政府采纳市老促会的建议，每年向全市老区贫困地区农村派驻4支工作队，重点抓好以点带面工作，绝大多数会员单位积极支持老区的建设发展，共为老区村投入建设资金351.5万元，办好实事 131 件。"两会"理事单位市粮食局仅2006年就为所驻村投资16.78万元，办了7件实事，被市委组织部、市人事局和市农村工作队办公室三家联合发文表彰。

（四）募集扶贫基金保证做。市"两会"一边认真学习贯彻《中华人民共和国公益事业捐赠法》和《基金管理条例》，一边充分发挥老促会优势，千方百计向在荆企事业单位、市直各部门、各社会团体、知名人士、私营业主宣传鼓动，共募集扶贫资金1432.5万元，用于老区贫困地区公益事业建设。市委书记明确表示，募资工作不完全是老同志的事，更是在职领导的责任和义务，要求市领导带头募集资金。计划今后每年募集100万元以上，并以"滚雪球"方式，不断增加，逐步办好老区贫困地区各项公益事业。

（五）积极申报老区项目争取上级支持做。五年来，市老促会配合市扶贫办共向省里申报争取扶贫项目232个，资金1080万元。市里也有63个单位主动到老区乡村扶持项目131个，投入资金300多万元。省、市两级共完成扶贫项目263个，有力推动了老区建设发展。

三、真情实事促发展，老区面貌处处新

以真情倾注老区，用实事促进发展，是我市自八七扶贫攻坚以来，促进老区贫困地区建设的主要做法和经验。通过这些做法，我市老区贫困地发生了一系列可喜变化：

一是基础设施明显改善。全市先后投资5000多万元修筑乡、村两级公路167条，全长500余公里，其中柏油（水泥）路11条，190公里；架设高压电线232公里，安装变压器78台，较好解决了27个老区贫困地区人民生产、生活用电问题；修建、改造（维修）小型水利工程1020处，整险加固水库26座，解决水利灌溉死角200多万亩；兴建人畜饮水工程2076处，从根本上解决了18个老区乡村饮水难的问题；50%以上的老区贫困村开通了程控电话和移动电话。

二是公益事业迅速发展。百年大计，教育为本。通过对28所农村中、小学校进行维修、改建，解决了近万名老区贫困地区农民子女读书难、上学难的问题；先后兴建的122所村卫生室，给边远老区人民送去了防病治病的福音；15座电视差转站的建立，使全市农村广播电视覆盖率上升到98%，老区贫困地区群众文化生活从此变得丰富多彩。

三是农田基本建设上了一个新台阶。老区贫困地区干部群众自主组织投工投劳、苦干实干，共建好基本农田13.6万亩，其中旱改水5.6万亩，改造中低产田3万亩，扩大旱涝保收面积4.7万亩。与此同时，还开发建设了17万多亩多种经营基地，既使老区贫困地区农民的吃饭问题得到较好解决，又为他们蓄积了增收的后劲，夯实了加快新农村建设的基础。

第七讲　调研文章要有形象感

一、形象、文学形象和调研文章的形象感

稍有文学常识的人都会知道形象是个文学概念，以及文学形象大致是怎么一回事。但是如果细问详情，可能不少文学艺术工作者甚至文学艺术理论工作者都不一定能够说个清楚明白。因为语言是发展的，人的认识也是发展的；而知识、理论分类及其研究也是发展的，是个众说纷纭谁也穷尽不了的问题。

我们一般人对形象的理解，主要看《现代汉语词典》，其释义有三：①能引起人的思想和感情活动的具体形状或姿态：图画数学通过形象来发展儿童认识事物的能力。②文艺作品中创造出来的生动具体的、激发人们思想感情的生活图景，通常指文学作品中人物的神情面貌和性格特征：形象逼真；英雄形象。③指描绘或表达具体、生动：语言精练形象。

互联网"百度知道"的解释进了一层，它是从心理学角度讲的：从心理学的角度来看，形象就是人们通过视觉、听觉、触觉、味觉等各种感觉器官在大脑中形成的关于某种事物的整体印象，简言之是知觉，即各种感觉的再现。有一点认识非常重要：形象不是事物本身，而是人们对事物的感知，不同的人对同一事物的感知不会完全相同，因而其正确性受到人的意识和认知过程的影响。由于意识具有主观能动性，因此，事物在人们头脑中形成的不同形象会对人的行为产生不同的影响。

"百度知道"特别强调"不同的人对同一事物的感知不会完全相同"等认识，应该说是对形象一词的理解更深刻、完整和先进了。然而，从形象美学的角度讲，还是很不够的。这就涉及文学形象。

文学形象。孙建章：《中国古代文论辅导：第四，关于塑造文学形象的美学原则》（互联网：2008.3.18），特别的强调"形神兼备"：

中国古代文艺美学除了追求意境这一鲜明民族特色以外，一个鲜明的民族特色就是追求形神兼备，以形写神，即以精确艺术形象外在的形貌充分展示艺术形象的

内在神质。

庄子从哲学的角度热情赞美了得意忘形的人生境界。《大宗师》"以生为附赘悬疣，以死为决疣溃痈"，即以生为一种累赘，以死为对包袱的抛弃，即真正的美在神而不在形。

中国古代绘画史上第一位伟大的画家，东晋画家顾恺之明确提出了绘画理论的"传神写照""以形写神"，他非常重视人物画的"点睛"，人物"传神写照正在阿睹中"，这一理论充分抓住了在人的肖像上，眼神最能表达人物内心世界的特征。

传说中中国古代画家张僧繇在梁武帝的金陵安乐寺画了四条白龙，一直不点眼睛。别人问他，他说点了眼睛龙就会飞走，人们不信，硬要他点，结果他刚点了两条，就雷电交加，两龙破壁而飞，而剩下的没有点睛的两龙则仍留在壁上。

中国古代文艺美学特别强调神似要比形似更高一层，但没有形似也不可能达到神似。因此，中国古代认为要达到神似必须把握对象的主要特点，只有找到对象最能体现其精神特质的形态特点，并且把它描写得很充分，才能真正传达对象之神韵。

我引用这段文字的用意就在于说明我所说的调研文章要有形象感，就正是这种形神兼备的形象及人们对于这种形象的感触、感觉、感受、感知等心理活动。

二、调研文章的形象感与文学形象的同异点

（一）相同点

1.都是从心理学角度说的人们通过各种感觉器官在大脑中形成的某种事物的整体印象，即各种感觉的再现，而不是事物本身。

2.都强调形神兼备，并且神似重于形似。可能调研文章的形象感更为重视神似。

3.同属社会意识形态，同样采用自己独特的方式反映和认识世界，反映社会生活。

4.在古代，尤其在先秦诸子散文中，调研文章与文学作品，主要是散文、记叙散文同属文学作品。

（二）相异点

1.种类不同。近现代以来，随着经济社会的发展和分工分业的细化，调研文章从文学中划分出来，划到科学类社会科学中的应用写作和公务写作之中。

2.反映社会生活的方式不同。文学主要借助形象思维，通过人物、情节、环境

和一切生动的场景、展示出一幅幅社会生活的图画，而画面的中心又是人物形象。调研文章主要采用逻辑思维方式，依靠收集整理翔实的现实材料和尽量多的政治经济数据资料，综合运用记叙、说明、议论等表达方式，点评人事，阐释物理，即是揭示事物发展变化的本质规律和状况。

3.技巧不同。"技巧"指文学技巧，它是作家驾驭文学语言，熟练而又独特地运用多种表现方法、表达方式、修辞手段来构思文学作品、塑造文学形象的艺术技能。①作家可以综合运用象征、比兴、类比、对比、衬托等塑造形象；②作家可以综合运用记叙、描写、说明、议论、抒情等多种表达方式为作者表情达意、言事说理服务；③作家可以综合运用比喻、比拟、反语、夸张、排比、反复等各种修辞手法创造出深邃的意境，达到一定的表达效果；④作家可以综合利用运用其他文学技能在作品中体现出自己的特色；⑤作家在语言运用上体现出自己的个性风格（委婉含蓄、明快直露、冷峻深沉、热情澎湃等）给读者以相当的艺术审美享受等。

然而，这其中有许多技巧是调研文章所不能或不准使用的。调研文章最基本的原则之一是凭事实说话，实事求是，不夸大，不缩小，不虚美，不透过；不允许虚构故事，编造数据，也不允许过多描写细节，只能抓住特点，画龙点睛；画龙点睛，也只能白描，不用其他描写和过多的修辞手法。这是与文学形象塑造完全不同的地方。这就是说，调研文章的形象塑造对比文学作品更是难上加难。

三、调研文章为什么也要有形象感

（一）这里讲的是调研文章固有的本质特征。在我国古代，调研文章属散文序列，一般优秀的调研文章，都有鲜明的形象感。如《曹刿论战》，是我国第一部编年体史书、春秋时期的记事散文名著《左传》中的一篇颇具代表性的小国打败大国、弱国打败强国的战争经验总结，可叫《齐鲁长勺之战经验总结》，在我国历史上十分有名。自20世纪50年代起，一直被选入初中语文课本。全文220字，读来朗朗上口，不觉2000多年前一场战争惊心动魄的旗鼓轰鸣、厮杀搏斗之声仍在耳边回响：

十年春，齐师伐我。公将战。曹刿请见。其乡人曰："肉食者谋之，又何间焉？"刿曰："肉食者鄙，未能远谋。"乃入见。问："何以战？"公曰："衣食所安，弗敢专也，必以分人。"对曰："小惠未遍，民弗从也。"公曰："牺牲玉帛，弗敢加也，必以信。"对曰："小信未孚，神弗福也。"公曰："小大之狱，虽不能察，必以情。"对曰："忠之属也。可以一战。战则请从。"

公与之乘。战于长勺。公将鼓之。刿曰："未可。"齐人三鼓。刿曰："可矣。"齐师败绩。公将驰之。刿曰："未可。"下视其辙；登轼而望之，曰："可矣。"遂逐齐师。

既克，公问其故。对曰："夫战，勇气也。一鼓作气，再而衰，三而竭。彼竭我盈，故克之。夫大国，难测也，惧有伏焉。吾视其辙乱，望其旗靡，故逐之。"

我说它是经验总结，不仅因为它完整记录了这次战争的主要准备工作和战争的主要经过，及经验的精当结论，还在于它的写法，稍加点染，即是一篇现代版的一人称工作（战争）总结。原题为"曹刿论战"，"论战"，实际是一个调研文章的标题，我们现在就有不少调研题目叫"论、谈、探"等。我不妨这样改动一下：

第一，按我们现在工作总结的写法给它加上几句导语：

十年春，我们在鲁庄公的指挥和曹刿的策划参谋下，打败了强大的齐国，取得伟大胜利。

第二，将"公将战"至"战则请从"，作为战前准备工作，在庄公的领导下，用庄公的话说是做了三件事：

一是衣食是使人生活安定的东西，我不敢独自占有，一定拿来分给别人；

二是祭祀用的牛羊、玉帛之类，我从来不敢虚报数目，一定要做到诚实可信；

三是大大小小的案件，虽然不能件件了解得清楚，但一定要处理得合情合理。

曹刿说，这是（对人民）尽本职的事，可以凭这一点去打仗。作战时，请允许我跟你去。

第三，战争经过。曹刿积极参谋，庄公正确指挥，在确有把握的前提下，把看似强大的齐军赶跑了。

第四，此次战争的主要经验：一是彼竭我盈，故克之；二是视其辙乱，望其旗靡（没有埋伏），故逐之。

如果我这样稍加改动，就是一篇工作（战争）经验总结的话，可以说是一篇绘声绘色的经验总结。曹刿与庄公的对话，尤其在战场上的对话，及"下视其辙；登轼而望之""吾视其辙乱，望其旗靡"等寥寥数语，可真如闻其声、如见其形，画龙点睛，传神到极致。

该文流传2000多年不衰，除了它以弱胜强的战史价值，应该说与它独特的不是文学、胜似文学的鲜明生动的形象感也是有关的。

这就是我们调研文章几千年来固有的本质特征之所在。

（二）寓理于形，使抽象的道理变得生动形象。这是调研文章的又一本质特点。调研文章坚持用事实说话。怎么用事实说话呢？通常的办法就是寓理于形，抓住事物的本质特点，画龙点睛，制造生动鲜明的形象感。有形象感，才有感染力、表现力和震撼力。我们《荆门研究》2005年第4期编发了一篇题为《建设生态家园打造绿色杨集》的经验文章，它寓理于形，把建设生态家园的五条枯燥无味的做法，寓于"绿色杨集"的形象之中，使我至今不忘。这五条做法是："一、审视镇情，把林业当经济后劲来抓；二、放活体制，把林业当商品来卖；三、示范引导，把林业当产业来办；四、政策约束，把林业当生命来看；五、服务保障，把林业当粮食来种。"其第三条做法是："我们坚持把培植典型户与示范户带动相结合，把成片造林与基地造林相结合，利用教育引导的方式，发挥典型示范、潜移默化作用，调动全民造林积极性，全力推进林业产业发展。一是用林业工程造林推动。通过推进林业产业工程建设，全镇形成了排落河至南庙垭26公里长的银杏板栗长廊带，建成了以三口堰、卢棚、双峰观、铜冲、蔡家冲为主的银杏基地，花石岩、李冲、双坪、将军岭等农户庭院产业重点村。全镇人工造林面积达到6.5万亩，其中银杏1.5万亩，板栗3.5万亩。二是用典型大户拉动。我们通过采取政策、资金、技术等激励措施，着力培植典型大户，全镇既涌现出了像杨贵义、彭发金、德祥等造林面积大、经济效益可观的老典型，又有像刘学华、郑宏发等一批新造林大户，有力地推动了群众造林积极性。三是干部示范带动。充分发挥村干部在推进林业产业中的主导作用，做给群众看，领着群众干。目前，全镇干部带头兴办造林示范点46处，共造林2500亩，其中100亩以上的5人，50亩以上的7人。四是农户庭院造林联动。大力实施户栽千株树，户建一座绿色银行工程，积极鼓励农户利用屋后的山坡地，调动全民植树造林积极性。目前，全镇以农户庭院为主的造林面积达1.4万亩，参与农户2328户，占总农户80%，全镇基本形成了户平6亩的庭院基地格局。"

一个绿色产业、一批绿色工程、一批绿色典型、一批绿色示范点、一批绿色庭园……情满青山，绿色无限。谁不想化为绿叶，融入其中！湖北省京山县杨集镇的绿色形象及其五条做法，如诗如画，将流传永远。

（三）寓形于理，使生动鲜明的形象服务于论证或推演道理。这是由调研文章就事论理的职能所决定的。尤其说理的调研文章，更要如此。调研文章，有人称为非文艺性散文，尤其说理的调研文章，比文艺性散文行文更缜密，含义更深邃，风格更鲜明。毛泽东的《改造我们的学习》就是这类文章的代表作。为了论证主观主义的危害，他列出一副对子给这种人画像。那对子说："墙上芦苇，头重脚轻根底浅；山间竹笋，嘴尖皮厚腹中空。"鲜明生动的形象寓于说理之中，使说理更为深刻、透彻，易于理解和接受。毛泽东的《反对自由主义》《反对党八股》等，也都是此类名作。

四、怎样增强调研文章的形象感

调研文章不论是哪一种，其主要的表达方式是记叙和议论，夹叙夹议居多；描写则只用白描，少数地方用点说明；抒情属于偶尔。多种表现方法、修辞手段等，不可也不必多用，夸张和华丽词藻，属禁用之列。塑造文学形象的某些技巧，可适当用用，但一定要运用得恰到好处，否则就会贻笑大方了。思维方式，主要是逻辑思维。为了增强形象感，不仅形象思维，想象、联想，浮想联翩，都是可以运用的，但一定要慎用、精用，不能适得其反，画虎不成反类犬。我的做法是8句话40个字：

胸中有形象，脑中有联想；信息装满库，特点记心上；白描点龙睛，事实莫夸张；形理若互动，外秀内刚强。

具体讲：

胸中有形象。就是说，调研写作者从调查了解情况开始，一直到写作结束，都得注重材料的真实、具体、准确无误，注重看得见、摸得着的东西，不要捕风捉影，空洞无物。

脑中有联想。是说调研写作者一开始搜集资料，就要边搜集边分析思考，看看这个资料有无价值、有什么价值，今后可排上什么用场。如同伐木工人，每砍伐一棵树木，都要想象它今后可能做个什么，是栋，还是梁？早有联想，做到胸中有数。

信息装满库，特点记心上。是说调研写作者要收集保存尽量多的信息资料，并且要特别注重资料的自身特点及其所能反映事物的特点尤其本质特点等，并把这些特点牢记心上。

　　白描点龙睛，事实莫夸张。是说在具体写作中，主要运用白描手法；即使画龙点睛，也得如此。尤其不能使用华丽的词藻，夸夸其谈，夸大其词，或者故意歪曲、贬损好人好事。一定要实话实说，实事求是。

　　形理若互动，外秀内刚强。就是既要寓理于形，又要寓形于理；要形中有理，理中有形，形理结合，相互为用；互相深化，互相促进，达到形真理切，妙趣横生，形似而更神似，外秀而内刚强的境界。

　　这里必须首先申明的是：调研文章所要的是形象感，不是文学艺术全力打造的鲜明、生动、完整、突出的人物形象和所谓典型环境中的典型性格。而且，这种形象感只是让人们在阅读、运用调研文章时感觉到其中一些人物和事物真实、生动的形象，如闻其声，如见其形，尤其是神似，不是形似。这与对文学形象塑造的要求是有天壤之别的。

　　调研文章主要是记事说理。不论记事，还是说理，都不得离开人，离开人的活动。因为事都是人做的。做事，就有怎么做、为什么做、做得怎么样等，这就要有做法、有步骤、有条理、有道理。所有这些人、这些事、这些理，都是具体的、生动的，是有形的人，做的具体的事，说的具体明白的理，都是具体、生动、有形的。我们调研写作，就是调研这些具体、生动、有形的人和事、条和理。所以，我们就必须胸中有形象，脑中有联想，必须特点记心上，形理互动，外秀内刚强。如果我们在调研写作中，较好地这样做了，记事说理文章的形象感问题，应该说就较好地解决了。

　　1996年，我为中共荆门市委政研室写了篇《实行四个转变搞好参谋服务》的经验文章，被湖北省委政研室内刊编发后，又被《秘书之友》刊登，在全国交流。全文记事说理，总结宣传"变被动服务为主动参谋、变自我封闭为多方搞活、变墨守成规为开拓创新、变按部就班为满负荷运转"四条做法，全部凭事实说话，全部事实真实具体，数据准确可靠，特别注重抓住特点，突出典型，运用白描手法，画龙点睛。比如"变墨守成规为开拓创新"一块第三条做法"猛攻'拳头产品'，在'精'字上下功夫"，我抓住如何使调研"精品"既有理论深度，又有实践力度的典型事例，画龙点睛地写道：

　　如我们撰写的《发展工程农业，夯实农业产业化基础》这篇调研文章就被省、国家级有关刊物登载，并获省委政研室优秀调研成果二等奖，市委书记缪合林批示全市"各地、市直有关部门特别是农口的同志认真一阅，并用以指导实际工作，以推进我市农业产业化进程"。

使人如闻其声，如见其形。

说理文章既要透彻、深刻地说理，又要有形象感，让人如闻其声，如见其形确实比较难。但真正做到了这一点，其说理可能就更透彻、深刻，更活泼、生动。其实，说难也不难，只要真正做到前述8句话40个字，我想，还是可能做好的。

2008年初，中共湖北省荆门市委组织"解放思想，开放崛起大讨论"，我以重在参与为指导思想，写了一篇《论第八种观念的危害与整治——给什么事都不干、什么错都不犯的庸官画像》，为这次讨论摇旗呐喊。该文以自己多年耳闻目睹的一些怪现象为素材，重点揭露庸官害人的问题，建议采取有效措施予以根除。为了较好揭露危害、解剖原因、提出建议，我采取了寓理于形和寓形于理的办法。为了给这些什么事都不干、什么错都不犯的庸官准确画个像，我一下子列出十种表现：第二条说他们"谁的坏话都不说，什么人都不得罪；见谁都是一脸笑，人人夸他（她）人缘好；选举时能够多得票，升官晋级乐逍遥"。第七条是"大门不出，二门不迈，坐在机关享清闲，图自在"。分析原因第三条第一小条是"能上不能下，乱点鸳鸯谱。使不少管教育的不能上讲台，管调研的不喜欢写文章；管工业的不爱听机器响，管农业的不懂得播种插秧；管司法的'打砸抢'，管民政的不孝敬爹和娘"。这都比较形象生动，有的能让人如闻其声，如见其人，使枯燥无味的说理有了味道，增强了文章的可读性和感染力。

◎附一：实行四个转变搞好参谋服务

近年来，我们荆门市委政研室按照"围绕中心转，跟着书记干"的思路，实行"四个转变"，在"设大谋，出精品"上下功夫，使调研、政研工作再上新台阶。1996年，我们共开展全市性大型调研、研讨活动6次，完成各种调研课题360多项，其中被市领导批示认可和纳入决策的调研成果有26篇（项）、被省级以上报刊采用的有40多篇。

一、变被动服务为主动参谋

党委政研室的主要工作是调查研究、服务领导决策，献策出谋，充分发挥参谋助手作用。过去几年，我室在这方面虽也做了不少工作，但总的来看是不够的。其主要表现是主动服务少、被动应付多，不能充分发挥应有的参谋助手作用。为了迅速改变这种状况，室领导班子带领全室人员着重抓了以下三方面的工作：一是明确职责，理清工作思路。主要是牢牢把握党的工作大局，紧紧围绕市委工作中心，努力把政研室建成全市的"调查研究中心、决策服务中心、情报信息中心"和市委的"智囊团"。这个工作思路得到了市委领导的认可。二是"围绕中心转，跟着书记干"，主动为市委献大计、设大谋。1996年以来，全室搞调研的同志几乎都跟随书记们下过乡、进过厂，参加过多种调研汇报会和研究人事以外的常委会议。这样既贴近领导又贴近群众，既了解了实际情况又掌握了领导的思路和意图，为出谋献策打下了较好的基础。三是围绕市委工作中心，按照市委领导意图搞调研。主要是围绕市委提出的"奔发展之路、举团结之旗、树廉洁之风"和"改革活市、调整强市、科教兴市、发展富市"的工作思路，积极开展政策调研，为市委决策从宏观上、战略上提供依据。

二、变部门自我封闭为多方搞活

为了改变过去部门自我封闭搞调研、政研的模式，摸索出一条适应新形势的卓有成效的调研路子，我们进行了如下探索：一是更新观念，把思想搞活。过去一些人认为调研、政研工作不过是写几篇文章而已，既不解决实际问题，又无人重视、无人管，这种消极观念严重禁锢了调研人员主观能动性的发挥。通过学习，全室人员转变了观念，牢固树立了政研室是本级党委的参谋部的观点，并决心打破封闭，同社会各方建立广泛而牢固的联系，争取用自己卓有成效的工作取得上级领导和社会各方的支持和帮助。二是开展联合调研，把协作关系搞活。1996年下半年以来，我们先后组织全市一百多名县级领导干部进行以"奔发展之路"为中心课题的重大调研活动；联合市委组织部、计委、经贸委、农委、科委和文明委等单位，分别举办了1995—1996年度县级干部优秀调研文章评选活动及转变经济增长方式理论研讨会；开展了关于全市国有工业企业状况、农业产业化进展情况、精神文明建设状况等重大课题的调研；邀请省社科院专家、学者同我们一起进行了关于我市"发展工程农业，夯实农业产业化基础""影响粮农积极性的深层原因及改革对策"等重大课题的调研。以上调研活动共形成和收集重要调研文章近300篇。三是"推销"调研产品，把调研"市场"搞活。每当某项调研成果产生之后，我们都要视其理论价值和使用价值，采取多种形式向各有关方面"推销"，争取市委领导采纳和社会各方认可。我们的这种做法产生了预期的积极效应；全市不少部门和基层单位主动请我们去调研，有的单位要求同我们联合搞调研；不少领导主动向我们交任务，要我们提供决策参考材料；省内外的不少单位主动向我们约稿、主动要求交换信息，使我们的调研"原料市场"和产品"销售市场"都充满了活力。四是联合办刊，把传媒搞活。由我室承办的市委机关刊物《荆门研究》，是全市党政干部和广大党员的重要理论园地。1996年以来，我们吸收全市八个局级单位协办，不仅较好地解决了经费不足的问题，还使刊物质量大为提高。五是合理流动，把机构搞活。政研室作为党委的工作机构，是培养人、锻炼人、出人才的地方。1996年，由于市委领导重视、部门支持，我室干部中晋升正县级一人、副县级二人，有三名职工转为国家公务员，提职提薪人员占总人数的46.1%。

三、变墨守成规为开拓创新

为了给全室工作增添生机和活力，我们抓了以下工作：一是加强信息搜集，围绕"多"字打基础。我们健全了全市调研工作网络，要求全市各部办委局、各区乡镇党办和企事业单位积极向我室报送调研信息。同时，我们还加强了同省内外一些调研信息部门和单位的联系，通过交换刊物和微机联网等办法，搜集全国以至国外的有用信息，使我室真正成为全市情报信息中心。二是拓宽调研领域，在"新"字上作文章。我们在调研中注重捕捉新课题，不断拓宽调研领域，坚持既报喜又报忧、言人之所未言，取得了很好的效果。如《影响粮农积极性的深层原因及改革对策》一文就较深刻地揭示了我市农民的不合理负担问题，引起了市委领导及社会各方的重视。三是猛攻"拳头产品"，在"精"字上下功夫。政研工作要出精品，就要在"高、深、实、细"上做文章。"高"就是观察事物要站在领导工作的高度，与领导同层次思维；"深"就是在认识上挖掘要深，要揭示事物本质；"实"就是要联系实际，追求内容充实、材料真实；"细"就是要逻辑严密，文字表述流畅精练。通过积极努力，我们实现了使调研"精品"既有理论深度，又有实践力度，对领导决策有较强的参考性的目标。如我们撰写的《发展工程农业，夯实农业产业化基础》这篇调研文章就被省、国家级有关刊物登载，并获省委政研室优秀调研成果二等奖，市委书记缪合林批示全市"各地、市直有关部门特别是农口的同志认真一阅，并用以指导实际工作，以推动我市农业产业化的进程"。

四、变按部就班为满负荷运转

党委政研部门要想设大谋、出精品，必须举全室之力满负荷工作。为此，我们从加强室领导班子自身建设入手抓了以下工作：一是抓教育培训，提高整体素质。主要是采取多种方法，教育和引导大家树立正确的苦乐观和得失观，营造讲政治、讲正气、讲团结、讲纪律和爱岗敬业、争创一流的氛围。二是抓办公自动化建设，改善工作条件。我们购置了微机、复印机、速印机等先进的办公机具，并实现了电脑联网，使办公质量和效率大为提高。三是抓制度建设，强化目标管理。我们共制定了十大制度，按照岗位设置将各项工作职责、任务量化分解，落实到人，保证了各项任务提前完成。四是抓检查评比，落实激励措施。通过定期检查结账，比思想、比干劲、比作风、比贡献。对于完成任务好的、成果被市级及市以上领导纳入决策和被评为不同层次先进及获得奖励的，分别给予表彰奖励；对于工作差的进行批评教育，直到调换岗位。

◎附二：论第八种观念的危害与整治
——给什么事都不干、什么错都不犯的庸官画像

最近，市委组织"解放思想，开放崛起大讨论"，把长期阻碍我市改革与发展的封闭保守、小富即满、坐而论道、官气十足、思想僵化、嫉能妒富等"七种观念"作为重点，使讨论深入展开，必将对我市解放思想，开放崛起，产生积极而深远的影响。我以为，这次讨论，除上述七种之外，还有一种，我称为"第八种观念"，也不可忽视；在某种意义上说，它比封闭保守、坐而论道等的危害可能更大、更难整治，这就是什么事都不干，什么错都不犯的庸官及其理念，值得引起高度重视。

一、第八种观念的表现与危害

改革开放以来，由于市委正确贯彻落实党的干部政策，既抓教育、培训、提高，又抓选拔、使用、管理，总体上看，我市干部队伍的素质是好的，能够适应改革和发展的需要。但不可忽视的是，这其中确有一些庸官、"太平官"，使用失当，管理失察，让改革和建设受阻，令群众失望，并无所措手足。

这些庸官、太平官的主要理念、观念及表现：

（一）什么事都不干，什么错都不犯，谁都提不出意见。相当级别的领导干部因不干事受处分的几乎没有。

（二）谁的坏话都不说，什么人都不得罪；见谁都是一脸笑，人人夸他（她）人缘好；选举时能够多得票，升官晋级乐逍遥。

（三）遇到困难绕道走，遇到麻烦不插手；好办的事情也不办，难办的事情不露面。在他们的词典里，从头到尾都是"不办！""不能办！""我说不办就不办！"。

（四）占个茅坑不拉屎，美其名曰"无为而治"；自己不拉不让别人拉，嫉贤妒能

耍权势。

（五）无所作为不作为，自诩忠诚"无野心"。其实是无责任心，无事业心，无工作热情、激情，更无决心、信心。一副老实巴脚的样子，没有一点强人、能人的阳刚精神和气质。请求不得，请托不得，更加责难不得。他（她）的"撒手锏"是："我无能，我又不想当这个官，是他们（指领导和组织部门）要我搞！"让请求、请托者们无话可说。

（六）远离竞争，逃避拼搏，害怕犯错误、担风险。不学习，不思考，得过且过；什么工作都只是念念文件和照着文件汇汇报；有时文件不传达，不了了之；只吃粮，不打仗；只当和尚不撞钟。

（七）大门不出，二门不迈，坐在机关享清闲，图自在。你叫他分管文字工作，他自己不写一个标点符号；你叫他主管工业发展，他从不跑一个项目、不找一个人才；你叫他主管扶贫济困，他不找谁争取一分钱财；衣来伸手，饭来张口。

（八）该他说的他不说，该他做的他不做；该他表态他不表态，该他拍板他不拍板；该他争取他不争取，该他拼搏他不拼搏。不求有功，但求无过。对党和人民的事业不热不冷，对群众疾苦不闻不问。尸位素餐，麻木不仁。

（九）关起门来背考题，考了县级考厅级；两耳不闻窗外事，哪管群众休与戚。工作不积极，考分却第一，他不升级谁升级？

（十）混世魔王，会混日子。饱食终日，无所用心。对烟酒牌情有独钟，津津乐道，乐此不疲。唯独对干工作，干实事好事不感兴趣。有个被群众总结出的"四基本领导干部"：基本上不上班，上班基本上不搞事，搞事基本上不搞正事，搞正事基本上搞不好。十几年如一日，可真算混到吉尼斯世界纪录了。

第八种观念的危害，主要是一人挡住千江水，阻碍改革深入，阻碍经济发展，阻碍人才培养成长；坐失良机，百业不兴，百举尽废；山河依旧，群众拿他没有办法。现行体制下，一个地方或部门的当权者，就是那个地方或部门的决策者、领路人、法人代表。如果他是一个庸官，或一个庸官的思想行为，尸位素餐，不决策，不干事，谁还能决策，能拍板，能干事？外地的好经验、好做法，就因他不说话、不拍板，被拒之门外；好项目、好技术，就因他不同意、不决策，被推给人家；内部人才被压制，群众有力无处下，只好干着急。有人说得很刻薄："只要你把老百姓的事情办好了，你贪个十万百万都拥护你；就怕你什么事都不干，什么错都不犯，你可就真比贪官还混蛋！"

这可真是老百姓的切肤之痛。所有庸官都既无能力、政绩，也无威信，在某种意义上说，其误国误民的危害，可能比贪官有过之而无不及。

二、第八种观念的成因及其症结

庸官及其理念产生的原因很多，既有主观原因，又有客观原因；在客观原因中，还既有思想根源，又有历史根源和社会根源上的原因。归纳起来：

（一）思想土壤混杂。我国是个有2000多年封建制历史的农业大国，小农经济思想、官本位思想、计划经济思想影响源远流长。这些都是庸官及其理念、观念产生的土壤。我市是个传统农业大市，地处中西部及鄂中腹地，上述三种思想的消极影响很深。虽经多次解放思想运动的冲击，有了较大改变，但每到改革和建设的关键时刻，这些陈腐思想都会集合起来，采取不同方式表露出来，阻碍改革与建设。最突出的仍然是小富即安，不求进取；害怕竞争，不敢拼搏，怕担风险、犯错误；思想僵化，嫉贤妒富。这些思想，若是集中在一个普通人头脑里，这个人就可能只是个懒人；如果这个懒人执迷不误，一懒到底，这个家庭就一定没有希望。如果集中在一位领导干部头脑里，这个领导就必定是个庸官。是个懒人，危害一般只在一个家庭；若是个庸官，其危害就可想而知。

（二）评价标准扭曲。随着改革的深入、经济的发展，尤其市场经济体制逐步建立和健全，新的适应市场经济发展的价值观、政绩观已基本确定。但由于从根本上消除旧思想、旧习惯影响是一个长期的过程，陈旧的、传统的价值观、政绩观影响的顽固存在，使当前少数人的价值观、价值取向、政绩观为庸官及其理念的产生和蔓延提供了条件。比如：无才便是德，无过就是功；无劳就是能，无争就是忠，等等，这些标准就都成为了庸官们的借口和护身符。

（三）使用管理错位。主要是选拔任用体制和机制僵化，给庸官以可乘之隙。一是能上不能下，乱点鸳鸯谱。使不少管教育的不能上讲台，管调研的不喜欢写文章；管工业的不爱听机器响，管农业的不懂得播种插秧；管司法的"打砸抢"，管民政的不孝敬爹娘。导致干（管）哪行怨哪行，即是管农业的不懂、不喜欢农业、农村、农民，管文字工作的写文章就头疼。让他们说，我根本就不喜欢这项工作，是他们（指组织部）要我搞。二是在选拔使用的方式上，论资排辈；搞裙带关系，选"世家子弟"；重考分，轻能力。让"三门"干部"坐直升机"，只晓得关门背考题，不过问民间疾苦，情为官所系。三是让庸官用庸官的办法选拔、任用、管理、考核庸官，解决庸官问题。有的群众看到庸官误事，造成重大损失后，摇头叹气说：这可不能怪他（她），只怪市委瞎了眼睛，聋了耳朵，把他（她）安排到了一个不该安排的位置。

（四）考核监督弱化。对比对其他类型领导干部的考核监督，对庸官相对弱化。反过来说，庸官的生存环境就比较宽松、优化。小农经济、官本位和计划经济思想、理念渗透广泛，加上标准扭曲，这都对庸官及其理念的产生和蔓延极为有利。当前干部考核监督，很多时候都是靠听汇报，凭印象；先结论，后走过场；闭目塞听，以人画线，以裙带画线；有些庸官，即使既无能力，也无政绩，更无威信，也会有人说：这个同志无野心，对党忠诚，放到哪里都放心。于是，就易地做官。即使他（她）走到哪里，哪里就经济滑坡，管什么就什么减产，抓什么什么就混乱不堪，也说群众关系（人缘）好，是个好同志，偏偏给予提拔。有些庸官渎职，被结论为好心办坏事，算是交学费吧，不予追究，多方给予保护。

三、整治和消除庸官及其理念的途径与措施

解放思想，开放崛起，不容庸官及其理念挡道和阻挠。市委组织"解放思想，开放崛起大讨论"为整治和消除庸官及其理念提供了极好的机会和条件。只要采取以下措施，就可取得应有效果。

（一）加强教育培训，提高党政干部整体素质。什么事都不干、什么错都不犯的庸官及其理念的存在和蔓延，极其影响党政干部整体形象和素质。采取教育培训的办法，整治和消除庸官及其理念的危害和影响，首先，要把这次解放思想，开放崛起的大讨论引向深入。通过大讨论，使大家充分认清庸官及其理念对改革和建设的危害，摒弃庸官及其理念，谁也不相信、不充当庸官。其次，树立思想解放、开放崛起的先进典型，引导广大干部敢闯敢冒，多干实事。再次，加大宣传力度，优化舆论环境。主要是利用多种媒体，宣传大讨论的情况及开放崛起的好人好事，形成解放思想，开放崛起的良好氛围。

（二）树立科学发展观，统一政绩评价标准。科学发展观是马列主义、毛泽东思想、邓小平理论关于发展的最新最高成果。发展是硬道理。以人为本，而人是改革与发展的主体。任何改革与发展都是靠人干出来的。干部干部，先干一步。领导干部，只有领头干，带头干，才不愧为领导干部。什么事都不干，什么错都不犯，谁都提不出意见。根本就不是这么一回事吧？什么事都不干，本身就是个错误和严重错误。占个茅坑不拉屎，还不让别人拉，坐失发展机遇，搁置和浪费发展资源，这不只是严重错误，而且是比贪污浪费更大的犯罪，是政治腐败的严重表现。树立科学发展观，统一政绩评价标准，必须以干实事、谋发展为第一标准，用科学发展的观点评价政绩，检验政绩，让庸官及其理念找不到任何借口和护身符。

（三）深化干部人事制度改革，建立健全选人用人新体制。一是实行能者上、庸者下，能上能下，建立健全干部人事上的淘汰机制。无能力、无政绩、无威信的"三无"庸官务必淘汰尽净。二是改革和改进选人用人方式和程序。主要是彻底摒弃论资排辈、照顾关系，简单易地做官；重考分，不看实际工作能力；重年龄，轻专业特长；简单拉郎配等，不断创新选人用人机制。三是实行"第一志愿制度"，充分尊重受命者的意愿。即是凡是任用领导干部，必须符合他的兴趣、特长，尤其第一志愿，千万不要赶鸭子上架，简单机械地搞"共产党员是块砖，哪里需要哪里搬"；尤其不能把无用的砖，甚至烂砖搬到重要岗位，勉强甚至强迫任何一个不喜欢、不懂得那项工作的人去管理，尤其是主管那项工作，外行管内行或外行。

（四）解放思想，开放领导干部的选、用、管、督内容和方法。一是扩大地方和部门正职领导干部直选比例。二是增加领导干部选、用、管、督的透明度。在考核、管理、监督、纪检方面，不只公开结果，而应逐步实行全方位公开，采取多种形式公开，除媒体公开外，请群众代表参加或列席参加研究、表决性会议。

（五）纳入纪检监察重点，依法惩治庸官。一是在认识上，把庸官造成的损失，与贪官造成的损失同等对待。对主持一个地方、一个部门工作三年以上，因其什么事都不干，导致山河依旧、民生凋敝、苦不堪言；上告成风，纠纷不断，就应该像惩治贪官那样惩治或淘汰。二是让什么事都不干、什么错都不犯的领导干部引咎辞职。三是对因不作为造成严重损失的领导干部，按渎职犯罪的程度绳之以法。

第八讲 调研文章要有厚重感

一、厚重感与调研文章的厚重感

厚重感，就是给人一种很厚、很丰厚的感觉。比如：电影《黄土地》的镜头构图四分之三都是黄土，则体现了黄土的厚重感；深色的、有积淀的东西就有厚重感；写文章有时旁征博引，一波三折，曲径通幽，也会产生厚重感；历史、文学、艺术等上层建筑也是有厚重感的，这都是给人的一种感觉。

调研文章的厚重感，主要指调研文章内容翔实、丰厚，思想深刻、新颖，文化底蕴丰厚笃实，并体现丰厚的人文精神。具体来说，大约有以下四个方面：

（一）人文精神厚重。调研文章目的性强，从古至今，包括国外，几乎都是"文章或为时而著，歌诗或为事而作"的；优秀的传世之作，不论中外，都是以人为本，关注民生，了解民情，反映民意，甚至谋划民利的，几乎没有为写文章而写文章，无病呻吟、风花雪月的东西；在我国，自《诗经》以来，真正始终如一地贯彻"饥者歌其食，劳者歌其事"的现实主义文学创作精神的，调研写作者们可谓其中的佼佼者。在古代，调研文章属于文学中重要的一种，如李斯的《谏逐客书》、诸葛亮的《隆中对》、柳宗元的《捕蛇者说》等，都是深刻反映当时人民群众和全社会深切关注的热点、难点、焦点、疑点问题的。近现代以来，无论国内外马克思主义经典作家，包括马克思、恩格斯、列宁、毛泽东们的经典调查报告，还是深切关注民生、民意、民权、民利的专家学者，如费孝通、孙冶方、吴敬琏等的经典社会经济调研论著，也都是为了解决现实中一定的经济社会中的问题，才苦思冥索，秉笔直书的，都倾注了真挚的人文关怀和人文精神。

（二）文化底蕴厚重。调研文章是文化的一个重要组成部分，或者说它就是一种文化，或文化的一种。在人类社会中，无论广义的文化，或大文化，还是狭义的文化，即特指精神财富，如文学、艺术、教育、科学等，文章是其中最具文化特点的。大文章的概念，包括所有的著作，而在所有的著作中，调研文章自成一体，独具特色，涵盖广泛，内容丰富，源远流长，历史上，曾是文学的一个重要分支。只是近现代以来，被划入应用写作之列。即便如此，它的文化特点也仍然十分突出。2006年，笔者创立"调研文化"新概念，撰成《"调研文化"新概解》一文在《秘书工作》2006年第12期发表，2007年5月被《荆门职业技术学院院报》转载，全国多家网站转登。该文从"主体客体的广泛性、思想观念的创新性、内容材料的真实性、对策措施的可操作性、建言献策的时效性、语言表达的特殊性"等六个方面，多角度阐述了调研文化，也主要是调研文章的特点，全面透视了调研文章的文化底蕴，并确认了它的厚重感。

（三）思想内容厚重。调研文章在注重材料真实的基础上，注重思想深刻、新颖，注重材料与观点配套，注重线、点、面结合，注重历史深度和现实的立体感和时空感。古代纵横家、雄辩家们的调研文章，包括他们的建言献策和辩论，都特别注重旁征博引，凭事实说话。现当代调研文章广泛运用，更加注重用事实说明观点。工作研究、对策研究、发展战略研究、调查报告等，特别注重运用演绎推理和归纳推理等，就不用说了；有些工作总结、工作经验，甚至情况汇报，都十分注重侧重点，注重角度选择，尤其注重观点新颖、思想深刻，注重经验性、理论性和条理性，既就事论事，又就事论理，有理有据，真实生动，有说服力、感染力和震撼力，也都十分丰厚和厚重。

（四）体例完备厚重。调研文章体例，仅本人读到、用到的，大约有十多种。主要的有调查报告、学习考察报告，战略发展研究、工作研究、工作总结、工作经验、典型材料、可行性研究报告、工作计划等。《新编公文写作文体大全》《应用写作》等书刊中介绍的调研文章种类可能更多。调研文章体例的产生、形成和逐步完善，经历了漫长的历史发展过程。我在浏览古籍的时候，好像在《礼记》《易经》等的有些卜辞中，就发现有了调研文章的萌芽；《战国策》《国语》《左传》等记述的不少纵横家、雄辩家的谏言、辩论、谋略，就是比较成熟的调研文章；秦、西汉以后，许多文章大家著述中的调研类文章体例日趋完备。唐宋两代，经韩愈、柳宗元推向高潮的古文运动之中和之后，思想深刻，影响深远，脍炙人口而或为时而著的调研文章，就更是独树一帜，出现于文坛和政坛之中，尤其出自一些革命家、思想家之手的调研文章，如毛泽东的《湖南农民运动考察报告》《星星之火，可以燎原》《井冈山的斗争》等，都曾经引领着时代和历史前进，从内容到形式，都展示了调研文章不可抹灭的历史厚重感。

二、调研文章为什么要有厚重感

第一，这是由调研文章自身的特点决定的。它自身的特点就是在我所阐述的"调研文化"中，它是调研文化的核心组成部分，所有调研文化的特点，它都神形兼备。从神来说，神，就是精神，即内容实质，它涵盖广泛，包容古今，古往今来，政治、经济、文化、社会、军事、自然，没有什么领域它没有反映，它没有探索；它从古代来，向未来去，是古往今来，长期历史文化的积淀。它既是调查研究的起点，又是调查研究的归宿；既是调查研究的目的，又是调查研究的结果，调查研究之改造社会、改造自然的最终目的，只有靠调研文章作用的发挥，才能真正把调查研究的精神财富变成强大的物质财富和物质力量。从形来说，形即形式、形体、体裁。调研文章，体例完备，真正是思想的载体，看得见，摸得着，可读可记，可圈可点，可以操作，可以传播，可以传承永久。它神形统一，自成一体，从整体上体现出历史和现实的厚重感。由此来看，所有调研文章写作者，都应该在既追求理论深度，又追求实践力度上下功夫，都应该全力以赴，做到语不惊人死不休，为构建自己文章的厚重感，努力奋斗。

第二，这是由调研文章的作用决定的。不论我们怎么把调研文章的特点、目的、归宿说得天花乱坠，然而，真正能够发挥它作用的是领导决策，不是它自身如何优秀，如何精粹、精彩。一位哲人说："没有调研的领导是瞎领导，没有领导的调研是白调研。"这句话的前半句强调了调研的重要，后半句强调了领导的重要。领导什么重要呢？领导决策重要。一是领导需要并领导、指导你调研，你的调研才是有用的调研，不是白调研；二是最重要的一点是领导采用你的调研成果，把你的调研成果纳入决策，你的调研才能真正发挥作用，不是白调研。我想，这句话说得更准确一点，应该是"没有纳入领导决策的调研是白调研"。其实，所有调研文章，都只是建言献策，只是领导决策的参考材料，不是决策，包括领导者自己的调研文章，都只是文章，不是决策，不是决定，没有法定的效力。领导者自己的调研文章，也要正确、可行，并且有厚重感、有感染力，才有权威性，才能起到改造社会、改造世界的作用。否则，即使通过权力纳入决策，要么是起不到作用，要么是误国误民。要想自己的调研文章变成领导决策，真正成为改造自然、改造社会的物质力量，你必须通过你的文章自身的说服力、感染力，说服领导，让领导接受、并采纳你的建言献策。这就要求你必须把文章写实、写厚，旁征博引，内容充实，有理有据，经得起推敲，经得起实践的检验，力透纸背，掷地有声，非采用你的建言献策不可。有些调研文章并没有在当时当地的领导决策中发挥作用，而是通过媒体传播，在更广大的范围和更高层次上让人浏览参阅，影响他人，潜移默化，甚至纳入决策，发挥作用；有的甚至传承永久，给更多后人以启迪。这都说明，调研文章必须具备现实的，或者是历史的，尤其是现实加历史的厚重感。否则，就是百分之百的白调研，谈不上有什么作用。

第三，这是由文章写作的基本要求决定的。古人论："言之无文，行之不远。""文"，有狭义的，指文采，文辞华丽优美；广义的，指文化底蕴，主题深刻，文意绵长，言有尽，而意无穷。这就要求内容丰满，逻辑谨严，条理清晰，能够多侧面、多层次、多角度突显主题，给人以真实、深刻、厚重的感觉。只有厚重，才能深刻，才有说服力、感染力和震撼力。调研文章，主要是凭事实说话，既要就事论事，又要就事论理，更要以其自身特有的文采、文化底蕴和内容的厚重扎实，行之更远。古人还说："文是看山不喜平。""文武之道，一张一弛。"要求层峦叠嶂，峰回路转；一波三折，一咏三叹；有层次、有曲折、有起伏、有波澜，抑扬顿挫，刚柔相济。调研文章，不论汇报情况，总结经验，还是剖析问题，建言献策，都必须事先通盘考虑，临场成竹在胸，突显其厚重、坚实，有张力。

三、如何构建调研文章的厚重感

第一，坚持以人为本，突显人文关怀。坚持以人为本，就是要以实现人的全面发展为目标，从人民群众的根本利益出发谋发展、促发展，不断满足人民群众日益增长的物质文化需要，切实保障人民群众的经济、政治和文化权益，让发展的成果惠及全体人民。一段时间以来，有些调研文章作者片面理解以经济建设为中心，重经济，轻人文；重物质，轻精神，不少调研文章"见物不见人"；写人也只侧重领导活动，反映人民群众的物质文化生活不够；少数反映领导和群众的活动的，也只是重过程，轻思想，对人的精神世界挖掘不够；尤其对广大人民群众高度关注的热点、难点、疑点、焦点问题关注不够，缺乏表现力和震撼力，使文章显得很单薄。构建调研文章的厚重感，必须坚持以科学发展观为指导，坚持以人为本，以人的发展统领经济、社会发展，一切为了人，一切依靠人；以鼓励职工为主，重视人的需要；努力突显人文关怀，特别要关注民生，谋划民利，关怀弱势群体。在我四十多年来所写的全部调研文章中，我自己喜欢，并受到较多人称赞的，是《价值规律与生猪生产问题初探》《当前农副产品增产减收的表现、成因及对策》《农民闯市场的十大趋势》等数篇反映"三农"问题的文章。那个时候的农业是弱势产业，农民是弱势群体。关注民生，了解民情，反映民意，最重要的是关注弱势群体。"三农"问题是最该得到全社会深切关怀的。

第二，坚持"两去""四由"，突显本质规律。"两去"就是"去粗取精，去伪存真"；"四由"，就是"由浅入深，由近及远，由表及里，由此及彼"。这是调查研究最基本的工作，是调研写作的主要基础工作。基础不牢，地动山摇。构建调研文章的厚重感，打好"两去""四由"这个基础，十分重要和必要，只能加强、做好，决不可削弱，更不可或缺。

第三，坚持点、线、面结合，突显历史厚度。点、线、面结合，是个几何学术语。具体的说法是点动成线，线动成面，面动成体，才有立体感；有立体感，才有厚重感。方志学也讲究点、线、面结合。具体讲是以时为经（线），以目为纬（面），以掌故（典型事例）为点，反映事物从发端到下限，发生发展，盛衰起伏，构筑一个地方的历史。这两个方面都可成为调研文章构建厚重感的参考和借鉴。如果只有点，要么是散兵游勇，各自为阵；要么是独木不成林，孤立无援手，不成文章。如果只有点动成线、线动成面，就没有立体感，在绘画上叫单线平涂，在文章方面，叫苍白无力，谈不上厚重感。只有面动成体，才是一个立方体，才厚重坚实，雄浑有力，风光无限。但是，我们现在有些历史题材的调研文章，却不写历史背景，没有历史厚度，薄纸一张；有些短时间的工作总结、经验总结、工作研究，就更是不交代历史渊源，不知其过去怎样，只是就当前说当前，白开水一杯。我不是说当年工作总结都一定要交代过去怎样，而是说你必须采取一定手段，把文章做出立体感、厚重感，以便更好地宣传群众、动员群众，激励群众前进。

第四，坚持发扬传统，突显文化底蕴。什么是调研文章的传统和文化底蕴呢？中国调研文章的传统可以追溯到《诗经》时代的"饥者歌其食，劳者歌其事"。现当代的调研写作者，虽然都不是饥者和劳者，但中国传统文化中的精英们不少是为民请命的人。近现代的很多调研写作者，能够情为民所系，利为民所谋，是能够为老百姓说话的，这就是发扬传统。"文化底蕴"一词，是最近几年才出现并广泛运用的。从网上查找，主要有两种解释：第一种是认为它是分享人类精神成就的广度和深度，就是学识的修养和精神的修养。或者说是指人们所掌握的现有物质文化成果和精神文化成果的功底及其应用能力。狭义的文化底蕴指文史修养，广义的文化底蕴则指对人类文化精神的深刻认识与领悟，主要侧重点在"个人"。第二种解释是：（人或群体）所秉持的可上溯较久的道德观念、人生理念等文化特征，主要侧重点在人或人群。

对于调研写作者来说，我想这两种解释都可排上用场。就个人而言，调研写作必须多少具备这种学识的修养和精神的修养；对于调研者所写的文章内容来说，必须反映、包含这种（人或群体）所秉持的可上溯到较久的道德观念、人生理念等文化特征。这个要求可能很高，可能是很容易和必须做到的。现在回想起来，拙作《价值规律与生猪生产问题初探》《农民闯市场的十大趋势》等在这方面是有所尝试的。前者叙述湖北省仙桃市（原沔阳县）不少农民当年在那种沉重的"罚、补、挖、扣"的负担中忍辱负重，坚持养猪，"穷不丢书，富不丢猪""养猪为过年"，就较好反映了那里农民纯朴的民风民俗；后者第十条："由混沌无序向文明规范发展。这是农村市场经济由初级向高级发展的一个自然过程。在农民闯市场的初始阶段，不少农民对何谓市场、何谓市场经济以及与之有关的一些问题都模糊不清，市场的主体、市场经济的客体等也都处于某种程度的混沌、无序和非规范状态。经过10多年尤其近几年加强教育，强化管理，广大农民闯市场基本走上了文明、有序、规范化轨道：一是服管理。主要能够按产业政策择业，按城管要求设点，按价值规律交易，并接受监督，依法纳税。二是守信用。他们坚持以质取胜，不断改进服务态度和服务方法，提高服务质量和水平，以取得顾客的青睐。三是讲贡献。主要在依法纳税之外，还主动集资建城镇，兴市场。全市闯市场的农民每年集资700万—800万元，资助地方政府在城乡兴建了一批集贸市场，为市场经济的发展提供了较好的物质条件。"

仙桃、荆门两市，同处江汉平原，属楚文化的发祥地之一。我的这些篇章，字里行间都透露着荆楚文化的深厚底蕴。我的话如果言过其实，那或许就是我浅薄了。

第五，坚持内容和形式有机结合，突显文章厚重。"厚"的反义词是"薄"，"重"的反义词是"轻"。文章厚薄不单指纸张，单指篇幅，也指内容的浅薄、平淡乏味；文章的轻重也不单指形式上的分量，还指思想深刻、内容丰厚，有冲击力、吸引力、感染力、震撼力等，力透纸背，掷地有声。文是看山不喜平，更不喜浅、淡、薄、轻，没有含金量，更要思想内容上的厚重与形式上的厚重有机统一，一波三折，曲径通幽，达到1＋1＞2的超级厚重。我曾写过一篇《参与市场竞争要有成熟的市场意识》，论题不大，篇幅也不大，2000多点字，可我给它写了五种"意识"，每种意识又分三至四个层次展开论述，比如算账，就要算四种账：先算大账。全局的账甚至全世界的账。再算远账。立足当前，放眼长远，长盛不衰的账。三算细账。精打细算，"鸡蛋里算出骨头来"。四算活账。即要机动灵活，不在一棵树上吊死。第五种意识也讲了四个层次，全文确实比较丰满。我写调研文章，整体结构一般都不少于三个层次，三足才能鼎立，才站得住脚；我举例子，一般举两个，一个总显得单薄。

◎附：参与市场竞争要有成熟的市场意识

在我国，建立社会主义市场经济体制，对你，对我，对全体国民来说，都是一个崭新的课题。如果对市场没有较深刻的认识，市场意识幼稚、不成熟，将不利于全体国民主动积极地参与市场竞争和市场经济的健康发展。因此，全体国民都应该具有成熟的市场意识。

成熟的市场意识，就是科学市场观吧，主要由五种意识组成：

一、算账意识。在某种意义上说，市场就是"算场"。没有算账就谈不上市场和市场经济。搞活市场，首先就要算账，通过算账，算活市场。不能简单理解什么赚钱就干什么，更不能简单、庸俗地把抓钱同市场、市场经济和市场意识画等号，而必须先算大账。我们所说的面对市场是指世界大市场，不只是身边眼前的小市场；所说的市场需求，是要看全局，看全球，看几十亿人口的总需求，不是只看局部，只看某些或某个地区和某些个人的需求，坐井观天，只打局部地区、少数人甚至个人的"小九九"，不打全局、全球、几十亿人的大算盘。要记住当代市场早已国际化，我国又已"复关"在即，像过去那样坐在家里打小算盘不行，连小算盘都不打就更不行了。再算远账。即要看发展，看趋势，立足当前，放眼长远，看自己如何适应长远，走在前边，兴旺发达，长盛不衰。三算细账。这就是打小算盘，精打细算，"鸡蛋里头算出骨头来"。从购进到卖出，从生产到流通，从成本到分配，是亏是盈，是亏多还是盈多，等等，都要算得清清楚楚、明明白白，不得有半点含糊。四算活账。即要机动灵活，不能生搬硬套，不能把什么赚钱就干什么绝对化，绝对地见钱眼开，而要从算好大账、远账出发，只要从大的、远的方面算账是盈或大盈，在小的、近的方面即使亏甚至大亏也要干，就要敢于用小的、近的方面的亏或大亏换取大的、远的方面的盈或大盈；用这一方面的亏甚至大亏换取那一方面的盈进而换取大的、远的方面的盈和大盈。

二、信息意识。信息是预先或及早知道的有价值的情况报告。在当今波谲云诡、瞬息万变的市场海洋中，闭目塞听，信息不灵或失真是不行的。因此，必须把抓市场信息放在发展市场经济的重要位置，增强信息意识，着力抓信息。首先，建立健全信息网络。从生产者到经营者乃至消费者，从基层到最高信息传递中心，从国内到国外，广泛建立健全上下左右、纵横交错、双向往来、畅通无阻、方便自如的信息联系网络。其次，广泛收集信息。在当前市场地域不断增大，范围不断扩展，信息量不断增多，捕捉信息的难度不断增大的情况下，要多渠道、多层次、多种手段并用，真、准、快、全，捕捉到足够多的信息。要眼观六路，耳听八方；眼要成为"千里眼"，耳要成为"顺风耳"；还要把手变成"如来巨掌"，对海外信息都能信手拈来，放在掌握之中，存入信息库，以便随时选用。第三，认真筛选鉴别。由于各种主客观因素的影响，信息量与信息的真实度有时成反比关系，信息量越大，其真实度就越低。因而，在采用信息时，必须先认真筛选分析，比较鉴别，再抉择决断，切不可听风吹风，见雨落雨，盲目决策，草率从事。

三、风险意识。市场是一个大海，天上有风云变幻，海面有波翻浪涌，水下有暗礁险滩。在这种情况下，闯市场者一要敢闯险滩。由于随时都有樯倾楫折，葬身鱼腹的危险，所以，谁要是没有不怕艰难险阻，不怕失败，敢闯敢冒，敢于拼搏的精神，谁就谈不上闯市场。二要敢闯迷途。市场不仅险如大海，而且茫若迷津、扑朔迷离，吉凶胜负不可预知。在这种情况下，是不可迷途知返的。因为这里的"迷途"不一定是歧途和绝途，很可能冲破迷雾便是坦途，柳暗花明又一村；即便不是如此，而是危路险途，也不要紧，也要勇闯，因为市场经济的本质就是充满风险，如不勇闯，就没有成功的希望。三要敢闯新路。从过去的计划经济进入到现在的市场经济，从过去靠计划指导，按计划办事，到现在按市场规律和价值规律办事，无异于进入到了一个新的世界，需要我们谋新策，走新路，敢为人先，走在人前。

四、竞争意识。闯市场者必须树立勇敢拼搏的竞争意识。 一要有竞争的胆略。在国际市场上，我们属发展中国家，要敢同大国、强国、先进国家竞争。在国内市场上，我们属中西部地区的，要敢同东部沿海地区竞争；属后进地区的，要敢同先进地区竞争；属中小企业的，要敢同大型、超大型先进企业竞争；就是乡镇企业、街道集体企业和个体企业的，也要敢同大中型国有企业竞争。二要有竞争的资本。最重要的资本是人才。所以，要尊重知识，尊重人才，靠造就大批优秀人才作资本。技术、资金、设备是资本，名优特新产品和优质服务也是资本，只要把这些要素优化配置好了，就能参与竞争，并夺得竞争的胜利。搞竞争虽要有资本，但资本不足或一无所有也不可怕，还可联营兼并，合资合作，都可把他人的资本用来搞竞争。三要有竞争的技巧。西方把《孙子兵法》等都运用到市场，并取得了惊人的成功。我们不能抱残守缺，而要努力学习古人、他人的谋略妙计，创造有自己特色、能出奇制胜的市场策略，以立于当今市场的不败之地。

五、时效意识。货卖当时，是市场经济的又一法则。 所以，时效意识也不可或缺。关键在于抓住四个字：一是"早"字，即早动手，早准备，立足于"抢乘第一班车"，走在时间的前面。账要早算，信息要早收集，质量要早抓，资金要早筹集，道路要早开通，总之一切都要早动手，要敢放第一炮，抢占制高点，争取主动权。二是"快"字。市场如战场，拖拉疲沓，照常规走路是不行的。看准了的就要抓紧干，雷厉风行，迅雷不及掩耳。要在别人未想到时，你早已想好；别人刚想到时，你已大踏步跨越；别人刚起步时，你已实现目标。只有快，才能过关斩将，抢占市场，夺得好效益。三是"稳"字。要稳打稳扎，不手忙脚乱。在市场行情起伏不定的时候，要稳得住，静观其变，以求一搏。出击要快，稳住也要快，要快中有稳，稳中求快，从稳中抓时机，求效益。四是"适"字。货卖当时，归根结底是要适时。只有适时，才是当时。早抓，快抓，稳抓，都要抓到一个"适"字上。要早得适时，快得适时，稳得适时。不早不迟，才是当时。

（原载《经济论坛》1994年第10期）

第九讲　调研文章的语言美

2009年6月30日，湖北省荆门市委办公室、政研室、市社科联、市委党校、市卫生局等部门联合举办陈方柱调研著作研讨会，市委、市人大、市政协分管领导和全市相关专家、教授30多人出席会议，围绕陈方柱40多年撰写、编辑的各类调研文章和近年出版的调研写作专著，分析其著作的思想观念和理论创新；分析其调研经验、技术运用和推广；探讨如何以此次研讨会的召开为契机，进一步在全市大兴调查研究之风，为各级党委、政府提供更好的调研服务；进一步推动全市调研理论、调研文化和社会科学工作加快发展。研讨中，全国著名期刊《读写算》杂志社社长、湖北省社科院荆门分院院长、研究员周宏以《凉风拂来泥土香——简论陈方柱〈调研写作分类精讲〉的语言特色》（简称《简论》）为题发言，从"朴实中见功底、通俗中蕴哲理、工整中显技巧、谨慎中透机敏"四个方面高度评述笔者调研著作的四大特点，大大超出了笔者预想。就是这一会一论，引发了笔者对调研文章语言特点和难点的思考，并试对调研文章的语言美进行以下探讨。

一、调研文章质量"两极分化"在语言表达上的表现

研讨会后，笔者反复研读《简论》，一方面，反思自己怎样从田埂上走来，沿着由语言文字铺设的调研之路，从词不达意、病句连篇，走向较为明白晓畅、文从字顺；如何绕过荆棘丛生的曲折，走进宽敞明亮的研讨会厅堂；另一方面随机抽取近年来地方报刊上和网络上部分调研文章分析对比。结果发现，当前调研园地中，明显有两个并存：一是调研写作能力整体提高与少数地方青黄不接并存；二是精品写作与粗放写作并存。即有的地方（指一般中等城市）刊物连续若干期上的调研文章几乎篇篇出彩，整体能力很高；而有的期刊或者网上文章毛病较多，明显青黄不接，主要是后备力量不强。具体表现：

（一）冗长拖沓，空话废话连篇

有一篇市级统战工作60年的总结回顾文章，全文3000多字，分三大块，第一块

标题为"与时俱进，新时期统一战线发生了新变化"，620字，占全文20%的篇幅。从"新中国成立后……党对统一战线地位作用的认识越来越深"写起，接着介绍几代领导人关于统一战线地位作用论述，360字；接下来写"我们对统一战线重要地位的认识……"关于"新时期统一战线"到底发生了哪些"新变化"，只列举了"从主要由统战部门承担向党政有关部门、社区、社团共同承担转变，从政治领域向经济、科技、文化等领域拓展"等"四个转变"的标题性语言，没有列举一项具体工作、一件事名、一个数据；接着是小结："这种转变进一步拓展了统战工作的视野，延伸了统战工作的手臂，丰富了统战工作的手段。"第三块为"解放思想，努力开创新世纪新阶段统一战线事业新局面"，1000字，分列"要坚持党对统一战线的领导""要坚持走中国特色社会主义道路""要继续为构建和谐社会发挥重要作用""要不断提高服从大局的能力和水平"四条措施，全为抄、录十七大报告的大理论原则，"放之四海而皆准"，署上全国哪一个市、县统战部名字都没有错。这样的文章不算很多，但收集起来，也并不困难。我就是随手抓过一本2009年期刊看到的。有些文章虽不如上文空话连篇，但下笔千言，离题万里，大段大段空话、套话的实在不少。

（二）病句连篇

凡文章，最起码要求句子通顺，明白晓畅。调研文章，主要凭事实说话，更要求把事实叙述清楚，让人一看就明白。2009年，某期刊上登载一篇副题为《市公安局建立"四季问安"和谐警民关系长效机制的几点思考》（简称《思考》）的研究文章。这个副题就不通顺。至少有4种歧义：①建立和谐的警民关系。②建立长效机制。③建立"四季问安"和谐警民关系。而"四季问安"，是公安部门要求常年开展的一项活动，却单独把它作一个词汇用，未交代它原来是一种活动。④在这个句子里，"'四季问安'和谐警民关系"可能是"长效机制"的定语成分。如果"四季问安"四字前边不加"开展"，后边不加"活动"，读者就会莫名其妙，不知它是什么意思，更不知它与"和谐警民关系"是一种什么关系；"'四季问安'和谐警民关系"如果不是"长效机制"的定语成分，就更不好理解。作为标题，既不通顺，又不简洁，还让人读不懂，一头雾水。该文导语第一自然段最后一句"着力构建警民互信互动、共建共享平安的和谐警民关系长效机制"，不仅重复了副标题的毛病，还增了个"构建"和"共建"重复的毛病，句子十分臃肿。导语第二自然段有一个长句：

所谓"两让两促"，就是让民警的身沉下去，体验群众感受、启发为民感悟、增进爱民感情，促群众的心热起来，对治安防范上心、对维护稳定有心、对公安工作关心；让群众把要说的话说出来，吐怨言、诉衷言、献良言，促民警把该办的事办起来，争创城乡社区零发案、执法办案零差错、服务群众零距离。

这个132字的超长复句中，什么"身沉下去""心热起来""对治安防范上心""对维护稳定有心""献良言""把该办的事办起来"，这都是些什么话，读起来、听起来都十分别扭、晦涩；什么是"上心""有心"？意思含糊，词不达意。不仅书面语言，就是群众口头语中也没有这些说法；"献良言"和最后一句的"争创"二字与"零发案""零差错""零距离"都属词语搭配不当。"献良言"应该是"献良策"，"争创"应该是争创什么先进单位才对。接着是近200字的莫名其妙的话语后，又有一句"保证'两促两让'作为过程目标实现的连续性和作为结果目标实现的确定性"。"两促两让"可以作为"连续性"和"确定性"吗？什么是"过程目标"和"结果目标"呀？不都是自己生造词汇吗？全文3000字，像这样半通不通的句子真还不少。比如："使活动体现出公安机关作为党领导的武装性质纪律部队的统一性的特点""并且还可做出地域特色、职能特色和专业特色、人文特色等"，"武装性质纪律部队"是什么部队？"特色"可以"做出"吗？

（三）随意提出"新观点"和妄下结论

《思考》导语第一句话是"经过30多年的改革开放，我国社会已经进入到了一个人民群众更加需求安全的发展阶段。"凭我的经验和理解，这种提法不会出自中央文件。我国社会怎么会"已经进入到了一个人民群众更加需求安全的发展阶段"呢？难道比20世纪20—40年代军阀混战，日寇入侵，到处兵荒马乱，人民生灵涂炭"更加需求安全发展"吗？难道我国2000多年封建社会中，多少次赤地千里、哀鸿遍野，"朱门酒肉臭、路有冻死骨"，人民群众反而不需要安全发展吗？调研文章的重大观点提炼怎能这样轻率和随心所欲，又怎能妄下结论呀？！这种情况还并非无独有偶，我近日在网上一下就搜索到了三例：一是在一篇《浅谈未成年人违法犯罪的成因与对策》中竟有两例这么妄下结论：一处为"未成年人犯罪的根源是社会、学校、家庭齐抓共管的有效体系没有真正形成"；一处为"需要注意的是，查处校园案件要快、稳、准，不允许滋生蔓延"。二是一篇《当前农村治保会建设的现状与工作建议》认为："不少治保主任都是小学文化或文盲，很少几位是初中、高中毕业，且年龄偏大，这决定了他们思想落后、法律意识淡薄、工作方式简单粗暴，以致影响治保会工作进展。"前两例中，"未成年人犯罪的根源"未必就是"齐抓共管的体系没有真正建成"，齐抓共管体系可能只是治标而已；"需要快、稳、准"查处的案件，也未必只有校园，难道在其他地方发生的大案、要案就可不快、不稳、不准吗？第三例治保主任们的文化结构表述科学与否不管它，但真正决定他们思想觉悟、法律意识和工作方式的，不一定就是文化水平高低和年龄大小吧。如此结论，未免太武断而又太绝对了吧。

（四）叙事、议论秩序混乱颠倒，语无伦次，表达效果不佳

仍以《思考》为例，副标题明确提出"四季问安"这个行业专用词语之后，按照常规，一般应在导语部分首先交代一下它的含义，以便读者往下看的。谁知作者把占全文20%的导语写完了，20%的第一块正文也写完了，把"四季问安"的性质、作用、做法、理论根据、历史背景等都讲完了，仍然只字未提"四季问安"是什么事。直到写到第二大块，完成全文一半内容的时候，才慢吞吞地交代"四季问安"活动就是"春问'耕'""夏问'暑'""秋问'收'""冬问'寒'"，合起来叫"四季问安"。叙事、议论秩序混乱颠倒的还有一种表现时喜用否定句式。如《思考》导语第一句，本来应该直接论述的，它却采用假设手法，加上用否定句式议论：

"如果公安机关不能与时俱进，满足人民群众日益增长的安全需求，传统警民关系的那种同生、共济、双赢的互动平衡状态就会被打破，社会的心理生成机制就会发生扭曲，负面的评判就会随之出现。"

这里如果不用假设手法，也不用否定句式，直截了当正面立论，直击主题，其效果就不一样了。

（五）粗制滥造，漏洞百出

不少文章从立意、选材到遣词造句，都很随意，脚踩西瓜皮，滑到哪里是哪里。如《浅谈未成年人违法犯罪的成因与对策》一文，分析未成年人的心理特征："好动，开放，封闭，独处，喜好群体，自我意识强，希望得到别人的关注，容易冲动等，都是这个年龄段未成年人的特征。"这里的"封闭，独处"就明显与其他几种特征矛盾。有的同一篇文章中的统计数字自相矛盾；有的百分比不准确。有的序号有首先，无其次、其三；有一或（一），而无二或（二）（三）等。有的错别字多，有的可能是打字校对问题，但作者的责任也不可推卸。

二、调研语言"四美"

笔者总结历代调研文章及自己学习和运用调研语言的经历、经验、体会，认为调研文章的语言风格、特点可概括为准确、简洁、质朴、文采八字。要求调研文章要真实准确、简洁明了、质朴无华、富有文采，又叫调研语言的"准确美""简洁美""质朴美""文采美"。

（一）准确美

调研文章最突出的特点是用事实说话。用事实说话，首先要求记录事实准确无误。真实准确，也就成了调研文章最显著的语言特点之一。其次要求政治观点正确。与党的路线、方针、政策保持一致。从调研文章的写作目的看，一是为各级党委、政府决策提供参谋，二是为党委、政府提供编史修志的第一手资料。这都需要记述事实真实可靠，不浮夸，无虚假，准确无误；观念提炼必须立足现实，尊重历史，客观公正，字斟句酌，严谨准确，慎重表述。最好学习编史修志的原则要求。比如宋吴缜所说："必也编次事实，详略取舍，褒贬文采，莫不适当。稽诸前人而不谬，传之后世而无疑，粲然如日星之明，符节之合，使后学观之，而莫敢轻议。"（吴缜：《新唐书纠缪·序》）李铁映在《全国地方志第二次工作会议上的讲话》中说："志书以真实、准确为本，这是志书的基本特征。"都值得调研文章借鉴。最后，要慎用模糊语言。调研文章的真实准确，还表现在要求运用精确的语言表达各种事物上。好的调研文章不光在宏观上注重百千万；在微观上，对元角分，丈尺寸也不马虎。它们在宏观记述某一事物兴衰起伏的发展过程时，也采用"成绩显著""有较大进步""取得突破性进展"等模糊语言。但运用这些模糊语言时，也要十分注重资料事实的准确性，语言概括恰如其分，并有一定的确定性。

（二）简洁美

调研文章简洁的语言风格，主要表现为简明扼要，言简意赅，不拖泥带水。唐·刘知畿认为："叙事之工者，以简要为主。"（《史通·叙事》）清散文家刘大櫆《论文偶记》中说："文贵精。凡文笔老者简，意真则简，辞切则简，理当则简……神远而含藏不尽则简，故简为文章尽境。"行文简与不简，并不以文字多少为标准，而是看它是否用最简明的文字表达出最丰富的内容。有的即使文字很短，若未把意思说清楚，或者其中仍存有一些可有可无的字、词，那仍然不符合"简"的要求。清魏际端

《伯子论文》中说得很对："文章繁简，非因字句多寡、篇幅短长。若庸絮懈蔓，一句亦谓之繁；切到精详，连篇亦谓之简。"调研文章简洁，主要是要求文字简约，而意思明了。而绝非苟简，允许草率地把某些不可或缺的字、词、句省去，导致语意不明，词不达意。调研文章要想达到语言简洁的要求，必须做到以下三点：其一，要言简意赅。唐刘知畿在《史通·叙事》中还说道："能略小存大，举重明轻，一言而巨细咸赅，片言而洪纤靡漏。"胡乔木曾在全国地方志第一次工作会议上要求志文"做到一句也不多，一句也不少。如果不能做到后一点，至少要做到前一点"。他的话，对于调研文章写作也是极可借鉴的。要力戒大话、空话、套话，切忌下笔千言，离题万里。其二，要反复锤炼，删去多余的字词。古今写作经验反复证明，好文章大多数是改出来的。鲁迅在论及文章修改时也说："写完后至少看两遍，竭力将可有可无的字删去，毫不可惜。其三，要用简洁的书面语，不得随意使用粗俗口语。调研文章讲究使用群众语言，但必须加工锤炼，取其精华，舍其糟粕；源于生活，而高于生活。

（三）质朴美

前边讲了，调研文章最突出的特点之一是用事实说话，一是一，二是二；不修饰，不夸张；不说过头话，不要把话说得太绝对；要"立言得体"；符合科学，符合逻辑；要情通理达，文从字顺。这是调研写作的基本要求。英国史学家马考莱爵士（Lord Macaulay，1800—1859）还把情通理达视为"所有写作的第一法则"。他说："所有写作的第一法则，是作者所用之辞，能完全正确地传达其意义予广大的读者。所有其他法则，对于这一法则而言，都居于从属的地位。"（转引自韩章训：《谈志书语言风格》，载《中国地方志》2009年第5期，第12页）民国余绍宋在《重修浙江通志初稿体例纲目》中说："但求明达，不去摹拟，不事藻饰，不尚奥涩，不鄙俗。"这对调研文章语言风格的形成及发展都极具启发意义。调研文章要想达到语言风格质朴的要求，其一，要去修饰，不夸张。调研文章不是文学创作，不是艺术作品，主要凭事实说话，只用白描，直书其事，不需形容修饰，不能言过其实。其二，要求表达科学。语言学家王力教授曾说："要使语言科学，必然要使它的内容科学化。"它包括两层意思，一是语言本身符合逻辑，符合语言规律。二是它反映的事物、对象准确，两条并举，缺一不可。调研文章对社会科学、自然科学、应用科学以及社会生活的方方面面，无所不调，无所不研，其自身也属社会科学，其表达必须科学。它若没有科学化的表达，就难以客观地反映现实。

（四）文采美

调研文章文采的语言风格主要体现在它正确规范、优美典雅、富有文采上，是其准确、简洁、质朴特点的完美结合和艺术升华。我国2000多年前的儒学祖师孔子说："言之无文，行之不远。"好的调研文章，读起来，要如看绘画，如听音乐，如诵诗歌，如览小说，让人美不胜收，爱不释手。古往今来，不少著名调研文章，都是优秀文学作品，让人百读不厌，是亿亿万人民的精神粮食。调研文章富有文采，决不靠堆砌词藻和矫揉造作。结合研读周宏研究员《简论》拙著的语言特色，我以为可从三个方面实现：一是做到平实化。首先是调研作者要心气平和。心气不和则文气不和；文气不和则文章不雅。大凡文采典雅之文都蕴涵着一种祥和之气，而祥和之气要靠作者的心平气和去营造。其次是作者要多用朴实的语言、平实的手法，使文章平平实实，通俗易懂。《简论》评介拙著"朴实中见功底"和"通俗中蕴哲理"，大约就是这个意思。二是做到本土化。调研文章的本土化程度越高，其文采的亮度可能也会越高。《简论》在认可拙著"没有高深理论……也绝无'洋'理论"之后，进一步肯定拙著"运用本土语境、大众化语言……"，并高度赞扬拙著"用共性是铅笔，个性是颜色作比喻，阐述地方与民族、个性与共性的关系，哲学思辨跃然纸上"。最后是要做到规范化。《简论》用"工整中显技巧"一节，肯定了拙著"在谋篇布局上注重对仗、排比等修辞格式的运用，形成标题和行文较为工整的语言特色"。拙著虽在各个方面都未能达到《简论》提出的要求，但至少是在这些方面努力了。

三、我对调研语言的学习、运用与思考

（一）学习：博观约取，触类旁通

我学写作，起于写诗。我的起点学历虽只高中才读半学期，就执着于当诗人，辍学回农村体验生活，学习写诗。但我的启蒙老师是前清秀才，小学老师是国民政府文官，均精通国学。我从小就受到他们诵读古典诗词的影响很深，直到辍学归田后的几年里，按照他们的启蒙教育，熟读、背诵200篇古文，300首古诗词；加上贴近农民，收集民歌民谣，学习群众语言，打下较好的语言文字功底。因为写诗并在省级报刊上发表诗作，我跳了"农门"，与调查研究结下不解之缘。我在放弃文学

梦，投入调查研究这一人生大转折的过程中，心理矛盾并不突出，最让我困扰的却是我原来学习的文学语言与现在使用的调研语言的冲突。俗话说，隔行如隔山。文学语言与调研语言之间，虽不是崇山峻岭的阻隔，但却让我的语言学习和使用曾经陷入到一个较长时期的混乱之中。最终，我选择并坚守了两条：一是博观约取，即广泛地观看、观察，阅读、阅览有字、无字书籍，扼要地选择记取。即看的、读的再多，但记住的、记牢的很少；而用上、用好的少之又少。二是触类旁通。即从掌握关于某一事物的知识，推知同类中有时也有异类中的其他事物。我终于从文学语言和调研语言中，找到了某些共同点，艰难地解决了我从文学语言向调研过渡的问题。未想到我在63岁以后，真的是个"老调研碰上了新问题"，我出于对文字工作的爱好，涉足到修志领域。谁知修志这件难事，对我的调研语言的应用，竟成为一个前所未有的挑战。经过三年多的学习、摸索，我再一次找到调研语言与史志语言的共同点，使史志语言与我原有调研语言触类旁通，并较好吸收史志语言信（真实可信）、达（明达、通达）、简（简明、简朴）、雅（典雅、高雅）风格，把调研语言净化、美化和升华到一个新的水平。

（二）运用：冥思苦想，字斟句酌

有人说："文学是语言的艺术。"调研文章又何尝不是？我学写作，从学古典诗词开始。我学写调研文章，就是采用学习写诗的方法。树立学习目标：按唐杜甫所说的"为人性癖耽佳句，语不惊人死不休"。选择具体做法：照唐贾岛的办法："吟安一个字，捻断数茎须"。取得效果：与唐贾岛的差不多："二句三年得，一吟双泪流"。年轻时候，不知走了多少弯路，做了多少无效劳动。就是到了后来，比较适应调查研究工作，也仍然走路、睡觉，都在进行唐贾岛"鸟宿池边树，僧敲（推）月下门"的工作，冥思苦想，字斟句酌；千锤百炼，精练语言。2006年秋，我帮荆门市委党史办公室修改《抗战时期湖北省荆门市人口伤亡和财产损失调研报告》，其中第三块导语中有一句"中国国共两党在这里建立了联合抗日的根据地……"一位从事党史研究的老同志认为没有这个说法，遂改为：既有国民党抗日部队正面驻防，又有中共鄂豫边区机关在此设置。我一看，觉得他改得好，尤其是"正面驻防"四字用得好，但后边"在此设置"四字与之对仗不工整，应该再推敲推敲。于是，我兴高采烈地叫办公室的几位同志帮忙"对一对"有奖。他们说，你是专家，就不用我们班门弄斧吧。这个中午，我午睡都未睡着，一直在涂改这个句子。最后改为："既有中国国民党抗日军队正面驻防，又有中共鄂豫边区机关和抗日武装力量据险坚守。"开始想到"据险坚守"四字，我高兴不已。但高兴之余，还是觉得不妥：一是考虑仅是"鄂豫边区机关据险坚守"，是守不住的，"机关"里大多数是文职人员和家属子女。二是通过查阅资料，当时在此地抗战的还有李先念的新四军第五师部队和其他游击部队。只有把这三股力量合在一起，才既有力量据险坚守，又符合历史真实，而且形象、生动，中国军民同仇敌忾，坚持抵抗到底的决心和勇气跃然纸上。所以最后改为上文，我才安心。正所谓"宝剑锋从磨砺出，梅花香自苦寒来"。

（三）思考：超越自我，文无止境

1990年，正是我人生旅程接近"知天命之年"，调研生涯接近"而立之年"，用周宏研究员《简论》的话说，是我调研人生的"巅峰期"。这一年，我发表了我一生中比较重要的一篇调研理论专论《自我否定在调查研究中的运用》（简称《否定》），提出"调研者只有正确运用自我否定，发扬拼搏精神，实行自我突破、自我超越，才能克敌制胜，步入开拓创新的自由天地"的论点。20多年来，我在调研人生的旅途上，不断否定和超越自我，使自己的调研成果常出常新，调研之路越走越宽广。调研语言的探索，也是我不断否定和超越自我的一个方面。《否定》发表后，我在继续进行调研实践的同时，进入到调研理论研究和调研培训服务领域；为了把我的调研经验和调研理论探讨成果转化为实际的调研生产力，我首创"实例法"，并用实例法讲调研；出了第一本专著，又在第一本的基础上出第二本、第三本。这都既是我调研文章（含理论）自我否定和超越的结果，也是我调研语言自我否定和超越的结果。文章常写常新、语言常用常活；尤其是文章修改，每次修改都是对旧语言的自我否定和超越，都是语言的创新和升华。文无止境，语言的超越和升华也是无止境的。

注释：

1.韩章训：谈志书语言风格，北京：中国地方志，2009.5.12

2.周宏：凉风拂来泥土香——简论陈方柱《调研写作分类精讲的语言特色》，互联网

（原载《应用写作》2010年第10期）

第十讲　调研文章的数字美

数字这种东西，在绝大多数人眼里是既简单，又枯燥，绝对没有什么味道、作用和美感可言的。然而，事物发展的客观规律和辩证法却偏偏与这些人的自觉相反对：简单和复杂、丑陋和美好、枯燥和滋润天生就是对立统一的关系，由简单构成的复杂才是超级复杂，由丑陋构成的美好才是超级美好，由枯燥构成的滋润才是超级滋润。人类进入大数据时代，大数据使原有的数字之美锦上添花，美不胜收。本讲对于数字的研究，就是这样一种研究，请读者诸君一睹调研文章中数字组合的美好。

一、忽视数字资料的表现和原因

数字资料是指由数字组成的可用作研究、写作参考和依据的材料。数字一指表示数目的文字。汉字的数字有大小写两种："一二三四五六七八九十"等是小写；"壹贰叁肆伍陆柒捌玖拾"等是大写。二指表示数目的符号，如阿拉伯数字、苏州码子。三指数量。数量就是事物的多少。

很长时间以来，笔者阅读或研读报刊和网上调研文章、编辑调研来稿，都发现不少文章作者不注重使用数字资料，具体表现：

（一）**文中无数**。调研文章属应用或实用文种，主要反映现实中生产、生活情况，必定涉及时间及具体事物数量等要素。具体时间的年月日均需用数字表示。可是，有相当部分文中无数，包括一些财政、审计、商贸等整天同数字打交道部门的调研文章，也全文无一个具体数字，纯讲空理论。

（二）**模糊数字**。我曾经碰到过一篇2000字的文章，竟用了11个"一大批""大多数""大幅度"等模糊数字。让人不知他调研的机构单位到底有多少个、有哪些人、用多少时间做了哪些具体事。

（三）**数字"打架"**。我曾经读到一篇文章中有四五份统计表，几乎每份表中的数字都有错，横竖不对眼，整表不平衡；正文中使用的数字与表格中反映的同类数字不一致，谁也不知他哪个数是对的。

（四）数字滥用。主要是一些数学计算和文字表述上的常识性错误所致。一是年平均增长率与平均增长百分点混淆并混用。二是增长倍数和甲是乙的几倍混淆不清，也未准确表述。三是把下降（下滑、减少）几成，说成几倍。四是滥用没有绝对数的增长百分比。如对一个事物的增长数，只单独交代一个百分比，而不交代任何一个绝对数是多少，不让人知道到底原来是多少、增长了多少、什么时间到什么时间增长了多少；有的又只写绝对数，没有百分比。五是纯收入与毛收入混淆并且混用。六是滥用没有区分不同年代的不变价和可变价而与现行价随意计算比价关系等。

导致这种情况的原因：

（一）认识不足。有的认为数字数字，几个数的字，微不足道，没多大作用。有的认为数字机械简单、枯燥无味，不值得重视。有的认为它烦琐、零碎、难寻难找，劳神费力，又容易出错，不如不用；或者干脆用个模糊数字，可攻可守，又省心省事。

（二）搜集不全。要想全面、完整、深刻反映一个事物的变化过程，往往不是用一二个数字就能完事的。而应广泛查找搜集，穷其所有，方方面面都得认真找遍。但在实际工作中，又往往东凑西不凑，缺胳膊少腿；或者调研者没有足够的时间和耐心搜集整理，只好交差了事。

（三）数出多门。在现行体制下，除了政府权威统计部门的统计资料，各行政主管部门和相关交叉管理部门又都有自己的统计资料。此外，调研者在调研过程中，还会根据调研需要，临时制定统计表格，取得反映现时情况的数字资料。所有这些方面的数字资料，会因为统计口径和方法不同而出现差异。

（四）分析能力不强。一次深入细致全面完整的调查，仅数字资料就会有整本整册。这些数字资料的分析研究，对调研人员来说无疑是一次考验和挑战。统计分析原本是一门独立的科学，有很深的学问和专业要求。即使专业人员，弄不好也会出错。而普通调研人员，大多数缺乏专业统计知识和技能培训，对于统计分析方法不甚了解。弄不好，丢三落四，出点漏洞，随时可能。

（五）分析不够。对于数字资料的分析研究，不少调研人员除了分析能力不足外，还有耐心和时间不足的问题，难以分析到位；使用上出岔，在所难免。

（六）使用不当和表述不对。前述数字滥用的问题，主要就属这一原因所致。

二、数字资料在调研文章中的地位和作用

这里有数字资料、数据资料及统计资料三个名词需要区分一下。什么是数字前边说了。这里还要加上调研者在调查现场统计整理的原始数字资料。什么是数据呢？《现代汉语词典》谓之进行各种统计、计算、科学研究或技术设计等所依据的数值；百度百科称其为计算机加工的"原料"，如图形、声音、文字数、字符和符号等。统计资料是指通过统计活动形成的统计数据和统计分析资料。如国家统计局及地方各级统计机构每月、每季、每年向社会公布的有关国民经济和社会发展情况的资料、各类统计年鉴和相关的软盘、光盘以及统计分析报告等。调研者现场统计整理的原始数字资料明显不属于数据资料和统计资料之列。所以，本书采用数字资料之说。它包括调研文章中使用的来自各方的数字、数据资料。它比统计资料范围大。它在调研文章中的地位和作用非常重要和重大，使用得好，一数千金，能够显示出无限的魅力和美感。主要是：

（一）能更好突显事物结构性质。辩证唯物主义告诉我们，世间万事万物都是从量变到质变，再从质变到新的从量变到质变的循环往复过程；又都可以量化分解；不仅可以横分构成因素，还可纵分层级；并且都可用统计数字描述其结构性质。劳动和社会保障部调研组《当前农民工流动就业数量、结构与特点（二）文化素质和接受技能培训的比例虽有所提高，但整体仍是偏低》（《中国农民工调研报告》，国务院研究室课题组，中国言实出版社，2006年4月第1版，第71—72页），用两组数字分析了全国农民工的文化素质和技能结构，让人一目了然：从文化程度看，2004年，在农民工流动就业人群中，文盲占2%，小学文化程度占16%，初中文化程度占65%，高中文化程度占12%，中专及以上文化程度占5%。初中及以下文化程度所占比重由2001年的85%下降到83%，高中及以上文化程度所占比重由2001年的15%上升到2004年的16%，但初中以下文化程度所占比例高达83%，仍说明农民工总体文化程度偏低的状况。从技能培训情况看，接受过技能培训的占28%，未接受过培训的占72%。接受过培训的比重由2001年的17%上升到28%，但未接受过任何培训的仍占七成以上。

（二）能准确甚至精确反映事物发展状况。用数字资料，包括统计图表，是描述事物发展状况最简便易行、直截了当的手段。我们只要看看农业部调研组

《农村劳动力转移就业现状、问题及对策·农村劳动力转移就业基本情况》（以下简称《问题及对策》）第二自然段"根据全国农村固定观察点办公室对30个省近2万农户的调查监测，2004年全国外出就业的农村劳动力达到10260万人，比2003年的9820万人增加了440万人，增长4.5%"。2004年全国农村劳动力转移就业情况就一目了然了（《中国农民工调研报告》第86页）。

（三）**能使文章内容更真实具体，可信度更强。**数字资料来自现实，是现实生产、生活的客观记录。一就是一，二就是二。只要你准确引用，就让人感到真实具体，一数千金，胜过几火车皮空话。在人们的思维定式中，思想文化属于软环境，调研文章是很难"写实"的。我们看看大连市政协科教委《加快大连文化产业发展》（《领导决策》2010年第2期，第36页）导语一组数字："截至2007年底，全市共有国家级文化示范基地4家，从事文化产业活动的全部单位近1.6万个，从业人员65万人，文化产业资产244.1亿元，文化产业主营收入292.5亿元，利润总额51.78亿元，上缴税金8.85亿元，2007年的文化产业增加值96.4亿元，占当年GDP比重3.08%。"让人感到大连市文化事业和文化产业的繁荣发展十分真实具体。这是一千句空话套话都比不上的。

（四）**是总结历史、认识现实、预测（决策）未来不可替代的重要依据。**调研文章主要用作各级党委和政府重大决策的依据。数字资料是其中最重要的依据之一。农业部调研组《问题及对策》第三自然段（《中国农民工调研报告》第86页）就是这样总结历史、认识现实、预测未来的：外出就业总量出现平稳增长态势。改革开放以来，农村劳动力外出就业规模不断扩大。20世纪90年代以来，随着农产品供求问题基本得到解决，农民增收愿望强烈，加上政策环境逐步改善，外出就业的农村劳动力迅速增加。1992—1995年，平均每年转移540万人左右。1995—1997年，宏观经济增长速度放慢，受此影响，农村劳动力外出就业增幅下降，平均每年转移360万人左右。1998年以后，伴随农业和农村经济结构战略性调整步伐加快，农村劳动力外出就业人数开始大幅增长，1998—2004年年均转移380万人，年均增长约4%。预计今后几年，每年劳动力转移新增人数将维持在400—500万左右，增长速度在4%—5%。

三、如何搜集、整理数字资料

随着经济社会的发展，尤其是信息社会的到来，各类统计数据资料成为了解社会现状的重要资料来源。归纳起来，至少有：

1.各地方统计部门根据人口普查、年度人口抽样调查、住户家计调查、经济普查、专项调查提供的数据资料。

2.各政府部门的常规统计资料。如计生部门的人口变动统计，劳动和社会保障部门的劳动就业统计、失业登记统计、社会保障覆盖面统计，城建部门的居民住房状况统计等。

3.各类学术调查数据统计。如中科院的百县市调查、农业部的农户定点调查等。

4.其他各类社情民意调查。如政府满意度调查、生活期望值调查、幸福指数调查等。

此外，通过互联网搜索，也可取得不少有用的数据资料。所有这些资料，都是经过他人加工整理的，都属第二手，甚至是第N手资料。对于调研者来说，也很重要，但绝不是唯一的，更不是最重要的。最重要、最新鲜生动的第一手资料，应该是由调研人员深入实际，深入群众，亲自口问手写眼看耳闻脚走脑思体脑并用取得。

那么到底如何在调研访谈中获取数字资料呢？

第一，在制定调查研究提纲的时候要统筹考虑本次课题调查需要涉及哪些数字资料，并把它分门别类列入提纲之中，做到胸中有数。

第二，根据分门别类的数字资料需求情况，分别查找它们可能的来源。凡是可以通过各类统计部门获取的可优先联系相关部门获取；凡是相关部门没有的，就要考虑如何在调研过程中取得。

第三，凡是需要在调研过程中取得的，要再细分一下类别：有些大量的，需要在较大范围内获取的全局性、概况性的数字资料，最好制发统计表格和调查问卷，提前分发各调查对象；有些此类数据，即使可在前述相关部门取得，但考虑到事物的发展变化，也可同时制定相关统计表格和调查问卷，一并分发各调查对象，既可保证两不落空，又可以现在统计的新情况、新数据，与相关部门提供的原有老数据相对照，相互补充，使数字资料更为真实准确，完美无缺。

第四，凡是需要在调研过程中取得的有关个案和典型情况的数字资料，最好在调查提纲中分条列目，制定详细访谈提纲，在访谈中，详细口问手写，当面核实好相关数字；如基本情况、规模、效益、成本、价格、分配、税利、亏损、折旧等，有的要问清元角分、丈尺寸，做到真实具体，准确无误。

第五，调查过程的间歇时间内，要抽空检查、回看各种数字资料的访问、记录情况，有错漏和疑问的要及时补访和核对，减少调查结束以后又需打电话甚至复访复查的麻烦。

第六，调查结束后，要优先整理数字资料。首先是收集整理统计表格和问卷中的数字资料。要逐项汇总，逐个核对，做到准确无误。同时搜集整理好从相关部门获取的数据资料。再把两个来源的数字资料统一编号排放，为统计分析做好准备。

四、如何分析研究数字资料

分析研究数字资料，主要采用统计分析方法。我在前面就说了，统计方法，原本是一门独立的科学，大量的统计公式和数学符号让人望而生畏。全国干部培训教材编审指导委员会组织编写的《应用统计通论》（人民出版社，2004年5月）简要介绍的统计分析的主要方法有指标对比分析法、分组分析法、时间数列及动态分析法、指数分析法、平衡分析法等八种，公式、数学符号也叫人害怕。大多数调研人员都没学过这些公式和数学符号，我就是其中一个。1982年我写《价值规律与生猪生产问题初探》时，文化水平就只有高中程度。然而，我也搜集整理了近千个数字，对比分析、计算了500多个数字，使用了200个数字，终于写成了那篇改变我和我全家命运的一篇1.20万字的调查报告，填补了全国第四次畜牧经济理论讨论会一个空白。我并不是诋毁统计分析那些"洋理论"，而是说只要分析、计算得当，采用加减乘除的"土办法"，也可以取得与"洋理论"异曲同工的效果。我在近40年前的这种实践及我近50年来的这些体会，于2010年2月，得到刘宝珊《调研理论与操作实务》（中国言实出版社，2010年2月第1版）前言中一段话证实："统计分析是操作理论的一个重要组成部分，书中统计公式虽然有大量数学符号，看似眼花缭乱，其实并非如此。只要剥掉这些符号的外衣，就只剩下赤裸裸的加减乘除了。只有极少部分运用了开方运算，在计算器上按几个开方键就会立即得出计算结果，读者只要有中学数学知识就完全可以掌握。"

刘宝珊论著的意义，当然远远不只是支持了我的观点，而是从理论和实践的结合上，把"洋理论"简易化和本土化，为我们如何根据自己的学历和能力实际，综合运用哲学方法和一般科学方法（含社会科学所包括调研科学）和专业科学的特殊方法即指统计分析方法，分析使用好各种数字资料拓宽了道路。

五、如何展示调研文章的数字美

数字资料使用是调研者如何正确认识、搜集、整理、分析研究数字资料的落脚点和归宿，也即最后的考验和全面展示调研文章数字美的最后环节。我以为，调研者：

第一，应该这样认识数字资料的地位和作用：一数千金。

第二，应该增强数字兴趣和敏感：时时处处做到胸中有数。从开始接受课题调研任务，到调研写作结束，都得如此。

第三，把每一个有用的数字安放到恰当位置，做到表述恰当，以数"点睛"，一个数字就是一个闪光点。

第四，核对并协调统一好全部使用到位的数字资料，做到准确无误。

下面以笔者2010年3月对湖北省质量技术监督局课题组《湖北省豆制品质量安全状况调查报告》（简称《报告》附后）的三次修改为例，简介自己在调研文章中使用数字资料的做法和体会。

《报告》1.03万字，其中导语和豆制品安全状况及其问题、原因分析8580字。这8580字中，共使用各类数字226个。笔者在对《报告》的三次修改中，除了调整结构、提炼观点，费劲最大的就是如何把这226个数字使用好、核对好、协调好、表述好。

（一）描述概况。全文使用数字资料描述概况的共有10处，使用数字65个。如描述本次调查概况就用了5个数字："全省共组织调查专班22个，调查样板5个，抽样调查企业50个，邀请业内人士和专家座谈3次，走访各类群体、个人755人次。"

（二）论证观点。全文使用数字资料论证观点的18处，共使用数字96个。如论证全省豆制品生产企业"规模企业少"的观点，共用数字26个。"规模企业少，其市场占有率不到15%。全省1817家生产企业中，年产值1亿元的5家，占0.28%；年产值100万—1000万元的33家，占1.82%；年产值100万元以下的1777家，占97.79%。

从业人员100人以上的7家，占生产企业总数的0.39%；从业人员10—100人的91家，占5.01%；从业人员10人以下的1719家，占94.6%。"然而，这么具体翔实的数字资料在第一稿中却未被采用。第一稿中，只有几句话的观点。这些数字是第二稿补上的。

（三）完善典型。全文使用数字资料完善典型6处，使用数字30个。如列举水质情况的典型，用了5个数字。"荆门市298家生产企业，使用城市（乡镇）符合生活饮用水标准自来水的200家，占总数的67.11%；使用自家井水和堰塘水的98家，占32.89%。"

（四）充实内容。剩下数字，分散在其他叙述之中，使内容充实，真实可信。如介绍本次调查方法时说："抽样调查，要求各地市州局在各县市区抽查不得少于10家，地市级集贸市场抽查不得少于3家，总数不得少于20家，充分体现代表性。"

（五）协调统一，反复核对。所有使用到文中的数字要协调统一，准确无误。首先，不能自相矛盾。《报告》第一稿介绍全省"产品检测情况"的词条中，开头一句介绍全省"在298家豆制品生产单位中，有自查设备且能开展常规指标检验的仅5家，占1.7%；坚持对产品进行批批检验合格出厂的为零"，很不理想。而在后边紧接着却列举"2009年6月—2010年1月，荆门市质检所和疾控中心共抽检豆制品208份，合格44份，合格率为21.2%；其中，豆腐、千张193份，合格31份，合格率16.1%；豆浆15份，合格13份，合格率86.7%"。这后边的典型正好与前边全省的情况相反。这就不对了，还是把这个典型删掉。其次，数字安放的位置恰当。如《报告》第一稿中，把介绍全省样板调查情况的一组数字放到导语中交代调查过程一段文字之后，使文意不顺，被调整到介绍全省豆制品生产企业状况一节的开头，就顺畅多了。再次，把前后矛盾的数字核对准确；把可用可不用的数字删掉，使文字精炼。最后，表述准确。文中介绍咸宁市6家豆制品企业规模、能力小的典型时，有一句"从业人员只有2—3人"的话明显不对，改为"各家企业从业人员分别只有2—3人"就对了。

六、"大数据"运用使调研文章数字更美

随着经济社会的进步发展，"大数据时代"不期而至：1997年10月，迈克尔·考克斯和大卫·埃尔斯沃思在第八届美国电气和电子工程师协会（IEEE）关于

可视化的会议论文集中发表《为外存模型可视化而应用控制程序请求页面调度》的文章。文章开头说："可视化对计算机系统提出了一个有趣的挑战：通常情况下数据集相当大，耗尽了主存储器、本地磁盘甚至是远程磁盘的存储容量。我们将这个问题称为'大数据'。"这是在美国计算机学会的数字图书馆中第一篇使用大数据这一术语的文章。2001年2月，梅塔集团分析师道格·莱尼发布了题为《3D数据管理：控制数据容量、处理速度及数据种类》。十年后，3V作为定义大数据的三个维度而被广泛接受。2010年2月，肯尼斯·库克尔在《经济学人》上发表《数据，无所不在的数据》。他在文中写道："世界上有着无法想象的巨量数字信息，并以极快的速度增长……科学家和计算机工程师已经为这个现象创造了一个新词汇叫'大数据'。"在维克托·迈尔-舍恩伯格及肯尼斯·库克耶编写的《大数据时代》中大数据指不用随机分析法（抽样调查）这样的捷径，而采用所有数据进行分析处理。大数据的4V特点：Volume（大量）、Velocity（高速）、Variety（多样）、Value（价值）（《大数据时代》，舍恩伯格著，浙江人民出版社，2017.10.9）。

为适应大数据时代到来的需要，湖北群艺集团董事长李荣先生于2003年，集过去20多年管理经验，独创《中国积分制管理》（长江出版社，2014年），他灵活运用由10个阿拉伯数字，随机而多样组成无穷无尽的积分大数据，简单地采用加减法，按照一定的标准，给予奖分和扣分，对人的能力和综合表现，进行量化考核，并用APP软件自动记录、汇总、排名次，然后再与评先进、发奖金、分福利等各种精神和物质激励挂钩；使用时积分不清零，不作废，对员工终生有效，能最大限度地调动人的积极性，解决当今社会管理的难题。

他一边创立，一边在自己的企业试用，短短几年时间，企业资产扩大50倍，效益增加100倍，创造了中小企业发展的奇迹。2008年开始，他把中国积分制管理推向海内外，一边在当地开办积分制管理落地实操班，每月1—3班，每班300—700人，目前已开200期，已培训学员6万多人次；一边到海内外100多座城市开办积分制管理讲座1000多场次，听众达50万人次；一边指导积分制管理落地实施几千个企事业单位和社区农村，均取得巨大的经济效益和社会效益。

与此同时，为了学习、研究、完善、提高和推广应用、追踪积分制管理，数以千计的调研文章、新闻调查、新闻采访、学习感言、美文等应运而生，除了《中国积分制管理》期刊共17期、《百姓信息》共200多期，及网络登载的以外，还汇集出版了《中国积分制管理探索》《神奇的积分》《让优秀员工不吃亏》《积分制管理走进顶固》《社区农村积分制管理——理论与实践》（均由长江出版社2014—2019年出版）等调研、新闻采访、学习感言文集。由于大数据的运用，使这些调研文章、新闻采访等锦上添花，如虎添翼，数字更美：

（一）积分无处不在，无所不能。大数据由无数积分组成，是无所不在、无所不能的。积分制管理是对大数据的整合和载体，还是对人的能力和综合表现进行360度量化考核的大数据管理。大数据（Bigdata）研究机构Gartner给出了这样的定义，大数据是需要重新处理模式才能具有更强的决策力、洞察发现力和流程优化能力的海量、高增长率和多样化的信息资产。大数据技术的战略意义不在于掌握庞大的数据信息，而在于对这些含有意义的数据进行专业化处理，就是把大数据比作一种产业，那么这种产业实现盈利的关键，在于提高对数据的"加工能力"，通过"加工"实现数据的"增值"。李荣先生在大数据基础上创立积分制管理的意义和功能，就在于提高对数据的"加工能力"，通过"加工"实现数据的"增值"。这其中，也体现了积分无所不在、无所不能的意义和功能。

（二）积分用到"神"，管理如神助。烟台瑞源汽车销售有限公司董事长张宪春，为此连续三年几次到湖北群艺聆听李荣先生讲课，吃透原理，用到"神"。他鼓励员工跨部门工作做复合型人才，将以前的三个部门，按"大众"的编制是10个人，他们整合为5个人；以前10个人干，平均每人挣3000元，现在一个人干两三个岗位后，每人能拿4000多，积分也比以前多。他觉得，培养员工做复合型人才以来，公司减少岗位用工达100多人，仅此一项，每年就减少工资性开支300多万元，更长远的意义在于将有限的岗位永远留给最优秀的员工。

（三）小积分，大作用，四两拨千斤。中共荆门市委党校教授王学森撰写《小积分大作用——荆门市社区积分制管理调查与思考》和翼兴办撰写《小积分大党建——访翼兴节能科技有限公司董事长邓军》，分别从不同的角度、用不同的实例描述和论证了小积分大作用、四两拨千斤的规律和伟力：前者以社区居民家庭的家庭美德、家庭素质、家庭生活、家庭关爱、邻里公益互动等五个方面的实际的三五分、七八分、十几二十分积分的小积分，累积、整合成大数据伟力，获取了基层社区社会管理治理的最新成果；后者以翼兴节能公司党员积分制管理为抓手，实现了对党员日常管理的常态化、规范化、科学化，引领企业不断发展壮大。

（四）积分点对点认可，以少胜多，点石成金。积分制管理对比传统管理，它最成功的一点是能对员工的所有付出做到点对点认可，使员工所有的付出都得到了现实的收获，员工感到开心快乐，这是传统管理所没有的。传统管理你月工资再高，就是每月5万元，一月一兑现，你每天干得再多，或者再少，也都是5万元，这样，你每天干的事，就都觉得是白干了，所以不开心，不想干。积分制管理的这个点对点认可，就是你每做一件事都即时用奖分给你认可，让你很开心，积极性常盛不衰。奖分不是钱，但它胜过许多钱，而且长远有效，可以说是以少胜多、点石成金。这就是灵丹妙药，就是常盛不衰的法宝。

◎附：湖北省豆制品质量安全状况调查报告

（略）

详见陈方柱著，《创新调研写作三十六讲》中国言实出版社，2011年版。

阅读书目

1.杨世伟.大数据在党建工作中运用及风险防范.载上海市委主办《党政论坛》2019年第10期.作者系南开大学马克思主义学教授

2.马抗美：新时代我国人才风险的表现与防控.载《中国党政干部论坛》2019年第10期.作者系中国人才研究会副会长、教授

3.王立国：城乡居民基本养老保险制度优化研究.载《理论月刊》2019年第9期.作者系吉林师范大学讲师

第十一讲　调查研究要与时俱进

从青年时期起，我就与调查研究结下不解之缘，后来以之为自己的终生事业，还逐渐把调查研究、调研写作、调研文章融为一体。现在讨论与时俱进，就三位一体，灵活运用，先从与时俱进观说起。

一、我的与时俱进观

（一）与时俱进由来已久，不是今天才出现的新事物

1910年初，蔡元培撰写《中国理论学史》。针对清朝末年中国思想文化界抱残守缺、固步自封的局面，蔡元培通过中西文化对比，指出"故西洋学说则与时俱进"。他把散见于中国古书中的"与时偕行""与时俱化""与时俱新"等激励人的说法概括综合为"与时俱进"。

1、出处

最早起源于中国古代文化总源头：易经，易经64卦中的遁卦，象曰：遁，亨，遁而亨者；刚当位而应，与时行也。小利，贞，浸而长也。遁之时义大矣哉！

2、含义

一是指准确把握时代特征，始终站在时代前列和实践前沿，始终坚持解放思想、实事求是和开拓进取，在大胆探索中继承发展。

二是指观念、行动和时代一起进步，从而发生一些改变。

三是指随着时间的推移而不断增长。

（二）与时俱进是一个自然法则

理由是与时俱进是不以人的意志为转移的自然规律。不论你承认不承认、遵守不遵守，你都得与时俱进；不是主动、自觉地与时俱进，就得被动地接受与时俱进，"被与时俱进"。正如俗话所说，"人家过年我过年"。即使你不吃团年饭，不放烟

花爆竹，不拿"新挑换旧符"，过了腊月三十，也就与别人一样，进入新一年的正月初一，一样与时俱进了。这是自然规律，谁都违抗不了。

既然是自然规律，我们就得平平静静、自觉自愿接受和遵守，没有必要大张旗鼓、郑重其事、吹吹打打、热热闹闹，把它当作很大的一回事对待，只以平常心对待就是了。反映在调研文章上，就是要脚踏实地，实事求是，一是一，二是二，实话实说，不急功近利，不虚报浮夸，平实、朴实、厚实、坚实，实实在在就好。

（三）人们对与时俱进的理解是各不相同的

什么是"时"？什么是"进"？"进"什么？怎么"进"？都因人、因事、因地而异，人们的理解就各不相同，各有差异。蔡元培在100年前，把中国古书中的"与时偕行""与时俱化""与时俱新"等激励人的说法概括综合为"与时俱进"，与我们今天大多数人理解的是不相同的。就在我们当前，整个时代进入到信息时代，地球村愈来愈小，知识文化，尤其高新科技日新月异，人们对于与时俱进的理解，在不同的国家和地区，不同的政党和集团、、不同的个人，仍是各不相同的。从客观上讲，无论如何，"时"只有一个，绝对地同，但"进"就不一样了，绝对地不同。由于"进"的不同，人们不只是对"进"的理解，而且对"时"的理解也不相同；尤其意识形态不同，引起人们对与时俱进的理解更加不同。

比如，2013、2014年的每一天、每一个时晨，全世界应该都是一样的。但在不同的国家和地区、不同的党派、团体，不同地位和所有制的人们，对于这个相同的"时"的理解就各不相同；对于这个时段的何谓"进"、"进"什么、怎么"进"等，尤其不同，西欧、北美如何与时俱进、与我们有哪些相同之处和不同之处我们就不说了。只说东北亚的我们的近邻，与我们"鲜血凝成友谊"的社会主义小兄弟的朝鲜民主主义人民共和国的与时俱进的不同之点。他们在人类21世纪的2013年6月郑重地向全世界宣布实行世袭制，"进"到了我们3500年前的"夏传子、家天下"时代，他们也叫"与时俱进"。把这些大大小小不同的各式各样的与时俱进联系起来想一想，我认为，不论它们怎么多种多样，归纳起来，不外三种：一是主动与时俱进。这是站在时代潮流前列，引领时代潮流的与时俱进；二是被动与时俱进，即我在前边讲的"人家过年我过年"，被别人带动的与时俱进；三是反动与时俱进，就是违背人类社会发展的基本规律，开历史倒车，倒行逆施的与时俱进。然而一切倒行逆施的与时俱进，都会很快被历史规律抛弃，成为被动与时俱进者。这样看来，人类社会的与时俱进，还真的只能分为主动与时俱进和被动与时俱进两大类；第三类只是一种暂时的现象。所以，我们对于与时俱进，还是平静地以平常心对待比较好。

（四）从霍金《时间简史》获得的启示

实事求是地说，我不一定能够读懂《时间简史》，也无机会和必要阅读《时间简史》，不过是为了参与与时俱进讨论，涉及时间概念，想起《时间简史》，便想从中浏览一点关于时间的知识，随便浏览了几位研究生阅读《时间简史》的读后感。其中，有一篇写了4条感想。这其中，有3条与我对与时俱进的领悟较为吻合：一是他读了《时间简史》愈觉物质世界奇妙无穷，但对不懂的东西，必须自己静观默察、用心思考，切勿盲目地相信和迷信；二是简单寓于变化之中，变化体现规律；三是人类科学上的许多重大发明，都是伟大的科学家们决不盲目追随权威，而是自己不惜冒着生命危险，勇敢探索的结果。这3条给我很大启发，为我参与讨论提供了理论支持，壮了胆，还补充完善了我的与时俱进观。

二、调研写作与时俱进"十忌"

从以上表明的我的与时俱进观和以平常心对待与时俱进的态度为立足点和着眼点起，结合我50多年调研写作的实践和体会，我以为，很长一段时期以来，调研写作在与时俱进方面，面临着不少障碍因素和思想认识上的误区，要想突破，大约应该做到以下"十忌"：

一忌盲目跟风，崇拜迷信。调研写作必须紧跟形势，既贴近领导，又贴近群众，不断深入实际，深入群众，实事求是地为领导决策提供既顺乎时代之潮流，又符合人群之需要的新奇良策，把调研写作提高到新的水平。但紧跟形势，决不是盲目跟风，甚至跟到盲从、盲目崇拜和封建迷信的程度，这是不行的。盲目跟风的风，指风气，一个时代有一个时代的风气。风气者，有正风，也有歪风、邪风、妖风。调研写作一定要紧跟时代正风，不可紧跟歪风、邪风、妖风，这就要求我们在跟风的问题上，首先辨清风向及其气味，是正风就跟，是歪风、邪风就不跟，决不可盲目地跟。比如前一段时期，唱红歌，不少搞调研的同志也跟着唱，有的还"创造性"地加上唱赞歌，这些同志就犯了盲目跟风的错误。究其原因，就是这些同志调查研究不足，又没有自己的思想，没有主见，没有独立思考。这是调研写作与时俱进的第一个误区、第一个大忌。

二忌唯书、唯上，照抄照传。调查研究要求吃透"三头"，即"上头""外头""下头"。荆门市委政研室的"上头"就是从市委领导至省委直至党中央文件、会议精神及领导讲话、意图、意向等。"外头"就是市外、省外、国外的整个大千世界。"下头"就是全市各级各类党政机关、企事业单位及厂、矿、车间、门店、社区、村组、农户，全社会的社情民意等。所谓"吃透"，就是不仅要了解掌握，娴熟于心，还要通过分析研究，融会贯通，变成自己的思想、思路和理性认识等。无论传达精神、汇报情况，尤其建言献策，都不能照抄照传，死啃书本、文件，唯上是从。对于上级文件、文献，领导讲话，会议精神，一定要创造性地运用，不说别人说过的话，少说别人知道的话，只说、说好别人未说、未敢说和未能说的话，即使反对的人听了，也觉得言之有理，言之成理，言之有物，有真知灼见，是一家之言，想抹杀也抹杀不掉。

三忌抱残守缺，固步自封。调研写作的抱残守缺，主要是思想僵化，固步自封，满足于一孔之见，一得之功，不思进取，不求上进。在当前，人类社会早已进入信息时代，信息资源全人类共享，真正是"秀才不出门，能知天下事"。调查研究无禁区，应该敞开大门，海阔天空，开放调研，放开调研，切不可坐井观天，自我封闭，封闭调研，抱残守缺，整天停留在昨天的信息资料库里绕圈圈。如果这样，是谈不上与时俱进的。

四忌违背常识和客观规律。调查研究既是一门科学，又是一项实际工作。作为科学，它要求抓住事物的本质特点、本质规律，引导、推进事物发展进步。它贯通古今，纵横天下，上接高官，下连百姓，可以被所有人类接受和运用。当它被普及进入"寻常百姓家"后，就是生活的常识，同时也是客观规律，谁也不能违反的。它作为一项实际工作，应该一切从实际出发，实事求是，从实践中来，到实践中去，推动经济社会良性发展，与科学、与作为自然法则的与时俱进保持一致。但是，在现实生活中，从古至今都有一些敢于违背常识，违背客观规律，倒行逆施的人，指鹿为马，祸国殃民。鹿和马的辨别，应该不难，它是常识，正常的人，不会不知道。但赵高别有用心，故意指鹿为马。满朝文武百官，主要是贪生怕死，才随声附和的。近些年，我们的官场上，领导干部中，也有一些领导人违背常识和规律，为了创建自己的政绩工程，提出"强拆"要"不惜代价，不计成本，不择手段，不看对象"。明眼人一看就知道这是错误的。现在是市场经济时代了，怎么能不惜代价，不计成本呢？可知这成本、代价都是纳税人的钱啦。强拆的是老百姓的房子，针对老百姓，怎么能不择手段，不看对象呢？马克思主义活的灵魂就是具体问题具体分析、具体对待，怎么能够"四不"呢？良知何在？良心何在？

五忌劳民伤财，形式主义。有人会问：搞调查研究的部门和人员都既无财权，又无人权，何来劳民伤财？这个提问，我以为是对的，但不全对；不可以简单地认为不管人财物，就不会劳民伤财。调查研究的劳民伤财至少在两个方面：一是动不动就写洋洋万言的调查报告、领导讲话，大话、空话、套话连篇；成年累月为文山会海助威，不少搞的是形式主义，劳民伤财。二是更严重的是为劳民伤财的领导决策建言献策，推波助澜。现实中，不少"张书记挖、李书记填"的劳民伤财的形象工程、政绩工程建设，都有调研部门的可行性研究报告为其决策参考。每当这些劳民伤财的决策造成的恶果遭到唾弃和责骂的时候，我想，参与其中的调研者们应该反思一下，自己到底是与时俱进，还是与时俱退了？

六忌装腔作势，借以吓人。现实中，确有一些人打着调查研究、开调查会等的幌子，装腔作势，借以吓人，上骗领导，下蒙群众。这是调查研究的又一大忌。

七忌无的放矢，瞎子摸鱼。毛泽东《反对党八股》的第三条罪状是："无的放矢，不看对象。"所举实例是当时写在延安墙壁上的宣传标语却用一些老百姓根本就不认识的古体字，这其实就是不想叫老百姓懂得抗日的道理。我亲眼看到有些搞调研的同志，对自己想要调研的情况及其应该怎样去调研都毫无所知，自己完全不知道为什么去调研和调研什么，却也凑热闹去调研，瞎子摸鱼，无的放矢。

八忌一叶障目，不见泰山。指不能全面、完整地了解情况，或不能全面、完整反映情况。换言之就是一知半解，不明就里，只知道一些表面现象、表面情况，不了解事物的本质特点和本质规律，这是调查研究必须全面、完整了解、掌握情况的又一个大忌。我以为，对于这个问题还有一个情况就是断章取义、以偏概全，这是调查研究中极易发生的又一个比较大的通病。这么一来，这个第八忌，实际上是由"三忌"组成，危害更大。调查研究只有彻底摒弃了它，才能较好、较为全面、完整地调查了解情况，真正做到开放调研，与时俱进。

九忌新瓶旧酒，老调重弹，也有叫老生常谈（谭）的。我发现这是应用写作，主要是公文写作中的一个世界性难题。我从网上看到有人以这么个醒目大标题，评介美国布什总统2006年国情咨文。那么强势的美国总统尚且不能摆脱这么一个应用写作的通病，我们这些搞调查研究的人就更难说了。这正是调查研究与时俱进的又一大忌。

十忌片面取舍，报喜不报忧。无论是人类社会发展进步，还是一个国家、地区，一个单位、企业，一个人的成长进步，都不会是一帆风顺、直线发展的，都会遇到曲折、挫折。取得成绩、经验，产生错误、失败都是可能的或者正常的。作为一切从实际出发，实事求是的调查研究，全面、完整、真实、准确地反映成绩和缺点，正确和错误，有喜报喜，有忧报忧，是职责所系，无可厚非。但在现实中，确有一些领导，听喜就笑，听忧就躁；有些下级和调研者报喜得喜，报忧得忧，导致相当长的一段时期以来，不少人片面取舍，报喜不报忧，成为一种普遍的不良风气。这是调查研究与时俱进的又一大忌。

以上是我初步归纳的调查研究与时俱进的10种障碍因素，也即10忌。我想，调查研究与时俱进的障碍因素应该是十四五种吧。比如，好大喜功，急功近利；吹牛拍马，虚报浮夸；事后诸葛亮，卖弄小聪明等，就都是调查研究与时俱进的大忌。用我的与时俱进观对照，尤忌好大喜功，急功近利，我们作为一名普通的调研、政研人员，并不要梦想、幻想登高一呼，应者云集。脚踏实地，实事求是，做好自己的本职工作就行了。在调研文章中好大喜功，急功近利；吹牛拍马，虚报浮夸；当事后诸葛亮等，都是千万要不得的。然而，如能站在时代潮流前列，主动与时俱进，当然是好事，可以尽力而为。不过，那也还是要以平常心对待，才会更好。

三、调研写作与时俱进的途径和方法

从我学习和实践调查研究50多年的体会和感悟看，调查研究与时俱进的途径和方法，一要牢固树立"四立"目标；二要熟练掌握和运用"四法"；三要敢于和善于说好"四话"；四要灵活应对，万变不离其宗。统括地说就是"四四四万（也叫"三四一万"）"途径和方法。具体讲：

第一个"四"是牢固树立"四立"目标，简称树"四立"

我提出这个"四立"，在拙著《创新调研写作三十六讲》的封面正中位置整齐排列为：调查研究是公务员安身立命的基本功，谓之立命；把调研当作自己终身的事业，此缘为立业；调研淡泊名利，宁静致远，故而为立德；著作等身，传之后世，称之为立言。这"四立"的概括为该书序作者中国公文写作研究会副会长兼秘书长岳海翔研究员结合我已经问世的调研著作所做。原文为："四立"之首为"调查研究是国家公务员安身立命的基本功"，他称为"立命"；第二是"立业"，系指他把调研当作自己终生的事业；第三是"立德"，即以调研淡泊名利，宁静致远；第四是"立言"，即他在长达50年的从业经历中，累计撰写调研文章1000篇，公开发表近半，出版调研文集（含与人合著）6部，论著3部。

我之所以把它列为调查研究与时俱进途径和方法的头条措施，主要是考虑到较长时期以来，几乎是所有专题或者附带研究调查研究的论著、教材及单篇论文、论点等，总是简单强调深入实际、深入群众等老生常谈，对调研者整体和个体的素质提高很少涉及，均属隔靴搔痒，所以收效甚微。所以，我特意建议大家树"四立"目标，把调研及其写作当作自己的终生事业，做到为天地立心，为生民立命，为往圣继绝学，为万世开太平，把调研与调研者做人做事做官紧密结合；把调研工作总结和调研人生总结紧密结合，鉴古察今，释疑解难；透视人生，走向未来，首先在做人、做事、做官上与时俱进。

第二个"四"是熟练掌握和运用"四法"，简称用"四法"

这"四法"，是从我结合自己调研及其写作50多年实践经历经验和传统调研及其写作理论独立创新的20多个调研及其写作方法中，挑选出的五官四肢体脑联动调研法（简称体脑法）、搜集资料的"四个一切可以"法、三分二化法和与领导同层思维法等四法。

前边树了"四立"目标，接着就应该配之以好的方法。我挑选的这四法，前两个是调查收集资料的，第三个是分析研究问题的，第四个是如何多层次思考建言献策的，比较配套。

体脑法是最原始的方法，也是最管用的，不可或缺又无可替代的最重要的方法。集中体现了调查研究的腿勤、嘴勤、眼勤、手勤、脑勤的重要性。"四个一切可以"，就是利用一切可以利用的时间、采用一切可以采用的手段、寻遍一切可以寻找的地方、访谈一切可以访谈的对象，真正做到了这"四个一切可以"，就再没有调查不深入的了。

三分二化法，就是横分门类，纵分层次，在时间上纵分时段，加上量化、细化，可说是调研写文章、读文章、评论文章的一把万能钥匙。调查用它分细、分好，并列出提纲可能深入调查。研究用它分细、分好，列出提纲，就可能研究得严丝合缝，滴水不漏。真正的调研写作能力，主要就在于划分得科学不科学、完整不完整；划分得好，才能综合得好；分好了，合好了，才能写出好文章。读文章、评论文章，也可采用三分二化法。不论怎么权威的、高水平的分条列目的文章、报告、讲话、文件、法律法规材料，经过三分二化分开来一看，划分科学不科学、结构严密不严密、内容充实不充实、观点材料配套不配套，一清二楚。

下面说说与领导同层次思维法。我提出这个方法是1988年，作为在武汉城建学院学习培训的结业论文提交给老师的。1990年在《秘书》杂志发表。它对我们如何当好参谋助手十分有用，可以启发我们如何"提起笔来，我就是书记、市长；放下笔来，我就是领导参谋"。我只提这四法，并不意味其他方法没有用，尤其并不意味着数十种传统调研及其写作方法没有用，只要能够综合运用就更好。

第三个"四"是敢说、说好"四话"，简称说"四话"

这个"四话"，即实话、真话、新话、直话。

（一）什么是实话？在"四话"中，实话可能最好解释。它就是实话实说，按照客观事物的本来面目说话，一是一，二是二，是什么，就说什么，绝不添枝加叶，也不藏着掖着、遮遮掩掩。它是讲真话、新话和直话的基础和前提。任何一个民事行为主体都应该有能力、有责任弄清事实，明白事理，实话实说，并且说到做到，把实话实说当作自己做人、做事、做官、做高官、做皇上、做元首、做领袖等，说话、写文章的基础和底线。否则，你就做什么都不配，都不算合格。

（二）什么是真话？这可能比较复杂。讲真话以讲实话为基础，要讲自己的真实想法，即心里是怎么想的，对客观事物怎么评价，怎么对待，是赞成，还是反对，都实实在在，合盘托出，无丝毫隐瞒和保留。很长时期以来，对于讲真话的问题，一直有两种截然相反的议论：一是说讲真话难，二是说听真话难。说讲真话难的，一般是基层干部和普通群众；说听真话难的，主要是领导干部和高层领导以至最高统治者。在我国几千年的封建社会中，除了极少数真正的明君，能够听到一些臣民的真心话之外，其余的，尤其昏君、暴君，是很难听到真话的。因为没有谁敢对他们讲真话。在他们的统治之下，所有臣民，包括一人之下、千万人之上的大臣，也深感讲真话难。大都只能诚惶诚恐，唯命是从，不敢讲一个字不合上意的话。在皇帝的名字都有严格避讳的年代，只有皇帝独享"话语霸权"，其他人谁都不知道言论自由为何物，老百姓更是全都被剥夺了话语权，大家当然是深感讲真话难的。

然而，话总得讲，文章总得写，就只好揣摸并顺从上意，一不看事实，二不讲常识，三不要良心，讲一些违背事实、常识和良心的话（文章），把下级的讲真话难，转换成上级的听真话难。

（三）什么是新话？主要是有新意，尤其有新的思路、思想、办法等；也包括新的词汇、话语和旧词语中新产生的意义。新话是实话和真话的升华，把说话提到一个很高的水平。所以，调研文章一定要坚持说新话，出新意、新思想、新谋略、新办法、新举措等。

（四）什么是直话？直话是指说话的方式，不论实话、真话、新话，都直言其事，秉笔直书，直述不曲，直来直去不拐弯，反映出说话人胸怀坦荡，刚直不阿、正道直行的人格和性格。可使长话短说，语言精练；单刀直入，言简意明；一针见血、一语中的，反映出说话人的睿智灼见和良知。

第四个不是"四"，却比4大2500倍，是"万"，万变不离其宗

"宗"指内容实质，也包括形式服从内容等规则。可简括为"把握全局，抓住本质，突出特色，合理布局，符合体例，文从字顺"24字。

1. 把握全局。这里应该有两个全局：一是全市、全省、全国甚至全世界全局的发展变化。即使只是为市、县、区或者一个部门，甚至一个乡镇，撰写一篇重要调研文章，也要这样做。就是要把握重要的背景形势，服从全局、大局，做到全局在胸，方向明确；立场坚定，旗帜鲜明，能够较好把握写作主题。二是文章自身的全局、大局和整体构思需要把握好。这个全局也很重要，一定要把握好。

2. 抓住本质。就是要抓件事物发展变化的核心构成和客观规律。这是文章内容是否厚重充实，主题的根基是否坚固稳定，论点是否坚强有力，文章是否成功的关键所在。抓本质，还在于抓重点，抓大头、抓主要矛盾及矛盾的主要方面等。

3. 突出特色。主要突出时代特色（点），地理特色（点），人物和事物及其各方面的特色、特点，还包括事物发展变化的热点、疑点、焦点、难点问题等。

4. 合理布局。主要是结构严谨，布局合理，观点材料配套统一就行。文章结构奥妙无穷，只要能把意思表达得清楚、明白、清新、生动，大可八仙过海，各显神通。但是，若无仙人的造诣，还是老老实实依照写作法则写作为好。明朝谢榛主张起句当如爆竹，骤响易彻；中间要像纸花飞散，层层展开；结句当如撞钟，清音有余。元代散文家乔吉则以凤头、猪肚、豹尾来形容和比喻。这两种说法各有道理，值得调研写作者借鉴。

5. 符合体例。就是符合各种文体的主要要求和原则，做到写什么像什么。关键就在于如何学会、用好、用活文章写作十八般武艺。

6. 文从字顺。（1）用词恰当、妥帖，作者心里想的是这样一个东西，这样一种情境，读者读后的感受与作者希望表达的意念完全一致。（2）从字、词、句、段到全篇，顺从畅达，文气贯通，能很好地把作者的思想感情有条不紊、井然有序地表达出来，行云流水，明白晓畅，没有任何含混、错乱和别扭之处。

四、我的调研写作是怎样与时俱进的

如果有人这样问我：你的调研写作是怎样与时俱进的？我的回答很简单，只四个字："与时俱N。"解释也简单：与时俱学是基础，与时俱思是关键，与时俱说是核心，与时俱结是提升。

从前述我的与时俱进观看，我这样回答是不是自吹自擂呢？请大家听我把我所说的"与时俱N"讲完了，再作评价和批评。

（一）与时俱学。这是调研写作与时俱进的必要前提和基础。我的调研写作就是在我的自学人生中进行和完成的。这一点，我早在10年前刚刚退休的时候就做了回顾和总结，题目叫《说说我的自学人生》（载《秘书工作》2006年第10期），分"自学助我'跳农门'""自学得自励""自学无止境""自学知得失"4个部分，作了较为全面的反映。我的起点学历，实际只是个初中文凭，后来，因为与调查研究结下不解之缘，为了完成调研任务，并以之为终生事业，刻苦自学，走村串户，当了10年农情员（主要收集、整理、汇报农村农业情况）；苦战过关，实现我的"调研城市化转移"；俯视苍穹，实现我的调研向多学科拓展；挑战老年自我，走向我调研的"第二个春天"。在我几十年如一日地以调研激励自学，以自学推动调研的人生旅程中，我体会到"学无止境。活到老，学到老；学到老，学不了；学不了，仍然学而不厌。此乃学之佳境、科学圣境、人生仙境也"。未想到我的这点心得体会被多家媒体编入多种"名家名言"，在海内外传播。

（二）与时俱思。我的与时俱学，主要围绕调研实际需要，读时代新书籍，学时代新知识；既读有字书，又读无字书，即读社会生活这本大书，学习社会人生。结合实际学，边学边思，学而时思之；深思细思，反复思考，结合调研实际思考，做到腿勤、眼勤、嘴勤、手勤、脑勤，眼观六路，耳听八方；处处留心，时时留意，事事做有心人；不求做学者，但求做个思想者。改革开放初期，国门大开，引进国外先进科学技术成为时尚。那时，我还在偏远而封闭的农村，却思绪万千，问天，问地，提出了一个大胆想法：建设社会主义精神文明，要适当引进国外先进思想文化。1984年初，被《广东社会科学》摘要发表，现在网上还可读到。到今天我年过古稀，思考可以说一刻也未停顿。今天我与大家的这个发言稿，洋洋1.5万言，从构思到查找、收集资料，到写成全文，仅10个晚上，白天我都在给市审计局编修《市审计志》，可见我的思考，虽然称不得敏捷，但也还是有点速度的。

（三）与时俱说。就是要敢说、说好实话、真话、新话、直话"四话"，用事实说话，实话实说，喜忧兼报，言人所未言、未能言和未敢言。

几十年中，我从乡镇干部到城里的政研干部，确也写了不少正中领导下怀的调研文章。如《贫下中农当家作主，东方红大队面貌一新》（1974）；《像大寨那样干，三伏潭公社一年巨变》（1975）；《农民进入市场的十大趋势》（1993）；《农民种粮积极性越高，越要注重抓好粮食生产》（1994）；《工程农业》（1996）；《创新三种模式，做好一篇文章》（1997）等。

下边举几个报忧未得忧的例子：

1979年，农产品涨价，农民得到点实惠。全国上下，各行各业轮番涨价，很快，农产品又跌到低谷。可是，媒体还在大肆宣传农民富得不得了了。我当时就在农村，天天跟农民在一起，我知道农民到底有多富，也不过只是得了些"口惠""虚惠"罢了。1980年夏，写了篇《要让农民得到实惠》在《市场报》（《经济日报》前身）发表。这是我的《价值规律与生猪生产问题初探》的前奏。

1994年，朱镕基总理提出"敞开收购，顺价销售，资金封闭运行"的粮食三项制度改革。我与荆门实际一对照，就觉得只有"资金封闭运行"一条可以做到。1995年省里召开农村农业工作会议，市委安排我们准备一个材料到省开会。我们写了一篇《当前影响农村经济全面发展的几个问题》，提出"真正把农业放在首位，从根本上解决农业升温又降温的问题"；"坚持全面发展，从根本上解决农村产业结构调整步伐加快又放慢的问题""继续深化改革，从根本上解决农副产品购销体制放开又收回的问题""强化市场和物价管理,从根本上解决工农产品价格'剪刀差'缩小又拉大的问题""切实增加投入,从根本上解决农业生产条件改善又恶化的问题""加大执法力度,从根本上解决农民负担减轻又加重的问题"的"六个根本解决"的对策建议文章;市领导到全省会议上以此稿发言,很多人称赞"还是荆门同志水平高";后被《人民日报·理论参考》第9期发表。这里的农副产品购销体制改革放开又收回的问题,就是最早公开非议粮食三项制度改革的。

1998年9月,新任市委书记打算采取财政补贴、税务免税,提高优质稻价格,敞开优质稻收购办法,调动农民积极性,推动优质稻发展,要求市委政研室派人到京山县孙桥镇突击调研后,给市委提供决策依据,予以出台政策措施,扩大优质稻生产面积。我们实地调查发现如果这样做,会如京山县财政所说的"雪上加霜",税务所说的县、市长无权免税,粮食部门所说的"堆不下""调不出""亏不起",大家都说不能只为了农民的眼前利益,损害县城经济的长远发展。于是,我们撰写《发展优质稻生产要注重化解有关诸方的矛盾》一文,提出"在种植上,真正创优质稻的优质""在加工上,真正创优质稻的精品名牌""在经营上,真正实行靠市场定价""在工作上,真正改行政干预为协调服务"4条建议。有位好心人特意找我说:"市委书记的意图难道你不知道吗?你这样写,可能吃亏不讨好的。"我说:"书记的意图我当然知道,但我不能闭着眼睛说瞎话。我们想用事实说服领导放弃这个脱离实际的想法。便只字未改,把这个调研材料交上去了。后来,政研室还把这件事完整记录到《荆门年鉴》上;京山县依靠科技进步和市场措施打造出"湖北一袋米";拙著《怎样写好调研文章》一书也把这件事写入了《调研人生的精彩》。2013年,为庆祝荆门建市30周年,市政协出版《扬帆》一书纪念,我特意为之写了《我所参与的"湖北一袋米"工程调研》,回忆这次调研成果的成效,载入该书。

(四)与时俱结。"结"指总结,结晶思想。在总结上提高,完善自我,提高自我,超越自我。我每搞一段时间的调研,或者某项重大课题调研,都要进行一次总结,不仅总结调研工作,而且结合自己的人生,做一次人生总结。仅是退休10年,我都做了上10次,仅发表的文章,就有《说说我的自学人生》《我做调研四十年》《我做调研四十年后的"四个三"》《从政四十年回顾》《老调研退休十年的"四个四"》《从临"为"受命到书俏全国》《从农机员到我国调研写作理论研究的奠基人》《用文章服务社会》等近10篇;还有用诗歌、散文等形式总结回顾的

《七十抒怀》《回到年轻》等数篇。我以为，无论调研工作总结，还是调研人生总结，都要多次进行，反复总结，多次自我否定，自我完善、提高，才能事半功倍，取得好的效果。比如《从政四十年回顾》，经过几次修改，大标题最后改为《从政铭》。其中，对于人生世事的"三个而不"，改为"四个而不"。开始的"三个而不"是"追求而不强求""看淡而不看穿""达观而不悲观"。有朋友看了，建议改为"四个而不"就更好了。这条建议，让我琢磨了五年之久，最终增加了"忠诚而不愚蠢"一条，这是结合我几十年对国、对家、对朋友、对世人，实话实说、喜忧兼报、襟怀坦白、无怨无悔的一条人生底线。

我对以上调研写作的"与时俱N"简单回顾后，再次回顾了我的简历和拙著《创新调研写作三十六讲》中的两份简表：一是《陈方柱调研写作年表》，二是《陈方柱主要社科著作标题一览表》，想起我70年人生旅程的三条清晰可辨的轨迹，一条是我的思想文化修养轨迹。这条轨迹的起点是一个只有初中学历的农村青年，在成年后50多年岁月中成长为对现当代思想文化略有涉猎，思想并不僵化的社科研究员、公文学家（均有中国公文写作研究会证书）。

二条是我调研及其写作实践的轨迹。我调研写作实践的真正起点是1982年的《价值规律与生猪生产问题初探》，接着是从农村进入城市，发表《发展与大中型企业联合，加快荆门经济建设步伐》《农民进入市场的十大趋势》《中西部应改进建设方法》……到2014年的今天我与大家交流本文，其主线是农村农业经济发展调研，辅之以农村城市化和其他多领域调研。

三条是我的调研写作理论探索轨迹。1979年，我发表《简报要"减"还要"简"》，1988年发表《"条"与"理"的辩证关系——谈总结写作》，20世纪90年代用"实例法"讲调研，到2007年出版《怎样写好调研文章》，截至目前，第六七姊妹篇即将问世，尤其《调研写作学》，将填补国内外一个空白。这条主线还辅之以对其他应用写作和调研文化的理论探讨和传播，及我被誉为"我国调研写作理论研究的奠基人，在当代应用写作理论界独树一帜"。（中国公文写作研究会岳海翔语）

另外，在再版《精讲》的今天，似乎可以增加一条，就是在我探索调研写作理论轨迹的同时，还探索了应用写作以至相关写作学的一些重要课题，比如，我参与了与山东省青岛市委党校吴新元教授三年多时间《关于记叙文六要素之争》的论战，武汉大学《写作》2016年2月（上）发表拙作《事实六要素论》，支持笔者"时间、地点、人物、事物、实物、数量"新六要素的陈述，即"陈氏六要素说"，陈氏六要素说，既否定传统的"时间、地点、人物、事件、原因、结果"六要素说，也否定吴氏"时间、地点、人物、事件、思想、情感"新六要素说，称后二者都同样犯了对客观事物概括不全和逻辑混乱的错误，只有陈氏六要素说，概括完整，逻辑严密，是对"多种六要素与时俱进的重大整合和发展""能较好适应现实社会多种表达对六要素的客观需求"等（见附：《事实六要素论》）。

综上所述，我以调查研究为终生事业，50多年如一日，围绕调查研究，孜孜以求。我之所学，实为时代之学，通古达今；我之所思，实为时代之思，穷则思变；我之所说，实为时代之说，实话实说；我之所结，实为时代之结，结晶思想，力争融入时代，与时代同步，这就是我所实践的简单而平凡的调研写作与时俱进。当然，我的与时俱进与时代的要求，还差得很远，但只求不被时代抛弃就够了。

（调研写作讲座稿）

附：事实六要素论
——兼与吴新元教授再商榷

内容提要：本文为笔者与吴新元教授三年多来的"记叙文六要素之争"第四轮（接近尾声）的争鸣文章。主要针对吴教授2012年9月发表在《写作》上半月刊《记叙文六要素新论》提出一个赞同三个反对，即赞同吴发现传统六要素较好地概括了客观世界构成，反对吴与传统六要素一样犯了对客观世界构成概括不全、一二级要素混同和为记叙文独占的错误，主张用自己深入研究探索出的"时间地点人物事物实物数量"的事实六要素说，作为古今所有六要素说的规范统称，与时俱进，科学整合所有六要素说，使之能够更好地服务现实社会中凡是要用事实表达的书面文章、材料、资料写作和口头的发言、讲话及各种交流和诉求，更好地促进写作学和语言学"两学深度开发和发展及整个文化和大文化发展。本文是这次争鸣的重要理论成果之一，具有重大现实意义和理论意义。

关键词：记叙文 六要素 传统六要素说 吴氏六要素说 陈氏六要素说 事实六要素 统称 特点 优点 意义

一、本文写作背景

2012年9月，山东省青岛市委党校吴新元教授在《写作》当月上半月刊发表《记叙文六要素新论》（简称《新论》），采用先褒后贬手法，先肯定传统记叙文时间、地点、人物、事件、原因、结果这"六大要素（笔者称其为传统六要素说）较好地概括了客观世界的构成"，后指出"这六大要素未能包括记叙文的思想、情感两个内容要素""显然是一个极大的失误"，进而将"原因、结果"两个要素合并进"事件"要素，"作为二级要素处理"，用"思想、情感两个内容要素"取而代之，"提出一种新的记叙文'时间、地点、人物、事件、思想、情感'新六要素说"（笔者称其为吴氏六要素说）。

2013年11月，笔者在《写作》当月上半月刊发表《记叙性文章材料三个六要素说哪个更好——兼与吴新元教授商榷》（简称《更好》），认为《新论》采用属于人的三四级要素的思想、情感两个内容要素取代属于事件的两个二级要素原因、结果，与传统六要素说一样犯了未能全面、完整反映客观世界构成和逻辑混乱的错误，而且把本来属于所有记叙性文章材料资料共同所有的传统六要素划归记叙文一家独占，属于犯了"以偏占全"的逻辑错误，提出时间、地点、人物、事物（包含事件）、实物、数量全为一级要素的陈氏六要素说，拉开了"记叙文六要素之争"的序幕。2015年4月16日和8月16日，吴教授先后在中国公文研究网和在成都召开的全国第十四届公文学术年会上发表《记叙文要素论：还是"时间地点人物事件思想情感"六要素说更好——兼谈文本要素、文体、表达方式等写作基本概念并答陈方柱先生》（简称《还是》）的反驳文章，倒逼笔者在成都会议上仓促应战，成为成都会议上一个新的亮点。10月10日，中国公文研究网开辟"记叙文六要素之争"专栏，发表拙作《再论记叙性文章材料三个六要素说哪个更好——兼对吴新元教授"两论一讲十三信"总回复》；10月21日，该专栏发表吴教授反驳文章《堆粪钉掌难为柱，有文无方须推陈——驳陈方柱主任对我"记叙文要素新论"的再批评》（简称《再批评》）；12月24日，专栏发表拙作《我问骂圣吴新元——答吴新元《堆粪钉掌难为柱，有文无方须推陈——驳陈方柱主任对我"记叙文要素新论"的再批评》，把争鸣推向一个新的高潮。

尽管我不知道此次争鸣会延续到何时及如何收场，但我知道"千里搭长棚没有不散的筵席"，无论如何它也总得对这三个六要素有个正规统一的名称或说法，做到名正言顺，以便其在写作学界和现实生活各个领域得到更为广泛的应用，也可使我这个始作俑者挑起的这场争鸣有一个好的落脚点和归宿。

从传统六要素早在《新论》问世之前很长一段时间里的应用情况看，即使从我于1965年参加"四清"（指清思想、政治、经济、组织，是当时政治运动的一种）运动，学习采用公检法司及纪检监察部门长期使用的"何时何地何人何事何原因何结果"的"六何要素"（也即《新论》所说的传统记叙文六要素）整理"四不清"干部专案材料起，传统六要素也不为记叙文所独有；何况在很早以前就还有"新闻六要素"（就是来自西方的新闻学界的"六个W"）之说，这就更加说明传统六要素不属于记叙文所独有。因而本文所说这三个六要素，无论哪一个都不属于记叙文所独有，它们是相同、互通的，共同具有一样的属性和功能，是可以而且应该共用一个正规统一、科学合理、名正言顺的六要素名称或说法的。这个名称或说法就叫六要素统称。

二、六要素统称选择

从六要素在现实社会中长期而广泛使用的情况看，我以为，要为它找到一个统称是不难的，因其备选方案实在是很多，关键就看我们从哪一个角度和层次，遵循哪一些标准和原则选择。这个角度和层次，至少应该是吴教授《新论》和拙作《更好》立题命意的共同基点，即"较好地概括了客观世界的构成"的角度，也就是说，最好或者一定要是从全面、完整、准确"概括了客观世界构成"的角度；层次也就是宏观层次，涵盖所有六要素使用领域和层次的最高层次。角度和层次确定后，选择的标准、原则就好确定了，这就是：

第一，要具有较强的科学性和规范性，即科学合理，符合写作学、语言科学和逻辑科学等的规则，是规范化的书面语言。

第二，要具有广泛的适用性和实用性，适用于宏观层次下的社会生活的方方面面，既实用，又有效。

第三，要有较强的真实性和权威性，我们从《更好》中三个六要素所记述的内容情况看，它们都是真实可靠的，真实是它们的生命。也就是正因其真实，才有权威；也正因其有权威，才更加必须真实。

第四，要具有较强的简洁性和稳定性，要简明扼要，简洁明白；通顺流畅，好懂好记，又质朴无华；还要牢固稳定，经得起时间考验，能够运用到永远，不像某些时髦词汇，只是昙花一现而已。

从上面确定的角度、层次和标准、原则看，可供选择的既有词语大约有以下十来个。我们就以吴教授的"记叙文六要素"词组为样本，采取试用、实用的方法，逐个比较选择：

第一，把吴教授《新论》和拙作《更好》立题命意的共同基点，"较好地概括了客观世界的构成"，作为选择六要素规范统称的基点，具体是选择"客观世界"这个词组，看它是否能作六要素的规范统称。我们先把它与"六要素"组合成"客观世界六要素"词组，从语言学和逻辑学规则看，应该是没有问题；但从实用上看，却显得它太大，太宏观，很不实际，或叫不切实际，所以是不合适的。

第二，看"记叙文"一词，它确实是太小，莫说吴教授把其确定为"普通文体五分法"中一个小小的文体，就是把文言文里的小说、记叙散文和报告文学等记叙文全部纳入，也只是沧海一粟，实在是太小，担当不了这一历史重任。

第三，"记叙性文章材料"如何呢？按其所涵盖的范围看，还算可以，但组词成分太多、太杂，又有人予认可，也只好作罢。

第四，再看传统记叙文，它起码是太陈旧，未能与时俱进；其涵盖范围也是太小，就不用说了。

第五，"事件""事物""事态"等都分别可与"六要素"搭配组词，也都说得过去，但都嫌别扭，有点牵强附会，显得太偏。

第六，不妨再拿"实事"与"事实"比较：先说实事。《现代汉语词典》解释为：①实有的事：此剧取材于京城~。②具体的事；实在的事：少讲空话，多办~。拿实事一词与"六要素"组合成"实事六要素"词组，对照以上角度、层次、标准、原则要求，应该说是较合适的。再说说"事实"一词。综合《现代汉语词典》与好搜百科的解释，认为其是汉语词语，指事情的真实情况，包括事物、事件、事态，即客观存在的一切物体与现象、社会上发生的不平常的事情和局势及情况的变异态势。拿事实一词与六要素组合成"事实六要素"词组，对照以上角度、层次、标准、原则要求，应该说也是较合适的。

这样一来，较为适合充当所有六要素统称的词语就有实事和事实两个，而我们只需一个，那就只能从这两个中选一个。这就必须进一步比较这两个词语的功能、关系和实用的情况：从功能上讲，二者比较相当，在很多时候易被人混淆，比如，人们常说的"实事求是地说"和"凭事实说话"两句的意思就很近似，对这两个词分不出谁好谁差。再说二者的关系，我以为是互相包含关系，即实事中包含不少事实，事实中也包含不少实事，还真的是八两对半斤——不相上下。最后，只好从实用上看：前者使用最多的是实事求是，其次是办实事；其他场合使用很少。后者使用的场合就多得数不胜数，可说是具有最为广泛的适用性和实用性。比如，在司法、纪检、监察部门使用的：以事实为依据，以法律为准绳；事实确凿，定性准确。在调查研究中，有一条重要规则就是用事实说话；事实胜于雄辩。在社会学和历史学中，有一条历史事实不容篡改；墨写的谎言掩盖不了血写的事实。在新闻界所说事实真相浮出，谎言烟消云散；在现实生活中还有事实劳动关系、事实婚姻、事实行为、事实论据、事实论证等多样说法。所有这些事实的构成和记叙、记载，都少不了时间、地点、人物、事物、实物、数量六要素。在实用的范围和人们使用的习惯来讲，就让实事一词相形见绌了。

综上所述，唯有"事实"一词，用作本文所说的六要素统称为最佳选择是不争的事实。建议有关理论学术部门、团体、媒介及党政部门以至全社会试用、推广。笔者之所以执着于事实一词，除了它上述的内涵、功能和人们对它长期使用的习惯性和广泛性之外，还有它突出的特点、优点和更重大的现实意义、理论意义和深远影响。

三、六要素统称的特点

事实六要素作为六要素统称，除了经过笔者与吴新元教授三年多的反复多次的争鸣之外，笔者还经历了最近一段时间，对古今中外所有多个六要素说运用情况的总结、回顾和比较研究，构想、论证、筛选、提炼和试用、实用，才最终确定、提出，可说是苦心孤诣、殚精竭虑了。事实六要素的含义是：凡是要构成或者反映一个真实、确凿、完整、典型的事实或事实材料，都必须完整运用时间、地点、人物、事物、实物、数量六要素，换句话说，就是只有完整运用了时间、地点、人物、事物、实物、数量六要素，才能真实、确凿、完整、典型地构成或者反映一个事实或事实材料。否则，只要缺少了其中任何一个，其事实或事实材料就残缺不全，甚至就不能成立。如"我今天上街买鱼3斤。"仅9字，就是六要素齐全。否则，缺少任何一个要素，就叫要素不全。这就是事实六要素的重大功能和使用价值。它不仅功能和价值重大，还特色鲜明，特点和优点突出，具体为：

（一）确凿的真实性。以齐全、准确的六要素构成或者反映的事实或事实材料，尤其是白纸黑字写成的书面、书证材料，铁证如山，其真实性应该是准确无误。尤其是实物，具体到一草一木，一砖一石；数量详细到元角分，甚至详细到小数点后面两至三位，对一般事实来说，那个真实确凿就无法说了。

（二）雄辩的权威性。事实胜于雄辩，只要用事实说话，就能胜于雄辩；如果拿了上述那些具体、真实，确凿无误的事实说话，那个雄辩的权威性是无可质疑、无懈可击的。

（三）广泛的实用性。用齐全而准确、确凿的六要素构成和反映的事实或事实材料，其功能之强大、运用之广泛，实在是不可否认和低估。现实社会中无论哪个方面、领域、层次，部门、单位、个人，凡是需要用事实表达的书面文章、材料，或者口头诉求、发言、讲话，都是少不了事实及其材料的。它的篇幅大可以大到长篇大论，车装船运；篇幅小，可以小到三言两语，片言只语。它的功能，上可以经天纬地，经时济世；下可以人与人，户与户，交流信息，沟通关系。

（四）精当的简洁性。它简明扼要，简洁明白；好懂好记，质朴无华。从个体上看，它比记叙文还小，但小而精当、精要、精巧，含量无比广大，无所不包；运用广泛，现实生活的方方面面，无所不到；其功能强大，可以四两拨千斤。真的是小词不可小看。

（五）永久的稳定性。人类语言，总的来说，其演变是极其缓慢的。但在巨大变化的历史时期，短命的语言，却有不少出现；如大跃进时期、"文革"时期就曾经出现过不少短命语言，如"人有多大胆，地有多大产""造反有理""怀疑一切"等。近年来的网络和微博上也出现过不少短命语言，昙花一现。事实一词，不属此类，它具有永久的稳定性，确实经得起时间考验，能够运用到永远。它最早见于2200多年前的《韩非子·制分》："法重者得人情，禁轻者失事实"；不久又见于司马迁《史记·庄子传》："畏累虚亢桑子之属，皆空语，无事实"（见《辞源》，修订本第一册第122页，商务印书馆，1987年）。

四、规范六要素统称的意义

选择并规范六要素统称的意义重大，包括重大现实意义、理论意义和深远影响。总的讲有：

（一）它是此次"记叙文六要素之争"的重大理论成果之一。我与吴教授的争鸣从2013年开始至今3年，现已历经三个回合的较量，其核心论点是一主二辅：一主是三个六要素说哪个更好；第一辅是到底哪个六要素能够全面、完整、准确"概括客观世界构成"；第二辅是六要素到底由记叙文独占，还是属所有记叙（事实）性文章材料资料共有。对于一主，口头上虽双方各不相让，事实胜于雄辩，谁是谁非，谁对谁错，一看便知。对于第一辑，吴论一改再改，主要是把《新论》立题命意的第一论点"这六大要素较好地概括了客观世界的构成"，先在《还是》中改为"这六大要素较好地概括了客观世界动态之人、事因素的构成"，后在《再批评》一文中改为"这六大要素较好地从动态之人、事角度概括了客观世界的构成"。明眼人一看便知这是吴教授对《新论》第一论点的放弃，和对争鸣的逃离。语云："失之毫厘，差之千里。"吴教授这两次改动都是采用了逻辑上的限制手法，对"客观世界"这个概念进行了"动态"和"人、事之因素（角度）"两次限制，两次增加"客观世界"的内涵，而缩小它的外延，使其从最高的宏观层次陡降两个层次，这岂止"失之千里"？而我就理所当然地坚守原有论点，岿然不动。吴教授在所有对我的反驳文章中都采取了诸如避实就虚、偷梁换柱、改变论题、强词夺理等手法，或明进暗退，或以骂为攻，实质上，他早把吴氏六要素说放弃：其一，在他的《新论》发表两个月后出版《公文要素对应写作理法》时，他在其序言第一页的记叙文六要素介绍中，就仍是采用传统六要素，只字未提的新六要素；其二，他在2015年4月16日发表在中国公文研究网上反驳我的《还是》，和其三，他在同年8月成都会议上重发《还是》一文，和《再谈公文要素对应写作论与公文写作科学速成法的科学性——兼答李昌远先生》一文中，同样是介绍记叙文六要素，也都仍是采用传统六要素，只字未提他的新六要素，这就进一步证明了他对《新论》及其六要素说的退守（缩）与放弃。我们今天规范六要素统称正好在这个背景下进行，不就正好说明了它是这场争鸣的重大理论成果之一吗？

（二）它是多种六要素与时俱进的重大整合和发展。很久以来，记叙文六要素说、公检法司等六要素说和新闻六要素说，从名义上看，它们区别明显，记叙文六要素为"时、地、人、事、因、果"，公检法司为"六何"，新闻六要素为"时间、地点、人物、起因、经过、结果"，其传承和运用都在现实社会各自不同的领域和层次中封闭进行，好像它们之间是鸡犬之声相闻，老死不相往来；实质上，它们是大同小异，一直是相互联系、相互影响的。我们现在给它们规范统一冠名，实际上就是适应了它们与时俱进共同整合发展的需要，或者说，就是它们与时俱进的重大整合和发展。

（三）它能较好适应现实社会多种表达对六要素的客观需求。现实社会中，除了上述几种有文字记载的六要素的传承和运用外，人们自觉或不自觉地对多种六要素的"事实"传承和运用是不计其数的。凡是要用事实表达的书面文章、材料、资料和口头诉求与发言、讲话等，都少不了要使用六要素：如调研文章，用事实说话是它的生命，其文章中的每一个实例，尤其典型实例，严格要求时间、地点、人物、事物、实物、数量六要素齐全；地方志编纂，六要素不全被视为大忌；不少论文、公文必须以事实为依据，也强调六要素齐全；不少口头诉求、发言、讲话，也要求用事实说话，要素齐全，要求言之有人、有物、有数，有理有据，才有说服力，才能收到应有的效果；就是日常事务及其交流，也只有要素齐全，才能让人听得明白，记得清楚。我们现在规范六要素统称，就是较好地适应了现实社会多种表达对六要素的客观需求。

（四）它是写作学、语言学深度开发发展的具体体现。 由于传统六要素等功能强大，运用广泛，早已渗透到现实社会的方方面面，对写作学和语言学的发展也在一定程度上产生了积极影响。现在我们规范六要素统称，对这"两学"的积极影响就更大了。尤其是把古老的事实一词挖掘出来，确定为规范统一的六要素统称，赋予其新的、更大的功能和职能，使其内涵更为扩大，传承和运用更为广泛，尤其能够更好地服务现实社会中凡是要用事实表达的书面文章、材料、资料写作和口头的发言、讲话及各种交流和诉求，更好地促进了"两学"的深度开发和发展。这不能不说是在新历史条件下对"两学"发展的一项重要理论贡献。

第二篇

方法创新篇

调研写作分类　精讲

按照第一篇把"基础理论篇"改为"理论创新篇"的道理,现将"基本方法篇"改为"方法创新篇",并将原版"第四篇方法创新篇"并入此篇,排放于后,是顺理成章的。因为所有这些方法,都不是传统调查研究原来就有的,而是笔者在调研写作实践中,一点一滴实践、摸索、探讨、研究、运用、归纳、总结、提高,再实践,再探讨,再总结、提高,才逐步一条一条创立、创新运用而成。无论是"十字对策",还是"发现技巧",无论是写作角度,还是调研写作思路和提纲,都是笔者一条一条创立、创新运用而成。所以这样修改是顺理成章,水到渠成。

第十二讲 调研写作的共性问题 与"十字对策"

一、调研写作中的共性问题

共性,就是普遍性。调研写作的共性问题,就是调研写作中普遍存在的问题。我集40年调研生涯,20年编辑荆门市委机关刊物《荆门研究》、简报《决策参考》,多年学习、参阅、研究、审读国内数百家报刊及网络数以万计的调研文章的经验、体会,收集、归纳调研写作的共性问题主要为6个字:

(一)浅。层次浅,表面层次,思想深度不够。

(二)旧。观念、内容、写法陈旧,人云亦云。有些提法,少有新意,我好像在30年前就是用这些词汇写调研文章了。所举的事实、典型以及本地、本系统的数据竟是四五年前的资料记载;写法旧,还是老一套,"老三段":问题、原因、对策,或者"老两段":问题、对策。

(三)空。缺乏具体、新鲜、完整的情况叙述和数据反映,尤其缺乏完整、具体、生动、新鲜的典型及典型剖析,好多只是抽象的描述;综合的牵涉到量的表述,就用"一大批""大多数""一部分"等模糊数词表述;真实、准确、完整、新鲜的典型，有些五六千字长文也一个都没有。这样的文章实在是太空了吧？！

调研文章，必须靠事实说话：一要有点有面，有具体的数据；二是要有完整的典型，再加上符合逻辑的严密的推理，才能说明问题。

（四）残。残缺不全，不完整，缺这缺那，说服力不强，或者没有说服力。

1.逻辑结构（构成）不完整。俗话说："独木不成林"；"三个臭皮匠，凑成个诸葛亮"；三足鼎立，三足才能鼎立。一条板凳四条腿，一张桌子四条腿，四条腿才站得稳。这些具体事物的逻辑构成，缺一个都是不行的，就站不住，不顶用。文章的逻辑结构不完整，就经不起推敲，站不住脚，一推就倒，一攻就破。

2.缺乏说服力。我们每提出一个观点，都必须有强有力的论据和事实材料支撑，才会有或有较强的说服力。有些文章虽有观点，但无完整准确的事实材料支持；有的观点跟事实材料脱节，意在此，却言在彼。有论据，有材料，也与没有一样不说明问题。

3.缺乏典型和典型不完整，典型事例缺胳膊少腿，经不起推敲。

4.缺乏论证和论证不足、不力。要想说服别人，说服力强，必须论点、论据、论证三者俱全，三者具体，推理正确无误，能构成严密的逻辑推理。否则，是没有多大说服力的。

（五）平。平淡、冗长、拖沓；没有侧面、没有角度、没有重点；大而全，面面俱到、平分秋色；什么都说到了，什么都没有说；没有特点、没有特色，就没有味道。"文似看山不喜平。"应该跌宕起伏，峰回路转；一波三折，引人入胜。如果波澜不兴，一潭死水，怎能引起别人阅读的兴趣呢？

（六）杂。内容、逻辑、语言，都有点混杂，缺乏提炼。

内容混杂。胡子眉毛一把抓了，泥鳅鳝鱼一锅煮。条理不清，层次不明，让人不知所云。逻辑混乱，许多观点、材料交叉、打架、重复，颠三倒四，让人摸不着头脑。内容混杂、逻辑混杂、语言混杂，必然造成杂乱无章，结构松散，使文章没有吸引力，让人读不下去；读了白读，得不到什么启发。

二、共性问题的成因

（一）缺乏对调查研究的基本了解。这与学习不够是两回事。现在的年轻人大都是本科生、研究生，学历很高，大都对调查研究缺乏了解和实践。不少同志的书架上可能有很多调查研究教科书，关于调查研究重要性、必要性，方法、技巧、典范等，可以说汗牛充栋。但学习理论是一回事，实际操作可能又是一回事。大家工作压力大、任务重，在调研上时间少、机会少，缺乏锻炼，是其中一个重要原因。

（二）调查不够。调查研究，调查是基础，研究是关键，出思路、出对策、出成果是目的。可是，从现在提交给编辑部调研文章的情况看，只是少数同志可能搞过一些调查，有一些必要的数据和典型材料，基本上可以满足文章的需求；多数同志连基本的、必要的数据都没有，更没有完整的典型和详尽的事实材料；一个地方、一件事物，过去怎样、现在怎样，外部环境怎样、内部环境怎样，可能有的同志真正还不甚了解。看样子，这些同志工作忙，把调查研究只是作为搭头对待。有的到过现场，进行过一些了解，走马观花吧，可能根本就没有拟订过详细的调查提纲，也没有制发过详细而全面的调查表格、问卷，更没有反复多次、多层次、多侧面调查，尤其分专题召开座谈会、调查会之类；有的可能根本就没有到过现场，没有进行过现场调查，只是看了些资料，看了看电脑，或者道听途说，甚至捕风捉影，东摘西抄罢了；可能很少有人在调查前，制定过详细的调查提纲；调查中进行过细心认真的现场调查，更莫说真正口问手写，记录过几个本子的调查资料。所以，我说，调查不够是很普遍的现象。

（三）研究不透。研究是关键。什么是关键，就是决定成败的最重要的环节。什么是研究？就是探讨事物的真相、本质、规律，也包括带规律性的经验、做法等。前边讲了，有的同志基本上没有对自己的选题进行过深入、全面、细致的了解，没有深入、透彻的典型调查，就更谈不上有什么深入细致的分析研究了。要研究，首先就要研究基本情况、数字，研究与典型人物、典型事件相关的数据，进行多侧面、多层次、多向的比较、计算、推测、讨论，从中找出规律性、发展方向和发展趋势；其次提出思路，提出决策参考和决策方案。你一点基本的调查数据、事实记录都没有，或者仅有一些道听途说的东西，这是谈不上研究的。基本数字都没有，首先就是对最表面的情况不清楚；连最表面的量变都不清楚，还哪能清楚质变呢，哪还能够预测到事物发展变化的方向和规律呢，哪还能够提出切实可行的决策方案和参谋建议呢？写出的调研文章除了人云亦云，还能怎么样呢？

（四）思路不宽。缺乏独特新颖的思路，没有侧重点和独特的角度，多是老一套，大家都知道的一些东西。有时我把调研网络一打开，好多调研标题排列整齐，十分壮观。就是推敲不得，几乎尽是"关于某某某的调查报告""对策思考"之类，十个八个的一模一样；文章一打开，也都是那几条办法，不是抄袭，胜似抄袭，几乎同一种思维定式。这种调研思路和思维，到底有多大意义？！

（五）撰写不精。文章撰写，从大的方面讲，包括题材选择、主题确定、大小标题、结构构思、谋篇布局、开头、结尾到语言文字的加工润色，涉及写作学的方方面面。从当前一些调研文章看，写作精益求精的少，几乎每篇都或大或小存在一些问题。按照杜甫的"为人性僻耽佳句，语不惊人死不休"和贾岛的"吟安一个字，捻断数茎须""二句三年得，一吟双泪流"的要求和写作精神、写作实践看，差距就更大了。

（六）功夫不深。尽管现在不少同志文化起点高，但在调查研究上多显功夫欠缺，无论调研能力和文字表达能力都还有待提高。俗话说，诗书无底，武艺无根；学海无涯，天外有天。调查研究无论作为一门科学，还是作为一项实际工作，其深度和广度都是无穷无尽的。对于我们每个人来说，都是入门并不难，深造也是可以的。但我们每个人的功夫都是有限的，探索和学习的空间还很大，都应加倍努力才行。功夫不深的原因，也受当前社会分配不公，调研风气不浓，民主与法制建设滞后等的影响，不少人心浮气躁，沉不下心来调查研究，所以，功夫就更不深了。

三、解决共性问题的"十字对策"

要想提高各地各单位中青年公务员和其他文秘人员调研写作的整体能力和水平，我的对策是十个字：博学、多问、深思、明辨、巧言。

（一）博学。就是要博学多闻、博闻广见。古人有由博反约的说法，博，就是广博；约，就是专精。其意思就是要带着某种问题去博览群书，从群书中寻找启发和论据，以进行专精研究。加强学习，掌握科学理论，掌握丰富知识，是搞好调查研究的前提。读书不仅要读"有字书"，还要读"无字书"，多向同事、群众学习；尤其要向社会学习，即读"无字书"，学习书上没有的知识。比如风土人情，书上确实没有，但很重要。语云："世事洞明皆学问，人情练达即文章。"这就要求我们努力向社会学习，学习社会。既要持之以恒地储备知识，又要坚持不懈地更新知识；既要超前学习，又要急用先学。每当承担大的调研任务，就要"急时抱佛脚"，广泛收集、学习当前上下、内外有关该课题的政策、调研信息、理论调研文章等，看看"上头""外头""下头"有关该课题的情况，并且"吃透""三头"，就是把"三头"的情况都要消化，为自己的调研做好准备。

按照宋代理学大师朱熹的解释，"博学"就包含着这方面的内容，"今也须如僧家行脚，接四方之贤士，察四方之事情，览山川之形势，观古今兴亡治乱得失之迹，这道理方见得周遍"。他反复强调多"于见闻上做功夫"。明末方以智说："物有其固，实考究之。"他的"实考"不仅包括文字考证，还包括实地考察和实践。

（二）多问。调查，主要就是问，要口问手写，嘴勤、腿勤、眼勤、脑勤、手勤。嘴勤，就是要多问。古代王充说："不学不成，不问不知。"多问，还要会问，动脑筋问。要采取多种形式问，口问、电话问、书面问、用问卷形式问、开座谈会问。要问很多人，不同对象都问到。多次问、反复问，打破沙锅问到底。要事先拟好调查提纲，有条有理地问。我曾写过一篇《调研要有好思路、好提纲》（在国家统计局主办的《调研世界》2001年第5期发表），要求调查之前把所要调查的一切人和事都考虑周全，按提纲调查提问。不能脚踩西瓜皮，滑到哪里算哪里。一个地区、一个部门、一个事物，过去怎样、现在怎样、内部怎样、外部怎样，都要问到，问个清楚明白。腿勤，就是要到处走动，深入现场，实地访问。对很多事情的调查，最好要有现场感，深入现场，就更为亲切、真实、生动。现代化的信息传递方式很好，但有些传统的东西，也不应统统丢掉；有些传统的东西，电脑是代替不了的。眼勤，就是要实地看，边看、边想、边问，这是电脑代替不了的，这种调查非常重要。只有设身处地，深入现场，才能有更多的感性、理性、悟性和灵性，才能有更多更好的想法和办法。对于发现问题，就非常重要。关于脑勤，我们到后边还要讲的。手勤，就是要勤动手，做好调查笔记，心记不如一墨，把问的、听的、看的，当时边问、边听、边看、边想的东西统统记在本子上，以便回来后分析研究，找到规律性、理论性、创造性的东西。

（三）深思。就是要深思熟虑，冥思苦想，想出一个个让人耳目一新的道道来。这就是脑勤。深思熟虑，冥思苦想，绝不是胡思乱想，想入非非，而是立足现实，立足于科学发展观，科学地想象、联想、畅想，浮想联翩，谨慎认真地思考问题。朱熹说："学也，问也，得于外者也，若专持此而不反之以心，以验其实，则察之不精，信之不笃，而守之不固矣，故必思所以精之……知其为何事何物也。"

也就是说，由感观得来的知识，必须经过大脑思索、逻辑推理，才能有更深刻的认识，得出可靠的结论。这也是强调认识过程第二阶段的重要性。如何思考推理呢？孔子的"举一反三"和"一以贯之"，既包含了归纳和演绎，又包含了类比和联想，是一种很好的思考方法。孔子还有一个方法，就是"叩其两端而竭焉"，也就是利用对同一问题的各种对立观点和各种事物的极端状态，将其中的矛盾进行分析，以求得正确的了解。这就需要深思。1993年，我写了一篇《当前农副产品增产减收的表现、成因及对策》，在湖北省委政研室的《调查与研究》上发表。对当时大范围农副产品增产减收的情况进行调查研究后，发现农副产品增产减收的表现，减幅大、减项多、地域广。我用九个字、从三个方面描述出了当时农副产品增产减收的特点。这九个字，是我对几百个统计数字的对比、计算、分析、求证所得，加上几组完整数据佐证，既准确、全面，又新颖、真实，给各级领导一个严重的提醒。市委书记表扬说："这样分析概括得多么好！这就是高水平！"

（四）明辨。就是要明辨真伪和是非曲直。朱熹说："思之慎，则精而不杂，故能有所自得而可以施其辨；辨之明，则断而不差，故能无所疑惑而见于行。"这就是说，经过慎思得出的认识还要经过明辨而检验。检验后如果是正确的，那就不必再犹豫，可以付诸实施了。我们讲明辨，就是要按一定的科学原理、历史事实、技术手段、价值取向，对获得的认识进行"两由两去"的加工，即"由此及彼，由表及里，去伪存真，去粗取精"，使其认识更加接近真理。这就需要明辨。1995年1月，我们按照要求为市委领导准备一份出席省农村工作会议的调研文章，通过近两周的调查研究，从过去几十年农业生产不断出现"增长——持平——减产——再持平——再增长"的反复中，明确地预测到当时农业出现反复的可能性，针对当时农业升温又降温的问题、农村产业结构调整步伐加快又放慢的问题、农产品购销体制改革放开又收回的问题、工农产品价格"剪刀差"缩小又拉大的问题、农业生产条件改善又恶化的问题、农民负担减轻又加重的问题等六大问题，提出了防止农业反复的事实依据和对策措施，市委领导采用此文在会上发言，得到全体与会人员的高度评价！后被《人民日报·理论参考》用《当前农村经济全面发展的几个问题》全文发表，在更高的层次和更广大的范围产生了较大影响。这六大问题，现在看来，好像也还可令人警醒。这就是明辨的结果。

（五）巧言。这个"巧言"，就是巧妙建言献策，为领导提供决策参考，不是巧言令色的"巧言"。巧言令色是指用花言巧语和假装和善来讨好别人。而这里的巧妙建言献策，或者说是巧言妙语建言献策，就是要妙语连珠，语惊四座；要力透纸背，掷地有声，产生轰动效应。从总体上讲，巧妙建言献策，包括把握原则，正确选题，坚持真理，勇于创新；包括角度适当，布局合理；结构严谨，推理缜密，观点与观点配套，观点与材料配套，材料与材料配套，等等。从文字表达的技术层面上讲，就是要言简意赅，言近旨远；就是要字斟句酌，反复推敲，多一个字嫌长，少一个字嫌短；就是要精雕细刻，精益求精，做到字字珠玑，句句良言，条条建议有真知灼见，篇篇文章是精品力作，使读的人赏心悦目，交口称誉；听的人赏心悦耳，拍手称绝。从而达到建言献策的目的。我们建言献策，除了要讲究文采，讲究文字表达的技巧和艺术，还要选择良好时机，抓住要害，正中建言对象下怀。中国中央电视台《百家讲坛》最近播出的河南大学教授王立群读《史记》之《秦始皇·李斯为政》，他讲李斯三次向秦始皇建言，连升三级的故事，就很好说明了这一点。李斯出生在楚国一个贫民家庭。他胸怀大志，投奔秦国，开始只是在秦相吕不韦门下做了个侍卫。他利用第一次接近秦始皇的机会，就抓紧时机向秦始皇提出了个抓住有利时机统一六国的建议，正中秦始皇下怀，秦始皇立即把他从吕不韦门下调入中央政府机关当上长史；过了不久，李斯利用第二次接近秦始皇的机会，建议秦始皇同时采取军事进攻和金钱收买的两手策略统一六国，再次受到秦始皇重用，被提升为客卿，进入到秦始皇的高级幕僚班子；第三次，李斯当上客卿不久，却被秦始皇当时采取的一条断然措施逐出秦国。面对这次突如其来的厄运，李斯没有退缩，而是大胆向秦始皇写出一封千古有名的《谏逐客书》，直刺秦始皇三根软肋：一是列举客卿在历史上给秦国立下的大功；二是指出这次逐客是重物轻人；三是指出秦国逐客就是帮助六国，与你"跨海内、制天下"，统一六国的大政方针背道而驰。秦始皇一见，立即收回成命，召回李斯，并升为廷尉，使之成为秦国重臣。李斯的巧言，就每次都"巧"在时机上，"言"在要害处。光有时机和其表达形式上的"巧"，或光有能够击中要害的"言"，都是不行的，都不能构成巧言，都是难以成功的。必须二者有机结合，天衣无缝，才是真正意义上的巧言。

第十三讲　调研写作的"发现"技巧

一、调研写作点子的概念和作用

在调研写作实践中，有些经历不长、经验不足的同志，一旦进入写作环节，面对一摞摞调研笔记、资料，就如堕五里雾中，不知从何写起；有的却又觉得什么都可写，大笔一挥，就滔滔不绝。但最后，除了一大堆材料及其乱无章的堆砌，可说一无可取，致使白费许多人力、物力。之所以如此，主要就在于前者自始至终没有调研写作点子；后者则不加甄别，把一般题材和生活现象也都当作了点子。比如：全民创业问题、工业经济问题、新农村建设问题，还有关于×××的几个问题等，其实这些都不是调研及其写作点子，而只是调研对象，却也当作了点子进行调研和写作，这哪能会有好结果呢？

那么，到底什么是调研写作点子呢？

在策划业中，"点子"就是主意或创意。在调研写作中，"点子"虽也有主意的含义，但它不是简单地出个主意就完了。它是指深刻、新颖，既能深刻揭示事物本质，又涵盖广泛，且能将调研及其写作引向深入和成功，并撰写成经验总结或解决问题的意见、建议和办法等；它与调研写作题目近似，但又不与之等同，比调研写作题目更能画龙点睛和突显主题，展示文章的冲击力，称为题眼似乎更为合适。它的形成或被发现，在很大程度上就意味着调研写作成功或成功了一半。

调研写作点子的作用：

一是有较强的突破作用。某一调研写作点子就是对这一调研课题深入调研的突破口；只要从这里突破，整个调研写作活动就可以顺利开展。

二是有较好的引导作用。不仅可把调研写作引向成功，还可走捷径，取得事半功倍的效果。

三是有一定的聚合作用。它像照相中的聚焦点，既可把一些零星、分散的素材聚合起来，还可对整个调研写作所涉及的方方面面作全景式扫描，再将主题思想作强烈明快的集中反映。

四是有较强的纲目作用。一经发现，就好像抓住了网的纲绳，立刻思路明晰，条理清楚，纲举目张。

五是有较大的磁场作用。它像磁石，有很大的引力：既能使调研写作者下定决心写个清楚明白，还可使决策者和读者一见倾心，爱不释手。

六是有很强的烙印作用。能够引起广泛共鸣，无论调研写作者、决策者还是读者，都会在脑子里打上深刻的烙印。

什么样的点子对调研写作才能有上述这么大作用呢？

第一，有用。即对领导决策和现实社会有一定的使用价值，能够较好揭示人们普遍关注的热点、难点、疑点问题。

第二，有棱。即有棱有角有个性，能引发独特的见解和主张，称得上人人心中有，却笔下和语中无。

第三，有味。即有嚼头，很厚重，力透纸背，耐人寻味。预示着事物本质和发展规律将被揭示，能给人以深刻的启示和教益。

第四，有形。指有声有色，生动形象，通俗显豁；其意见、办法，整个调研成果，都能呼之欲出；让人看得见、摸得着、抓得住、用得上，可操作；只要照着去做，就可吹糠见米，点石成金，取得好结果。

二、调研写作点子与"发现"的关系

调研写作点子是一种客观存在，不是调研写作者的凭空臆想。物质世界中的调研写作点子没有一个不是客观存在就不用说了，意识形态领域的调研点子，也没有不是客观存在的东西。意识是客观事物在人们头脑中的能动反映，这种能动反映也应该说是一种客观存在。它的存在形式特殊，以语言为载体。它一旦表现为语言，无论是口头表达，还是写在纸上，就成为一种客观的存在。调研写作点子与发现这种客观存在点子的关系，就是千里马与伯乐的关系。"千里马常有，而伯乐不常有"。有伯乐，也不一定就认识得到、发现得了千里马。因为在客观现实中，它们之间不仅存在着一定的时间和空间距离，还存在各种主观距离，这是要认真缩短的。调研写作点子是常有的，普遍存在于经济社会之中。但调研写作者队伍中的伯乐不一定常有；即使有也不一定就能够很简单地认识到、发现到这些普遍存在的调研写作点子。调研写作者中的伯乐们，还必须具备一定的能力和技巧。发现一词，《现代汉语词典》释义为：①经过研究、探索等，看到或找到前人没有看到的事物或规律。如有所发明，有所发现，有所创造。②发觉：这两天，我发现他好像有什么心事。还有打开让人观看的意思。这说明，发现既是一种能力，又是一种技巧。

三、调研写作点子的发现能力和技巧

虽然，调研写作点子普遍存在于经济社会之中，但它深藏不露，既无声，又无形，也无影无踪，远不像千里马，有形可见，有声可闻，有迹可寻；说不定它还可能自己窜进伯乐们的视野。而调研写作点子，它是一种既静止，又变动，更隐蔽的存在，你要想认识它，发现它，即使你是调研写作的伯乐，没有一定的发现能力和技巧，失之交臂，是非常可能的。

调研写作点子的发现能力＝知识＋经历＋经验＋悟性＋灵感＋生活积累＋洞察能力＋分析研究能力＋综合概括能力＋文字表达能力。

上述十种，不能说每种都缺一不可，但后面四种，决不可缺。最好是上述十个方面有机结合，并熟练掌握、灵活运用，那将可能使调研写作点子俯拾即是，随手可得。具体讲，就是：

一是辩证思维的发现技巧。马克思主义哲学的核心内容是方法论，是方法，是讲方法规则的。其三大规律、五个范畴都有可能转变为调研写作点子的发现技巧，主要就是从事物发展变化的规律上去转变，从一事物区别于其他事物的本质自身的特点上去转变，从现象与本质、必然与现实、原因与结果等的关系上去转变。拙著《怎样写好调研文章》中所讲调查研究的八种发现技巧，其实都只是马克思主义辩证思维方法的发现技巧。这其实是很不够的。在其他许多专门学科和实际生活中，还有更为丰富多彩的发现技巧，值得探索和运用。

二是多向思维的发现技巧。思维科学中的多向思维，对于调研写作点子的发现来说，最管用的是延伸思维和逆向思维。延伸思维是顺着既有思路想问题，但无论如何都要在深度和广度上超过既有思维，想出新意、新办法，做出新文章。逆向思维就是"唱反调"，就是针锋相对看问题，出主意；你想东，我就想西；你说好，我就说坏；有根有据、有理有力地说话唱反调。但这决不是故意抬杠，而是开拓进取，而是勇于创新，而是见人所未见和未能见，言人所未言、未能言和未敢言。这可是调研写作创新的捷径。拙著《怎样写好调研文章》一书中收录的《当前影响农村经济全面发展的几个问题》一文的调研点子，就是在一次连续几年农业大丰收的大好形势下，与全国上下一片赞扬声逆向思维发现的。这篇稿子被市委书记采纳，在全省农村工作会议上发言后，不少与会的省市领导称赞说："还是荆门的同志水平高！"后在《人民日报·理论参考》上发表。在思维科学中，横向思维、发散思维等都能较快发现好的调研写作点子。

三是灵感触发的发现技巧。灵感指在文学、艺术、科学、技术等活动中，由于艰苦学习，长期实践，不断积累知识和经验而突然产生富有创新性的思路、观点和方法等。在调研写作实践中，这种灵感的触发，也十分重要和难得；得到了就有可能产生和发现重要而漂亮的调研写作点子。2006年7月，我给《荆门日报》撰写《拓宽创牌渠道 打造品牌强市——发展"荆门品牌经济"之我见》时，不经意间在网上读到有关"红蜻蜓鞋文化"概念及其品牌经济的文章，谁知"鞋文化"三字使我心头一震，眼睛一亮，"调研文化"新概念四字深深印入我的脑海。几天之内，我兴奋不已，直到最终写成《"调研文化"新概念解》一文才心满意足地平静下来。后来，这篇文章在中办秘书局主办的《秘书工作》2006年第12期刊登，被全国不少媒体转发，受到不少学者、专家的赞扬和肯定。

四是联想发现技巧。联想指由于某人或某事物，想起其他相关的人或事物；由于某概念而引起其他相关的概念。这种情况在调研写作实际中是很多的，关键在于调研写作者如何把握好被联想事物或概念的突出特点和深刻内涵，在于写出异意、新意、深意。在我国刚刚开始提倡和宣传市场经济的那段时期，我抓住市场经济这个新生事物，最先写了《参与市场经济要有成熟的市场意识》，接着就联想到与"市场意识"相关的"市场竞争""竞争中的机遇和发展"等事物或概念；从"机遇"和"发展"又联想到"科学发展观"、农民怎么闯市场、个体私营业主如何参与市场经济等概念和事物。于是我先后写了《市场竞争中如何抓住机遇求发展》及《发展市场经济要树立科学的发展观》《农民闯市场的十大趋势》《个体私营业主要增强六种意识》等10多篇文章，还与人合著了一本《农村市场经济问题研究》，在省以上多家报刊发表或人民出版社出版后，在全国产生了较大影响。

五是对比、类比或曰模拟发现技巧。俗语说："天下文章一大抄。"调研写作也是可以"抄"的。但不能照抄照搬，尤其不能抄袭甚至成为文窃。必须抄得新颖，抄得巧妙，抄得脱胎换骨，抄出新意和水平。严格意义上讲，这种"抄"是科学的抄，是将自己所要写作的内容，与他人、前人内容相似、相近的成功作品，进行逻辑学上的对比、类比之后的抄；这其实也就是操作技术上的模拟或模拟的抄，与书法上的"描红"不同，它是抄而不"袭"，让人看不到一丝一毫抄袭的痕迹；也可说是借瓶打酒，旧瓶新酒，采用他人创造的模式或框架，内容全部是自己独特的东西。这种抄，创造性地抄，并不违反《著作权法》，是合法的抄。我曾写过一篇《全面提高农业的综合效益》，被中央、省、市几家报刊采用和转载，就没有让谁看到一点抄的痕迹。这篇文章就是套用了当时江苏省一篇《全面提高乡镇企业的综合效益》文章的框架。大标题中，我只改动了对方"乡镇"二字，删掉了一个"企"字；正文中，对方为十条做法，我改为八条做法，大同小异，但条条都更为适合我市农业。所有文字、数据、地名、事名，都是反映我市农业的情况和特点，非常行业化和地方化，看不到一点江苏文章的影子。我在给好几个培训班讲调研写作时说，采用这个类似的标题和框架，说不定我还可写几篇调研文章在全国发表，让局外人一样看不出来。其实，这类例子在全国很多。只要不在同一本书、一张报纸中出现，我敢说：绝大多数无抄袭、雷同之嫌。我申明：我这样说，并不是主张抄袭他人作品；我的主张，与抄袭无关！

六是茶余饭后闲聊的发现技巧。关键在于调研写作者时刻记住自己调研写作的职责和任务，处处留心，时时注意；眼观六路，耳听八方；言者无心，听者有意，一旦捕捉到"闪光"的东西，就记在心里，厚积薄发，撰制成篇。有一年冬季的一天，我家来了两位农村的亲戚，晚饭之后，随便聊起家常，很自然地说到粮食涨价。前几年农村无人要的土地，这阵子成为农民竞相争抢的宝贝，农民种粮的积极性再次高涨。我立即给市委领导写了《农民种粮积极性越高，越要注重抓好粮食生产》的对策建议。谁知，正好全省农村工作会议召开，市委书记就把这条建议带到会上发言；分管农业的省委副书记听后说，这个问题正是前几天全国农村工作会议讨论的一个热点。立即批示给省委机关报全文发表，在省内外产生了较大影响。

七是推理发现技巧。就是针对现实中某种事物现象，进行逻辑推理，得出某种必然的结论，再把这种结论当作选题，调查研究，撰写成文。20世纪90年代初，改革开放深入发展，国家一方面大力提倡科学决策、民主决策，一方面大力引进先进科技。然而，不少地方在决策中失误，在引进先进设备时引进了一批批洋垃圾，给党和人民带来巨大损失，结果却仅以"交了学费"四字就轻飘飘地画了句号。针对这种情况，我进行一番大胆的逻辑推理后，提出了《应该建立决策责任制》的建议，被几家刊物刊登或转载；直到现在，还被好几家网站挂着。我自己重读，除了觉得它仍有新意外，还觉得有点不相信是自己写的；不相信自己当时真的能写得这么漂亮，觉得现在自己不说写不出来，可能连这个点子还发现不了哩！

八是想象发现技巧。想象是个心理学概念，指在知觉材料的基础上，经过新的配合，创造出新形象的心理过程；或者对不在眼前的事物想象出它的具体形象。过去很长时期，职工评选先进是一种例行公事。不少单位，却出现了一些既在预料之外，又在情理之中的奇怪结果。我把它略一思考，写成一篇《职工在评选先进中的心理偏差》，把冷漠性偏差、情感性偏差、从众性偏差等十种偏差描绘得惟妙惟肖。后被评为全国管理科学二等奖。有一个时期，由于改革进入深水期，干群关系中出现许多裂痕。针对这种情况，我在《干部在联系群众中的主要心理障碍浅析》一文中，深入剖析了恃势心理、过急心理、虚荣心理等多种心理情绪。后来很长时期，可能就因为我写了这么几篇心理文章吧，全国不少专业心理学研究机构，竟多次约我写文章或出席他们的研讨会议。

九是悟性发现技巧。悟性指人对事物的分析和理解能力。这是调研写作者最为重要的能力之一。悟性好，将会大大提高调研写作成功的比率。我干基层秘书工作四十多年，对秘书工作的感受不少。无事的时候，就回想其中的酸甜苦辣，可还真的悟出了一些道理，与全国同行交流。其中，《管理决策中秘书与领导同层次思维》《秘书在夹缝中舞蹈的艺术》《秘书受权办事的角色二重性和办事艺术》等颇受欢迎。

十是综合运用的发现技巧。上述技巧机动灵活地综合运用，是调研写作最基本、最重要的发现技巧，学会用好，对每一个调研写作者可能都很重要，实践中，请试试无妨。

四、到底怎样用辩证思维方法发现

（一）既大中见小，又小中见大

在我国，无论哪一级、哪一部门、哪一类型的调研写作者、决策者还是决策参谋，其调研写作都必须坚持以党的总政策、总任务为根本指导方针，坚持围绕如何把党的总政策、总任务落到实处进行。因此，都必须从大处着眼，从小处着手，既大中见小，又小中见大，并将二者有机结合，形成把党的总政策、总任务落到实处的调研点子。

大中见小。就是要站在党的总政策、总任务的高度和经济社会发展的全局统摄思维，考虑如何把党的总政策、总任务落到实处。首先，把党的总政策、总任务局部化，使其更具贴近性。即按照总政策、总任务的精神、原则明确本地区、本单位应着重解决的热点、疑点、难点问题。其次，把党的总政策、总任务阶段化，使其更具时限性。即把总政策、总任务长计划、短安排，围绕制定和实现某些阶段目标，思考急需的调研写作点子。再次，把局部化、阶段化的总政策、总任务再具体化，使其更具有可操作性。主要是结合实际，拟订符合总政策、总任务的具体办法。

小中见大。就是要窥一斑而见全豹，用一滴水反映太阳的光辉。主要利用从现实中一些零散、具体的事物现象概括、总结、检验党的总政策、总任务在本地区、本部门如何落实的调研写作点子。对实行得好的政策建议予以肯定、坚持、推广；差的则建议予以纠正、改进、提高。属于党的上级政策与实际不符的，及时向党的上级决策机关反馈信息，以便核实和修正。首先，坚持整体性原则。党的总政策、总任务是一个整体，不论其中的事物现象怎么零散、具体和细枝末节，小中见大就要从党的总政策、总任务这个整体目标出发，从那些零散的、具体的甚至细枝末节中，找到能够反映整体面貌的具体点子。其次，坚持规律性原则。即要透过零散的、具体的和细枝末节的事物现象，抓住事物本质，看其是否与党的总政策、总任务相统一。再次，坚持时效性原则。由于我们所处的时代是一个飞速发展的时代，万事万物都瞬息万变，且有些变化稍纵即逝，而有些大的变化就寓于这稍纵即逝的小变化之中。因此，调查研究必须不失时机地抓住它，以窥探巨大变动的到来，抓住这些能从小中见大的点子。《农民闯市场的十大趋势》就是从我市农民组织粮食运销队、鲜鱼运销队、建筑队等由小到大、逐步发展的情况分析中，看到了他们发展的方向是正确的，潜力是巨大的，进而小中见大，较好地反映了我市、我省乃至我国农民闯市场的总趋势。

（二）既量中见质，又质中见量

量是事物长短、大小、多少的反映；质是事物区别于他事物的本质特征的反映。没有量，无所谓质；没有质，量也不复存在。量和质是事物存在的两个重要侧面的反映。任何调查研究都离不开对量和质这两个方面的了解和掌握。要想寻求好的调研写作点子，绝不可满足于对事物量和质的简单了解，而应该透过量的表象，量中见质，把握质的规定性；抓住质的规定性看量的变化，探讨事物发展的途径和规律。

量中见质。第一，要增强数量意识。消除轻视数字，把数字看作仅是事物简单枯燥的符号记录的观念，树立科学正确的数量观，把数字看作事物生动、具体、生机蓬勃的外在表现，做到胸中有数。我们有很多调研写作点子就来自于对一些杂乱无章的数字的分析。比如《当前农副产品增产减收的表现、成因及对策》就是这样产生的。1992年底，我们综合分析了我市、我省乃至周围几省80年代中期、末期及1992年三个时期主要农产品和农资产品的价格变化情况和农民的收入情况，首先就得出了农产品增产减收减幅大、减项多、地域广这三种主要表现；其次，根据这些表现我们还找出了五条成因。我们到底是怎样从数字分析中发现点子、又从点子进行调研并写出调研文章的呢？我想这里的关键就是我们较好地做到了从量中见质，认真做了下面讲的两条。第二，认真分析量的变化，并从量的变化中把握事物发展的方向、方式、途径及规律等。第三，进而预测和把握到了从量变到质变的飞跃，做到了量中见质。

质中见量，主要是从对事物内部结构、性质的分析，既见树木，又见森林，看到了个别中所包含的事物的普遍意义。切不可满足于对个别事物的调查了解，而对事物量的增减不闻不问，使调研陷入到钻"牛角尖"中去。

（三）既动中见静，又静中见动

辩证唯物主义认为，运动是物质所固有的根本属性，是一切物质形态的存在形式。不存在没有运动的物质，也不存在没有物质的运动：无运动的物质和无物质的运动都是不可设想的。这就是说，运动是普遍的、永恒的和无条件的，因而是绝对的。然而，辩证唯物主义肯定运动的绝对性，并不否认物质也有某种静止的状态，有某种稳定的形式；然而，这也只是运动过程中的静止或稳定，是运动的一种特殊状态。这就是说，静止总是暂时的、有条件的，因而是相对的。运动的绝对性和静止的相对性是辩证统一的。这也就是说，动中有静，静中有动；变中有不变，不变中有变。所以，对于我们搞调研、政研的同志来说，很重要的一条就是要善于从动中看到静，静中看到动；从变中看到不变，从不变中看到变，在变中寻找、发现相对静止、不变的东西，在相对静止、不变中寻找、发现绝对变动的东西。

拿党的农村政策来说，自改革开放以来，总的来说是没有变，总的是实行以家庭承包为基础的双层经营体制，家庭承包以土地承包经营为基石，原来说的土地承包15年不变，十五届三中全会规定再延长30年不变。然而，在这前后将近50年不变的农村土地承包经营中，是不是完全没有变、不能变、不准变呢？针对这个问题，我们曾对钟祥市石牌镇的土地流转情况进行调查，结果发现这个镇的土地流转量大，占全镇耕地总面积的30%；流转面广，28个村，村村都有流转的；流转速度快，近几年每年都有2000多亩土地进入流转市场；流转形式多，有上十种。接着是对该镇土地流转的原因和结果进行分析研究。究其原因：一是土地承包10年来，农村劳动力结构发生了变化。全镇19277个劳动力，从事农业劳动的只有6031个，占31.58%，其余都从土地上转移出去了。二是农民的收入结构发生了变化。全镇1978年、1988年、1998年三年农民人均纯收入分别为1076元、2076元、3850元，其中农业收入与农民人均纯收入的比例分别为86%、41%、20%，下降幅度很大。三是农民对土地的依赖程度发生了变化。有70.14%的农民愿意把土地交给集体，自己外出务工经商。究其结果：一是加快了剩余劳力转移。全镇68.42%的劳力从事非农产业。二是加快了小城镇建设。近几年，全镇1186户农民投资近5000万元兴建了"豆腐郎一条街"，有168人在镇上创办了个体私营企业。三是加快了农村产业结构调整。四是加快了共同富裕步伐。五是加快了农产品流通。你说这个镇的土地流转好不好？符不符合党的政策？该不该流转呢？结论当然是肯定的。党的十五届三中全会指出："少数确实具备条件的地方，可以在提高农业集约化程度和群众自愿的基础上，发展多种形式的土地适度规模经营。"石牌镇土地流转既符合党的政策，又符合实情民意，是完全应该的。到底如何转？流转中还有哪些困难和问题呢？对此，也作了较完整深刻的回答。当时市委主要依据这个报告，正确指导、引导了全市土地流转工作，促进了农村经济发展。

从静中见动，不变中见变，第一，要看清变动的状况；第二，要把握变化的结果和走势；第三，要看它变化的条件具备不具备；第四，要及时提出切实可行的对策。

从动中见静，就是要从瞬息变化的大千世界中看到相对静止或者始终不变的东西。"江山易改，本性难移"这句古语，就很好地为我们启发了思路，以美国为首的北约轰炸我国驻南斯拉夫大使馆则为我们提供了很好的事实依据。一方面，随着苏联解体，东欧剧变，冷战结束，世界进入到和平发展时期，和平和发展成为时代的主流，和平发展的速度不断加快。另一方面，世界上很多固有矛盾却并没有根本解决，战争和不稳定因素并没有完全消除，某些霸权主义大国的本性并没有改变，一有时机，它们就会很快演变各种事变。这些事例告诉我们，在现实生活中，从千变万化中冷静地看到不变是十分重要的。而要真正做到这一点，第一，在任何时候都不要被"万花筒"似的变化迷惑，不要以为变动就是变动，变动中就再没有不变的东西。第二，要从变动中找到、抓住不变的东西。第三，要以不变应万变，使自己永立不败之地。

（四）既快中见慢，又慢中见快

前边我们研究了动中见静、静中见动的问题，这里接着探讨一下变动中的问题发现。凡是变动，都有个变化的速度，有个快变和慢变的问题。这个快和慢，也是相对的，都有自己的"度"。超过了一定的度，它就要向相反的方向转变，由快变为慢，或者由慢变为快。欲速则不达，超越"度"的界限，盲目求快，反而会慢，甚至根本就达不到，就不仅仅是个放慢速度的问题。这就要求我们在调研政研中，碰到涉及事物发展变化速度的问题时，一定要注重快中见慢或慢中见快，研究探讨切实可行的措施，把速度控制在适当的限度之内。1998年底，我们市委政研室向市委、市政府就全市1999年的经济工作提出的把握"五个关系"、加大"五个力度"、实现"五个高于"的对策建议被市委采纳。其中"五个高于"是：奋力实现全市经济增长速度、工业经济综合效益指数、财政收入增幅、固定资产投资增幅和农民纯收入增加额等五项指标高于全省平均水平。这"五个高于"就是既快中见慢、又慢中见快的具体体现和实行。1998年，无论全国，还是省市，都是极不平凡的一年。在这一年中，我们经历了国内外形势的严峻考验，并取得了决定性的胜利。然而，它毕竟已经过去。即将到来的1999年是具有特殊意义的一年。在这一年中，我市的经济工作怎么搞、经济发展目标怎么定，是全市上下各级领导甚为关注的问题。有的同志以为困难已经过去，有利条件很多，所以，把各项指标提得较高；有的则相反，把困难和问题看得过多了一点，因此把指标提得过低了一点。我们的办法是，面对严峻挑战，保持清醒头脑，正确估计形势。既要看到有利条件，又要看到不利因素；既要看到近几年我市经济持续、快速、健康增长的有利条件和基础，又要看到1998年我市工业经济整体效益不理想，农民收入增速减缓，财政收支形势严峻等不利因素,提出了国内生产总值增长11%—13%,低于1998年的13.5%,而高于全省1999年的10%的指标。这"五个高于"的指标及其各项实现措施在全市经济工作会议上公布之后,得到与会各方的赞同。

无论快中见慢,还是慢中见快,第一,要牢牢把握事物变化的条件和基础。毛泽东说:"内因是变化的根据,外因是变化的条件。"第二,要正确认识和把握内因和外因的辩证关系。关于这一点,毛泽东的名言应该说是说得颇为精辟,那就是:"外因因内因而起作用。"但是,从现在市场经济发展的情况看,我们对于这一名言还要作进一步的辩证理解和应用。比如一个企业,内部设施、技术、管理都很好,前一个时期的经营情况也很好,可说这个"根据"不错。然而,由于国内国际上的市场急剧变化,使"内因"无所措手足,遭到了前所未有的损失。在这种情况下,我们就不可机械地理解和对待"内因"这个决定因素,而必须制定相应措施,才能保持企业持续、快速、健康发展。

(五)既冷中见热,又热中见冷

冷与热相辅相成,相比较而存在,相对立而转化,以促进事物的发展。长期以来,不少同志在对政策执行和情况的分析上,喜欢"随风倒",人热我热,人冷我冷。热的时候,热得不亦乐乎;冷的时候,又冷得不知所以。也不知如何冷中见热和热中见冷;更未能把握冷热尺度,给工作和事业带来不少损失。在这些"随风倒"的人中,也有不少属于调查研究主体。由于他们直接影响着政策制定和执行,其给党和人民带来的损失,也就更大。要使调查研究不背离初衷,始终沿着正确轨道前进,关键就在于做到既冷中见热,又热中见冷,使理论(政策)和实际相结合,主观与客观相统一。面对千差万别的冷热现象,不论它们怎么热或怎么冷,调查研究者都应不唯书、不唯上、不唯外,只唯实,心热脑冷,提出正确可行的决策建议。在这里,只有心热,才能肯于负责,乐于参与,自觉承担起调查研究的责任和使命。只有脑冷,才能沉着镇定,逆向思维,不为其他人的冷热所左右,全面而正确地了解上下、内外及人们头脑的冷热情况,科学准确地将它分类排队,摸透实质,测定未来,进而根据政策原则,正确把握冷热尺度,做到既冷中见热,又热中见冷,找到科学决策所需要的调研点子。在这方面,我们的成果较多。比如,在治理整顿开始的时候,我们撰制的《把握冷热尺度 促进经济发展》;在节会到处泛滥时,我们写的《给节会热降点温》的思考文章,等等,给市委领导提供了有益的参考。

（六）既喜中见忧，又忧中见喜

福兮祸所伏，祸兮福所倚。好与坏、喜与忧、正确与错误、失败与成功，也都是一样的道理，它们二者之间相辅相成，不可分离。然而，不少地方的调查研究却只调研好的、正面的东西，不调研坏的、反面的问题；只报喜，不报忧；只唱赞歌，不鸣警钟。其原因，一是思想方法上的片面性。把好和坏、喜和忧、成绩和问题等截然分开，看不到它们各自相互依存、相互转化的关系。二是私心杂念作怪。现实中，确有一些领导，见喜就笑，见忧就躁，使下级不敢言忧；也确有一些同志报忧得忧。然而，作为调研者，只喜欢报喜得喜，害怕报忧得忧；只报喜，不报忧，就是自己党性不纯、私心杂念作怪的表现了。事物在发展中发生曲折，出现失误是常有的；成绩和缺点，正确与错误，喜与忧，不是个存在不存在的问题；而是个能不能发现，发现了承认不承认，承认了敢不敢、能不能大胆披露的问题。比如，当人们只是全都沉浸在欢乐海洋里的时候，谁也未觉察到潜伏的暗礁险滩，而只有你发现了它，并立刻大胆提醒大家的警觉，不比人喜我喜更有作为？只有这样的喜中见忧，才更显示出调查研究的作用和意义。

要做到这一点，最重要的，第一，要树立对党和人民事业高度负责的精神。调查研究是关系到党和国家事业兴衰的大事，不是个人的私事。因此，必须树立对党和人民事业高度负责的责任感。只有这样才能克服只喜报喜得喜，害怕报忧得忧思想，提高调查研究的自觉性和参与精神；才能不怕困难，不惧风险，不计荣辱，实事求是，积极主动地既喜中见忧，又忧中见喜。第二，要有百折不回的顽强精神。调查研究中，无论忧中见喜，还是喜中见忧，都不是容易的事，非下苦功夫、硬功夫、细工夫不可，喜中见忧，尤其如此。一个时期以来，很多人都害怕报忧得忧，习惯于报喜不报忧。这在调查研究中，就使得忧信息更为难得。因此，要有"碰壁"的思想准备，即使进展顺利，也还要反复调研，把握到事物的本质。所有这些，没有坚韧不拔的毅力、百折不回的精神是不行的。第三，要有不计个人得失的无私奉献精神。先说喜中见忧，一定要树立正确的荣辱得失观，不要在大是大非面前斤斤计较个人得失，害怕报忧得忧，而对忧信息视而不见，听而不闻；即使报忧得忧，也应相信总有一天会水落石出，大白于天下；即使不能如此，也应觉得自己是值得的。再说忧中见喜，有人会攻击你出风头，沽名钓誉，使你遭受非议和意外打击，因此同样要有不计个人得失的无私奉献精神。

（七）既旧中见新，又新中见旧

事物的发展规律是旧事物不断死亡，新事物不断产生。旧事物是新事物的前驱和基础，新事物是旧事物发展和继续；旧事物包含着新事物的胚胎和幼芽，新事物遗留着旧事物的残余和影响。为了加速旧事物死亡，促进新事物发展，应该既旧中见新，又新中见旧，从而发现好的调研点子，进行调研。

对于这个问题，过去长期存在着两种偏见：一是喜新厌旧，对旧事物不屑一顾；二是喜旧厌新，对旧事物念念不忘，依依不舍，而瞧不起、看不惯新事物。这样两种倾向都不仅对新事物发展、旧事物死亡不利，而且对发现好的调研点子也是不利的。

正确的态度和办法是：

1.要旧中见新。首先，从旧事物和行将过去的事物中，探索新事物的胚胎和幼芽。其次，从旧事物和行将过去的事物中寻找某些通过改造、提高，可以作为新事物借鉴或继续保留并能促进新事物发展的合理因素。再次，从过去研究过、现在仍有较强生命力的旧事物中温故知新，发掘新的、有用的东西。

2.要新中见旧。第一，面对新事物的蓬勃发展，切不可忘了过去，前事不忘，后事之师。应寻找"师"之有用的启迪和教益。第二，面对新事物的缺点和不足，要到从旧事物中寻找原因及不良影响，以探讨解决的办法，克服旧事物的羁绊，坚持谋新策，走新路，促进新事物发展。

（八）既外中见内，又内中见外

这是要求扩大调查研究的范围，一方面，增强调查研究的广度和力度，提高调查研究的质量；另一方面，提高调查研究的知名度，在更大范围内发挥应有的作用。然而，有的同志一听到向境外学习和从境外引进调研点子，就或者借口本地情况特殊，此类点子在本地调研不成，坚持封闭；或者认为这么好的点子，别人抢先搞了，自己还有什么必要搞呢？不愿和不敢外中见内，举一反三。这都是与改革开放的根本原则和事物发展规律相违背的。在当代，不论什么地方或部门，都同外界、同全国甚至全世界紧密联系；在贯彻执行党的政策方面，还有许多同步性和相似性；即使情况完全不同，外界的情况对自己也会有某些可供参考的东西，至少可以避免或减少走弯路吧。所以，对于所有不同的调研者，都有一个横向联系的问题，他山之石，可以攻玉。

外中见内，就要从外界的调研点子中寻找可资借鉴的东西。第一，要加强对外界调研点子的收集整理，丰富自己的点子储备。第二，可采用类比、对比等科学方法选择某些调研点子作为自己调研的参考。《全面提高农业综合效益》的点子，就是我在报上看了一篇《如何提高乡镇企业综合效益》的文章引发出来的，它写了10条，我结合我市农业情况压缩、提炼成8条，比较成功。

内中见外，就是要打破封闭，开放调研，绝不坐井观天，孤立静止地看事物。一是要把自己的调研点子和调研成果同外界比较，既要明辨优劣，又要寻找和挖掘具有普遍意义的东西；二是要科学预测和及时反馈自己调研点子和调研成果对外界已经或将要产生的影响，以进一步提高自己调研点子及其成果的质量。如何做好内中见外和外中见内呢？一要广泛建立调研信息网络；二要多渠道、多层次、多形式地开展调查研究经验和调研点子交流；三要加强教育培训，提高人员素质，以增强其对调研信息的接受能力和调研点子的发现能力。

第十四讲　调研写作角度

一、角度的概念

　　首先要搞清楚什么是角度。宋代大诗人苏东坡有一首咏庐山的诗："横看成岭侧成峰，远近高低各不同，不识庐山真面目，只缘身在此山中。"前两句讲的就是角度。一个事物，从不同的侧面、不同的位置去看，它在你的视觉中表现的形象就不一样。同是一座庐山，横看是一条蜿蜒曲折的山岭；侧看，就是一座座挺拔的山峰。从远处看，它云遮雾障，朦朦胧胧；从近处看，它流泉飞瀑，万紫千红。从高处往下看，"一览众山小"，不过是一地"泥丸"；从低处往上看，则险峰矗立，高入云天。晴天看和雨天看不同，秋天看和冬天看不同，早晨看和正午看也会不同。这种种不同，倒真能使人不识庐山真面目，使人不晓得庐山到底是什么：是岭？是峰？是云？是雾？是花？是瀑？可真有点众说纷纭。这首诗后两句告诉我们：要想识得庐山的真面目，最好是跳出庐山看庐山，不要被庐山所迷惑。同时，它还告诉了我们为什么要选择角度及如何选择角度的许多道理；只有你跳出去，而且你必须跳出去，你才能自由选择最佳角度，才能全面了解庐山，正确认识庐山真面目。对于这一点，只要我们联系调研及其写作的实际去理解和感悟，是可以多少掌握一些有关调研写作角度知识的。

　　所以说，这首诗，对于我们理解什么是调研角度，调研角度的重要作用以及如何选择调研角度都很有启发。在《辞海》里，"角"指有蹄类动物头顶或鼻前所生的突起物，有防御、攻击等功能。"角度"指角的大小，说明角多种多样，且有尺寸大小之分；角常与"棱"在一起组词成为"棱角"，特指物体的边角或夹角，引申为锋芒和显露出来的才干。这又说明了角是显示个性的，要讲究独特。如果要你写一个调研经验材料，你就写个《我们搞好调查研究的经验》或者《我们是怎样提高调研质量的》等，行不行呢？当然可以。但这两个题目都不能说有角度，它们都只能说是在反映一个方面的情况。真正称得上有角度、有好角度的，应是这样一些题目：《改进调研方法　提高调研质量》《抓好自身建设　促进调研工作》《搞好专题调研　发挥参谋作用》《实行四个转变　当好市委高参》等，这些题目，同是讲调查研究的，但有的却主要讲调研方法，有的主要讲调研范围，有的则主要讲自身素质等，各有侧重，各有特色，各有个性。所以，这才称得上有角度，或有好角度。这就让我们不难看出：

调研写作角度指调研主体用以调研、反映和表现调研对象的出发点和切入点，是调查研究快出成果、多出成果、出好成果的关键。

对于这个概念的表述，我们要掌握三点：第一，它是为调研写作主体所用的；第二，它是调研主体用以调研、反映、表现调研对象的出发点和切入点的。出发点是讲调研目的；切入点讲从哪里入手的问题。我们刚才举的《改进调研方法　提高调研质量》《抓好自身建设促进调研工作》等例子，其出发点和切入点就都十分明确。它们的出发点都是为了说明如何搞好调查研究，但切入点各不相同，各有特色。第三，它是调研写作快出成果、多出成果、出好成果的关键。这主要是讲它的作用很大，对于调研写作的成功不可缺少。具体有三：

其一，可以使调研写作尽快切入主题，并走向深入，且不走或少走弯路。

其二，可以使调研对象尽快得到集中、概括、典型、完美的反映和表现。既主题明确，又重点突出，不会胡子眉毛一把抓；既不分散精力，又不浪费时间。比如，讲方法就讲方法，讲自身建设就讲自身建设，只围绕一个中心展开，决不东拉西扯，牛头不对马嘴。

其三，可以使调研写作者尽快收到事半功倍的效果。最大的好处是能使调研及调研成果具有独特鲜明的个性特点，不会人云亦云，嚼别人嚼过的馍。

二、角度的选择

（一）靠近点，注重调研的针对性

调查研究是目的性、应用性和服务性很强的活动。靠近点就是靠近生活，靠近实际，要坚持从实际出发，既贴近领导，又贴近群众，增强针对性，努力提高调研成果的使用价值。为什么要既贴近领导，又贴近群众呢？贴近领导是指从领导工作、领导决策的需要出发，为领导工作和领导决策服务。贴近群众就是要围绕群众反映强烈的问题搞调研。群众反映强烈的问题一般都是领导工作、领导决策中的"老大难"，政策界限不清或情况不明的疑难问题，全社会普遍关注的热门话题之类的难点、疑点、热点问题。领导者站得高，看得远，最知需要什么样的决策依据，也最需要了解群众反映强烈的问题。群众反映强烈的问题一般都亟须反映到领导那里，并能得到领导重视和解决。只有既贴近领导，又贴近群众搞调研，其成果才针对性强，才易于被领导采纳，才能实现其应有的价值。而且，有些群众反映强烈的难点、疑点、热点问题，其本身就是很好的调研角度，只要把握好，就可取得较好的调研成果。

到底怎样既贴近领导，又贴近群众？我的体会是：

第一，要遵命调研。即由领导出题目，布置调研课题、调研任务。我们有很多课题就是市委领导直接提出、布置的。从领导方面讲，这也是领导的工作职责和需要。我们也可以直接找领导要题目，要求领导下达调研课题、调研任务。这是从调研人员方面讲的，这也是调研人员的工作职责所要求的。

第二，要围绕党委的中心工作，领导工作，领导意图、意向选课题搞调研。这就是中央办公厅提出的要"围绕中心转，跟着书记干"，党委书记干什么我们就调研什么，党委书记想什么问题、关心什么问题，我们就调研什么问题。

第三，从各种新闻媒介上找课题。这就是我们平常开玩笑说的"调研报纸、电视"。报纸、电视是紧跟形势发展，紧跟经济社会的热点、难点、焦点问题的。多看报纸、电视，也是贴近领导、贴近群众、贴近实际的一种好方法。

第四，要到群众中、实践中了解情况，发现问题，寻找调研点子、调研课题。到群众中、实践中了解情况，并非只有正儿八经进工厂、下车间，走村串户调查研究才可做到。其实，调研人员了解情况的场合、时机、方法很多，可说随时随地都可以进行。关键在于你是否时时处处做有心人，哪怕同亲戚朋友、邻居、熟人甚至陌生人，三言两语闲聊几句，都有可能捕捉到有用的信息，再根据这些信息，厚积薄发，推敲、锤炼成调研成果。1993年是城乡改革不断深入的关键时期，各种利益主体都十分活跃。我在同几位乡里来的亲戚聊天时，发现了农村中有偿服务的问题不少；又在同城里几位朋友聊天时，听到了一些对政府企业化的议论。后来，我把他们的反映归纳了一下，写了两篇分析文章：一篇叫《农民呼吁：规范有偿服务行为》，一篇叫《天不怕地不怕就怕政府企业化》，两篇文章先后被省报发表。两篇文章都紧密联系实际，抓住减轻群众负担这个当时的热点问题，对政府及有关政府部门进行了较好的舆论监督，前者还被评了个二等奖，在省内外产生了较大影响。

第五，要讲真话，喜忧兼报。这是既贴近领导，又贴近群众的关键。遵命调研也好，围绕党委中心工作，领导工作，领导意图、意向选课题调研也好；从各种新闻媒体上找课题也好，到群众中、实际工作中发现问题，寻找调研课题也好，总的是要不唯上、不唯书，只唯实，要敢于从实际出发，实事求是。尤其要敢讲真话、实话，有喜报喜，有忧报忧，喜忧兼报，不讲假话、空话，为领导提供真实可靠的调研情况和对策建议。按照领导意图、意向和领导出的题目搞调研，一般有三种情况：一是正确的符合实际情况的意图、意向；二是领导对实际情况还不甚了解的意图、意向；三是脱离实际情况甚至就是主观武断、错误的意图、意向。

对于第一种情况好办，只需把具体情况弄个清楚明白就行了。对于第二种情况，必须在弄清情况的基础上，采取适当的参谋建议办法，帮助领导释疑解难，使领导意图、意向变成成熟、正确、完整的领导意见，甚至决策予以实施。对于第三种情况，就要求调研者敢于立党为公，坚持从实际出发，实事求是讲真话、实话，提出正确的对策建议，帮助领导者纠正不正确的意图、意向，甚至错误的决策和决心，极力防止和挽回领导者不应有的工作损失。1998年10月，市委主要领导要求我们对京山县孙桥镇是否按优质优价收购优质稻的问题搞一次突击性调查，并要求七天之后再去杀一次"回马枪"，看他们到底执行得怎么样。领导布置这个课题，其意图十分明确，就是要从大力发展优质稻生产的良好愿望出发，要求粮食部门无条件、不折不扣执行市里的规定，我们的调查只是督促而已。我们在按照市委领导要求调查孙桥粮管所优质优价收购优质稻情况的同时，还了解到粮食部门同政府有关部门（如税务、财政部门）、农民之间，以及产区同销区等各方面的矛盾。京山粮食部门在改革开放以来的20年中，已经亏损10多亿元了，如果继续按照市里制定的价格收购全县6000多万斤优质稻，仅此一笔又得亏损100多万元。第一，这个"优价"农民是可以得到一定好处，但粮食部门却难以"顺价"调出，因销区难以接受。对于销区，粮食部门没有办法，市、县政府也鞭长莫及。第二，市里要求县财政补贴，县税务减税。一是财政部门无力补贴，当时的市县财政都是"吃饭财政"；二是100多万元欠税款不是市县领导说免就能免的，税务部门不肯接受。第三，如果一定要执行市里制定的这个优价收购政策，粮食部门就只能是雪上加霜，最终是粮食部门吃亏不说，地方财政也要吃亏；农民在长远上看，也终究要吃亏的。了解了这些情况之后，我们再次猜度了领导意图，又权衡了这个优质优价的利弊，进而冷静思考了我们这次汇报建议可能产生的后果：如果就事论事，简单迎合领导意图，势必使这种意图进一步强化，进一步强迫执行这一优质优价政策，其结果必然是使粮食部门雪上加霜，使政府有关各部门之间的矛盾加剧；虽然农民能够暂时得到点好处，但从长远看，还是会加剧优质稻发展的危机。如果我们实话实说，喜忧兼报，市领导或许就会改变这项决策，逐步化解发展优质稻生产的有关各方的矛盾，使优质稻生产进入良性循环。经过认真思考之后，我们采取了第二方案，向市委领导提出了《发展优质稻生产要着力化解有关诸方矛盾》的对策建议，具体讲是坚持依靠科技进步和市场导向，种植上创真正优质，加工上创精品名牌，经营上靠市场定价，逐步改变靠行政干预的方法等四条建议，很快被市委领导采纳，受到有关各方好评。这就是真正地既贴近了领导，又贴近了群众，使调查研究上了一个新台阶。

（二）抓特点，注重调研的辩证性

抓特点，必须抓住本质特点。特点指一事物区别于他事物的地方。比如水与火不同，铁与铜不同。水是流动的，火是跳动的；铁是黑色的，铜是黄色的等。同一事物又有许多个特点。比如水，它的特点就有无色、无味、透明、流动，在4℃时体积最小，其分子式为H_2O等。 而这许多个特点又分为本质特点和非本质特点两种。本质特点是反映事物及事物本质的特点，非本质特点则反映事物的外在特点，如形体、颜色等。水的本质特点是它的分子结构和在4℃时体积最小，而无色、透明、无味、流动等只是它的非本质特点。自然界是这样，人类社会的许多事物也是这样。工业和农业、第三产业和其他产业，也都这样，各有其不同的本质特点和非本质特点。只有抓住本质特点，才能把握事物发展变化的根本规律，才能找到问题的症结，找到从根本上解决问题的办法及对策。而本质特点又深藏不露，不易被人发现和认识，不是很容易能被抓住的。所以，调查了解事物、认识事物，一定要采用唯物辩证法，用全面的观点和发展的观点看问题：

第一，要以现象分析和现实分析为先导。现象是事物在发展变化中所表现的外部的形态和联系。现实是客观存在的事物。以现象分析和现实分析为先导，就是要透过现象看本质，由表及里，由浅入深，由近及远，由此及彼，逐步深入，最后抓住本质特点。这就是用唯物辩证法看问题。

第二，要采取四个结合的方法。一是现象分析与本质分析相结合。前边讲了，现象指事物外部的形态和联系，容易被人感知；本质则深藏不露，不易被人认识。比如人们往往认为花是红的，草是绿的。这是现象，这是一眼就可以看明白的。而为什么花是红的，草是绿的呢？这就要分析它们不同的构成因素，要深入研究它们不同的本质构成；要求从现象到本质，透过现象看本质，采取现象分析与本质分析相结合的方法，分别抓住花和草的本质特点。

二是现实分析与历史分析相结合。这是要求搞清楚事物的全部发展过程，现在怎样，过去怎样。有了这样的了解，才可以通过它的过去和现在推测它的未来。这是调查研究中抓住事物特点，把握事物发展规律的一条重要方法。否则，你对事物的了解就很肤浅，就抓不住事物的本质特点、规律，就不能真正认识事物，这是不行的。

三是定性分析与定量分析相结合。定性分析是解剖"麻雀"，注重麻雀的个体构成及其特征，反映矛盾的特殊性；定量分析是看麻雀到底有多少，注重用数据说明问题，反映矛盾的普遍性。还是以花是红的、草是绿的为例：在一般情况下，人们都自然而然认为"花是红的"，"红花"成为人们共同的思维定式。但事实上，有许多花不是红的。那么，为什么红花却仍然成为人们共同的思维定式呢？这其实就是定量分析的结果。因为在现实中的千百种花朵中，红花占绝大多数，所以它具有普遍代表性，所以它就成了人们普遍的思维定式。同理，可知草绿的道理。

四是静态分析与动态分析相结合。以上三个结合主要是用全面的观点看问题，这第四个结合主要是用发展的观点看问题。静态分析是分析事物在静止时的状态表现。动态分析是分析事物在急剧发展变化中的状态表现。"花无百日红"就是静态分析与动态分析相结合得出的结论。"花是红的"是在静态分析时给花下的结论；"花无百日红"则是人们在动态分析之后给花下的结论。"姹紫嫣红开遍"只是一时的美景，它不会永远姹紫嫣红，总会有一天"花谢花飞花满天"，总会有一天"落红遍地""红消香断""流水落花春去也"。这是自然规律，谁也违背不了。我们这个时代是急剧发展变化的时代，采用静态分析与动态分析相结合的方法搞调研，对于抓住本质特点，把握变化规律，促进事物发展尤为重要。有一次市里召开转变经济增长方式理论研讨会，我选择的角度及课题是《抓住特点难点 实行四个转向——转变农业经济增长方式的思考》，就主要抓住农业是基础产业、弱质产业、风险产业这三个特点和农业生产与大市场的矛盾、单一经营与农业产业化的矛盾、粗放经营与高效益的矛盾等三大难点进行论述，并针对这些特点、难点提出四条解决办法，加上对问题的分析比较深刻，提出的建议也比较新颖、实际，所以有较大参考意义。

（三）觅新点，注重调研的创造性

这里的新点主要有三：

一是角度新。许多事物都是"横看成岭侧成峰，远近高低各不同"的，一座山、一栋楼房、一个人、一件事，都有许多可供选择的不同角度。只要你选择得好，是取用不完的。

二是观点新。事物是不断发展变化的，新情况、新问题不断出现，人们对于发展变化着的各类事物的认识、观点也是不断更新的。在调研写作中，即使角度不变，但只要观点新，整个活动也就有了新意。

三是材料新。古诗云："年年岁岁花相似，岁岁年年人不同""长江后浪推前浪，世上新人赶旧人"。新角度、新观念、新材料随处可见。"沉舟侧畔千帆过，病树前头万木春"，就看你发现得了，还是发现不了；捕捉得到，还是捕捉不到。这就主要看你的发现能力和捕捉能力。上述三新，全部具备为全新；三者有二为很新，三者有一也为新，三者全无就不新，就毫无意义了。

那么，这新角度、新观点、新材料到底要到哪里找、怎么找呢？

第一，追踪热点不放松。即要抓住热门话题，穷追不舍，跟踪调研，"打破砂锅问到底"。比如粮食问题、"三农"问题、农村工作问题，在几十年中都是热门话题，我们年年都出新成果。

第二，突破难点不畏难。所谓"难点"，就是改革开放中的一些难题。如国有企业脱困问题、稳定问题、农村城市化问题、党政机关自身改革问题等。面对这些问题，党政政研部门一要敢于攻坚，不怕困难；二要勇于探索，深入调查研究，不入虎穴，焉得虎子？改革开放30年来，我们对所有这些问题都努力调研写作过，写过不少好文章，有的还上了《求是》杂志和《人民日报》，不少对策建议被党中央、国务院领导采纳。

第三，总结提高步步高。即总结前段工作，悟出新的道理和启示，以促进今后的工作。主要通过延伸开发，把前段工作成绩、经验条理化、理论化，使其具有更高、更普遍的综合指导意义。如《全面提高农业综合效益》《农民闯市场的十大趋势》等就是在这方面较成功的例子。在总结上提高，也可以逆向思维，即反思过去的工作，揭矛盾、找差错，提出改进的办法。

（四）选重点，注重调研的典型性

调查研究要求以少胜多，要求集中、概括、典型、突出地认识、反映和表现事物，不允许面面俱到，胡子眉毛一把抓，必须从诸多事物现象中多侧面选择重点或侧重点进行调研，方可取得成功，取得各不相同的调研成果。在这里，重点或侧重点也是角度。调研者可以根据不同的需要，选择不同的重点或侧重点，获取不同的结论、对策或对策建议。1994年，我们在全市农村经济调查中，多侧面选择不同的侧重点，先后撰写了《全面提高农业综合效益》《办实事　排风险　为发展农村市场经济服务》《农民闯市场的十大趋势》《创建五个格局建好国家商品粮基地》《荆门市农村发展多种经营的思路与办法》等调查报告，分别从不同角度概括总结了我市近几年农村工作中的好经验和好做法，分别被市委领导采纳，并分别被中央和省级多家报刊采用。这些调查报告，主要事例和数据大致相同，只因重点或侧重点不同，它们就各自展示了不同的经验和做法，且各自具备了不同的典型意义，在各自不同的领域里发挥了应有的作用。

如同这样的例子，我还有好几个。比如1996年底，我们写了一篇《实行四个转变　当好市委高参》的工作总结到全省党委政研室主任会议上交流，省委政研室《调查与研究》和兰州大学《秘书之友》分别刊登。1997年4月，中央政策研究室大约主要是看了我们送去的这份材料吧，觉得一个中等城市的党委政研室的工作做得好，决定6月间到我市召开中南五省政策研究专题研讨会，并要求我室准备一个中心发言材料。那么，这个材料应该怎么组织呢？《实行四个转变　当好市委高参》刚刚刊发，在全省全国已有一定影响，再用这个材料，别人会以为我们不慎重或者无水平，搞不出新东西，是江郎才尽了。但是，在这么短的时间内，要搞个新东西出来是很难的。在这种情况下，我们先提出了几个可供采用的侧面或侧重点，如提高人员素质、强化工作职能、突出调研重点等。最后决定从以人为本这个侧面，撰写成《盘活存量　争创一流》一文，主要写了"更新观念，把思想搞活；强化职能，把局面搞活；凝聚内力，把生产搞活；推销产品，把市场搞活"等"四个搞活"，不少人觉得角度新颖，主题突出，内容翔实，表达生动，效果比《实行四个转变　当好市委高参》似乎还好一点。其实这两份材料的素材一模一样，只是侧重点不同罢了。

我们还要简单归纳一下抓重点的方法：

第一，要抓矛盾，尤其要抓主要矛盾和主要的矛盾方面。调查研究，说到底就是要调查了解事物的矛盾变化，要分析矛盾，找到解决矛盾的方法，最后解决矛盾。主要矛盾和主要的矛盾方面决定事物性质以及事物发展方向，所以，在调查研究中抓重点，只有抓住主要矛盾及主要的矛盾方面，就不难找到解决问题的方法了。

第二，要抓规律。客观事物不论怎么纷繁复杂，也都是按照它自身的规律发展的，都有规律可循。调查研究，就是要研究事物发展的规律，只有抓住事物的发展规律，才能真正认识事物，把握事物，引导和推动事物发展。

第三，要抓大头。主要抓住在全局中、在整体中占主要份额的部分。大头对全局、对整体影响大，举足轻重。所以，抓重点，就要抓大头，只要把大头抓住了，全局就稳住了，问题就不难解决了。

第四，要抓两头。抓好的一头和差的一头。好的一头代表事物的发展方向，是先锋队、火车头，这不抓是不行的。差的一头，是问题多而集中的地方，调查研究问题，主要就要解剖这方面的典型，当然也是要抓住不放的。

第五，要抓关键，抓住关节点。关键问题，关节点问题虽然在全局、在整体中所占份额不大，但它牵一发而动全身，比如牛的鼻子、瓶子的颈，对于牛的全身、瓶子的整体，它们所占比重并不大。然而，你不抓住它，牛就拴不住，瓶子就装不进，倒不出，这是不能马虎的。

（五）赶"正点"，保证调研的时效性

"正点"是交通运输中的一个术语。对调研写作而言，就是要抓住有利时机，不早不迟，正当其时；一语千金，起到应有的参考作用。否则，就是"明日黄花"，分文不值。在这里，我把时间也当角度看了。从自然科学上的"四维空间"理论看，时间就是空间，也就是角度；从调研写作过程和调研写作成果在决策中的运用过程看，时间也是角度，一种特殊的角度。选择时间角度，要注意以下几点：

第一，要感觉敏锐，"抢乘第一班车"。主要要政治敏锐性强，有高度的政治责任感和使命感，对全党全国全社会高度关注的热点、难点、疑点问题高度关注，并先天下之忧而忧，后天下之乐而乐，真正做到既贴近群众，又贴近领导，做到与党和人民休戚与共，在政治上与党中央保持高度一致。只有这样，才可能产生正确的调研写作灵感，并把调研写作引向成功。

第二，要抓紧知识更新，增加知识储备。调研写作属知识产业。在经济社会迅猛发展，知识经济时代到来的时候，不断地更新知识，增加知识储备，对于调研写作来说至关重要，它除了对调研写作创新有着重要的爆发作用之外，对保证调研写作时效也有更为重要的作用。你对高新科技一无所知，怎么调研高新科技；你对现代企业管理一无所知，怎么调研现代企业管理，等到你把有关基本知识弄明白，早已是"造得龙船起，过了端午节"。而且，一个调研人员如果知识储备丰富，尤其新知识、新观点丰富，接受新事物就敏感，对新情况、新问题的反应也会比较迅速，调研写作灵感的产生也会比较快；对保证调研时效，无疑是大有好处的。有一次市委常委会议，传达全省农业农村现代化建设会议精神，对于什么是农业现代化有很多同志弄不明白。市委书记急令政研室主任查找一份有关这个问题的文章或者资料，主任一转头就问我，有没有这方面的资料。我一转念就记起一位省委领导的讲话中讲过这个问题，连时间、领导、讲话的大题目都记得很清楚，随即就去找市委办管历年档案资料的同志，很快就查到了这份文件，及时为市委书记提供了参考，为会议解答了一个重要的疑难问题。

第三，要超前调研，打好"提前量"。"打提前量"，是个军事术语，指在射击中，根据被射击物的运动轨迹、速度等情况把射击着重点确定在被射击物运动的前方，以便"打一个正着"。超前调研就正是这样，以便其成果在决策运用时"打一个正着"，正中决策领导下怀，发挥调研写作成果的应有作用。

第四，要改进方法，增加现代调研手段。传统的腿勤、手勤，口问手写，对调研写作是很重要的，有时是其他办法难以代替的。然而，随着经济社会的发展，尤其知识经济时代的到来，信息高速公路成为主要的信息传递手段之后，传统的调研写作方法、手段就面临了严重的挑战。在这种情况下，仅有传统办法是难以保证调研写作时效的，必须不断改进方法，全面采用现代化的交通通信和办公工具，如专用车辆、信息网络及各种现代办公用品等。

（六）口小点，注重调研的可操作性

口小点，即是口子开小点，口子也是角度。开口子就是在角度中选择最佳角度，是角度选择的攻坚战。调查研究要求以小见大，窥一斑而见全豹，用一滴水反映太阳的光辉；要求开小口子，像打井，向纵深挖掘，切忌像耕田一样破皮而止。近几年，在我们《荆门研究》收到的许多稿件中，有相当一部分稿件的题目大，开口大。把那些题目一看，有的好像《人民日报》社论题目，有的好像国务院总理的政府工作报告，有些文章几乎把全党全国的方方面面都讲到了，真是面面俱到，让人不得要领。有一次，我收到一位乡党委负责精神文明建设工作的同志的来稿，希望《荆门研究》帮助发表。这个同志的积极性很高，内容也选择不错，应该肯定。题目是《认真学习贯彻党的六中全会决议精神　努力搞好社会主义精神文明建设》。写的是他们乡打算如何贯彻六中全会决议，搞好精神文明建设。文章写了5000多字，从贯彻学习精神，到如何发动群众学习文件，如何制定全乡精神文明建设规划；全乡精神文明建设有哪些方面，哪些方面用哪些办法；如何加强领导，加强领导当中又有如何学习文件，如何制定规划，如何制定措施，等等，大一二三四……套小（一）（二）（三）（四）……这篇文章的"特点"是很全面，层次也还比较清楚；什么都说到了，又什么都没说，没有角度，没有特点、重点，没有新意，其实就是一个可以运用于全国各地的搞精神文明建设的大报告的提纲，谈不上是文章。本来打算给他摘录一段，加点工，给用用的，我看了几遍，但实在无法下手，只好把那位同志请到我的办公室来，给他说明不能用的原因，同他商量了一会儿，请他最好另外开个小点的口子，另写一篇真正称得上文章的来，我们可能可以用用。

开小口子对于搞调查研究、写调研文章是很重要的。开口小，除了能向纵深挖掘外，还便于操作。一是要使调研者对调研过程的操作能够总揽全局，驾轻就熟，居高临下，势如破竹。如果开口过大，或无口子，在调研者眼里，调研对象就仅是一团乱麻，无头无绪，无纲之网，无从提起。二是要使运用者能够对调研成果进行操作。调查研究的最终目的是将调研结果变为决策和实际工作的参考和依据。无论描述现象、总结经验，还是解剖问题、分析原因，都要具体实在，看得见、摸得着；解决问题的办法，还要能吹糠见米，不仅可以运用于实际，在运用之中，还可计日成功。既不可高谈阔论，华而不实，也不可含糊其辞，不知所云。

在调查研究中，到底应该如何开小口子，如何按所开的小口子把调查研究搞下去，搞出成果来呢？我的体会是：

第一，切入点要找准。我刚才讲了，开小口子，要像掘井一样，只能使劲往纵深处掘，不能像耕田一样，只顾大片大片划破地皮，不管它多深多浅。而掘井很重要的又是什么呢？不怕困难，勇往直前，百折不回，坚持到底。这样做，没有掘不成的。但是，更为重要的还是要讲科学，要按照事物的发展规律办事，首先要搞清楚这里的地下到底有没有水源。如果这里的地下确实没有水，掘得再深，也是白干。这说明，选择掘井的位置最为重要。所以调查研究首先要把切入点找准。

第二，宽度要适当。开小口子，主要就是宽度不能大，不要铺天盖地，面面俱到，像我前边举的那个例子，讲精神文明，眉毛胡子一把抓地讲，什么都讲了，又什么都未讲透，不起作用。对于这一点，我们还可以用钉钉子和锯木头的事例加以说明。铁钉之所以能够钉进木头，就因为它头尖，开口小，如果是个秃头，或者平头，你就无法钉了。木匠锯木头也是这个道理，如果锯口锯个尺把宽，你就没有办法把木头锯断了。开口要小，当然也不能太小，茶壶里煮饺子，饺子煮好了，倒不出来，也等于白煮。宽度适当，是要量体裁衣，适可而止。既要适合调研的题材内容，又要适合调研者所处的职位层次，所掌握和所能掌握的素材，以及调研者的综合分析能力，驾驭题材、体裁、文字的能力等，不能好高骛远，贪大求全。

第三，深度要挖够。主要是搞深搞透。只有口子开得比较小，比较适当，才能把问题搞深搞透；只有搞深搞透了，才能真正说明问题，才能成功。

第四，内容要实在具体，深入浅出，提出的对策建议要可以操作。调查研究就要深入浅出，光有深，深得让人搞不懂是不行的。一定要浅出，让人听得懂，看得明白，能够照你的办法去做。这一条，也只有开口小点，才能做到。这就又回到了我们前边讲的内容上来了。

为了能够更好地说明到底如何做到口小点，我们不妨再举两个例子。一是关于加快中西部建设发展的问题。近几年，随着改革开放的深入开展，加快中西部发展已成为热门话题。对于这个问题，我们早有所思：题目这么大，范围这么广，我们所处的思维层次又不高，到底应该怎样选角度、开口子、提建议？八届全国人大四次会议前，我们从众多的调研角度中，选择了改进建设方法这个口子，迅速撰制成《中西部应改进建设方法》的对策建议。这个材料，针对中西部建设方法陈旧落后的问题，提出了五条新方法，既宏观，又具体，可操作。出席八届全国人大四次会议的市委领导采纳了它，会议期间，被《经济参考报》发表。二是关于如何加快我市小城镇建设问题。这个问题不要以为讲的是我们市的一项具体工作，就认为是个小题材，题目就小，不必开小口子，就可以铺天盖地、笼而统之地去写了，那是不行的。其实，不论什么题材，不论它有多么小，都应该找准切入点，开小口子，不能扯到哪里是哪里。对于这个课题，我们首先分析了两点：（1）行政区划调整；（2）调整后新荆门的发展大计。我们以此为切入点，选定了"围绕发展主旋律，加快建设小城镇"的角度。围绕这一角度，我们在全面分析了我市小城镇建设的现状和特点之后，具体提出了如何制定建设规划，如何深化小城镇综合改革，如何拓宽小城镇建设资金渠道，如何结合发展区域经济、农业产业化和文明城市建设、建设小城镇等五条建议，条条都具体实在，可以操作，对我市小城镇建设有较大参考价值。

第十五讲 调研写作思路和提纲

这里所说的调研提纲与调研写作的具体提纲不是一回事，但它是调研写作不可或缺的前提和基础。调研写作必须在这个提纲调研的基础上重新拟定具体提纲，按照总体思路进行写作，才能成功。今天只谈前者，不谈后者。

一、调研中为什么一定要有好的思路和提纲

调研思路是调研者对其整个调研过程的总体策划或计划安排。即调研目的、内容的确定，调研对象的选择，调研提纲的拟制，调研步骤、时间的安排等的总体策划安排。调研提纲指调研中必须把握的要点，它是调研思路在调研访谈这个环节的具体化，主要是把调研访谈的主要内容提纲挈领地分列出来，以便理清调研访谈的思路。

为什么调研过程中首先要有一个好的思路和提纲？

第一，这是由调研内容的广泛性、多样化、复杂性、变动性及事物发展变化的曲折性决定的。随着经济社会的发展，尤其知识经济、信息时代的到来，调查研究对于每一位决策者和决策实践者都愈来愈重要，而调研内容也越来越复杂多变，调研者对于他所即将进入的调研过程，如果没有一个周密细致的整体考虑和科学合理的计划安排，盲人骑瞎马，闯到哪里是哪里，必然不会取得好的结果。如果不是这样，而是在调研之前，对调研的目的以及如何达到这个目的的方方面面全盘考虑、总体策划、周密安排，再进行调研，就可能取得事半功倍的效果。

第二，这是由调研访谈主、客双方的差异性决定的。随着调研风气的兴起，经济社会生活的方方面面都可能成为调研内容，每个社会成员都可能成为调研访谈的主体或对象，调研访谈主体和对象的结构层次将极为复杂，这就导致了调研访谈主客双方的差异性很大。党和国家及部、省领导人深入工厂、农村同普通工人、农民调查访

谈不必说，市县领导同普通工人、农民在身份、地位、思维层次、知识文化、经历、经验等方面的差异也很大。即使同一阶层的调研访谈双方，除了经历、经验、知识文化等的差异外，还有气质、性格、年龄、性别、家庭背景和时间运用的差异。所有这些，造成调研访谈双方在知识文化，思维层次，尤其思想感情、心中所关心的事物和语言上的距离。在这种情况下，调研者在时间极其有限的调研访谈中，要想很快听到真话，了解实情，掌握尽可能多的信息资料，就必须事先有一个好的思路和提纲，以便较好消除主客双方因多种差异产生的隔膜，加快感情上的沟通，找到双方的共同语言，让对方愿意讲真话，讲他最为关心、熟悉的事，使自己能够得到想要的情况。否则，对方就会要么是十分拘谨、一言不发；要么是信马由缰，扯到哪儿是哪儿；要么是顾左右而言他，大话、空话、假话一大篇，根本就不愿讲、不敢讲自己的心里话，使调研者或者大失所望，或者获取一些假信息害人害己。

第三，这是由调查研究自身的规律决定的。调查研究既是一项工作、一种优良的工作作风和工作方法，又是一门科学，是有其自身的规律所遵循的。调研之前，制定一个好的思路和提纲，是调研工作中的一个重要环节，是遵循调研规律的具体体现。有人说，调查研究还未开始，就先搞个什么思路、提纲，这是闭门造车，是按图索骥，是主观主义、经验主义方法。笔者以为，这些指责是不对的。事先拟制一个好的思路和提纲，从调查研究是一项工作的角度讲，其实既是其中一个重要的环节，又是一种重要的方法、技巧，是有的放矢，打有准备之仗：从调查研究是一门科学讲，也符合调查研究要从实际出发，从实践中来到实践中去的要求。调查研究作为一项工作，根据实际需要与可能，事先拟制一个计划和安排，如果一定要说是闭门造车的话，那也是"闭门造车，出门合辙"，是符合实际，行得通的。如果一定要说是按图索骥，也未尝不可。事先拟个好的思路和提纲，再按这个思路和提纲调研，其实就是按图索骥和磨刀不误砍柴工，这既是调研工作的需要，又符合客观规律，任何一位调研者都必须下定决心，首先做好。

二、如何拟制调研思路

一个好的调研思路是调研成功的前提和基础。如果把一次重要的、规模较大的调研活动看作一个庞大的系统工程，那么，这个思路就是一幅系统工程施工图。要想绘制这样一幅好的系统施工图：

第一，要做好必要准备。即要广泛收集、阅读、消化有关此次调研课题的一系列资料，包括经典作家的论著，有关当前状况和背景状况的资料等。然后，在此基础上构思和编写提纲。

第二，要明确调研目的。目的性强是调查研究的显著特点，任何一次调研活动都是为了一定的目的才进行的。调研目的是全部调研活动的起点和归宿。制定调研思路，首先就要明确目的，把拟制调研思路及提纲的所有活动统一到如何达到这一目的上进行思考和安排。

第三，圈定调研范围。一是内容范围。指该次调研所涉及的经济社会的领域或方面。二是地域范围。指该次调研活动所要走到、看到、听到、了解到的地域范围内的有关情况。三是时间范围。指该次调研内容所涉及的起止时间，以便访谈双方掌握。

第四，选择访谈对象。主要是根据调研的内容、地域、时间范围的安排，选择不同层次、不同类型、不同年龄段的各有其代表性的人员作为对象，以便开展深入的调研访谈。

第五，方法的选择和运用。主要是结合本次调研内容的需要和调研主、客双方的实际情况，选择比较科学、适用的方法，以便更好地接近对方、彼此沟通。一方面，让调研主体能够听到真话，了解实情；另一方面，让调研对象能够心情舒畅，畅所欲言，讲真话，说实情。为了配合这些方法的运用，还可对调研访谈双方提出一些原则性的要求，以便进一步消除顾虑，缩短距离，使访谈更为融洽、深入。

第六，调研顺序和时间安排。要看调研访谈双方的客观实际及调研课题的轻重缓急而定。调研顺序可以由实（实际）到虚（理论），也可以由虚到实。总的是要由浅入深、由表及里。

三、如何拟制调研提纲

第一，要坚持贴近性原则。主要是贴近本次调研活动的目的和调研课题的主题思想，以调研目的和主题为中心和主线拟制。

第二，要坚持全面性原则。由于事物构成的复杂性、事物之间的联系性和事物发展的曲折性特点，必须从不同的角度、不同的侧面、不同的层次拟制网罗事物全体的提纲，以免在调研访谈时遗漏和忽略重要的内容，而获得尽可能多的全面信息资料，包括声像、实物、数字等。

第三，要坚持真实性原则。真实、准确是调查研究的生命。在提纲中，要特别强调情况的真实、准确。要求访谈的对象说真话、摆实情；提醒自己随时注重调研信息的真实性和数据、人名、地名、时间等的准确性，以便当面核实核对。

第四，要坚持典型性原则。了解和剖析典型是调研的重要内容。提纲中要强调对典型人、典型事的了解和分析，注重典型的个性、代表性和完整性。

第五，要坚持创造性原则。要使调研富于创造性，必须首先使调研提纲富有创造性，用新的观点、新的视角，从新的层面拟制提纲，用以引导和指导调研。

第六，要坚持深刻性原则。不能都是一些了解现状、现象，摆流水账的提纲，而要尽量多地涉及关于事物内部结构、本质、历史、理论研究等深层次的内容。在调研访谈中，双方可以互相提问，互相启发，共同探讨。在这种情况下，其提纲如能引导整个访谈开展得既热烈又扎实，既活泼又生动，既丰富又深入，那么，这个提纲就是最好的提纲。要求深刻，绝不是要求艰深、怪僻，而是要求贴近实际，贴近生活，深入浅出，访谈双方都可以操作。

下面，我结合自己的调研实际，列举一个如何拟制调研思路和提纲的比较成功的例子。

1996年底，湖北省政府对我们荆门市行政区划进行调整，使我市由过去的1县2区增加到2县1市3区，管辖面积由4200平方千米扩大到12800平方千米，人口由100万增加到300万人。次年初，市委领导首先考虑的是如何统一思想、凝聚人心，把新组合的2县1市3区的300万干部群众拧成一股绳、扭成一股劲，加快这12800平方千米面积上的新的区域经济发展，取得1+1＞2的聚合效应。

根据市委领导的指导思想，市委政研室就新荆门现状，分门别类列出了几十个调研课题，我就选择了如何抓好小城镇建设这个课题进行调研。

按照调查研究的工作规律，首先是拟订一个好的思路和提纲。

先说拟订思路。我首先找来一张新荆门行政区划地图，清点了一下，全市共有小城镇215个，其中建制镇和街道办事处57个，其布局，全为历史上自然形成，看不出有什么规则和人为的迹象。面对这张地图和刚刚划进来的1县1市1区，我头脑里一片茫然，没有一点头绪。

认识总是有一个过程的。慢慢地，思路就逐步打开。首先是想到市委的总指导思想：维护稳定，加快发展。稳定压倒一切，发展是硬道理。这是邓小平理论的核心内容之一，也是时代主旋律。什么工作都是必须服从、围绕主旋律的，小城镇建设也不能例外！这样一来，我的调研主题也就基本上有了，思路也好像出来了，这就是"围绕发展主旋律，加快建设小城镇"。接着就是围绕这一主题，做好必要的准备，理清思路，拟订提纲：

一是加紧收集、阅读、消化有关这个课题的各种资料。如近期以来从中央到地方一些报刊上有关小城镇建设的文章、报道和本市上下，尤其新近划入的1县1市1区小城镇建设的资料。报刊资料，国家级的，主要有建设部的《村镇建设》《中国城市建设导报》《中国市容报》等；地方上的，报刊资料和专家、学者的有关论述就更多了。

二是圈定调研范围。地域范围为全市的215个小城镇；时间范围主要为近三年的小城镇建设情况，一些知名和重点集镇还必须了解一些历史沿革；内容范围为与小城镇建设密切相关的内容。

三是选择访谈对象。访谈的重点主要是57个建制镇和街道办事处分管小城镇建设的副镇长和城建办主任等。重点地方的党政一把手及县市区分管领导也得找几位谈谈。

四是调研方法的选择。在重点座谈的同时，适当采用统计调查法、问卷调查法、会议调查法等。统计调查和问卷调查是全面撒网，给215个小城镇都寄发统计表和问卷，会议调查是有选择地分片开会。

五是时间和顺序安排。主要根据调研需要和调研者自己的力量，确定和安排好调研的路线，访谈、开会的地点及收集统计、问卷表格的时间等。访谈、开会的地点及参会人员，我们在2县1市3区中，确定了4个开会的地点，也就是开4个会；参会人员，每个会议地点只通知8至10人参加；参加人员中，每个会议都要有小城镇建设搞得好的、差的和中等地方的人员，有的还有县市区分管小城镇建设的领导。此外，就是找有关的对象个别访谈，以保证调研的全面性。按照这一思路，我们总共安排的调研访谈和开会对象是45人，实际上开会和访谈人员是43人，其中有5人在中途进行了变动，最终还是让我们较好地完成了这次调研的任务。

再说拟订提纲。调研提纲的开头部分，简明扼要地阐明了此次调研的指导思想、调研目的、基本原则和要求等。提纲拟订好了之后，我们给每个预先安排的调查对象和调研人员预先各发了一份，以便他们事先准备，做到心中有数。

1.你们镇形成的原因是什么？主要历史沿革怎么样？有些什么名胜古迹、历史名人及故事？

2.你们镇的基本情况：国土面积、耕地面积、人口、劳动力、男女及基本生活状况如何？

3.你们镇的国民经济状况如何？国民经济年总产值是多少？其中第一、二、三产业从业人员和总产值各是多少？

4.你们镇有些什么特色产品、产业？有些什么历史名优产品？

5.你们镇的地理位置有什么特点和优势？交通条件怎么样？

6.你们对荆门市次行政区划调整有什么看法和不同意见？

7.你们镇的小城镇建设的现状如何？有哪些成绩和主要经验？

8.你们镇小城镇建设面临着哪些困难和问题？打算怎么解决？

9.你们编制小城镇建设规划了吗？怎么规划的？科学合理吗？群众有什么意见？如何进一步调整完善呢？

10.你们镇小城镇建设资金是怎么筹集的？县市区财政和你们自己各解决多少？

11.你们镇种植、养殖、加工业大户及个体私营经济发展怎样？个体私营经济大户有多少？突出的人和事迹有哪些？他们对小城镇建设的态度和贡献如何？镇里对有些什么鼓励和奖励政策？

12.你们镇农民进镇情况怎么样？有什么鼓励和奖励政策？

13.你们镇及周围农村精神文明建设怎么样？文化教育体育活动开展得怎么样？

14.你们镇社会治安、镇民和村民自治情况怎么样？有哪些经验和问题？

15.你们镇外出打工经商的情况怎么样？都在什么地方打工经商？一年可赚多少"外汇"回来？

16.怎样以区域经济的发展带动小城镇建设，以小城镇建设服务区域经济发展？

17.怎样加快小城镇公共基础设施建设，服务经济社会发展？

18.怎样协调好小城镇建设同生态环境建设的关系，实现小城镇建设、经济建设和生态环境建设三同步发展？

19.其他相关问题。

在制发这些调研提纲的同时，还制发了一组相关调查统计表和问卷调查表。主要有各建制镇和小集镇的基本情况统计表、国民经济发展统计表、农业产业化发展统计表、农村精神文明建设统计表、农村个体私营经济发展统计表及相关问卷近1000份。

本次调研历时2个月。统计表和问卷回收率分别为100%和92%。这些资料全部集中汇总后，我们进一步围绕主题，进行多角度、多层次分析研究，首先是分析全市小城镇建设的特点、优势和存在的困难和问题，接着是在此基础上拟定具体的写作提纲，提出了着眼发展大计，搞好建设规划；深化综合改革，健全体制支撑；加大开放力度，拓宽资金渠道等五条对策建议，受到各方面好评。

◎附：围绕发展主旋律 加快建设小城镇

1996年底，省政府报请国务院批准，调整后的荆门市所辖钟祥市、京山县和东宝、沙洋两区，其国土面积为12404平方公里，人口288.96万人。新的行政区划，为荆门的发展带来了新的机遇。围绕发展主旋律，加快建设小城镇是推动荆门振兴发展的重要课题。

一、荆门小城镇建设的现状和特点

第一，小城镇"带状"连接与"满天星"布局并存。全市现有小城镇215个，其中建制镇和街办57个；地处207国道、皂当公路、汉宜公路、荆潜公路和汉江沿线的小城镇131个，其中建制镇和街办44个，分别占全市小城镇和建制镇的60.9%和77.2%。上述"五沿"建制镇共有行政村956个，人口193万人，其中非农业人口61万人，国土面积5474平方公里，耕地面积186万亩，分别占全市62.3%、66.8%、89.1%、43.4%和48.1%，城镇网络基本形成。

第二，小城镇"路边花"与"路里差"同在。"路边花"与"路里差"，主要指前者在市政公用基础设施建设、经济建设及社会事业发展等诸多方面都高于、快于、好于后者。以横穿沙洋、东宝两区和钟祥市的207国道，纵贯京山、沙洋三县市区的汉宜公路三条干支公路为例，这三条公路线上共有建制镇和街办28个，604个村，134万人，其中城镇73.2万人，国土面积4107平方公里，耕地135万亩，分别占全市镇乡、街办总数的40%、39.4%、46.4%、81.3%、32.6%和34.8%；1996年工农业总值111.3亿元，比全市平均水平高出7.5%；1996年工农业总产值、农业总产值和农民人平纯收入分别比1995年增长41.2%、12.7%和18.3%，分别比全市平均增长水平高19.7、2.6、3.3个百分点。在小城镇建设方面，新市镇、郢中镇和沙洋镇已初具规模，胡集、冷水、后港、烟墩、钱场、孙桥等镇已有一定基础。此外，由于交通发达，人流、物流、信息流量大，这三条干支公路线上诸镇的开放度、开发度、文明度、知名度也都大大高于边远城镇。

第三，小城镇促进经济社会发展与自身建设滞后形成矛盾。小城镇促进经济社会发展，自身也得到发展，与经济社会发展表现为正比关系。然而，这只是一个方面。另一方面是小城镇建设滞后，有的地方甚至成了制约经济社会发展的"瓶颈"。主要是大部分边远地区、后进地区，尤其山区建制镇少；不少小城镇没有规划或规划不全，管理不力，致使有些城镇房子虽建了不少，但是布局不合理，既占了土地，又不连片集中；有的违章占道，空间拥挤；有的由于资金紧缺，基础设施不足，配套不全，且设施陈旧、老化，基础设施欠账和环境恶化等问题越来越大，城镇功能也越来越难以发挥，对周边农村生产、生活的服务功能也十分有限；有些边远集镇由于功能微弱，市场秩序和社会治安问题较多，影响了经济社会的发展。

二、加快荆门小城镇建设的对策建议

第一，着眼发展大计，搞好建设规划。我市发展大计是力争在"九五"末期至下世纪初建设成发达的中等城市进而向大城市迈进。小城镇规划要围绕这一大计制定，也就是要科学合理地规划出以荆门这座理想中的大城市为中心的"大城市——中等城市——小城市——镇——小集镇"的"宝塔型"城镇群。一要加密。要在集镇密度小、影响经济社会发展的地区，选择地理位置好、发展潜力大、前途大的地方布置新集镇。二要超前。规划走在建设前，规划中的新、老集镇及其项目的兴建改造都要充分考虑经济社会发展的潜力和实力，适当超前，不能使集镇或项目规划还在实施之中就成了新一轮改造的对象，造成不可挽回的浪费。三要升位。对有些乡所在地的集镇和县、市、区所在地的建制镇或街道办事处及有些新集镇，要根据需要和可能，按照它们可能分别被提升为建制镇、小城市的格局规划，不能用规划的"绳索"束缚它们的发展。四要管好。即要坚持按规划建设和管理，不能让任何人随意更改。凡经深入调研论证的科学规划，一旦确立，就应具有权威性，就要认真实施，一张蓝图画到底，不达目的不罢休。

第二，深化综合改革，健全体制支撑。一要提高认识，增强小城镇综合改革的紧迫感。小城镇既是乡村之首，城市之末，又是农村一定区域的政治经济文化中心，承担着城乡共同发展，共同富裕的重要任务。全面推进小城镇综合改革，是我市深化农村改革，发展区域经济，创建文明城市，实现农村城市化的重要环节，必须统一认识，加强领导，固定专班，切实抓好。二要以点带面，整体推进。要在认真实施省里已经批复的后港、烟墩、宋河、东桥四镇综合改革试点方案的同时，加快制订各城镇综合改革方案，争取早日报省批复，早日实施，以迅速建立具有生机和活力的经济管理体制和行政管理体制，政府、社会和个人参与的小城镇建设多元投资体制，能如实反映公民的居住和身份状况的小城镇户籍管理体制，新的小城镇土地管理制度和有偿使用的集体土地内部流转制度，以股份合作、集团经营、一企多制等为主的现代企业制度，全方位开放、交易活跃、高效统一的市场运行体制，城乡并重、工农并重的财政、税收、金融、物价体制等。三要加强领导，搞好组织、协调、指导、督促工作。

第三，加大开放力度，拓宽资金渠道。一要解放思想。克服小城镇建设无所作为思想，坚持"人民城镇人民建，建好城镇为人民"的方针和谁出钱，谁受益的原则，实行城镇基础设施有偿使用和走自我完善、自我发展、开放发展之路，进一步拓宽资金渠道。二要放宽政策。允许小城镇政府以多种形式向不同投资主体引进资金、技术、项目，允许各种不同投资者以各种不同形式、渠道投资兴办各种企事业，缓解小城镇建设资金不足的困难。三是放权让利。一方面，要把本该属于小城镇政府所有的经济管理、行政管理权利放给小城镇政府，另一方面，要把县、市、区未办好、办不了而又有发展前途的工业企业下放给条件好的乡镇街办去办，以逐步壮大其实力。

第四，强化综合开发，转变建设方式。主要依靠科技进步和提高人的素质把小城镇建设与多种开发相结合，使小城镇有限的建设资金能够取得较高的投资回报和社会效益。一是与产业开发相结合。要结合小城镇建设，调整产业结构，开发自然资源，优化资源配置。在工业上，可以壮大支柱产业，促进工业发展；在农业上，可以拉长产业链条，促进农业产业化发展；在社会发展上，除促进小城镇聚集生产，聚集人口，壮大小城镇规模外，还可以转移大批农村剩余劳力，缓解大中城市愈来愈严重的就业压力，可谓一举多得。二是与城乡精神文明建设相结合。荆门是楚文化发祥地之一，古文化遗址和革命旧址、风景名胜星罗棋布，是精神文明建设的宝贵财富。结合小城镇建设，挖掘、开发遗产，兴建和维修人文景观，优化旅游资源配置，建设精神文明，功在当代，利及子孙，也是一举多得。三是与可持续发展相结合。主要是保护环境，实现城乡环境整洁、优美、安静和生态良性循环。关键在于增强环保意识，依法控制和综合治理环境污染，做到小城镇建设、环境建设和经济建设三同步发展。

第五，突出建设重点，抓好"五廊""五带"。应以沿四路一江已经形成的五条小城镇带为重点，举全市之力，加快小城镇建设步伐，使之建设成五条"双文明走廊"。一要抓好道路建设。限期达到建设好、绿化好、美化好的标准。汉江沿岸应按河道建设要求治理。二要抓好国土整治。主要公路两侧各500米内的国土上，都要实施山、水、田、林、路、村综合整治，建设成为农业"两高一优"示范区，使之真正成为荆门农业的绿色走廊；做到村居建筑有特色，布局合理有造型。三要抓好旅游景点及其配套建设，集景观、游乐、购物于一体，使之能以良好的人文景观吸引各地游客。四要在整体推进五条双文明走廊建设的基础上，抓重点，建设明星城镇。五要带上加带，密结网络。即在全市重点抓的五条双文明走廊和小城镇带之外，各县、市、区要结合自己实际建设下一层次的双文明走廊和小城镇带，上连五廊五带，下连农村，形成遍布全市的小城镇网络和双文明走廊网络。六要优胜劣汰，竞相发展。所有小城镇都要在双文明建设和小城镇建设中抢前争先，形成意气风发，竞争向上的氛围，把小城镇建设和双方文明建设搞上去。

（原载《调查与研究》1997年第11期）

第十六讲　调研文章的主题提炼与材料选择

一、主题及主题的确定

"主题"一词源于德国，最初是一个音乐术语，指乐曲中最具特征并处于优越地位的那一段旋律——主旋律。它表现一个完整的音乐思想，是乐曲的核心。后来这个术语被广泛用于一切文学艺术的创作之中。日本将这个概念译为"主题"，我国从日本翻译它时就借用了过来；有人还加上"思想"二字，称"主题思想"。我国古代对主题的称呼是"意""主意""立意""旨""主旨""主脑"等。主题是作者对现实的观察、体验、分析、研究以及对材料的处理、提炼而得出的思想结晶。它既包含所反映现实生活本身蕴含的客观意义，又集中体现作者对客观事物的主观认识、理解和评价。

调查研究含调研写作，作为一项实际工作，其目的性、实用性是十分明确而重要的。无论规模庞大，还是日常工作中的一般调研及其写作，都是为解决一定的实际问题和困难而进行的，尤其调研写作者主张什么，反对什么；为什么主张，为什么反对；怎么主张，怎么反对，都必须旗帜鲜明，立场坚定，不可动摇。虽说主题这个词来源于音乐、文学作品，但有些纯音乐、纯文学作品却可以没有主题，而调研文章却不仅必须有主题，而且必须旗帜鲜明，主题突出、深刻、新颖，最好开门见山，直击主题，决不可含糊其词，模棱两可。

所以，我们调研者，不论撰写什么调研文章，都必须首先确定主题，搞清楚你到底主张什么，反对什么；为什么主张，为什么反对；怎么主张，怎么反对，都清楚明白，一丝不苟，给人以具体、深刻、新颖、可行的思想、启示和可操作的办法、措施，让人按照你的思想去想，办法去做，就能够改造自然、改造社会，能够取得成功。

主题如此重要，那么，到底如何选择、确定呢？

首先，要全面了解时代背景。我们有时虽然只是调研某市、某县、某项具体工作或活动的情况，却也必须立足本地，着眼全局。包括全省、全国甚至全球；立足当前，着眼长远。包括过去、现在和未来很长时期；立足实际，着眼理论。看清是否在理论上，尤其在大道理上站得住脚，经得起实践和历史的检验。2008年1月11日，我以《解放思想是大道理更是硬道理》为题，在荆门市"解放思想 开放崛起大讨论"座谈会上作了个1200字发言，讲了"解放思想是大道理更是硬道理""解放思想无止境""过去解放思想，不能代替今天解放思想；今天解放思想，也不能代替明天解放思想""改革和建设每到一个关键时期，都要进行一次解放思想""荆门市委组织思想解放大讨论就是不讲空话，多办实事"等5个论点，受到座谈会一致好评。我的主题确定，就是针对少数人对荆门开展此次大讨论是讲空话的论点，回顾了我国现当代几次大的思想解放运动，分别在不同程度和不同方面有力推动了革命、建设和改革前进和发展，才最终确定并认真提炼升华而完成的。

第二，要全面了解周边地区及本部门本地区对相关课题的情况及调研信息。一是参考、借鉴。他山之石，可以攻玉。二是在借鉴的基础上创新。站在别人肩上会比别人站得更高，看得更远，摘取更高处的桃子。三是避免拾人牙慧，嚼别人嚼过的馍，与人"撞车"、重复，劳而无功。

第三，要认真分析研究自己所有本课题的全部调研材料，并结合自己对"上头""外头""下头"及历史情况的了解，选择一个自己认为重要、有用，又没被别人充分研究、探讨的侧面，确定自己的主题和主标题，力求新颖、深刻，见人所未见和未能见，言人所未言和未敢言，而成一家和独家之言。

有一点值得指出，调研主题与调研标题的内涵和作用是不同的，有时根本就不是一回事。调研标题只是调研范围、内容的标示。调研主题与调研标题虽有区别，但有时也一身二任，调研标题就是主题，甚至是最精练、最精僻、最精粹的主题概括。比如我刚才说的《解放思想是大道理更是硬道理》，就是如此。然而，无论如何，这二者不可简单等同，在调研写作和研读、使用调研文章时，一定要认真区别。

二、主题的提炼与升华

调研文章的主题表达，尽管要求开门见山，直击主题，但也必须反复提炼、深化、升华，达到深刻完美的境界。

"提炼"一词，《现代汉语词典》的释义是："用化学方法或物理方法从化合物或混合物中提取（所要的东西）。"

调研文章的主题提炼，不能简单等同于用化学方法或物理方法的提炼，它要求新颖、深刻，去粗取精、去伪存真、由表及里，逐步揭示出事物自身的规律；要求精辟、透彻，由近及远、由此及彼，从方方面面深入进去，使其力透纸背，无可辩驳。它既是语言的锤炼，更是观念的更新和思想的升华，能够引起人们共鸣。

第一，从宏观上把握时代脉搏的跳动。即要在确定调研主题时，在全面了解时代背景的基础上，进一步认清形势，了解经济社会发展的大方向及其对调研对象的影响。这是提炼升华主题的前提和基础，没有这个前提和基础，提炼升华主题就是无源之水，无本之木，再怎么提炼升华也苍白无力。我前边所举《解放思想是大道理更是硬道理》中的主题，就是在我认真回顾我国现当代几次大的思想解放运动的基础上，进一步认清我市及全省全国经济社会发展的形势、方向和总趋势，以及解放思想与这个发展形势、方向和总趋势的关系之后，从5个方面提炼、深化、升华的。

第二，从微观上抓住事物发展的本质特点和基本规律。这是提炼升华主题的核心和关键。仍以解放思想为例，解放思想既是一句口号，一条理论务虚原则，又是一项具体实在的思想政治工作。我在《解放思想是大道理更是硬道理》的发言中，就较好抓住了解放思想这项具体工作的本质特点和基本规律。解放思想无论作为一句口号，一条理论务虚原则，还是一项具体实在的思想政治工作，它的本质特点就是它"既是大道理更是硬道理"和"解放思想无止境"。它的基本规律就是三条：

1.改革开放以来，什么时候、什么地方和部门思想解放得好，那里的改革开放就深入，经济社会就能快速发展；反之，就是另一种结果。

2.解放思想要一次一次进行，昨天解放思想不能代替今天解放思想，今天解放思想也不能代替明天解放思想。

3.改革和建设每当进入到一个新的发展阶段，都要及时进行一次解放思想，否则，就过不了这个槛。

第三，认真分析同一事物在不同发展阶段的差异，以便抓住它的热点、难点、焦点问题，使提炼升华主题有的放矢。同一事物在它不同的发展阶段，从内容到形式都有许多不同。不论历史发展有多少惊人的相似，但任何"相似"当中，都有许多惊人的不同。提炼升华主题，只有真正把握了这些惊人的不同，才会有的放矢，针锋相对，箭无虚发，产生推动经济社会发展的伟力，使精神变为巨大的物质财富。这才是真正解决好了提炼升华主题的针对性问题。我的《解放思想是大道理更是硬道理》的发言，就是认真分析了本次解放思想大讨论与过去历次解放思想大讨论的相同点和相异点，抓住了少数人认为解放思想是讲空话、搞花架子的错误认识，针锋相对提出了"解放思想是大道理更是硬道理"的论点，并列举了改革开放以来，什么时候、什么地方和部门思想解放得好，那里的改革和建设就发展快，和我市市委六届三次全会提出从破解发展难题、进一步大抓项目抓大项目、加快开发区和工业园区建设和加快科技创新步伐等8个方面入手解放思想，就是不讲空话、多办实事等实例予以证实，得到与会绝大多数领导、专家、学者、企业家高度赞扬。

第四，制定新、奇、良策，解决实际工作中的困难和问题。这是圆满实现整个调研及其写作的目的和任务，也即提炼升华主题的目的和任务。这里的关键是制定新策、奇策、良策。我在《解放思想是大道理更是硬道理》发言中的对策只讲了两条：一是不讲空话，二是多做实事。不讲空话，必须多做实事，也只有不讲空话，才能多做实事。只有多做实事，解放思想，才不是讲空话，才会不讲空话。我就这两条对策，就较好驳斥了当前少数同志认为解放思想是讲空话、搞花架子的错误认识，达到"解放思想，团结一致向前看"的目的。《荆门日报》以《不讲空话多做实事》发表我的发言。

三、观点统率材料与材料说明观点

调研文章主题的提炼与升华是一个完整的过程，一个从概念到推理、到论证、到结论的完整过程。独木不成林。一个好汉三个帮，一道篱笆三个桩。一个总主题、总观点的提炼升华，首先要有若干个子主题、子观点支撑；一个子主题、子观点的确立又必须由若干个事实材料说明。材料说明观点，观点统率材料；每一个子主题、子观点的证实和确立，都是一个小的推理、论证、结论的过程。总主题、总观点统率子主题、子观点，子主题、子观点服从、支撑总主题、总观点，构成一个辩证统一的完美的有机整体，这就是精品调研文章。这里的关键就在于观点要能够统率材料，材料要能够说明观点，不矛盾，不交叉，不重复，不脱节；一个一个问题细心分析解剖，一个一个观点严密论证；并去粗取精，去伪存真，由表及里，由此及彼，一层层剖析、深入，一步步提炼、升华，最后达到主题提炼升华的一个新的境界、新的高度。拙著《怎样写好调研文章》第八讲评讲《村与新农村建设中生产发展的思考》（简称《村》文），就较好做到了这一点。

该文主题在当时很新，是最早回答如何以村为重点抓好新农村建设的调研文章。但初稿比较杂乱，同时提出了几个主题，却没有核心主题，一个主题都没讲明白，更谈不上有所谓观点统率材料、材料说明观点的看点。我认真研读之后，确定了"建设新农村，重点在抓村"这个总主题，然后就围绕这个总主题，确定把"一村一品"作为新农村建设的切入点，村级组织建设作为着力点，以村为单元培训转移农民和转变农村经济增长方式作为支撑点，建立农民增收机制、持续增加农民收入作为主线，即坚持抓好这"三点一线"作为4个子主题，再一个一个分析论证，一步一步把总主题提炼升华到一个新的高度。

我对《村》文主题的提炼，开始于修改导语，使之能够统率全篇；往后，再一步一步使主题深化、深刻；最后，完美地表达主题。

我对《村》文主题的提炼的主要工作，在对该文第一、二段的修改中，着力做了三件事：

一是寻找事物本质性、规律性的东西，把埋没在米粉子中的肥肉找出来。首先是把原来埋没在导语中、已被删去的"新农村建设中基本单元和作战单位在村、基础在户、关键在农民"这些画龙点睛的话找出来，移到第一段开头的地方。其次是认真回忆、思考我市过去"因村制宜"并实施发展"一村一品"战略措施的情况，现在应该如何按照"县有板块、镇有特色、村有支柱"的思路，形成产业富村、科技兴村、企业带村等语句的含义，从中体味新农村建设中本质性、规律性的东西，并把它们保留下来。再次是把"新农村建设中基本单元和作战单位在村"的观点，和对我市改革开放以来如何"抓村"，并实施"一村一品"战略措施的全过程联系起来分析，发现了"重点在抓村"就是新农村建设自身的规律，因而突出地、优先地把它作为全文的主题进行阐述和深化。

二是把与"重点在抓村"没有联系或联系不紧密的内容删掉。如第一段标题后第一句话中从"全国商品粮基地"至"开发宝藏的现实办法就是"260多个字，尽管其中有不少真实生动的内容和精彩的表述，但我还是把它们删掉了。因为只有删掉了才干净利索，也必须把它们删掉。把后面几大段与村和抓村无关的内容全部删掉。

三是将事实材料条分缕析，做到表述清楚、层次分明，且错落有致，使主题逐步明晰和深化。首先，在"我市是个传统农业大市"之后接上从导语中移过来的那句"基本单元和作战单位在村"的画龙点睛的话。其次，结合原稿，对我市因村制宜，抓"一村一品"的全过程进行了回顾。因为我出生在农村，过去长期调研农村政策，对这一过程基本上熟悉。以我的了解，对原文这一段文字进行了补充和改编，加上了"改革开放以来"几个字，从改革开放开始，我市就抓"一村一品"，抓出过很大的成绩，也经历过不少曲折，现在又抓出了新的成果，但总体来看，还不理想，现在应向更高的目标迈进。句句紧扣"抓村"主题，紧扣新农村建设中这个自身的规律，为突显和深化主题服务。这么修改下来，不仅文字比原文简洁，仅第一段，就由原来的550多字减少到280字，减幅为50%；而且，由于我比较全面深入地回顾了这段历史，描述了其中的曲折，使主题更为明晰和深刻，不仅较好体现了事物的本质和规律，还增添了不少历史经验的色彩。修改稿第一段为：

一、把"一村一品"作为新农村建设的切入点。我市是个传统农业大市，人均耕地1.95亩，高于全省平均水平0.77亩。改革开放以来，我市因村制宜，发展"一村一品"，做了不少工作，如发展专业户、专业村，实行农业产业化经营和板块基地建设等，但总体来看进展不快，特色不明显，成效不理想；特别是农业品牌不多、不大、不响，没有一个"中国名牌"，农产品竞争力不强。因此，要抓住新农村建设这个契机，按照"县有板块、镇有特色、村有支柱"的思路，积极发展特色乡镇，建设经济专业村、种养专业大户，推进"一村一品"向纵深发展，形成产业富村、科技兴村、生态促村、人才强村的格局。

原稿大标题中的三个关键词，我在确定标题和主题时，那个被删掉的"生产发展"也被纳入到第三个备选标题中了。在《村》文全文中，生产发展是作为一个重要内容存在着的，它本是新农村建设中五个重点的第一个重点。用它做《村》文的主题不合适，但作副主题还是可以的。也就是说，我们采用第三个备选标题是可以的。然而，因为"建设新农村 重点在抓村"，比较新颖、独特，又简洁、警策，确定一个比较单一的标题更加有利于深化和表达主题。所以，我们就把包含生产发展为副主题的那个备选标题给抛弃了，选择了《建设新农村 重点在抓村》作标题，后来就始终围绕这一标题和主题展开全文。其实，我们只在标题中舍弃了"生产发展"四字，在行文中，把它的内容却完整地表达出来了。一则，它确实是新农村建设中的五个重点之首；二则，把"生产发展"的内容写实写好了，"重点在抓村"

的主题也就得到了大大深化。三则，狠抓"一村一品"，培育产业、培育品牌、培育人才，名义上是围绕"重点在抓村"阐述，实际上也都是在抓"生产发展"，使它与"重点在抓村"配套统一，更好地突出、深化了"重点在抓村"这个主题。

《村》文作者与我配合默契，他后来提供的修改稿第二、三段就很符合升华主题的要求。下面是第二段的两小条：

1.培育产业。新农村建设规划，首要的是"一村一品"生产发展规划。各村要从本地资源出发，充分挖掘潜力，选准和培育本村的当家产业。不要局限于农业内部，可"内外兼修"，只要有比较优势，有利于农民增收，都可以培育发展。可以是种养业、农产品加工业，也可以是休闲旅游业和文化产业。如东宝区漳河镇迎接村以生态建村为出发点，户户建果茶园，户户种有机果，户户建沼气池；京山县孙桥镇蒋家大堰村以有机稻立足，大力发展有机稻专业村；还有钟祥市长滩镇廖台村的养鸡专业村、胡集镇的陈安运输村、石牌镇的豆腐村，等等，都是发展"一村一品"的典型，不仅富了本村，还带动了周边村。

2.培育品牌。品牌和产业的培育相辅相成，各村在注重产业发展的同时，要积极培育品牌；在重视新技术推广运用的同时，还要重视品牌的宣传，提高农民对创品牌重要意义的认识。首先，要充分发挥各村的地域、文化底蕴及产品优势，加大地理商标和产品关联商标的注册宣传力度，培育知名品牌，以品牌推动各村资源的深度开发。如京山县钱场镇白马村的"白马"牌鸡蛋带动该村发展蛋鸡过百万只，成为全省养鸡第一村。其次，要加大"三品"认证力度，巧打绿色、有机品牌。京山县孙桥镇蒋家大堰村利用其独特的地理优势，大打"有机"牌，有机大米卖到了35元/公斤，还供不应求，有力地促进了当地稻米业的发展。还要着力发展各村的优势产业，打造品牌村，扩大村的影响力，让村名成为某项产业的代名词。东宝区仙居乡盐井村适合种桂花树，且又有种植的习惯，可以全力打造"桂花村"品牌。

看了修改稿这第二段的两小条，往后各段就不用再看了，各段的材料选择就都是这么办的，从始至终围绕"建设新农村 重点在抓村"这一主题进行，为"建设新

农村　重点在抓村"主题服务。抓村级组织建设三个方面，无论农村合作经济组织、中介组织，还是农技服务组织，都是围绕"村级"二字讲道理、举事例、谈措施。党组织建设，句句都讲村党支部如何增强凝聚力、影响力和号召力，使"重点在抓村"的主题逐步深化。

《村》文作者在全部修改稿中，在注重材料真实、生动、新鲜的同时，还始终注重了材料的完整性、配套性和协调统一，不重复、不交叉、不矛盾；注重了多侧面、多层次、多途径深化和表达主题，其事实材料在内容上，涵盖了新农村建设的各个方面，十六届五中全会"二十字"方针的五个方面都举到了；在地域上，还照顾了地域的平衡，尽量把主题表达得既透彻，又完整，使《村》文具有了较强的实用性和参考价值。

◎附：解放思想是大道理更是硬道理

"解放思想，开放崛起"是荆门市委新近制定的我市当前和今后较长时期加快发展的重要指导方针。但少数同志一见"解放思想"四字，就觉得是说大话空话，不喜欢听，不乐意提，就摇头、叹气，甚至嗤之以鼻。之所以如此，除了这些同志认识偏颇，也确有一些同志在实际工作中，把解放思想当大话空话讲，少干或不干实事，坐而论道，言过其实，甚至"话与事违"，给改革和建设带来消极影响。

解放思想到底是不是一句空话大话呢？结论当然是否定的。因为它确实不是空话大话，而既是大道理，又是硬道理，是非常管用的实话或指导方针。谁都知道，思想是行动的指南，是与空话大话风马牛不相及的。回顾改革开放三十年的历程，就能深刻说明了这一点。什么时候、什么地方思想解放得好，什么时候、什么地方的改革就能深入开展，经济社会就能快速发展。反之，就另是一种结果。

最重要的一点是，解放思想要不讲空话大话，也不能讲空话大话。这里的关键就在于脚踏实地，从实际出发；立足当前，着眼长远，在一个一个具体问题上解放思想，制定措施，克服困难，把一件一件实事办好。市委六届三次全会提出"把思想解放的成果转化为扩大开放的具体思路和政策措施"，就是这样做的，就是解放思想，不讲空话；脚踏实地，从实际出发，在一个一个具体问题上解放思想，克服困难，要求把一件一件实事办好。它首先就要求我们在扩大开放上解放思想，要从深化市情认识、破解发展难题、进一步大抓项目和抓大项目等八个方面下功夫，把各个方面的问题解决好。

解放思想不是空话大话，不能讲空话大话，还因为解放思想没有止境；也因为人类社会的发展没有止境，新的情况、新的问题、新的困难不断出现；既有思想总是落后于客观实际，跟不上发展需要；凡是新的困难、新的问题，都必须首先解放思想，更新观念，制订新的举措，才能解决。在这种情况下，解放思想也就不是空话大话，而恰恰是大道理、硬道理，必须进一步面对并分析新情况、新问题，在进一步解放思想的前提下，制定措施，予以解决。这也决不是凭空瞎说、空喊空叫所能奏效的。解放思想没有止境，但它有阶段，分步骤，必须一个一个阶段解放思想，一次一次解放思想。过去解放思想，不能代替现在解放思想；现在解放思想，更不能代替将来解放思想。改革和建设，每进入一个新的历史阶段，都必须来一次新的更加深刻全面的解放思想，才能真正发展，真正与时俱进，不被淘汰。

解放思想不是空话大话，不能讲空话大话，还因为任何一次解放思想，都是革命、改革和经济社会发展的客观需要，都是为了解决革命、建设和改革中的实际问题而提出，有目的而进行的。不是无缘无故为解放而解放思想。市委这次提出解放思想的口号就是为了荆门的开放崛起，加快荆门发展。加快开放崛起，最重要的，一是解放思想，二是多做实事。这二者相辅相成，互为表里。只有解放思想，才能克服困难，多做实事，开放崛起；只有多做实事，开放崛起，解放思想才不是空话大话，才既是大道理，又是硬道理，才是最有道理。

第十七讲　调研写作十二法

发现问题就等于问题解决了一半甚至全部，是对有足够解决能力和办法的人而言的；对于能力和办法不足和没有能力和办法的人来说，则仅仅是发现而已，离解决问题还有很大一段距离。调研点子的发现与成功的调研更是如此。因此，任何一个调研写作者，都不可陶醉和停止于调研点子的发现，而应在发现或者获得好点子之后，全力以赴地探讨、选择、提炼、挖掘，冥思苦想，向卓有成效的成功迈进。在这里，选择、提炼和挖掘都属于运用点子的范畴，其技巧主要有十二种，故称"调研写作十二法"。

一、既贴近领导，又贴近群众，增强调研的针对性

贴近领导是要围绕领导意图、领导工作选点子，搞调研，与领导同层次思维。领导者站得高、看得远，最知需要什么样的决策依据和对策。调研人员只有贴近领导，按照领导意图意向，围绕领导工作想点子，搞调研，就更能减少盲目性，增强针对性，为用好点子，搞好调研打下好的基础。然而，仅有这一条是不够的，还必须贴近群众，即深入群众、深入实际，了解群众情绪、愿望、呼声，并及时向领导反映，使领导意图、领导工作和群众情绪、群众实践相结合，才能使自己的点子运用达到最优化程度。既贴近领导，又贴近群众，即：

一要吃透两头：一头是当前党的中心工作和领导者的工作思路及其最为关注的问题；另一头是群众最为关心的热点、难点、疑点问题。

二要拿自己所占有的调研点子去联结领导意图和群众情绪，把能够紧密联结者作为自己调研的重点。

三要在调研基础上提出既为领导认可、采纳和实施，又符合群众利益、群众要求的对策建议，不能顾此失彼。有一年粮价上扬，粮农积极性大为高涨。我们及时采写了《农民种粮积极性越高　越要注重抓好粮食生产》的对策建议，市委书记看到

后，说与他想到一起了；省委主管农业的领导看到后，说这正是当时一次全国农村工作会议上讨论的热点问题，他立刻批示全省重要报刊发表，在全省范围内产生了较大影响。这篇文章主要就在于抓住了党和群众共同关心的问题。

二、既遵命调研，又自选课题，提高调研的开放性

遵照领导指令搞调研，既可以增强针对性，减少盲目性，又可以减少失误，避免差错，能够更好地为领导决策和领导工作服务。然而，作为调研工作者，仅是等待、依赖领导命题，牵着领导的衣角走路是不行的，必须充分发挥自己的主观能动作用，放开手脚，开放调研，出色地、创造性地完成任务。

第一，这是领导工作和决策的需要。领导工作和决策需要大量调研参考材料，但因受时间、精力限制，领导者能给调研人员命题的，总是少量的和个别的。

第二，经济社会是发展变化的，调查研究必须紧跟形势，尽量多地自选课题，又好又快搞调研，为经济社会发展和领导决策服务。

第三，这是调研工作者自身的需要。参谋建议有纪律，调查研究无禁区。调研工作者应该不断解放思想，大胆、大量收集信息，独立思考，开放思维，自选课题，独辟蹊径，独具匠心地提出解决问题的建议和方法。自选课题绝非脚踩西瓜皮，滑到哪里是哪里，想调研什么就调研什么。而要从领导决策的需求出发，一旦成果抛出，便正中领导下怀，很快被采纳，成为非遵命的遵命之作。从实际出发，努力揭示难点、疑点、热点问题，这是调查研究的根本出发点和归宿。此外，还要集思广益，博采众家之长，少走弯路，收到事半功倍的效果。

三、既超前调研，又追踪反馈，争取调研的主动性

超前调研就是走在领导工作和决策的前面搞调研。

一要有预见性，勤预测，时时事事处处做有心人。多学习时事政治和多观察周围环境情况的变化，并从这些发展变化中窥测动向，既动中思动，又动中思静，静中思动，把握规律性的东西。

二要未雨绸缪，调研先行。在事物变化没有发生之前，领导活动、领导工作

还未能触及，甚至领导还未想到，你就想到了，并且已经调研。

三要闻风而动。一旦得知领导要求对某一具体事物现象进行调查研究的指示、指令，即使意图、意向，也得马上行动，迅速掌握第一手资料，争取调研主动权。一是时时事事"回头瞄"，并抓住问题杀"回马枪"。有一年，我们就企业负担、经营环境问题突击调研，提出减轻企业负担、改善经营环境的建议被市委、市政府采纳并发文执行，收到很好效果。我们没有就此罢手，而是注重反馈。谁知企业检查评比过多过滥的问题重新抬头，于是又向市委提交调查报告和对策建议，被市委再次转化为决策。二是钓"老鳝鱼洞"。对已经调研过的点子及其成为过去的工作，结合新形势、新要求选择新角度重新调研；并把老洞当作新洞钓，不断钓出新鱼来。比如粮食，是我市主产品，是我们改革开放30年年年调研，年年都出新成果的"老鳝鱼洞"。2007年，市委政研室《荆门"一袋米"促进城乡共融》被新华社《每日电讯》转载，再次在全国产生较大反响。

四、既定性分析，又定量分析，注重参谋的准确性

定性分析反映矛盾的特殊性，定量分析反映矛盾的普遍性。只有既反映矛盾的特殊性，又反映矛盾的普遍性，才能正确认识事物，抓住事物本质，准确把握问题症结，顺利解决矛盾。定性分析是"解剖麻雀"，应注重"麻雀"的个体构成及其特征；定量分析是看"麻雀"到底有多少，应注重用事实和数据说话，使反映的情况建立在更准确真实的基础上，提出的政策措施针对性更强；被领导采纳后，能够取得更好的效果。我们在研究如何提高农业效益，增加农民收入时，采取问卷调查、填表统计、实地访谈等多种形式，选取全市34个乡镇的有关数据和情况进行仔细摸底，组织力量撰写了《全面提高农业综合效益》，被市委领导认可，《农民日报》、《湖北日报》和省委办公厅《工作简报》相继转发，较好地为领导决策当了参谋。

五、既厚积薄发，又薄积厚发，加强调研的创造性

厚积薄发是要围绕自己选用的点子，尽量多地占有材料，采掘百吨"矿石"，提炼一克"镭"。这是创造高质量调研成果的必要条件和成功经验。然而，在实际

工作中，由于时间紧，任务重，要求高，有时根本没有时间让你去采掘百吨"矿石"提炼一克"镭"，而是要求你争时间、抢速度，只采掘了一克"矿石"就要提炼出百吨"镭"来；有时是新情况、新问题刚刚出现，不论你时间怎么充足，也难以采掘到足够多的"矿石"，这就要你薄积厚发，甚至是做"无米之炊"，更大胆地进行创造性工作。薄积厚发主要应围绕选定的调研点子仅有的材料，进行开发性、创新性研究：

一是延伸开发。以所选点子和仅有材料为线索，先把事物发展本质、规律等方面的相关因素，理出头绪，再进行逻辑推理，由表及里、由此及彼，求得对策或对策建议。

二是逆向开发。就是与事物所表现的现实状况和人们对这些现象普遍或共同的看法，向相反的方向考虑，反过来看问题，反弹琵琶。反弹琵琶，就是逆向思维，敢于发表不同看法。

三是横向开发。主要是采用对比、类比等研究方法，把自己所仅有的一些材料放到更为广阔的范围进行比较研究，以启发思维，求得创造性突破。

四是综合开发。把延伸开发、逆向开发等综合运用，把仅有的材料以一当十，以少胜多，达到厚发的目的。2008年1月11日上午10点半，市委宣传部通知我当天下午参加"解放思想，开放崛起"座谈会，我像写高考作文，用50分钟写了《解放思想是大道理更是硬道理》的千字发言稿，在会上获得"最好""你这就是厚积薄发"的好评。

六、既报喜，又报忧，克服调研的片面性

多报喜、少报忧，只报喜、不报忧和多报忧、少报喜，只报忧、不报喜，都是片面的，对领导决策和决策工作，对经济社会发展不利。正确的态度和办法是：一要坚持实事求是，有喜报喜，有忧报忧。二要坚持两点论，报喜不忘忧，报忧不忘喜。报喜不能喜以忘忧，要看到差距和不足，看到潜在的问题。报忧不能忧以忘喜，看不到前途和光明，使人丧失斗志，一蹶不振。三要坚持向前看，喜忧兼报，防忧消忧，要鼓干劲，增信心。总结经验，宣传成绩，表扬好人好事，不用说。揭露问题，批判错误，防止大的问题和错误发生，为的是消除问题和错误的消极影

响，更好地鼓舞群众，团结人民，奋发前进。只要目的明确，态度端正，方法正确，喜忧兼报，更能取得好结果。多年来，我们的报忧文章约占1／3。这些文章分别在省、市报刊发表后，受到市委和上级领导的重视。有一篇《种粮大户的苦恼》被省公安厅厅长批示，要求我市政法部门认真总结经验教训，继续抓好社会治安，切实保护农民利益。这说明，报忧也能得喜。还有一点值得提醒，既报喜又报忧，不仅要报喜中之喜和忧中之忧，还要报忧中之喜和喜中之忧，这才是真正的既报喜又报忧。这是因为，报忧中之喜更可以在困难的时候给人以克服困难的勇气和信心；报喜中之忧，则更可以避免我们被胜利冲昏头脑。这一条要求我们必须深刻认识并掌握好事与坏事在一定条件下相互转化的辩证法才能做得到、做得好。

七、既追求理论深度，又追求实践力度，提高调研的可用性

正确的理论导致正确的行动，理论上的失误必然造成思想上混乱、行动上错误。围绕党的中心工作、领导意图和群众反映强烈的问题搞调研，切不可忘了事理，只就事论事，撮其皮毛，必须追根求源、探究事理，真正抓住事物本质，抓住规律性、经验性的东西，力求有一定的理论深度。然而，追求理论深度也不是为理论而理论，即使理论研究也不可这样做，必须将理论深度同实践力度结合，力求贴近实际，指导和推动实际工作。在追求理论深度方面，一要新而实。主要是点子新。不人云亦云。材料新，抓住现实生活中最新出现的事物。角度新，找到恰到好处的聚集点，能够恰到好处地反映事物的本质。实，就是要脚踏实地，从实际出发，实事求是，不是为了标新立异，虚无缥缈，搞空中楼阁，或者哗众取宠，信口开河。二要严而细。严，主要是要逻辑严密，结构完整，情通理达，无懈可击。细，就是要细致、翔实，厚重有力，不给人以单薄、苍白无力之感。三要深而透。深，就是要能够抓住事物本质和规律性的东西。透，就是要能在理论和实践的结合上把问题讲透彻，真正给人以启发。拙著《怎样写好调研文章》中选取的15篇文章，大约都达到了这个要求。

八、既搞"短平快"，又搞"高精尖"，做到调研的广泛性

"短、平、快"，指调研近期急需的、雪中送炭一类的课题，以解领导的燃眉之急。"高、精、尖"则是带全局性或战略性的、锦上添花一类的课题，其成果能在全省、全国产生一定影响。为此，我们冷热结合、远近结合、长短结合，尽量拓宽调研范围，提高调研层次，把调研工作这片"责任田"经营出新水平。一是稳定"高产田"。农业和农村经济是我们的一块"高产田"，我们一直稳定力量、稳定投入，以求稳产、优质、高产。每年被国家级报刊采用的文稿在20篇以上，在中央有关部门小有影响。有一次，中央某部门指名我市参加中央农村工作会议文件起草小组座谈会，我们精心组织的材料，由我市领导作为湖北省唯一与会人员参加座谈会，其发言受到在场党中央、国务院领导好评。二是改造"中低产田"。工业和城市经济方面的调研活动，有段时间，我们虽也有些成果，但质量不优、档次不高，被称为"中低产田"。后来，我们集中优势兵力改造，很快收到较好成果，在中央七大报纸一年发表了几十篇文章。三是开发"荒山荒水"。有一段时间，我们在党建和意识形态方面调研基本上为空白。后来，我们对这片"荒山荒水"进行开发，当年见效，4篇党建文章分别在《求是》、中组部《党建研究参考资料》和中央党校《党校科研信息》上发表，一部所有制改革研究专著由人民出版社出版。由于我们抓了"短平快"与"高精尖"相结合，调研成果既有数量，又有质量，在一年多点时间内，9名调研干部共在省及省以上报刊发表文章93篇。

九、既打有准备之仗，又打"遭遇战"，讲究调研的灵活性

按既定调研点子，先拟好调研提纲，定好调查对象，再着手调研，打有准备之仗，对于获取较高质量的调研成果，是很重要和必要的。然而，也有另外一种情况：有些好点子，并非自己原来就想好了、定好了的，而是出乎意料，它自己冒出来，撞在"枪口"上，"逼"着调研者非同它打一场"遭遇战"不可。有一次，我同一位乡里来的农民亲戚闲谈乡里乡间的人物故事，想起前些年，老家那个偏远湖区，打架斗殴、偷摸抢劫时有发生，不禁聊起当时那几个扰乱乡里的"东霸天""西霸天"等的情况。亲戚说："四大天王都改了邪、归了正了，多亏有了依

法治村吧！"听到"依法治村"4字，我心里动了一下：这"依法治村"可真威力无比，连远近闻名的"四大天王"都改邪归正了！脑子里顿时就产生了一个"依法治村×法"的调研点子，很快就写成了《依法治村四法》一文，被省里的《治安纵横》发表，中央的《政治论丛》和《警察文摘》分别转发和摘发。这可真有点言者无心，听者有意了。

要把平时涌现的好点子抓到手，抓出成绩，调研者一要处处留心；二要善于发现。一举手、一投足，就能洞察到事物变化的新动向、新特点，能够识别出对领导工作、领导决策有价值的东西，并能够准确无误地捕捉到它；三要脑勤、嘴勤、腿勤、手勤，能够全方位接收信息，多维思维，从中发现、提炼出有用的东西，这些就是打好调研"遭遇战"的必要条件。

十、既尽力而为，又量力而行，力求调研的适应性

调研工作者为领导决策、领导工作调查研究，适时提供恰当的决策依据和参谋建议，是自己应尽的职责和义务，应竭尽全力去做。但在调研的选题上，也有个尽力而为、量力而行的问题，切不可好高骛远，脱离自己的工作实际和能力实际，贪大求全、贪高求洋，选择自己力所不及的课题和调研点子，欲高、欲大则不达。但也不可高射炮打蚊子，拿牛刀杀鸡，搞一些不用花力气的细枝末节、鸡毛蒜皮的点子，对领导决策不起作用。因此，第一，充分考虑自己所处的工作环境和思维层次。在基层工作的同志要尽量避免选择站在全省、全国高度的宏观研究点子。尽量选择中观或微观点子为好。第二，充分考虑自己的知识素养和工作实际。尽量调研自己比较熟悉的东西为好。第三，充分考虑自己的综合分析能力和对文字、文体的驾驭能力。看汤下面、量体裁衣，过大、过小都是不适宜的。

十一、既要聚集内力，又要借助外力，保证参谋的时效性

我们要从瞬息万变的事物现象中把握住规律性、理论性和经验性的东西，为领导决策提供丰富的依据，必须增强时效意识，保证参谋的时效性。为此目的，我们一方面必须开发自我，挖掘内力。一是加强思想教育，树立起无私奉献的精神和正

确的苦乐观、得失观；二是加强目标管理，开展平等竞争；三是采取激励措施，调动全体调研、政研人员的积极性和创造性。另一方面，由于调研任务重、时间紧、要求高，调研人员严重不足，仅有自身力量是不够的，还必须借助外力，依靠群众，层层建立联系点，建立健全调研网络，聘请特约调研员等，把社会上的调研力量调动起来。对于较重要、较大规模、时间要求较紧迫的调研任务就开展联合攻关的办法完成。我们分三个层次建立调研网络，并适时开展联合调研。第一个层次，是与各县市区委、市直各部办、委、局的政研（调研）科室建立联系。多年来，我室与各县市区委办公室、政研室及市纪委、市委组织部、市经委、市财办、农委、教委、地税局、人民银行、工商银行等单位开展过调研联营，建立了非常紧密的关系。有一年，我们与市财政局联合召开社会保障制度改革研讨会，有关部、办、委、局领导全部出席会议，市委主要领导出席会议，对会议和这种联营活动给予了高度评价。第二个层次，是建立特约政研员队伍。我们常年聘请60名左右特约政研员，经常向他们下达调研课题，并共同开展调研工作。第三个层次，是通过承办《荆门研究》，每年收到期数千篇来稿，选择其中好的调研点子，与作者联系，或"委托加工"，或"联合经营"，使其"初级产品"上升为"高附加值产品"，以保证调研的时效性。

十二、既订"计划内指标"，又鼓励超越，打破调研的常规性

我们努力做到年有计划、月有指标，使调研工作在有序的轨道上运行。每年初，我们在总结上年调研工作的基础上给各科下达全年调研计划（包括重点课题及调研成果发表篇数等），各科再分解到人；每月初，各科提出本月3至5篇调研课题即调研点子，审核批准后，打印出来上报市委领导，并下发执行，月底从全室调研成果中选出3至5篇报送市委、市政府领导。这种做法是赢得市领导支持政研工作的一条重要渠道，有时领导看了我们的材料，说还有什么课题需要调研，那么这也就成了我们的下一个调研课题并纳入下月的"计划内指标"。由于调研创新是无止境的，政研调研不可循规蹈矩，按部就班进行，应该打破常规，实现超常规发展，因此，我们在保证计划内指标按时保质完成的基础上，上不封顶，鼓励超越，使全室调研成果指标不断刷新，多次受到市委和省内外好评。

第十八讲 融会贯通修志与 调研写作方法的认识与思考

　　我从22岁担任社会主义教育运动即"四清"工作队材料员到64岁（2007年）出版《怎样写好调研文章》一书，42年"调龄"，写作、编辑各种调研文章2000余篇，算得调坛老手；2007年，我以调坛老手的资格，担任湖北省荆门市第二届修志顾问专家组成员和特邀编审，并分别担任《荆门市供水总公司志》和《荆门城乡建设志》主笔，其实，在修志方面，我确实是一名名副其实的学徒和新手，对于志书的体例和文字运用，我只得以"活到老、学到老"的精神，一边向修志书本和老手们虚心学习，一边自己琢磨、认识和实践。下边是我在修志两年来，对于如何融会贯通修志与调研写作方法的一些认识和思考，以求教于方家。

认识之一：修志与调研写作理论原则和作用的一致性

　　我国地方志起源很早。两千多年前的《禹贡》和《山海经》常被人们称为地方志的鼻祖，但实际上这两部书只能算是地理专著，不是真正意义上的方志。真正较早出现的地方志书，是隋大业年间的《隋诸州图经籍》，以图为主，表示山川形势、方位、各种物产等，"经"是附图的说明。后来，逐步演变为以图为主，以经为辅，直至以文为主，以图为辅，最终形成并确立以文字记载为主的方志体例。

　　对于方志的源流，可归纳为：起源于秦汉，形成于唐宋，盛行于明清，两千余年方兴未艾，为我们提供了各种志书八千余种，十万余卷，现存于国外的就有一千一百余卷。

　　地方志经过两千余年的演变发展，不仅为我们提供了十万余卷宝贵的志书，更重要的是，还为我们提供了一套成熟完整的志书编纂的理论原则。这套理论原则，除了正确引导我们继续不断发展地方志编纂事业外，还为我们加快社会主义文化建设提供了宝贵借鉴。其中，对调研写作的借鉴引导作用，就主要表现在它与调研写作理论原则和作用的一致性上。

（一）真实准确原则。地方志是分门别类、系统记述一个地方自然和社会的历史与现状的资料性著述。要求客观、真实、全面、准确，去伪存真，去粗取精，力求有一个"说法"（阐明观点）；要求把重要的、典型的掌故事例，按照记叙文的基本要求实实在在把时间、地点、人物、事件、原因、结果"六要素"交代清楚。古代志书的真实准确，时间要求具体到日，日不明到旬，旬不明到半月，半月不明到月，月不明到季，季不明到半年，半年不明到年；数量要求，币值精确到元、角、分，粮食精确到斗、升、合，长度精确到丈、尺、寸，等等。这种真实准确的原则，既与我们调研写作的真实性、准确性要求一致，又是我们调研写作必须做到的基本要求之一。

（二）秉笔直书原则。实事求是，秉笔直书，是什么说什么，是怎么一回事，说怎么一回事。按事物的本来面目说话，是我国数千年来编史修志的优良传统和基本原则。历史上出现过不少秉笔直书历史和方志的史家及方志专家。现在有少数调研人员唯上唯书不唯实，报喜不报忧，不讲和不敢讲真话、实话，小则害人误己，大则误国误民，既与调研写作本质自身的职责和职业道德不符，也与修志原则相悖。在调研写作中，应该认真吸取修志工作这一优良传统，为提高调研写作质量打下坚实的思想理论基础。

（三）功能原则。历史上把地方志的功能归纳为"资治、教化、存史"三大功能。资治是目的，存史是手段，是为了发挥持久的资治作用，为资治提供条件，两者是统一的关系；教化是资治的一部分，也是为资治服务的，归根结底，都是为了资治。用现代观点解释资治的含义就是：地方志可为各级党政领导决策提供科学翔实的依据材料，为人民政协、民主党派和人民群众参政议政、民主监督提供服务，为国情、省情、市情、县情、乡情、厂情提供教材，为科研和经济建设提供资料，为对外宣传、加强国际交流和招商引资提供信息。总之，是为改革开放和社会主义现代化建设服务。同时，将我们各项事业的成就和经验教训记录下来，为子孙后代留下一份珍贵的历史资料。所有这些，和所有一切调研写作的目的、要求、功能何其相似乃尔！所有一切调研写作材料、文章，除了为当前领导工作、领导决策服务外，都是现实和今后编写地方志书的宝贵原始资料。所有本地历史的原貌，都不同程度地保存在所有反映本地实情的各种调研写作材料和文章之中。可以毫不夸大地说：所有本地的调研写作材料、文章，就是当地的历史的全部或者某个部分；当地志书的某个部分或者全部，就孕育在某些调研写作材料、文章之中，这二者之间，只有一步之隔，这一步就是如何把调研写作的文字材料转换成志书的体例和语言。

（四）评价标准。历朝历代形成的评价精品良志的标准，归纳起来是六句话：观点正确、体例完备、特点突出、资料翔实、文风端正、语言精练。这六条标准，条条都可以用来规范精品调研文章写作及其评价。清代史学家章学诚对修志人员提出的"尽三长""去五难""除八忌""归四要"等，都值得调研写作人员参考。尤其"尽三长"：识足以断凡例，明足以决去取，公足以绝请托。第一句是要求修志人员的认识和分析能力，可以熟练地运用方志的体裁、结构、章法；第二句是要求修志人员的学识水平，可以处理好资料的取舍，志稿的增删编修及门类的调整；第三句是在道德品质上要求修志人员秉笔直书，杜绝人情关系。"去五难"，就是要克服"清晰天度难，考衷古界难，调剂众议难，广征藏书难，预度是非难"，这其实就是对调研写作人员要"明知山有虎，偏向虎山行"的要求。"除八忌""归四要"主要讲精练语言，我们后边再谈。

认识之二：修志与调研写作方法的兼容性

兼容并包，或兼容并蓄，是把各个方面或各种事物都容纳进去，或者把内容不同、性质相反的东西也吸收进来。修志与调研写作方法好像是完全不同的两回事，有些方面距离很大，有的还相互排斥，但也有不少东西是可以相互包容的。它们中可以相互包容的东西，主要的大约有五：

（一）**凭事实说话**。上一节的秉笔直书，主要是就思想方法而言，含有刚直不阿的精神。这里主要讲具体的工作方法，实事求是，事实上是怎么一回事就说是怎么一回事。但也讲究说话的方式，所谓春秋笔法，微言大义，就是寓褒贬于实事求是记述事实的过程之中，不必长篇大论大发评论。如《荆门市志》记述20世纪50年代在荆门发生过的以失败告终的大炼钢铁一事就是如此：

1956年，县人民政府根据群众找矿报矿提供的资料，发现铁坪一带有铁矿石。1958年，成立荆门县冶金局，组建地质勘探队。随即采集标本送省鉴定为褐铁矿。6月下旬，在铁坪公社公母大队建土高炉，7月1日炼出烧结铁。8月，荆州地委决定建立荆（门）潜（江）天（门）沔（阳）工业协作区。并在荆门仙居成立荆门协作区指挥部，旋称荆门协作区钢铁联合公司。下辖仙居、马咀二个钢铁厂。抽调四县劳力2.3万人，时称"钢铁大军"，占用土地569亩，砍伐树木818立方米，建小土高炉6508座，以木柴、木炭、无烟煤为燃料，共炼出烧结铁、坩锅铁1.3万吨。因铁质低劣，全部报废。（载《荆门市志》第208页）

这段记叙文用301个字说明了大办钢铁的前因后果，前面292个字用资料摆事实，结论只用了"因铁质低劣，全部报废"9个字画龙点睛地说明了结果。

这种写法，对调研写作很有启发意义。李忠实《新编公文写作必备全书·怎样撰写调查报告》（致公出版社，2007年1月版，第281页）分析调查报告的特点时说：

凭借事实说话。调查报告要比较完整地写一个事物、一项工作、一项政策、一个问题的来龙去脉，阐明它的起因、发展和结果，并且要有所分析，从中找出规律性的东西来，那它就要尊重事实，让事实说话，不论它是总结经验，研究新事物，还是揭示事物真相，都必须以充分、确凿的事实为根据，通过具体情况、数字、做法、经验、问题等来说明目的，揭示规律。让人们通过这些事实去认识一个事物，接受一个真理，掌握一种规律。

方志写作的凭事实说话同调研写作的要求完全一致，不仅是互相渗透，在某种意义上，简直可说是相等于了。

（二）**横排到边不缺主项**。这是志书体例最主要特点之一。其横排的好处：一是便于全面记录，无遗漏，也不多出子项；二是容量大，便于多层次集纳众多资料；三是便于检索，方便读者寻找和记忆资料。然而，方志的横排也有个度，既不能无休无止地排下去，也不能把一个单个的事物排列为事类，它必须在同一层次内按事类排列，简明扼要，一目了然。所有这些，对调研写作中的划分和结构布局就很有参考价值。调研写作中，一些结构混乱的作品，有的是种属不清，泥鳅鳝鱼一样长；有的是划分不全，缺这少那；有的是以事为类，无穷排列等。只要我们认真学习修志中的横排到边不缺主项，这些问题就可迎刃而解。

（三）**突出地方特点和特色**。地方志，就是记述地方上所独有的事物或与外地相比占优势的事物。一般可分为以下几种类型：地域特点、经济特点和物产特色、人文特色、景观特色、交通特色等。对于本地特点或优势，要浓墨重彩，大书特书；对于属共性的东西则简记、少记或不记。我们现在有些调研文章，如果不署作者单位名称，可能说是任何一个省市县区，任何一个单位所撰写，都不会有人提得出否认的理由，因为它们太无地方特点，简直可说是"放之四海而皆准"。这一点，调研写作必须向地方志看齐。

（四）线、点、面结合。方志要求以线竖写历史，以面横呈现状，以点衬托特点。每一个条目要求完整系统，把事物的来龙去脉、原因结果交代得清清楚楚，反映出事物的横向和纵向的内在联系。我们在调研写作中很多人包括我自己，经常都只强调点面结合，对比方志编修中强调线、点、面三结合，就浅薄了许多。特别是它强调线的表述，就更有历史深度和厚度。其实我们也经常强调调研写作的历史深度和厚度，就是没有像方志理论所说的线、点、面三结合提得完整准确；而且，在实际写作中，我们很多人连点面结合都没很好做到，这也是调研写作要向修志学习的一个重要方面。

（五）语言特点和风格的严谨、朴实、简洁、流畅、规范。这更是调研写作应该全力学习，尽量做到的。我们现在的调研写作，包括我自己的一些很得意的文章，在语言精练上对比精品志书及志书语言的要求都确有很大差距，难以做到志书要求的文约事丰，言简意赅。很大程度上，我们使用定语、状语、补语尤其介词结构太多、太滥，长句太多，有时长句太长，拖泥带水。修志的句式八忌：即忌总结句、忌附加句、忌"了"字句、忌"的"字句、忌"为"字句、忌"共"字句、忌"对"字句、忌"已"字句，很值得调研写作吸取。调研文章写完以后，应该像修志一样，来一个"打'了'"运动，把可以不要的"了"字、"的"字、"对"字等一律删掉或改掉，把被动句改为主动句，使语言简洁明快，言简意赅。

认识之三：修志与调研写作方法融会贯通的途径

修志和调研写作，在一般人看来，是风马牛不相及的两码事：一个是钻故纸堆，专门收集、整理、编修陈谷子、烂芝麻之类的陈年旧事；一个是收集、筛选、分析、研究经济社会中的热点、难点、焦点问题，为领导工作、领导决策提供依据和参考。在文体运用、材料选择、结构布局、语言组织上，也相去很远，有的甚至相互排斥。比如工作总结、工作经验、工作研究等，就为方志及俗称小方志的年鉴所诟病。然而，一个不争的事实是，在所有方志所收集、采用的资料中，调研文章占相当比重，尤其工作总结、工作经验、调查报告，可说是方志资料的"富矿"，好多珍贵资料都从其中挖掘。我修《荆门市供水总公司志》，从历年总结中找到的资料和资料线索，占百分之六七十；越是年代久远的资料，越要看重工作总结；工作总结中没有的，要想从其他方面找到就更难了。还有一个不争的事实是，从荆门市二届修志的人员组成看，各单位、部门的修志人员大半是原办公室主任、记者和从领导岗位上退下来的老调研高手，加上修志工作的实际需要，融通修志与调研写作方法，是一项十分重要和必要的途径和办法。

（一）认真学习贯彻科学发展观，树立改进和创新修志和调研写作方法的观念。坚持以人为本、全面协调可持续发展的科学发展观，是对党的三代领导集体关于发展的重要思想的继承和发展，是马克思主义世界观和方法论的集中体现，是我国经济社会发展的重要指导方针。我们在修志和调研写作中，必须坚持和把握其精神实质，着力转变不适应不符合科学发展观的思想观念，使二者融会贯通，把修志和调研写作提高到新的水平。

我国方志编修和调研写作，都源远流长，各自形成确立了自己独特的体例、风格和完整系统的写作方法，同时，又相互联系，相互影响，成为我国文化宝库中的两朵奇葩，且争妍斗艳，竞相发展，各放异彩。但用科学发展观衡量，二者均有不足。仅从体例和方法上讲，都需不断改进和创新。人类社会是不断进步和发展的，万事万物都在发展、变化、进步之中。各种文体、风格、语言表达方式等都在发展变化之中，并且永无止境。各种文章写作，中国古代就有"水无常态，文无定法""变体则有，定体则无""文无定法乃文章写作之最高境界"等说法。方志体例再规范、再严密，也需突破和创新，才能真正适应其自身发展和经济社会发展的需要，不可故步自封，泥古不化，教条主义。地方志的述、记、志、传、表、图、录，就这么几种形式，还有没有可能出现新的体例？与其他体例可否融通变换？述而不作，可否适当小作？这在方志界是有新论而非定论的。还有群众语言、方言土语、网络语言、外来语等，是否一律、永远不得入志呢？而语言又是发展的，这可能也有待探讨。过去的方志只是少数文人关门编修；因为动乱，有时几百年才编修一次。现在修志，已经十分普及，甚至平民化、乡村化。2008年春，湖北省荆门市编修出第一部村志，叫《唐林村志》。主编是当过18年村干部的高小毕业生。他历经20多年艰辛，收集资料，整理成书，数易其稿，以一个普通农村自1949年解放至2005年57年的发展变化，反映了中国农村、农民、农业革命、建设和改革波澜壮阔的历史画卷，成为荆门市乃至湖北省修志工作的一件新事奇事。该志原稿中使用了不少口语，也就是群众语言吧。有些确须删除；有些又确实很好，值得保留。比如："分田到分队，步步往后退，一退退到旧社会""下面盼，上面放，中间一个抵门杠"。这些话在农村改革当初，是广泛流传的群众语言、名言。荆门市方志办专家审定时，有的同志主张保留，有的则认为它是口语，主张删除。这就值得讨论。修志事业的发展要求修志工作，既要继承又要创新，编修出更多更好的符合时代要求的精品良志。

近年来，调查研究愈益蔚成风气，新的调研文体、风格、写作方法及成果不断涌现，最有影响和读者群众的是新闻调查，及介乎于调查报告、新闻通讯、新闻特写和报告文学之间的一种文体，就叫"四不像"吧。所有这些，说明无论修志还是调研写作，老手还是新手，老专家还是新学者，都要树立改进和创新修志和调研写作方法的观念，处理好继承与创新的关系，既要规范体例、语言，又要大胆创新，让修志和调研写作都能与时俱进。

（二）加强教育培训，建立健全调研修志长效机制和培育高素质人才队伍。盛世修志。现在是我国各地修志的黄金时期。按照国务院2006年5月18日颁布的《地方志工作条例》第十条规定："地方志书每20年左右编修一次。每一轮地方志编修工作完成后，负责地方志工作的机构在编纂地方综合年鉴、搜集资料以及向社会提供咨询服务的同时，启动新一轮地方志续修工作。"说明地方志编修是一项周而复始的长期性工作。从事修志的人员，每一轮地方志编修完成后，非地方志工作机构人员将回到自己原来的工作岗位，继续从事他们原来的调研、办公室，或记者工作，他们所撰制的各种调研文章、材料，在为领导决策服务的同时，为下届修志提供资料服务。这种周而复始的长期性工作，将把修志和调研写作捆绑在一起，修志期间，修志人员本身也要搞许多调研工作，这就要求各级地方政府和修志部门加强教育培训，建立健全调研修志长效机制和培育高素质调研修志队伍，修志期间，集中修志；修志资料的平时准备期间，凡在调研、政研、办公室工作岗位和记者岗位的人员，可在为领导提供决策参考文章和资料的同时，考虑编修地方综合年鉴和方志的需求，一石二鸟，尽量按照年鉴、方志编修的要求准备和撰写。教育培训的方式，分修志期间和非修志期间：修志期间，可采取集中培训、专题培训方式进行，还可采取多渠道、多层次、多形式进行，广泛宣传修志工作基本理论、基本知识和基本方法。关键是要抓主笔，适时办好主笔培训班和主笔经验交流会、现场会。建立健全主修人员档案，注重新老搭配和老中青三结合；加强横向和纵向联系，建立高素质、梯队型的调研修志人员队伍。非修志期间，一方面，采取适当形式分散培训，另一方面加强同各部门、各系统办公室、调研、政研人员联系，把新一轮修志资料准备工作做在平时。

（三）开辟修志与调研写作方法相互转换、吸收、服务和服从的通道。一是变"排斥"为"转换"。工作总结、工作经验和政策研究、工作研究等公文式写作，历来被修志所排斥，但其中的许多经验、做法、事实材料又都是方志所不可或缺的。荆门市第二届修志顾问专家组成员、特约编审、荆门市第二届《劳动志》主笔、76岁的原荆门市方志办主任杨明森同志，在编纂《劳动志》时，创立了转换部分工作总结和法规文件条款为方志内容的方法，受到全市不少修志主笔的赞同和仿效。笔者在《荆门市供水总公司志》的编写中，仿效此法，也较为得心应手。有的工作总结，只需把其中一些空话、套话删除，进一步规范记述方法和语言，就是很好的做法和事实掌故；有的总结材料，提供了很好的资料线索，只要稍加完善，就转换成了方志内容，我们称之为"换文为志"。

二是变"收购"为"自产"。一方面，组织引导修志人员采取现代调研和新闻采访等手段和方法收集、整理信息资料，补充、完善志书内容。修志工作，资料是基础，是关键，没有资料或资料不全，会给修志工作带来很大的困难。网络的发展，给传统调研和新闻采访提供了很多方便。修志人员很有必要学习采用网络技术查找、搜索、收集信息，补充完善方志资料。我在编修《荆门市供水总公司志》时，对荆襄供水和宏图供水的背景资料就全是在网上查找到的。在第二届《荆门市志》编修中，对于在外地工作的荆门籍名人资料，如果通过网上查找，我想，至少可以获取许多有用的线索，说不定还会找到不少完整可用的东西。另一方面，传统的调研手段和方法也绝不可少。我在编修《荆门市供水总公司志》时深有体会：取水、制水是供水企业最重要的生产环节，志书一定要有较为详细的反映。然而，会做的不会写，他们写了三四遍都写不出几个字，干着急；我也急，只好亲自到现场观察、访谈，口问手写，一次成功，三个水厂、一个加压站的取水、制水情况叙述得清清楚楚。

三是变"无计划采购"为"订单生产"。即采取有效措施组织引导各级各类办公室人员，调研、政研人员，新闻记者等，在平时调研、政研和新闻调查采访、写作中，在为领导提供决策参考材料、文章时，适当考虑地方综合性年鉴和修志的需要，为其准备或提供尽可能多尽可能完备系统和适用的文字资料。千里之行。始于足下，九层之塔，

第十九讲 融会贯通修志与调研写作方法的创新及运用

笔者从20世纪60年代初与调研写作研究结下不解之缘，至2004年退而不休，以自己50多年调研写作的经历、经验和不断创新的调研写作方法，参修、参评、参统（编）和主修10多部省、市（部门）、县、镇、村志稿。由修志引发的创新方法，主要有搜集资料的"三三一四"（在本书第二十一讲搜集整理《荆门市供水总公司志》资料的"四个三"，在这里改为"三三一四"。——作者注）法、三分二化法、志文互化（即化文为志和化志为文）法和融通法四种。本文主要谈谈如何由修志引发创新这4种方法及其在调研、修志中的创造性运用。

一、创新修志四法

（一）搜集资料的"三三一四"法创立

2006年底，约定由荆门市供水总公司提供资料，我承包一年主修《荆门市供水总公司志》（简称《供水志》），谁知一年下来，总公司提供的修志资料不足70%，剩下的30%他们无法提供，我的承包任务还有一大半未能完成。此后，在别无选择的情况下，我只好从利用最古老的调查方法入手，采用一切可以采用的办法和手段完成。最古老的调查方法就是五官四肢体脑并用现场调查法，为了搜集公司取水、制水、送水工艺流程资料，我就挤公交，进水厂，实地观察、访问、记录自来水生产过程；为了搜集整理公司几位已故自来水功臣的传记，我就走访、座谈10多位健在的老自来水工人。全靠采用一切可以采用的方法和手段，我终于找齐供水志资料，完成了任务。为总结这段修志经历，我写成《搜集资料的"三三一四"法》，2008年8月在《中国地方志》发表；后收录在拙著《调研写作分类精讲》（中国言实出版社，2009年版，简称《精讲》）和我集中全部新老调研写作专著系列《陈方柱调研写作学习丛书》）等专著中。其"三个三"是："三个当作""三个估计""三个不气"；"一个四"是"四个一切"：动用一切可以动用的手段；利用一切可以利用的时间；寻遍一切可以寻找的地方；访谈一切可以访谈的人员。

（二）三分二化法产生

2010年3月，我受邀给农业部管理干部学院青年干部调研能力培训班讲调研。互动的时候一位女学员问我，您讲的是经济工作，桩桩件件看得见摸得着；我们搞宣传工作遇上的都是虚东西，调查研究不知从何处说起。我略一思索，即刻讲解如何虚工实做这个难题。我说，写文章最重要是要会划分，无论是"虚"工作还是"实"工作，都是能够科学划分的。传统的修志工作有个"横分纵写"的方法，叫横分门类不缺主项，纵写历史不断主线。世间任何事物都是可分的，这就首先要看我们能不能把门类划分清楚。比如你们农业部办培训班，这也可说是一件"虚事"。如何把它写实呢？一般来说，也是很难的。但是，如果我们这样摸底、统计、分析、综合，应该就不难了：以今年为例，先统计办班总数，再把它按实情划分，共有多少个类别、层次、片区；各个类别、层次、片区各有多少人参训；各设多少课程；各自的主要经过、结果、成绩，调研任务、成果如何，好、中、差典型如何等，这不就都看得见摸得着了。我这样一讲解，大家都乐了。

后来，我反复总结、提炼这次讲课的经验，就把修志中的横分纵写提升为"三分二化"法。"三分"即是在事物的空间存在上横分门类后，还要纵分层次，比如水稻、棉花、玉米，在横分它们的门类后，它们各自都还有根、茎、枝叶三个部分，也就是三个层次；棉花的枝叶部分还明显分为三层以上果枝。在时间存在上，它们都有出生、生长、死亡期。"二化"就是量化和细化。任何事物都是可分的，可以用数量计算，可以精细化分析。这三分二化，适用于世间任何事物。

（三）志文互化法形成

志，指地方志，是史志文化的一种，主要记述地方历史事实、资料。文，指文件、文献资料，包括书籍、文章等。传统修志的一个重要方法叫化文为志，就是把修志资料中的一些重要文件、文献转化为志书内容。笔者通过数年、数部志书编纂、评审实践，把传统的化文为志法总结为《化文为志"四字法"》，其核心内容为"录、改、补、撰"四字（载拙著《调研写作能力培训速成》，中国言实出版社，2013年版）。这是从修志方面的总结。与此同时，笔者还有从调研写作的实践和总结，这就是把既有志书的相关内容"录、改、补、撰"到新的调研文章及其他文章中，这就是化志为文。这样两种化转一多，并形成良性互动，就自然形成志文互化法。

（四）融通法问世

融通法指把多种文章写作的理论和方法融会贯通到调研写作和其他多种写作之中，以提高更多种写作能力和更多种文章质量的方法。最早由笔者在开始修志的两年多实践中，发现我国传统修志理论原则和方法好多与调研写作一致和相通，写成《融会贯通修志与调研写作方法的认识与思考》（载《精讲》）。2010—2012年，发展为《提高调研能力 写好多种文章》在荆门及多个省市讲授，把这方面理论和方法融通到公文、新闻、信息、司法文书等多种写作之中；此后又把多种文章的独特理论和方法反向融通，更高层次的融通法就这样形成并问世了。总起来讲，包括修志的横分纵写、点线面结合方法，信息、新闻的真实性、针对性、灵活性、时效性原则，公文的庄重性、严谨性、规范性原则，司法文书的"三证"（证人证言、物证、书证）"六要素"（时间、地点、人物、事物、实物、数量）齐全原则等。

二、创新四法在修志调研等实践中的运用

（一）升天入地求之遍

我从2006年到2014年，参编、参审、参统（稿）和主笔10多部省、市（部门）、县、镇、村志稿和100多份省、市志、部门志上报稿，接触过数百名基层上报志稿执笔人，大家几乎众口一词：修志难，第一难是搜集资料。不少纪检监察，财政税务甚至市委、政府办公室的修志人员也这么说。我凭自己创立"搜集资料的'三三一四'法"的实践和从政40年的经历和体验认为，大多数行政事业单位，尤其上述单位是不缺修志资料的，关键在于他们未能深入虎穴，焉得虎子；也没有采用"三三一四"法所致。我所主修的《荆门市供水志》等三志和独立完成的《荆门市志》荆门市委和市政府办公室上报稿就不说了，只说2014年我参编的《湖北湖泊志》荆门市13个湖泊上报稿和参与编（统）稿的全省70多个湖泊志稿，我所采取的主要就是"三三一四"法及其创造性运用，办法就如唐白居易《长恨歌》中"上穷碧落下黄泉""升天入地求之遍"，这可是古代最快速最彻底的寻找方法，既"身入"，又"心入"，把我的"四个一切可以"办法都用上了。荆门城区的文明湖和天鹅湖，我编纂《荆门市城乡建设志》（简称《建设志》）时都接触过，只是未作重点而一笔带过。这次看了这两湖志初稿，有关它们的传说、建筑、历史、现状，慢慢就在自己的脑海出现，且浮想联翩。我对照初稿，一方面查文献，一方面看现场，一方面多方采

访熟人和相关建设者，在较短时间内就分别给各稿增添1000多字资料。省方志办公室司念堂处长在审读荆门市湖泊志稿后，对我说，你荆门那个文明湖就那么小的一个城中湖，看你就把它打磨得那么五光十色、精彩纷呈。真值得发在网上，供大家参考。

文明湖、天鹅湖两志稿的编改成功，只是我运用"三三一四"法，既"身入"，又"心入"的实例。对于另外我所编统的湖志，那就都只能是"心入"的。

潜江市三篇湖志稿，是省湖泊志总编室分给我既编又统的任务，所以有时间任我从心所欲（入）。这三篇志稿基础都很好，只用了几条短信、邮件往返就基本补齐。马昌湖志还设计有一诗、一景，虽只各提了一点点信息，但我也视若珍宝，不忍轻易抛弃，觉得湖泊志资料的每一个字词都来之不易，都是第一作者们花费不少心血得到的。于是，我打破砂锅问（纹）到底，挖到金娃还要金娃娘，连发几条短信、邮件，要求、建议、引导第一作者尽量找到那两句明代诗的出处；关于梅苑古街那处景观，最好是亲自到现场去走走看看问问相关的人，最好能够突出古街"古"的特色。几天后，明代诗句的出处虽仍未找到，但他意外找到了曹禺堂叔祖万足吾的一首七律《我家住在马昌湖》，湖我一体，情景交融，把湖诗化了，把湖志也诗化了；梅苑古街的六要素基本补齐，使潜江三志较为完美。其间，我所完成编辑、统稿的所有志稿，我都把它当作自己的事，把他们所有第一作者都当作自己的朋友和助手，把每个湖都当做自己的第二故乡（第一故乡是仙桃市排湖），基本做到"三三一四"法中的"三个做到"。我也充分估计到各湖补充资料的难处，做到了与其中70%第一作者多方沟通，共发电子邮件50多个，每个邮件都是"点对点"地提出某条资料具体补充什么，怎么补充的意见和建议，条条建议都让对方可以操作并取得实效。所以我们统稿任务全部结束后，仍有不少作者发给我补充资料的邮件，而且越是后来的资料，越是充实具体，正当其用，且不可或缺。我都在第一时间内转给省湖泊志总编室补入正稿。

（二）（框）架好更是一半文

俗话说，题好一半文。我以为，文章框架更为重要，（框）架好更是一半文。就好像建筑房子那样，必须首先做好支持全部建筑物的基础、结构和外部轮廓的框架，再砌砖盖瓦，把房子建筑得牢固结实，住着安全舒适。否则，框架不牢，风雨飘摇。再则，题好一半文，一般是就文章主标题说的，对于调研类文章而言，标题并不仅限于主标题，它还有二、三、四级标题，如果这些标题组合得当，就构成了文章的整体框架。框架好，文章就会好。就书籍而言，首先就得有一个好篇目；篇目成功，就给书籍的编写夯实了基础。然而，我们常在媒体上看到一些大块文章，仅两三个标题，每个标题下面三四千字内容，胡子眉毛一把抓，让人看不清头绪，不知所云。好像一个硕大的茅草棚子，内部只有两三根条胯支柱，中间没有一根横梁阁枋连接，不论它怎么高大，也算不上房子，更不是大厦，只能是棚子。在我参加评审的几部部门志稿中，有的志稿为章节体的，节下无目；有的设目，也只设一目、二目。节、目下记事，从上限年逐年记述到下限年，一般五六千字，最多的1.2万字，全是流水账，一平淡，便无条理头绪；最多算个资料，哪能算是志书。有的执笔人还认为这就是横分纵写。

上述两种失败的写作，都在于作者不懂得科学划分，未能掌握和运用三分二化法所致。我的办法是几十年一贯的"提纲先行制"，无论调研写文章还是修志，都要先制定调查搜集资料的提纲，按图索骥；写作的时候，再一次制定提纲。每次提纲制定，都要三分二化；早年的提纲制定当然称不上三分二化，但总体上是在朝这个方向走。一般都要做到分条列目，不缺少也不多出子项；不交叉，不矛盾，不重复；也不父子祖孙同排坐，泥鳅鳝鱼一般长。坚持做到没有提纲不调研，文章、志稿框架不构成不动笔。三分二化法创立后，我的提纲制定进入到一个新的水平，许多文章、志稿的二、三、四级写作提纲一般就是文章小标题；志稿则是节、目、子目目录。经过三分二化搜集、整理的资料，只需各自对号入座，即可完成全稿，收到事半功倍效果。2012年秋冬，我能够较好、较快独立完成补修荆门市委、市政府两办《荆门市志》上报稿，主要就在于较好运用三分二化法制定了两套较为创新的提纲。如第八篇第三章和第四章主要的节和节下目、子目三级为：

第三章执政纪要
第一节调查研究
一、领导调研
（一）献策调研
（二）决策调研
（三）施策调研
二、基层调研
（一）领导参阅
（二）情况反映
（三）经验交流
三、课题调研
（一）领导命题
（二）自选课题

（三）联合解题
第二节政策研究
一、决策研究
二、政策建议
三、释疑解难
……
第四章综合党务
第一节政研服务
一、会务研讨
二、文稿起草
（一）报告起草
（二）讲话起草
（三）文件起草

三、《荆门研究》编发
第二节党务信息
一、信息制度
二、信息征集
三、信息编报
第三节党务督查
一、督查制度
二、督查承办
三、督查监督
（一）专项督查
（二）决策督查

这就是我创造性运用三分二化法编制的荆门市委及其领导下的市委办公室、政研室主要的调查研究、政策研究和综合党务工作志稿提纲，较好构成了这节志稿主要框架。仅从这个提纲看，就能够显现其调研、政研和综合党务的特色、特点，也可说是"横看成岭侧成峰，远近高低各不同"；既是层峦迭嶂、山外有山，又是峰回路转、曲径通幽，较好体现了框架好是一半文的写作学理念。

再如2014年，我初统《湖北湖泊志·东湖（武汉）》，作为全书开篇第一志，原稿5万多字，数十幅照片，我也采用三分二化法，先理顺篇目，再大刀阔斧删节内容，将篇幅压缩到2万多字，大概只用了两天时间完成。出版社的责任编辑浏览了篇目，就感觉很顺。后经湖泊志总编室专家和领导四人终审把关，只作了两处小补充。

（三）志文互化无尽时

志文互化，内涵极为丰富。它包含化文为志、化志为文、志文互化、志文的各自转化以及各种永续不断的交叉转化。然而，无论志文互化的概念，还是志文互化法的概念及其形成和提出，都始于本文，在本文形成之前都是没有的。但是，上述的种种情况和实际运用却都是早已客观存在的，早已是修志写文章实际运用的现实情况和方法，也是创立志文互化法的历史和现实的充分必要条件和前提。

1.化文为志。我第一次听到这4个字，是在我开始学习修志的时候，感到十分新鲜。但到底什么是化文为志，却一头雾水。当初，我只是想到把红头文件转化为志稿就是化文为志了，后来，才慢慢知道这个"文"包含很广，是包括所有"文"的。对于怎么具体地化文为志，我也经历了不少周折才逐渐明白。开始，我只是把一些红头文件和工作总结，斩头去尾，整段整节搬进志稿，后来才知道必须先消化其内容，再按志书编写要求，用自己的话"意录"为志。经过四五年摸索和主笔两部志稿的锻炼，加上反复归纳、提高，2011年，形成《化文为志"四字法"及其运用》（简称四字法），发送给一些修志的朋友批评参考。2012年秋，我把四字法分送给荆门市政府办公室修志的同志参阅，老调研干部余祖平先生一看就懂，一用就对，他主持调度政府办修志人员提供上报稿资料，经他滔滔不绝地给大家讲解一遍，大多数人提供的资料一次成功，较好证明了四字法的作用。到这个时候，我所提炼完善的化文为志法，还只限于修志工作。2013年1月问世的拙著《调研写作能力培训速成》把四字法收录在其"调研成果转化的实践"一目中。2014年底付梓的《调研写作学》也不在我所创新创立的调研写作20法之列。

2.化志为文。化志为文不只是古已有之，而且是早在第一批或者第一部志书问世后不久就已有之。有个"遇险抛书"的传说故事就较好说明了这个事实是很早就有，而且志书的无比珍贵。故事说，很早以前，有一艘满载书籍的大船在大海上行驶。突遇狂风恶浪袭击，人们紧急商议抛书减载，一致认为，最先可以抛弃的是文学故事一类；第二是经书理论一类；第三是专业技术一类。最不能抛弃的是地方志一类。因为前几类书没了还可再造，地方志一类是不可再造的；它不仅不可再造，而且，还可为再造前述各类书籍提供宝贵的史实资料。

我的化志为文从2007年开始。那一年，我受邀为荆门市党史办公室重写《抗日战争时期湖北省荆门人口伤亡和财产损失调研报告》（湖北人民出版社，2011年版），共从《荆门市志》《京山县志》《钟祥县志》摘录日本侵略军杀害荆门人民、抢掠荆门财物案例19条，近2000字。我还多次将自己编纂的志书转化为文章，第一次是2011年我在东坡文化论坛·环境伦理文化主题网络征文获一等奖的《建设生态宜居城市与人与自然和谐相处》，就是我把《供水志》"近十年城市供水设施建设一直走在经济建设和社会发展前面，成为生态宜居城市建设、经济建设和社会发展先头部队"的史料，用以论证"突出水网路网建设"的重要性。今日本文，从某种意义上说，就全是化志为文了。

除了化志为文，我还尝试过化志为诗。《建设志》完成全稿时，我为其序一增写了一首七律：建设志书今续修，春来冬去记从头；延伸大道齐心力，规划小区合智谋；萧索山城脱旧貌，繁华市面展宏图；车如流水人如织，城外新城楼外楼。

我乃沧海一粟，尚能在弹指一挥间的短短几年里，多次化志为文；古往今来，尤其是当代，那化志为文者不知有多少呀。

3.化志为志。一般为化前志为后志，化他志为己志；且不分大小、上下、内外，各取所需，各得其所，比比皆是。仅我所为，主笔《供水志》，转化了不少首修《荆门市志》《建设志》内容；续修《建设志》和首修《荆门市审计志》，又转化了不少《荆门市志》《京山县志》《钟祥县志》内容；参修《湖北湖泊志》，仅我亲手转化他志为湖志的，前面说过的不说了，仅荆门市的几个湖泊志稿，我就转化了几处市县志内容进入；其他编纂者转化全省数十个市县志为湖泊志内容的数不胜数，大多数湖泊志稿中都至少有一处"据某县志载……"

4.化文为文。实为汗牛充栋，多如繁星，浩如烟海，不胜枚举。只举我化诗为文一例，就如前面白居易《长恨歌》里两句诗，我把它"一减三改"，即把"排空驭气奔如电，升天入地求之遍；上穷碧落下黄泉，两处茫茫皆不见"4句减为2句；

一改其顺序；二改其寻找杨贵妃的用意为寻找修志资料；三改其未找到的结果为找到了资料。最后化入本文，可谓巧夺"诗"工。

志文互化无尽时，不只是志文发展的客观事实和必然规律，更是文化发展和文明发展的客观事实和必然规律。可能化出一片新天地。

值得一提的是，志文互化法再不只属于修志领域，只为修志所用，而同时是调研写作方法，可列为笔者创新调研及写作方法之21，用于无限的写作。

（四）条条道路通罗马

国人说的是条条道路通北京，意思都是说事物普遍联系，并可融会贯通。国人还有一种说法是隔行如隔山。看起来，这就与上面的话矛盾了，但仔细一想，并不矛盾，而是一个问题的两个方面，是对立的统一。没有"隔"，就无所谓"通"，融通法也无从提起。

融通法在开始提出的时候，并不叫现名，其涉及的范围很小，层次很低，很表面。这就是笔者经过最初两年多的修志实践，初步学到一点点修志基本知识和方法，与自己长期从事的调研及其写作的一些基本知识和方法作比较，形成《融会贯通修志与调研写作方法的认识与思考》（载《精讲》），仅涉及修志与调研写作方法，根本没提到创新什么方法的事。又经两三年的实践和探索，我把融通的范围扩大到多种写作，并从方法层次深入到理论层次，形成《提高调研能力　写好多种文章》讲义，从荆门市讲到周边县市，再讲到三省四市；在行业上，从党政部门，讲到司法和民主党派，从基层讲到省社科院，均受到广泛好评。2013—2014年，笔者在整理创新调研写作理论方法的时候，把它最终归纳提炼为融通法，归属20法之列。

现在的融通法，再不是开始时的小融通、小范围、浅层次，仅限于修志、调研两个门类、几种方法，而是凡是以调查研究为前提和基础的所有写作，包括源于生活高于生活的文学写作，即大范围、大写作的主要理论构成、理论原则和多种主要方法；名副其实是一个庞大的、完整的、多部门、多学科写作的理论和方法体系；其融通，也名副其实是多部门、多学科、多层次、多渠道、全方位的融会贯通，也是一种真正意义上的条条道路能罗马、通北京。

现在的融通法，与条条道路通罗马一样，不是一句空话，都有极为现实、深厚、丰富的内涵。比如条条道路，就都是看得见摸得着的现实存在。为了融通法的创立，笔者将融通理念最早提出到融通法最终形成的过程，简单归纳为"三学""三干""三不断"。先说"三学"。这是在拙著《抓住三审练硬功　边学边改保质量——〈供水志〉审改体会与做法》（载拙著《创新调研写作三十六讲》，中国言实出版社，2011年版）中主要针对隔行如隔山总结的：一是翻"山"越"岭"学，忍痛割爱改，孜孜不倦；二是从头开始学，脱胎换骨改，痛改前非；三是"站在别人的肩膀上"（牛顿语录）学，举一反三改，青胜于蓝。再说"三干"。就是夜以继日苦干，锲而不舍实干，择善而从巧干。笔者至今退休10年，修志8年中，由中国言实出版社、中国纺织出版社出版调研写作专著5部，还有3部即将由中华工商联合出版社出版；参编、参统省市村志3部，独立主笔完成部门志3部，总字数达600万字。没有"三干"，600万字就无从说起。后说"三不断"。一是不断丰富积累，主要是经历和经验积累。二是不断总结提高，就是要多总结，善总结；多方面总结，多时段总结；既总结术业，又总结人生。如本文就是我修志8年的总结。三是不断与时俱进。2014年初完成《调查研究与时俱进的思考与实践》在中国公文研究网发表，收入新编《陈方柱调研文选》。

融通法的作用和实现目标：能够较好做到（写作）十八般武艺件件能；以不变应万变，万变不离其宗；要写啥写啥，写啥要像啥，使写作，尤其修志、调研写作这类苦事、难事，举重若轻，变为不难不苦，快乐修志，快乐调研，快乐写好多种文章。

然而，我以为，转化也好，融通也罢，它的意义都远远超过了转化和融通本身，再不是简单的条条道路通罗马。

（调研与修志讲座稿）

第二十讲　怎样对待和写作调研文章中的"四不像"

一、"四不像"与调研文章中的"四不像"

"四不像"是麋鹿的绰号。由于它长相非常特殊，犄角像鹿，面部像马，蹄子像牛，尾巴像驴，但整体上看却似鹿非鹿，似马非马，似牛非牛，似驴非驴，故获得"四不像"的美名。"四不像"是我国的特有动物，也是与大熊猫齐名的世界上的稀有珍兽。我国古典小说名著《封神榜》中，姜太公的座骑即为"四不像"，它累建奇功，给这种珍稀动物增添了神秘色彩。

调研文章中的"四不像"（以下统称"四不像"文章），指体例比较特殊的调研文章，标题、结构、语言、表现手法等，有点像新闻通讯，又有点像报告文学，还有点像散文随笔，但主要的，是调研文章，它的又像又不像，还不像"四不像"奇兽那样犄角像鹿，面部像马，蹄子像牛，尾巴像驴那么固定，而是任何哪一部分像什么、不像什么都不固定，而是由内容表达的需要而定，又随心所欲，真正体现水无定势，文无定法，出神入化。只要写得好，就既新颖，又深刻；既飘逸灵动，又坚实厚重；既可读性强，张力大，又有很强的感染力、震撼力，可说是文章上品。一旦把握不好，就是文字垃圾，连几句有用的话都找不到。而且，很不好把握。

既然如此，凭什么说它是调研文章中的"四不像"，且归入调研文章之中呢？这一点，主要取决于它大致具备调研文章的基本内容和特点，比如事物发展变化的情况、问题及解决的办法，对策、建议，经验、做法，注重逻辑思维等，这些都是调研文章不可或缺的，而其他文种可能有一些，但决不可能全有。

二、"四不像"文章的渊源及特点

在一般人眼里，"四不像"文章是改革开放以来的产物。我以为不然，它同其他调研文章一样，源远流长，几乎有了其他调研文章，可能就有它了；更大的可能，是它产生于其他规范性调研文章之前，是先有如它这种没有定法的"四不像"文章，而后才逐步规范，有了比较规范，甚至严格规范的调研文章；再后来，才又由严格规范，到不规范，到"文无定法亦有法"的更高境界。这可是事物发展的普遍规律，调研文章的发生、发展也一样吧。

纵览古今"四不像"文章，唐朝柳宗元的《捕蛇者说》，可算是一篇比较典型的"四不像"问题型调研文章。该文意在通过写捕蛇者的遭遇，指责官府横征暴敛给人民带来深重的灾难，并以此来规劝、建议封建统治者"轻徭薄赋"，给人民以喘息的机会。文章主要采用对话方式，通过采访对象如泣如诉的倾诉，反映蒋氏祖父、父亲都被毒蛇咬死，蒋氏自己也几次险遭毒蛇咬死，对比乡邻三代死亡相藉，十不存一的惨状，反衬出苛政的无比罪恶。该文如同我们现在的采访录、新闻调查或电视新闻采访的"现场直击"，调研者与被调研者面对面、零距离交流，双方都情真意切，文章中情景交融，现场感、厚重感强，可读性强，张力、感染力、震撼力都十分强烈。

从《捕蛇者说》等古代"四不像"文章，到近年来媒体上经常出现的和我自己也曾经偿试过的"四不像"文章看，这种文章的主要特点大约有三：

（一）新、奇、特，有情有趣，可读性强，张力、感染力、震撼力强。先以《捕蛇者说》为例，第一小段是：

永州之野产异蛇，黑质而白章；触草木，尽死；以啮人，无御之者。然得而腊之以为饵，可以已大风、挛踠、瘘、疠，去死肌，杀三虫。其始，太医以王命聚之，岁赋其二。募有能捕之者，当其租入。永之人争奔走焉。

该文流传至今近1200年，仅读这第一小段77字，加上19个标点符号，也才96字，就令人感到新、奇、特，蛇的剧毒和捕蛇的由来都很新、奇、独特。这一小段有两层意思：第一层，从开头至"杀三虫"，叙蛇的剧毒和用途。文章首先点明永州"异蛇"的外形；"黑质而白章"；并以"触草木，尽死，以啮人，无御之者"数语，写尽毒蛇之剧毒。这种毒蛇，制成药饵，可以治愈"大风、挛踠、瘘、疠"等恶疾，并可以"去死肌，杀三虫"。这又写出了它贵重的用途。第二层，写捕蛇的由来和"利益"。因为毒蛇有上述那些用途，所以它归"太医"掌握，供最高封建统治者及其高级官员享用，并以诱骗的手段（"当其租入"）招募捕者。"奔走"，写永州人民急急忙忙跑去应募，一个"争"字，更写出争先恐后的情况。"争奔走焉"一语，暗示永州人民情愿冒九死一生的危险去捕毒蛇而不愿交两季租税的情况，初步把毒蛇和"租"结合起来，暗暗作了对比，为下段具体描写捕蛇情况作了准备。给人以很强的感染力和震撼力。全文的新、奇、特就不必说了。

再以湖北省荆门市委政研室鲁长春同志2006年写的《"可怕"可敬的温州人——零距离揭秘"温州精神"的震撼》一文为例。这是他2006年在浙江省温州市挂职锻炼期间写的学习考察报告，仅这个标题，就让人感到新、奇、特。其开头第一小段就是一个新、奇、特的设问和回答，吸引力、感染力、震撼力也比较强劲：

如果火星人落到地球上，被你抓住，你会首先做什么？

你可能会有很多思考，会有很多选择，但你与温州人的选择恐怕迥然有异。如果火星人落到地球上被温州人逮到，温州人会立即请他吃饭，打听火星上有没有生意可做，并请他帮忙介绍。这样的说法或许有些夸张，但它符合温州人的个性。这可能就是"温州精神"的形象说明。

文中所叙"温州精神"的具体内容比其他人写的类似文章并无太大的区别，问题是他以比较新颖、独特的方式表达出来，其可读性、趣味性、感染力、震撼力等，可能就比别人更强一些。

（二）多种文体兼有，表达自然自由，寓庄于谐，无拘无束，突显文无定法原则。前边提到的《"可怕"可敬的温州人》一文的主标题及其开头第一小段的问答，就寓教寓乐，寓庄于谐；主标题中，仅"可怕"二字，就十分幽默风趣，十分诙谐、调侃，主标题八个字，就是个调侃的趣题。正文中虚心学习温州精神、学习温州精神中的哪些重点内容都分别于叙事中、调侃中、抒情写意中多方作了交代，给人以较深刻新颖的启示。尤其分析温州人创造骄人奇迹的深层次原因时，行文十分庄重、深沉。作者这样提醒读者："我认为，最重要、最关键、最根本的，还是瑞安市委经常强调的三个字——文化力。"在进一步介绍瑞安从资源小市发展成为全国百强县（市）的深层次原因时，作者写道："就在于瑞安深厚的文化底蕴、文化渊源、文化传统和文化积淀，就在于永嘉学派（晋怀帝司马炽年号公元307—317年——引用者注）事功学说熏陶下，铸就的瑞安人所特有的'特别能吃苦、特别能创业'的精神。"接着，他还以十分庄重、崇敬、诚恳的态度介绍了瑞安文化力的另一构成因素，那就是"清末经学大师、一代名儒孙诒让""爱国爱乡、好学兴教、重商务实、应时革新，对瑞安、对温州乃至整个浙江的发展都有极为深远的影响"。这些都既是作者的感受、体会，又是与他人的交流、交心和给他人的建言献策。

如果说这篇"四不像"文章的建言献策谐大于庄，离正规调研文章的建言献策距离较远，那么，鲁长春同志在温州挂职期间写的另一篇"四不像"学习考察报告《走进瑞安，寝时难安——赴浙江省瑞安市委办公室跟班学习有感》可能正好补充了这个不足。后者更像散文随笔，从开头，到结尾，都是散文随笔的写法，畅叙在瑞安市委办公室跟班学习的所见所闻所思所感，随心所欲，自由自然。他在亲身感受瑞安市委办公室人员精干高效、团结协作和充满激情，出色工作的原因时，以占全文三分之一强的篇幅，概括出三条经验：其一，科室设置较为科学；其二，队伍结构趋于理想；其三，敬业精神令人钦佩。这一部分，主要采用了规范性调查报告的表述方法。全为公文语体，内容翔实，行文庄重，既是虚心向瑞安学习，又是诚恳向荆门市委办公室系统领导建言献策，可说是寓庄于谐了。

（三）结构严谨，浑然一体；形散而神不散，神似而形不似。内容基本上是调研文章的内容，文体大部分不像调研文章的文体。标题一般都是新闻、通讯，甚至文学作品标题；开头多用散文随笔或新闻通讯手法和语言；正文部分或者大部分采用文学性语言，文学性表达手法、修辞手法。如河南省《濮阳日报》2008年8月19日刊登的《一棵杨树的故事》，就很有代表性。该文由河南省委政研室与濮阳市委政研室联合调研写作，同时由省委政研室内刊印送省领导参阅。两处"编者按"都分别指明该文文种说："现将其调查报告刊出。"明确说明它是"调查报告"。该文的大标题就是个小说或故事、报告文学标题；五个小标题分别是"一个好树种和一个大工程""一棵'丰产树'和一个大产业""一棵'摇钱树'和一个产业链""一棵'生态树'和一个绿色家园""一个希望树和一个生态市"，都是通讯或报告文学标题，上下左右，结构严谨，浑然一体。语言生动活泼，清新悦目，通讯语言、文学语言、调研语言兼有，多种表现手法并用，状物、写景、叙事、议论、说明、夹叙夹议等，灵活运用；情况、做法、经验、措施、规划等等，内容丰富，主题鲜明，结构严谨，层次分明，说服力、感染力、震撼力很强。濮阳市委宣传部张玉民部长介绍说："这篇文章，如果采用规范的调研文体写作，无论发表公开刊物，还是内部刊物上，不少人瞅一下标题，也就翻过去了，即使领导干部，也不一定就有兴趣看。而采取这种'四不像'写法，说不定谁都有兴趣往下看个究竟。"

鲁长春同志温州挂职锻炼时所撰前述两文都基本做到了结构严谨，浑然一体；形散而神不散，神似而形不似，可算比较好的"四不像"文章。

20世纪90年代，我也尝试过"四不像"文章写作。与人合作的《改革大潮涌荆门——荆门市改革开放巡礼》算其中之一。开头数语，颇有文采，十多年了，还记忆犹新：

荆门，自古因"荆楚门户"而得名。

荆门是楚文化的重要发祥地。在荆门出土的楚神祝融雕像，可称"中国的普罗米修斯"。他一脚踏日，一脚踩月，展现了荆门先人一往无前的豪迈气概……

很有一点文学韵味和磅礴气势。后边着重总结介绍了荆门市20年改革开放的主要成绩和经验，结构严谨，浑然一体，在省内外产生了一定影响。

三、"四不像"文章与写作的难点

（一）原因分析深刻难。近年一些"快餐型"新闻调查、"现场直击"型"四不像"文章，题材新、反映快，清新活泼，关注民生，了解民情，表达民意，功不可没。不少文章属"短平快"产品，一般都有"全、浅、点"的毛病：全，就是内容全，面面俱到，重点不突出。浅，就是表面层次，思想深度不够；浅尝辄止。点，就是点到为止，缺乏深入分析研究。某报有一篇《花卉苗木春来俏》的新闻调查，标题和行文都很漂亮，可谓赏心悦目了。但在分析当前面临的一些困难和问题时，蜻蜓点水，只写了寥寥数语："如产业生产经营相对分散，缺乏市场指导和统一规划，生产基地规模小，科技含量不高，新技术的应用和推广薄弱，市场占有率低，生产上各自为政，集约化程度低，与产业化要求还有很大的差距，存在着种植盲目性、经营短期性、品种滞后性、结构过剩性等。"这对帮助读者分析问题，提高认识，尤其制定措施，加快发展很不够；文章的厚重感、感染力、震撼力，都明显不足，有些单薄。

（二）结构严谨、层次清楚难。尤其一些散文随笔型"四不像"文章，作者兴之所至，心之所想，笔之所写，自由自然有余，但逻辑思考不足，既不分条，又不列目；既无警策新颖的观点语言提头，更无围绕一个中心观点展开的叙述议论；有的更是杂乱无章，只是一些零零碎碎的事实材料或者感慨、评价等的无序化堆积，让读者不知所云，作者自己也可能一头雾水。"四不像"文章的结构严谨、层次分明，主要靠作品内容本质自身的内部联系，形散而神不散，神似而形不似。所以，除非高手，其难度较大。

（三）建言献策具体实在、可操作难。传统调研文章的功能，严格来讲，都主要回答"怎么做"。工作总结、工作经验和学习考察报告的前半部分，都是回答已经怎么做的；工作研究、发展战略研究、对策研究、可行性研究及一般学习考察报告的后半部分，都是回答应该或打算怎么做的。凡是回答怎么做的文章，到底该怎么做，务必具体、实在，切实可行，可以操作；最好是看得见、摸得着，直截了当，直书己见，一目了然，甚至可以吹糠见米，计日成功。党政机关直接给领导的建言献策，更要如此。这一点，一般"四不像"文章难以做到。前述写得非常优美别致的鲁长春同志的《"可怕"可敬的温州人》，恐怕也有这点不足，其他一些"四不像"文章，仅我读到的当今媒体上的，就不敢恭维他们都做得很好。

（四）语言流畅统一难。按照一般的写作规则，同一篇文章的语言风格要求行云流水，流畅统一，不得混杂。然而，"四不像"文章，首先在文体上就混杂了，是很难保证语言不再混杂的。你标题是文学性的了，开头是通讯语言，或者是散文随笔语言了，正文却要用公文语言、公文手法表达，这本身就很别扭，很难。然而，文无定法亦有法，文无定体亦有体，这正是要求作者在无法之中守法，在无体之中合体，在混杂中求不混杂，"浑然一体"，出神入化，炉火纯青。唐代柳宗元做到了，近当代许多好的"四不像"文章写作高手们也都是做到了的；名不见经传的我的朋友鲁长春同志，我之所以十分看重，就因为我觉得他在这个方面开了好头。他证明了在这个方面，也是"入门并不难，深造也是可能的"这个道理。

四、怎样对待"四不像"文章

我的想法，三句话，十二个字：

（一）不提倡。因为它确实较为难写，又确有不足，对于更好回答怎么做的问题难于实行。

（二）不反对。只要写得好，就应该受到欢迎和珍惜。正因它难写，写好不容易；真正写好，更不容易，更应受到欢迎和珍惜。

（三）可尝试，要创新。调研写作是不断发展进步的，调研文化更要发扬光大。作为调研文化、调研文章家族中一员的"四不像"文章，当然可以大胆尝试，大胆创新，说不定搞个"五不像""六不像"都是可以的，只要它能够更好地关注民生、反映民情、表达民意，更好地建言献策，推动经济社会发展，没有什么不可以的。

五、怎样写好"四不像"文章

第一，深入调研，尽量多地了解民情民意。调研文章，不论哪一种，都得以调查为基础，以研究为关键，都得深入实际、深入群众，尽量多地掌握第一手材料，并吃透上情、外情、下情。

第二，一定要有好思路好提纲。不能以为写"四不像"文章就可随心所欲，脚踩西瓜皮，滑到哪里是哪里。一定要在深入调查研究的基础上，创新思路，拟好写作提纲，以作成功写作的"路线图"。

第三，努力提高驾驭多种文体及其写作方法、语言的能力。不仅调研写作、公文写作、应用写作，还有多种文学写作、新闻写作甚至其他许多写作和语言的运用方法，都要比较熟练，广泛适应，以便在具体运用时驾轻就熟，左右逢源，甚至炉火纯青。

第四，在此基础上，对所要写的东西，进一步静观默察，烂熟于心，然后一气呵成，一挥而就。切忌写不出来硬写，东拼西凑，结结巴巴，杂七杂八，夹生饭一锅。

◎附：鲁长春："可怕"可敬的温州人——零距离揭秘"温州精神"的震撼

如果火星人落到地球上，被你抓住，你会首先做什么？

你可能会有很多思考，会有很多选择，但你与温州人的选择恐怕迥然有异——"如果火星人落到地球上被逮到，温州人会立即请他吃饭，打听火星上有没有生意可做，请他帮忙介绍"。这样的说法或许有些夸张，但它符合温州人的个性。这就是"温州精神"的形象说明。

改革开放以来，我国区域经济发展因时间、地点、条件的不同，以及方式、方法、历程的不同，相继产生了珠江三角洲模式、长江三角洲模式、苏南模式，还有温州模式，被人们探究了多年，也被各地方党委、政府仿效了多年。其中，靠全民参与、自力更生，以民间资本起家，走"百姓经济""蚂蚁雄兵"之路，进而星火燎原、异军突起的"温州模式",备受内陆地区的关注。那么,"钢铁"究竟是怎样"炼"成的?前些日子,本人受组织之命,到"温州模式"的重要发源地——瑞安市委办跟班学习,有幸零距离进行"探秘",心灵上受到前所未有的强烈震撼。

记得刚到瑞安不久,市委办公室的同志就曾自豪地告诉我,温州人既善于就地创业、白手起家,也敢于闯荡天下、四海为家。我起初还不以为然,但随着时间的推移,对温州人的了解逐步深入,不由自主地被温州人所折服。

在市内,温州有广为人知的"六个家家户户",即:家家户户开发项目,家家户户研究管理,家家户户融通资金,家家户户开拓市场,家家户户承担风险,家家户户都有企业。据说有的家庭企业资产发展到了数千万元,甚至上亿元之多。瑞安市的塘下镇便是有力的例证。塘下的老百姓因为这"六个家家户户",生活过得相当富足。富足到什么程度?这里只说一件事:当地的农家女子出嫁,嫁妆很"简单",那就是"两把钥匙、一个本本"——小车钥匙、房子钥匙和存折本本。价值几多?我看就不必说了吧!在国内,温州人无处不有、无处不在。资料显示,温州人在国内创业的有160多万人之众,占了温州全市常住人口的近1/4。他们共创办企业3万多家,个体工商户37万多户,在天南地北建起了40多万个销售网点,构筑了庞大的市场网络。在境外,温州人有50多万飘洋过海,足迹遍及巴西、美国、日本、意大利、菲律宾等65个国家和地区,单是在法国巴黎,就有8万多温州人。总之,"哪里有市场,哪里就有温州人;哪里有温州人哪里就有市场"。温州货、温州街、温州城、温州人在世界各地遍地开花,成为一道道特殊的风景。

是啊,现在的温州是声名远扬,占尽了风光,可从前的它又是一个什么样子呢?不了解温州历史的人,根本无法想象当年温州人所承受贫穷的分量。包括瑞安在内的温州,三面环山,一面临海,交通极为不便;资源匮乏,人均耕地仅有0.46亩,养家糊口都不容易,属于地道的穷乡僻壤。由于自然条件先天不足,又地处海防前哨,长期以来,国家对温州的经济建设投资很少。解放后30年,国家对温州工业的全部固定资产投入总共才6亿多元,在同期国家对浙江省的投资总额中,温州仅占3.24%。然而,温州人居然在这片贫瘠的土地上绘出了最美丽、最壮观的图画!

短短20年,沧海变桑田,真可谓"天翻地覆慨而慷"。那么,温州人何以能创造这样骄人的奇迹呢?原因是多方面的,但我认为,最重要、最关键、最根本的,还是瑞安市委经常强调的三个字——文化力。"经济竞争力的背后是文化力,文化力已成为决定城市竞争实力和发展后劲的重要因素。""改革开放20多年来,瑞安从资源小市发展成为全国经济百强县(市),其深层次的原因,就在于瑞安深厚的文化底蕴、文化渊源、文化传统和文化积累，就在于永嘉学派事功学说熏陶下，铸就的瑞安人所特有的'特别能吃苦、特别能创业'的精神。"在瑞安市召开的全市文化大市建设工作会议上，市委主要领导的一席论述着实令人茅塞顿开、豁然开朗。

在瑞安，有一位让人们格外尊崇和引以为豪的名人。他就是清末经济学大师、一代名儒孙诒让。孙诒让作为南宋永嘉学派发源地的一位杰出人才，既在甲骨文的研究上造诣颇深，又兴办过教育，创办过实业，还建立了与宁波天一阁齐名的私家藏书楼——玉海楼，在其身上表现出的孙诒让精神——爱国爱乡、好学兴教、重商务实、应时革新，对瑞安、温州乃至整个浙江的发展都有着极为深远的影响。查阅全国各地的文化背景，你会发现，许多地方所提炼的城市精神都是对仗工整、四平八稳、趋于雷同的，而唯独"温州精神"打破常规、独树一帜，那就是"敢为人先、特别能创业"。字数不多，但词约意丰、内涵深刻、个性张扬。如何解读"温州精神"？著名经济学家钟朋荣曾将其剖析为四句话：白手起家、艰苦奋斗的创业精神；不等不靠、依靠自己的自立精神；闯荡天下、四海为家的开拓精神；敢于创新、善于创新的创造精神。我理解，这样的精神，正是温州文化力的核心。

翻开温州改革开放20多年的历史，我们不难看到，温州人在创富的路途中似乎从来就没有一帆风顺，而是一直走得十分艰辛：从最早的打击投机倒把，到后来的整顿经济秩序，再到20世纪80年代末、90年代初的打击制假造假，然后到各地近几年对"温州炒房团"的打压……在"发财之道"上总是一马当先的温州人屡屡受挫。但可贵的是，他们拥有常人所不及的顽强和勤奋，并不因为受挫而丧失信心、偃旗息鼓，而是愈挫愈勇、愈挫弥坚。他们比别人更能领悟"大丈夫能屈能伸"的道理。他们"屈"时，没有自卑感，一心想着苦难就是财富，盼着寻找阶梯爬上去。在他们眼里，"一块两块的是钱，一毛两毛的也是钱，是钱就要赚"。他们"伸"时，可以做大买卖，指挥千军万马；可以建大项目，一鸣惊人；可以慷慨解囊，一掷千金。更重要的是，许多人不敢做的事，温州人却敢做，因为他们的"嗅觉"往往比人敏锐。比如前几年，我国的房地产行业不够规范，很多方面不健全，温州人看到其中的机会，手里又有资金，于是就做起来了。据统计，当时温州在全国各大城市游荡的买房人近4万。近年，"温州炒房团"虽一度被视为洪水猛兽，普遍遭到地方打压，但他们早已赚得"盆满钵满"。这，就是将"温州精神"演绎得淋漓尽致的温州人。

我们知道，社会各界对温州人的评价一直有多种说法。有的人说，温州人"宁当鸡头，不当凤尾"；有人说，温州人"白天当老板，晚上睡地板"；也有人说，温州人是"中国的犹太人"；还有人说，温州人"头发是空心的，里面藏着智慧"。我说，温州人是优秀的，优秀得让人可怕；温州人是可怕的，可怕得让人可敬！

第二十一讲　搜集整理《荆门市供水总公司志》资料的"四个三"

全国二届修志启动以来，数以百万计的修志工作者投入战斗，大多数地区和部门资料搜集工作进展顺利，掌握了修志主动权。也有少数同志由于工作不熟悉，在资料搜集上碰到困难，就信心不足，想打"退堂鼓"，使修志工作进展很不平衡。这是应该引起重视并及时解决的。

对此，我想以自己为湖北省《荆门市供水总公司志》（简称《公司志》）搜集整理资料的实践和体会，探讨一下这个问题，以作引玉之砖。

2006年底，我与湖北省荆门市供水总公司协定：以一年时间，由他们提供资料，我为之编修一部志书。在当时，他们和我，都不知道修志还要搞个什么"一纳入五到位"，也不知道一部志书需要搜集多少资料及什么资料，需要多少人力、时间，编修成一部什么质量的书。他们虽于2004年初就成立专班，固定4人工作一年，总共搜集资料12万字左右。我呢，只有一些调研、政研经历，对修志，也是个门外汉。我之所以敢于承接，一是凭我40多年调研写作的经历，写过一些像模像样的文章，还出版过调研专著；二是退了休，不想闲着无聊，喜欢干点事混时间；三是市方志办领导看我调研能力强，可承担修志工作，与我相约已久，我也想试试身手，反正是调研写文章，就"憨大胆"吧。所以，一拍即合。

一年下来，说的是由他们提供资料，他们安排专人帮我，其实，他们除在几次会上讲讲以外，搜集、寻找、挖掘资料，全靠我一人上蹿下跳。谁知在2007年一年中，我还真的整理了大事记、附录，第一、第二、第三、第四、第五、第六、第七、第十一章共45万字志稿进入一审，占计划总字数的70%；基本上完成了第八、第九、第十二、第十三章95%以上的资料搜集；截至今年3月底，完成了剩下30%的初稿。如果不是搜集资料那么困难，我说不定还真的在去年一年中就给他们把《公司志》编修完了。

我的主要做法和想法就是下面"四个三"：

一、"三个当作"。这是我的愿望：一是把自己当做市供水总公司一员；二是把市供水总公司所有干部职工当作朋友、同事和修志助手。以便与他们打成一片，缩小感情和思想的距离，得到他们的理解、帮助和支持。三是把编修《公司志》当作自己的事业、职责和乐趣。这是重要的思想前提，有利于发挥我自己的积极性和创造性。

二、"三个估计不足。这是我的反思：美好的愿望往往都和实际情况大不一致。尽管供水总公司领导重视，主动修志，起步早，2004年就打下12万字资料的基础；尽管我决心大、信心足，但意想不到的，还是出现了以下三个估计不足：

一是对资料搜集的艰难估计不足。我过去在党政机关工作，不说电话一拿，要什么资料有什么资料；就是下乡进厂，调研对象哪个不是挖空心思提供资料，希望能够宣传他们的工作和得到上级重视和支持？现在呢，除了档案室的死资料好找点外，一般生产、工作科室的零散资料都很难找，多数人说忙，或一问三不知，有的三番五次找不出几个有用的字。

二是对志书编纂的艰难估计不足。我过去写文章，甚至写《怎样写好调研文章》洋洋30多万字的专著，都只四五个月完稿；而且，怎么写、怎么算数。修志不同，一要真实，二要准确，三要符合体例，没有三五遍修改，像都不像志稿。

三是对一部志书到底要花多少心血、时间估计不足。过去写一篇三五千字的文章，一天很轻松。现在修志，有时写个二三百字的条目，把十几、二十年的工作总结、党政文件共三四十万字资料，从头到尾至少翻阅一遍，还不一定能搞定。

三、"三个一切可以"。这是我的主要做法：

（一）动用一切可以动用的手段。1.我自己的手段。我有40多年调查研究的经历、经验，传统的、现代的；书面的、口问手写的；网上下载的、现场调查的；经济的（即买资料）、行政的，等等，我都用上。如荆襄供水和宏图机械厂的背景资料就是我从网上下载的。为了搜集制水供水资料，我坐公共汽车深入到10多公里外的二、三水厂和加压站实地观察、调查，终于搞清了制水工艺。2.我家人的手段。环保资料是我儿子帮忙找的；热电厂的资料是我女儿、女婿帮忙找的；葛洲坝水泥厂的资料是我儿子的朋友帮忙找的。3.我朋友的手段。市直几乎所有单位我都至少能找一个朋友，只要需要，我就找他们，没有不帮我的。为了找到市水利局的资料，我想起十多年前的一位朋友在市水利局工作。为了进一步找到合适的全市水系图，我又找一位新朋友帮忙。

（二）利用一切可以利用的时间。长期调研写作，养成了我脑勤、手勤、腿勤的习惯，除了调研写文章，我几乎没有别的爱好，尤其接手《公司志》后，我几乎是昼夜一整班，倦了就睡；醒了就看资料，写志书。一般找人，提前上班；走路，都带着小跑。大年三十到正月初一都在看和写。我算了一下账：全年52个半星期，104.5个双休日；6天节假日，共110天由我自由支配。260.5个工作日中，每天7小时为上班时间，8小时为休息时间，剩下的9小时中，我还可用至少5小时工作和思考，全年约可工作1302.5小时，可折合185.3个工作日。双休日、节假日加上工作日中的可利用时间，合计295.9个工作日，比一年的上班工作时间还多35.4个工作日。仅从时间上算死账，一年就可顶两年多使用。如果从工作效率上算活账，把兴趣、爱好、责任心、事业心和综合写作能力算上去，那个潜力会更大；若以聪明才智的超常发挥计算，与简单劳动的作用相比，其效率不知要超出多少倍。智慧之光，可照亮永远，是简单劳动所难以比拟的。

（三）寻遍一切可以寻找的地方。为搜集参考资料，我最先从网上搜索到福建省《建瓯城市供水志》篇目，编成第一个篇目，由市方志办公室审批；我还从网上搜集到山西省《长治市供水总公司志》出版发行的信息，由市供水总公司邮购一部，做了我搜集资料、编写志书的向导和样本。为了搜集自然与水资源环境资料，我找遍了市统计局、水利局、环保局、气象局、市建委、市委办公室等单位。最艰难仔细的是翻阅"故纸堆"，就是从历年的各种文件、文献，尤其工作总结、调研文章等的字里行间，逐字逐句摘抄、剪集具体事实，按照志书写作要求编写成志书掌故之类，有时看得我老眼昏花，"两句三遍得，一字双泪流"。唐朝贾岛诗为"两句三年得，一吟双泪流"，我给它翻新借用之。我把这种寻章摘句称为"换文为志法"，即把历年文件、资料中的内容，改编成志书的内容，后被市方志办的领导、专家认可，还作为经验在全市推广应用。

四、"三个不生气"。这是我的心境。一是不管谁把我当什么看待、用什么眼神看我，即使把我当作打工仔、农民工或者小偷、特务看待，我都不生气。二是不管谁一问三不知，推说他忙，不接待我，甚至他明明在聊天、在网上斗地主、玩游戏，我也知道他是真忙、假忙，还是瞎忙，我也不生气，坚持找他不放松。三是不管找谁，一口气不歇一连跑几趟，上下几次楼梯才碰上他，却仍是暖烘炉子靠水缸，热面挨冷面，他爱理不理，不给我提供满意的资料，我也不生气。我搜集资料第一，完成任务第一，生气算什么？我勤学苦练，诚实劳动，干我喜欢干的事，坐着不比谁低，站着不比谁矮，心底坦荡，生什么气！

就我这上述"四个三"，可真的感动了他们中不少人：

有个年轻科长，开始总说他进公司迟，知事少，又特别忙。后被我的诚挚所感动，十分合作，利用节假日为我清理提供资料。

有个建厂以来的老科长，什么科都干过，谁都说他最知情，但他总说不知情、忙！用鼻子与我嗯嗯，赶我走，但我仍是不愠不火，瞅空子找他聊。最后，还是满足了我的要求。

原公司党支部副书记、退休老领导、2004年修志人员官德久同志对我说："我见到你老整天往这里跑，楼上楼下挨个挨个找，我就想掉眼泪。我是吃过这苦头的，可真难为你呀！"我感谢他，喊理解万岁，乐呵呵地笑。

第二十二讲　如何学好用活调研写作十八般武艺

一、调研写作十八般武艺

十八般武艺，指冷兵器时代战场使用的拳、脚、棍、棒、刀、枪、剑、戟、鞭、铜、锤、斧、钩、镰、铲、杖等数以百千计的武器。"十八"是"二九"，"九"是很多的意思。"二九"是"九"的2倍，就是比很多还多的意思。所以，十八般武艺泛指所有武器。"艺"与"术"合称为"艺术"，"艺"在前，"术"在后，"艺"比"术"高。十八般武艺，也就是十八般武术，很多种武术。古时候的说法是"十八般武艺件件俱能"，就是什么兵器都会使用。

调研写作，指凡是以调查研究为基础或为起点的写作活动，都属调研写作；由此产生的文章，叫调研文章。其主要文种，有调查报告、发展战略研究、工作经验、工作研究、工作总结、考察报告、典型材料、汇报材料、新闻调查等十数种之多。调研写作方法，主要有思想方法、具体方法；思想方法，主要有世界观、人生观、价值观、思想作风、工作作风、工作方法等。具体方法层面、种类更多：主要有驾驭文体的方法、驾驭语言的方法；有发现调研点子的方法，角度选择的方法，拟制思路、提纲的方法，提炼主题的方法及具体写作方法等等。调研写作十八般武艺，就是调研写作中各种文体共同或独特使用的各种方法、技巧的总和。技术门类不少，方法也不少。调研写作者，对于每种调研写作文体、方法都要学会、学好、用活，做到写什么像什么；写什么，什么是精品力作；甚至对古今中外的诗词歌赋，小说、散文、戏剧、电影也要都不陌生，都能懂会写，多才多艺。这个要求，应该不算很高。学会并不难，深造也是可能的。

二、文无定体亦有体，文无定法亦有法

写文章，做学问、绘画、表演、雕塑和其他造型艺术，最难的就是要"像"。写什么，像什么；画什么，像什么；演什么，像什么。"像"，就是像那个样子，"样子"就是形体、形象。古人说的"形似"，就是像那个形体、样子。写什么文章像什么文章，反过来说，就是说这文章是有"体"的；只有有"体"，才说得上"像"。古人又说，"既要形似，更要神似"。"神似"主要指文章思想内容、主题等及其表达，符合生活的原形和规则。这就是说，文章写作还要受一定法则约束。然而，形似很难，神似更难。

先说形似。对于文章写作来说，"形"，就是文体、文章体例。古往今来，对于文体有一种共同的观点，认为"定体则无，大体（变体）则有"。也就是要在遵守体裁大体规范的前提下，允许变形创造、丰富发展。这里，我们试引上海市作协副主席、上海市电影评论学会会长王纪人《文体三层面》（王纪人的博客《文学风格与语言组织》2007年4月10日）一段话看看：

中国的古代文论一方面指出不同的体裁有不同的风格要求，如我们经常提到的《典论·论文》《文赋》《文心雕龙·体性》等篇什中的论述，但这只是风格与体裁关系的一个方面。另一方面又指出，风格因人而异、因时而异，这种变异也必然对体裁本身发生影响，并最终通过语言的色彩、格调等方面呈现出来。显然，这里涉及到某种约定俗成的风格规范与风格的时代趋向以及个人风格之间的矛盾和协调，也涉及文章的历史性沿革。在这方面说得最为辩证和透彻的，仍当推刘勰。他在《文心雕龙·通变》篇中说："夫设文之体有常，变文之数无方。"意思是，文章的体式是固定的，而文辞风格却是无定的。为什么这样说呢？"凡诗赋书记，名理相应，此有常之体也；文辞气力，通变则久，此无方之数也。""气力"，在此犹言风格。刘勰是强调"通变"的，认为文辞风格只有推陈出新才有永恒的生命，这就是"无定"的原因。"名理有常，体必资以故实；通变无方，数必酌以新声。故能骋无穷之路，饮不竭之源。"正因为诗赋等文体之名相因不变，所以文体必借鉴前人的创作。但另一方面，文辞风格的推陈出新却是无定的，必然要吸纳新声，所以文学才能不断发展。古人对体裁的认识，在很大程度上即是对风格的一种认识。刘勰论"设文之体有常，变文之数无方"，就是把体式的有常与风格的无方作

为一对矛盾提出来的，最终找到了"参伍因革"的"通变之数"。而比他更早的陆机也说过，"体有万殊，物无一量"（《文赋》），将体制之殊与风格之异相提并论，这是中国古代文体论也即风格论的一大特色。

王纪人讲的虽主要是文学创作，但对调研写作何尚不是很适合呢？

很多人说，文章写作的最高境界是"文无定法"，调研写作也是如此。凡是把调研写作当作一种事业、一种职责对待，就可以追求并进入这种境界，享受这种境界的快乐和幸福。

至于神似，就是文章精神、灵魂、主题思想，待下文细说。

三、万变不离其宗

调研写作写什么像什么中的神似，神似与形似相统一，也即体裁与内容相统一，就是要万变不离其宗。这个"宗"，就主要指内容实质，也包括形式服从内容的规则等。我的想法，是5句话、20个字：

把握全局，抓住本质，突出特色，合理布局，文从字顺。

（一）把握全局。这个全局，就是全市、全省、全国甚至全世界全局的发展变化。即使只是为市、县、区或者一个部门，甚至一个乡镇，撰制一篇重要调研文章，也得这样做。这就是要把握重要的背景形势，服从全局、大局，使我们全局在胸，方向明确，立场坚定，旗帜鲜明，能够较好把握写作主题。2008年初，我为全市科技崛起写了一篇《以"五像"抓好科技促荆门加快崛起》（以下简称"五像"）的对策建议。开头语是这样写的：

现当代以来及当前和今后较长时期，我们所面临的一切竞争和挑战、矛盾和问题，发展不足也好，差距拉大也好，很多关键、核心的问题，就是科技进步不足的问题。就我市而言，从某种意义上讲，加快人才崛起和科技崛起，是加快荆门崛起的最重要的基础和保证。

我一下笔就从"现当代以来"，从全世界到我市，所有一切竞争和挑战、矛盾和问题，其核心就是个人才问题、科技问题，这就较好把握了科技发展的全局和大局，交代了时代背景，为展开全文奠定了基础。

（二）抓住本质。就是要抓住事物发展变化的实际情况和客观规律。这是文章内容是否厚重充实，主题的根基是否坚固稳定，论点是否坚强有力，文章是否成功的关键所在。我在"五像"中探讨我市科技工作的实际情况，是用反衬法或曰反比法进行的。提倡"五像"，实际是意指我市科技工作存在"五不像"问题，即没有"像"抓教育、卫生、工业、农业那么抓的问题，所以科技发展还有不少问题亟待解决，这就是问题的实质。

（三）突出特点。主要突出时代特点、地理特点、人物和事物各方特点。"五像"中，我写了一个朋友两次打的，司机不清楚市科技局在哪里的实例，就形象地揭示了人们科技意识淡薄的特点，尤其与学校、医院对比，更加说明问题。在"五像"中，我把问题和对策建议融在一起写，问题就是"不像"，对策就是如何做到"像"，对比鲜明，特点突出，"像"的特点，就是人们对教育、卫生重视，抓工业农业得力的特点，和抓科技"不像"的特点，及如何变"不像"为"像"的特点，都十分鲜明突出，能给人很深的印象。

（四）合理布局。文无定法亦有法，主要是结构严谨，布局合理，观点材料配套统一就行。文章的结构奥妙无穷，只要能把意思表达得清楚、明白、清新、生动，大可八仙过海各显神通。但是，若无仙人的造诣还是老老实实依法写作为好。关于文章的结构，明朝谢榛主张起句当如爆竹，骤响易彻；中间要像纸花飞散，层层展开；结句当如撞钟，清音有余。元代散文家乔吉则以凤头、猪肚、豹尾来形象比喻。这两种说法各有道理，值得调研写作者借鉴。

（五）符合体例。就是符合各种文体的主要要求和原则，做到写什么像什么。关键就在于学会用好用活调研写作的十八般武艺。

（六）文从字顺。唐韩愈《南阳樊绍述墓志铭》："文从字顺各识职，有欲求之此其躅。""文从字顺"标准由唐代大文豪韩愈提出，是文章写作的最基本要求之一，它反映着写作者驾驭书面语言（即文字）的能力。

文从字顺亦即文字通顺，其意思包含两个方面：一是用词恰当、妥帖，作者心里想的是这样一个东西、这样一种情境，读者读后的感受与作者企望表达的意念完全一致；二是句与句之间顺从畅达，文气贯通，能很好地把作者的思想感情有条不紊、井然有序地表达出来，行云流水，明白晓畅，没有任何含混、错乱和别扭之处。

前不久，有位参加晋升县级干部考试的年轻人临考前一天，向我讨教，说他要写一篇2000字的调研文章应考，该怎么写？我就讲了这6句话、24个字。后来，他告诉我，这对他起了很大作用，考了个全场第2名。其实，真正起作用的还是他平时的功底和临场的应变，我的6句话、24个字，不过是给了他一点点提醒。

四、应变当靠"一十七法"

"一"，就是种好"一棵树"。这棵"树"，就叫"逻辑结构树"。凡调研文章，它的逻辑结构图，都是一棵卧倒的树型。大标题是树根，二级标题、三级标题是大小分支，不矛盾，不残缺，不交叉，有序排列，枝繁叫茂，是整个写作过程的"路线图"。写作开始，最好首先绘好这张图，我叫"种好一棵树"。有了这棵树，整个写作过程就思路清晰，全篇文章层次分明，一目了然，写作、修改、研究都很适用。比如《理清思路谋发展全镇实现村村通》一文文章不长，可谓短小精悍。其逻辑结构，用图表示就是这样卧倒的一棵树。

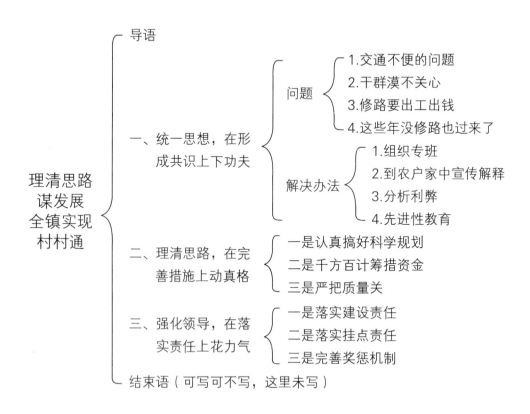

这个办法，也可用于对文章的分析研究。按此法检查文章结构、观点、材料配套等，是优是劣、是整是缺，都一目了然。我研究别人的调研文章，就经常采用这种方法，效果很好。

"十"就是抓住10个关节点，我叫它"下好10次肥"：

1.注重选题与题目确定。选择确定调研题目，既可以挑选个别事物的某一过程，也可以对特殊系统进行综合性调研。题目可大可小，但不能贪大；要尽量把口子开小，把内容搞深，把道理讲透，其文章的深度和力度才可能体现出来。中观和微观调研，一定要密切联系实际，注意调研的针对性和可操作性，注重解决实际工作中的困难和问题。选题要根据调研者的工作实际、调研能力和调研条件，不可贪大求全，好高骛远。题目要画龙点睛，题好一半文。写文章首先就要能确定个好标题。调研文章的主标题，应尽量重点突出，直奔主题，简洁明快。最好不要像新闻标题，又是引题，又是副标题之类。有的教科书，主张调研文章使用新闻标题，实际中，也有用新闻标题的，用得好也无不可。但总的来说，还是简洁明快好。

调研文章尤其不能像文学作品，使用含蓄、幽默、象征等修辞手法的标题。《荆门研究》2006年第1期第46页"工程建设招投标中的问题与对策"，原稿主标题为"猛药治顽疾"，副标题为"——关于工程建设招投标中的问题的调查与思考"。主标题是个比喻手法的文学性标题，加上副标题，共是26个字。这个标题，即使用于新闻稿，也不好；用于调研文章，就叫作不合适了。因此，我一看，就把它改为前者。对比原标题，我以为，不仅是减少了12个字，更为简洁明快，直奔主题；更为重要的是不做作、不晦涩、不生硬。《理清思路谋发展　全镇实现村村通》，这个标题里的"镇"，原为"面"，我把它改为"镇"，让人一看就知道是写一个镇的经验文章。这样就既直击主题，又简洁明快，很好的。

2.要大胆创新，除旧留新。调查研究，是给领导提供决策参考的，一定不要人云亦云。调研文章创新，主要是有新意，最好是别人没有写过、用过的新观点、新角度、新材料、新框架，甚至语言、词汇都要求新鲜活泼，没有陈词滥调。凡陈词滥调都给予删除，新的东西尽可能给予保留。

新东西，首先是观点新。就是要顺应时代潮流，按照体现时代性、把握规律性、富于创造性的要求，努力用新的观念、思路，用先进的工具、手段武装起来，把宏观与微观、静态与动态、定性与定量、国内与国外、政治与经济、物质与精神、社会与自然的研究结合好，力求调查研究的问题富有深度，谋划提出的对策富有新意，有新的思想、新的思路、新的办法。要见人所未见或未能见，言人所未言或未敢言。要真正有一孔之见，能成一家之言，给人以新的启发。20世纪90年代初，社会主义市场经济这个新概念刚刚进入我国政治经济领域不久，我于1993年前后发表了10多篇市场经济文章，其中《市场三论（观）》，即《参与市场经济要有成熟的市场意识》（科学市场观）、《市场竞争中如何抓机遇求发展》（科学机遇观）、《发展市场经济要树立科学发展观》，观点新，影响大，如《发展市场经济要树立科学的发展观》一文，对树立风险发展观、竞争发展观和协调发展观三个方面的内容进行了比较系统的探讨。这在当时确实很新，即便现在看，也比较系统、完整，不落后。

当然啦，新观点可不是什么人什么时间都可随便提出的，那主要应该对新观点进行深化、升华了。即使不能在新观念、新观点上做文章，那么，选择新的角度、新的侧面或侧重点，并运用新的材料和语言等来阐述大家都知道的观点，或者透视、反映事物的特点、本质规律或事物的本来面目，就是必需的和可能的了。如果这样，也会使人耳目一新，惊叹不已的。

3.结构要严谨缜密。对于调研文章，其影响力、穿透力、冲击力、震撼力和深度、美感、新意，我个人认为，除了思想、观念、思路的作用，就是逻辑结构的作用。结构完整，严谨缜密，观点与观点配套，观点与材料配套，不重复、不交叉、不矛盾、无残缺，逻辑构成完整，逻辑链条紧密，逻辑连接牢固，只要主题正确，材料真实新鲜，文章的影响力、穿透力、冲击力、震撼力就不会差。

文章结构的严谨缜密，关键在于逻辑构成要完整，逻辑划分要详尽，要科学合理，既不多出，也不缺少子项。比如对人的划分，全世界60多亿人口，如果按性别划分，就是男人和女人两大类；如果按年龄划分，就是老年、中年、青年、幼年、童年五大阶段；如果按肤色划分，就是黄种人、白种人、黑种人三类；还有按文化程度、财产等的分法，那就要看文章研究的是什么问题，需要按什么标准划分就按什么标准划分。

4.导语要直奔主题，统率全篇。导语又叫开头语。调研文章不是文学作品，没有必要弯弯曲曲，最好是开门见山，直奔主题，最多不超过两句，就一定要接触到主题。导语还要统率全篇，看完导语，就能让人知道文章主题，知道作者主张什么，反对什么；知道全文要说什么。我写调研文章，首先就着力写好这开头200字，既高屋建瓴，统率全篇，又直奔主题，言简意明；再考虑大小标题是否配套，结构是否完整。如果大致差不多，这样的文章就基本上可以了。

5.二级、三级小标题要全方位配套。同一篇调研文章中，最好不用四级小标题，搞"四世同堂"，那太累赘了。一、二、三级标题要注重配套。上级标题的内涵要等于其所属下一级标题的和；大了，就是逻辑构成不全，小了，就涵盖不了其所属的下级标题。比如，一只手掌五根指头，一张桌子四只脚，少一根指头或者多一根指头都不是一只正常的手掌，少一只或者多一只脚，都不是正常的桌子。同一级标题，在逻辑内涵上，应该是同一个种属，不能把泥鳅和鳝鱼扯成一样长，更不能把脚趾跟手指扯到一只手掌上。同一级标题也不能交叉、重复和相互矛盾。比如一只手掌，由小指、无名指、食指、中指、大拇指共五指组成，每种指头一根。在同一只手掌中，不能有两根中指，而没有其他任何一根指头。否则，就是一只怪手了。每根指头都只能朝自然形成的方向弯曲，才能握紧拳头和从事劳动。如有任何一根还是两根指头朝向与原方向相反的方向弯曲，就不能握紧拳头和从事劳动。这些都是事物本来的自身的基本规律，用于调研文章的标题制作，比较能够形象地说明问题。

二级标题，在文字表述上，句型、句式、语词组合也应注意协调配套，一般采用排比句式，最好是对仗句，好读好记，铿锵有力。

三级标题，一般称撮项提要，在句式上为对仗句，简洁明快，工整有力，就比较好。

6.观点与材料配套。观点统率材料，材料说明观点。每一个小观点，由一组材料论证说明，构成一个小的逻辑推理；一组这样的小的逻辑推理，集合起来说明一个二级标题、二级观点。几个二级观点的论证组合，形成一个完整的逻辑连接，完成一篇调研文章的逻辑论证。《放大办学职能服务地方发展》全文分四块，四个二级标题。基本句式是"由××××向××××延伸（后边分别是'拓宽''转变''发展'），（达到）××××"。每条都简述了过去怎么样，针对过去的不足，采取了什么办法，达到了或者取得了哪些成果。四块的论证方式基本相同，但有强有弱，有起有伏，错落有致；有些近似的内容素材，在使用上不但进行了认真选择、取舍，还进行了必要的技术处理。尽量不让它们重复、交叉、矛盾。美中不足是第四块比较单薄。

要想真正在文章中把配套的观点与材料融为一体，天衣无缝，还必须像补轮胎一样，先把裁剪好的橡皮块与轮胎修补处的贴合面打毛、擦净；再均匀涂好合格黏合剂；等一会，最后，适时将橡皮块与修补处的黏合面贴紧、压实、压牢，黏合成一个整体。否则，还会漏气甚至脱落的。调研写作中的打磨、擦净、涂胶、黏合，就是适当采用最好的叙述、论证等方法和恰当的字、词、句等，达到炉火纯青，甚至巧夺天工的境界。所谓"慢慢磨，出细活"，就是这个道理。

7.叙述要符合逻辑。调研文章，主要的文字表达方式有两种：一是叙事，二是议论。这两种方式，常常配合在一起使用，按照调查研究的逻辑顺序和逻辑要求，夹叙夹议。《理清思路谋发展全镇实现村村通》一文的第一段，是做得比较好的。全段包括标题330多个字，围绕"统一思想，在形成共识上下功夫"，夹叙夹议：第一句是一个判断、一个观点，强调交通的重要性。接着叙述磷矿镇的地理位置和历史背景；再接着叙述了交通不便、认识不深、少数干部群众不愿出工出力出钱修路的困难和问题；再接着是针对这些问题，镇党委、政府成立工作专班，深入到农户宣传解释，分析宣讲改善交通状况的好处，及将其纳入先进性教育活动的"民心工程"来抓；最后形成了共识，达到了阐明观点的目的。叙事清楚，观点明确，逻辑也比较严谨。我个人以为，是做得比较好的。

8.结束语最好省掉。一篇小小的调研文章，大可不必写结束语。搞得不好，是画蛇添足。我给《荆门研究》编稿，一般都把结束语砍了。大家干脆不写为好。

9.好文章多是改出来的。除了高考作文为一挥而就，即刻交卷，就再不能修改之外，我想再没有什么文章，一旦写成就再不修改或不能修改的。鲁迅说："写完后至少看两遍，竭力将可有可无的字、句、段删去，毫不可惜。"从好多调研文章的初稿看，好像没有哪一篇的字、词、句完全不需要改动或完全不可改动，大都缺乏推敲，离精品文章有较大的距离。有很多文章的字、词、句甚至段落，都必须认真进行修改；有的明显的句与句不连贯，段与段脱节；有的明显是错别字，或者病句，经不起推敲；至少都有一些标点符号必须进行修改。这可都是不行的！

我们荆门市委办公室，大力提倡"零修改"，就是无论谁提交的文稿，在领导审签时一字不改的，加分鼓励。这个办法当然不错。但是，我以为，领导的长处在于决策决断，并不在文字把关上。文字把关，是文字能力较强的专业人员的职责。我倒是认可报刊编辑"零修改"。要想达到"零修改"，首先自己把文字、标点符号都搞得清清白白，准确无误，争取在专业人士那里"零修改"。这个要求是不高的，是能够做到的，也是应该做到的。争取我们的文章，在任何一家报刊上，要么你全文照发，一字不改；要么，你不发；要砍，你整段整节砍掉，缩短篇幅，而不动一字、一词、一句，一个标点符号。这就说明，我们的文字是过关的，无须编辑修改。这一点，我的有些文章是做到了的。1997年，我为市委领导写了《创新三种模式做好一篇文章——荆门市推进农业产业化发展的做法》的署名文章在省里的《政策》杂志上发表，原为五块，编辑部干干净净删掉了"务虚性"谈提高认识的第一块，剩下的四块，一字不改，原文照发。也是这一年，我为市委领导代写的《化解六大难题推进农业产业化》一文，全文6000多字，一字不改，在省委政研室的《调查与研究》上发表。应该说这都是"零修改"了。2004年，我把《回到年轻》这篇散文随笔投给《人民日报》，谁知在《大地》副刊发出来时只删掉了12个字。

　　字词句的修改只是小改，大的改动，就是改变结构甚至是重写。改变结构，推倒重来，我这里主要讲编辑修改，不是讲作者自己如何另起炉灶修改的事。当编辑的人，谁也不想吃这种亏。那确实比自己写一篇还吃亏得多。2004年，我就做过一次这样的事。那年，我接手了这么一篇文章，谈我市广播电视如何实现数字化改造的。来稿7000多字，从全世界的数字化电视说起，美国、英国、德国、日本、俄罗斯、意大利等怎么搞的，说了一圈才谈到我国，先是中央领导怎么说、广电总局怎么说；再到我省，省委、省政府怎么说，省广电局怎么说；再到我市，我市是什么状况，应该怎么建议，怎么搞，13大页哩，看得叫人眼花缭乱。领导叫我编，我当然不仅要编，而且，还要编得像个样子才行。否则，敷衍一下，也是砸自己的牌子。我以为，编辑的真正本事，就是把差稿编成好稿；真正把差稿编成了好稿，也是一件快乐的事。编稿的基本原则，就是要保证原稿的主体材料和主题思想基本不变；材料只能精简，不必添加；主题应该进一步深化和升华，不能削弱。我按这些原则，对广电一稿，大刀阔斧地进行了改动。首先是给它重写了一个91个字（含标点符号）的开头语："随着信息技术的发展，广播电视数字化发展被提到各级党委、政府的重要议事日程。为了加快我市广播电视数字化发展，进一步加快我市工业化、现代化步伐，笔者仅就自己学习、调研的体会，提几点建议。"我这个开头就是直奔主题，第二句话就把作者想说什么、主张什么和盘托出。接着，我眼睛一眨，就把它前边一大部分讲国际国内电视数字化发展的情况高度概括，用"认清形势，形成共识"八个字将它概括其中，作了全文对策的第一条内容。接下来，按照原稿本意，重新结构布局，分列为"统一规划，分类实施""突破难点，整体转换""政府主导，市场运作"三条，加上第一条，共四条对策措施；加上开头的91字，共计不足2500字，既简洁明快、有条不紊，又说理透彻、结构严谨，比原稿明显好多了吧。

10.文字要精练朴实。切忌拖泥带水，堆砌辞藻，最好老老实实按照通常说话的方式写，尽量不使用华丽的辞藻和文学性的形容、描写及修辞手法。要一是一，二是二，准确、鲜明、生动，质朴无华。如《放大办学职能服务地方发展》一文，从文字使用来看，形象感、现场感和感染力都比较强。这种例子随处可见。第二块介绍五泉村贫困户涂劲松这个典型，就如闻其声、如见其人；第三块第三条"因项因人抓培训"，也能使人读了有身临其境之感。写"因人施策，提升科技培训实效"时，先写"对操作性强的项目"，怎样"采取集中培训的方式进行"；后讲"需要系统讲授的项目"，如何"采取循序渐进、包联农户的方式进行培训"。接着详细讲"今年推广圈山养鸡项目"，怎样组建技术服务专班，怎样试点，怎样现场指导，怎样手把手地传授关键性技术，怎样跟踪式帮扶；试点成功后制订新的计划，怎样吸引了周边县市农民前来取经，情节十分动人，不比故事、小说的吸引力差。既显示出了作者的调研能力，也显示了其较高的文字表达能力。

这"一十七法"当中的"七"就是用好7把"剪刀"，把初稿进行反复修剪：

1."简"。即精简，主要是精简文字。

2."删"。大刀阔斧删掉可有可无的字、词、句、段等。

3."留"。即保留不可或缺的字、词、句、段。绝不可砍了"好腿"，而留下"病腿"；真正好的东西，砍了也得再找回来。《当前影响农村经济发展的几个问题》初稿写成后，市委办公室一位科长把开头两段改了个面目全非，负责文字把关的副秘书长审看全文后，要查看原稿。看了原稿，他说："还是老陈的原稿好！"于是，恢复原稿。后来，在市领导那里顺利过关，在省里得到好评，还上了《人民日报》。

4."补"。主要是联系作者补充事实材料等。

5."调"。主要是调整布局结构，使其条分缕析，层次分明，符合逻辑。

6."改"。错的改正，差的改好，好的改精。

7."重"。对于内容材料好，又是领导决策急需的稿件，但结构混乱的，可以推倒重来，一是可请高人具体指导作者重写，二可请高人亲自动手，在保留原作主题和核心材料的基础上，重写一篇。

五、一手成，百手成，十八般武艺件件能

"一手成，百手成"，是书法上的一个术语，意思是只要真正写好一个字，其他千百个字也就会写好了。五十七八年前，我的启蒙老师是个前清秀才。他教我如何"描红"时，就教我们写一个"永"字，说永字八笔，点、横、竖、撇、捺、折、钩、挑齐全，但不好安顿，只要安顿好了，这个字就写成了；这个字写成了，其他任何字，就不会写不好。这就是"一手成，百手成"的道理。他老这句话，我至今未忘。无独有偶，列奥纳多·达·芬奇（1452—1519）daVinci Leonardo意大利文艺复兴时期最负盛名的美术家、雕塑家、建筑家，他开始学绘画时，他的老师，每天就只让他画蛋，既训练他的技巧，又磨炼他的意志。后来，他成为影响世界画坛的特级大师。我想，这也是说明一手成、百手成的。我们学写调研文章，先也一定不要求写多，只写一篇，随便什么体例的都行，3000字左右的，从绘逻辑结构树开始，按"一十七法"运作，把十八般武艺综合使用，反复修改，甚至一次、二次推倒重来，直至成功。只要能够取得第一次成功，一篇有代表性的作品成功，其他调研文体就可能难不倒你。你可能写什么像什么，甚至毫不费力，或许还能出神入化，达到最高境界。

六、到底怎样才能十八般武艺件件能

其实，真正做到了一手成百手成，第一，还得不断演练十八般武艺综合运用，达到熟能生巧，触类旁通的境界。第二，最重要的一点是调研写作者一定要有丰富的多种知识积累和生活积累。要亲身经历现实生活中尽量多的事情，做到世事洞明皆学问，人情练达即文章，在理论修养、思想认识上也能触类旁通；并使之相互补充，相互完善；进而实现从调研写作方法上的十八般武艺的触类旁通，到思想方法、思想内容上的触类旁通，做到情通理达，炉火纯青；嬉笑怒骂，皆成文章，由调研写作的必然王国进入到自由王国之中。

◎附：以"五像"抓好科技促荆门加快崛起

现当代以来及当前和今后较长时期，我们所面临的一切竞争和挑战，矛盾和问题，发展不足也好，差距拉大也好，很多关键、核心的问题，就是科技进步不足的问题。就我市而言，从某种意义上讲，加快人才崛起和科技崛起，是加快荆门崛起的最重要的基础和保证。

如何加快人才崛起和科技崛起，以保证和加快荆门崛起呢？我以为，最重要的是做到以下"五像"：

一、要像重视教育、卫生那样重视科技，让人人都把科技带在身边，装在心里

20世纪70年代末第一次全国科学技术大会召开以来，尤其邓小平提出"科学技术是第一生产力"以来，我市上下重视科技的程度大为提高，不少会议、媒体、纸上、墙上，都大讲尊重知识，尊重人才，重视科技，还提出科技兴市、强市的口号，在口头上和理论上也几乎没人不重视科技。然而，这种重视很大程度上都仅限于口头上和理论上，属于"会议科技""媒体科技""口号科技"一列，实际上，可能只是说起来重要，忙起来次要，用起来不要。时至今日，不说全市，只说城区，不说一般市民，只说工厂、商店，甚至某些机关单位，仍有不少干部职工，不知道市里还有个科学技术局，更不知道这个局设置在哪里。有个朋友告诉我，他在今年4月，连续两次打的到市科技局去，两次碰上的两位的士司机都不很清楚科技局在哪里。这说明全市知道市科技局的人不多，去办事的人更少，与教育、卫生相比，与学校、医院相比，在人们心目中和实际生活中，其重视的程度，都不可同日而语。其实，尊重知识，尊重人才，这其中，一半是教育卫生，一半就是科技。科技就在我们每个人身边，每个人的衣食住行和生产生活，每时每刻都离不开科技。要像重视教育、卫生那样重视科技，就要像对待孩子上学读书，生病求医问药那样，无论生产生活，还是办厂创业，旅游休闲，首先就都要想到科技，询问科技，学习科技，运用科技，把科技带在身边，装进心里，用在手上，落实在行动中。只有这样，科技才能振兴，才能崛起，并加快荆门崛起。

二、要像尊重名师、名医那样尊重科技人才，让科技人才能在荆门落地生根，开花结果

我市是个传统农业大市。历史上基础薄弱，科技落后，人才缺乏。改革开放以来，尽管市委、市政府采取了一系列措施培养、引进了不少科学技术和科技人才，并取得了显著成效。但从目前情况看，我市科技事业面临的困难和问题，不仅是投入总量不足，自主创新体系不健全，自主创新能力较弱，高新技术产业比重低，产业集群不够，辐射

带动作用差，最主要的是在推动科技进步、吸引人才、发挥人才作用以及引导自主创新等方面的激励政策和配套措施滞后，企业在自主创新中的主体地位不明，鼓励、支持创新的社会氛围还没有真正形成，科技人才，包括不少精英人才，没能像名师、名医那样（虽然这其中也有不少是科技人才）得到全社会应有的足够的重视和尊重，致使"孔雀东南西北飞"的现象时有发生；少数引进的拔尖人才生不了根，开不了花，结不了果，致使我市科技发展与加快崛起的要求不相适应。为了较好解决这些问题，就要像尊重名师、名医那样尊重各级各类科技人才，切实实施人才强市战略，加快培养造就一支涵盖各行各业的高素质人才队伍。要进一步创新人才流动机制，加大高层次人才引进力度。以重点项目为载体，大力引进学科带头人、技术带头人；以解决未来发展瓶颈为导向，面向国内外大力引进顶尖人才。要广泛吸纳各类优秀人才。争取每年吸纳各类高级人才和大中专毕业生6000人以上，力争到2010年初步形成一支数量充足、素质优良、结构合理、分布适当、门类齐全，适应我市经济和社会发展要求的科技人才队伍。要进一步切实落实促进科技创新的各项政策，切实加大科技投入。切实建立科技创新人才机制，努力营造良好创新创业环境，让科技人才的聪明才智转化成不断涌现的创新源泉。

三、要像抓"普法"教育那样抓科技普及，"一五""二五"……坚持不懈地抓，让科普知识家喻户晓

我国是一个曾长期实行封建专制统治的国家，法律意识薄弱，法制落后。自20世纪80年代中期起，全国上下有组织、有计划、分步骤、分阶段统一进行法律基本知识普及教育，简称"普法"。每个阶段五年，分别称为"一五"普法、"二五"普法等。现已进入"五五"普法阶段。自"一五"普法开始，我市就机构健全，人员齐备，每期每年都按照全国统一教材、统一布署，加强领导，培训骨干，先试点，后推开，统一考试阅卷，统一考核验收，并将结果层层上报，对合格者发给合格证书。我市经过20多年普法教育，干部群众法律意识和法制素质大为增强，法律知识水平普遍提高，学法、知法、守法，用法律手段维护自身权益蔚成风气，有力地促进了民主、法治与和谐荆门建设。科技知识是人的知识素养、文明程度、科技文化素质等的一个重要方面。人的科技素养和整体科技文化素质的提高，主要应依靠教育，让每个人都能牢固掌握和运用一定的科技知识。这是应该像普法那样，有组织、有计划、分步骤、分阶段坚持几十年不懈努力才能完成的事业，这是科技工作者义不容辞的重任。科技工作主要分为科技普及与科技创新两个方面。科技普及是基础，科技创新是关键。科技创新是在科技普及基础上的创新，科技普及是在科技创新指导下的普及。二者相辅相成，不可分割。然而，在现行体

制上，科技普及由党群部门的科技协会系统负责，科技创新由政府部门负责。只有既分工，又协作，才能把这两项工作共同做好。在上级没有像普法那样统一的组织和计划安排的情况下，我市可以将这两项工作紧密结合，结合贯彻落实科学发展观和我市科技普及与创新的实际，统一规划，合理布局，有组织、分阶段抓好科普教育，使全市干部群众破除迷信，解放思想，牢固树立科学发展观，树立科学技术是第一生产力的观点，人才是第一资源的观点，科学技术是加快荆门崛起重要支撑的观点；牢固树立敢为人先、敢冒风险的精神，树立敢于创新、勇于竞争和宽容失败的精神，树立自主创新、开放创新、团队拼搏的精神。学懂弄通工作、生产、生活上的基本科技知识，衣食住行，休闲娱乐正确运用普通科技，普通劳动者能够掌握一至两门普通科技，并用以劳动致富；培养造就一支技术熟练、素质优良、结构合理、分布适当、门类齐全，适应我市经济社会发展的务工务农经商劳动者大军，并产生一批高级蓝领专家。教育的形式，主要是充分发挥各级党成校作用，举办各种形式的培训班，以会带学等方法培训和利用广播电视、电影、幻灯、报纸、印发学习资料等进行宣传、教育，定期考试、考核、验收，成绩优良的给以表彰鼓励。

四、要像抓工业农业那样抓科技，让科技成果花开遍地，科技产业链条"四方连续"

自1978年党的十一届三中全会决定党的工作重点转移到以经济建设为中心以来的三十年中，我市上下坚持以工业为主导，以农业为基础，始终瞄准建设工业大市强市、农业大市强市目标，全党办工业，大办工业，办大工业；全党办农业，大办农业，办大农业。在工业上，曾经村村点火，户户冒烟，曾经坚持大抓兴工富市，充分发挥自身优势，实行内联外引，强强联合；大力兴办各种各样的工业园区，逐步建立起了有鲜明特色的化工、食品、建材、电子、机械等支柱产业和产业集群。在农业上，坚持以国内外市场需求为导向，以经济效益为中心，围绕区域性产业和产品，优化组合各种生产要素，实行区域化布局，一体化经营，社会化服务，企业化管理，尽力拉长农业产业链条，加快农村经济发展。三十年中，我市地区生产总值按中央要求的20年翻两番，提前6年，只用14年翻了第一个两番；据统计，至2008年，可再翻两番，经济社会得到超常规跨越式发展。其实，经济腾飞，其两翼，一是科技，二是教育。对比教育效果的周期性长，科技效果更为直接和周期短，实现加快荆门崛起宏伟目标，更应将科技进步与工业农业发展捆绑在一起，像抓工农业那样抓科技，抓科技的普及和创新，抓科技成果的转化和运用，这其实就是抓工农业生产。因此，我建议：

第一，市四大家领导，市委、市政府今后凡是研究工农业发展，都要将科技发展纳入其中，捆绑研究，一起发展。

第二，各级各部门各类社会团体都要关心支持抓科技，并大抓科技，抓大科技，形成千军万马、千辛万苦、千方百计抓科技的氛围。强化抓科技就是抓发展，就是增强加快荆门崛起的意识。充分认识抓科技进步、科技普及创新和科技崛起，不是科技部门一家的事，而是各级党和政府及全社会共同的事业，必须齐抓共管，协调一致才能成功。

第三，要坚持用抓工业的理念、抓农业的模式抓科技。突破性发展高新科技产业，像推动工业产业集群式发展那样推动科技产业集群式发展；突出抓好重点科技创新项目的攻关和引进、成果转化和运用，采用延伸农业产业化链条的模式和方法，形成科技创新成果的转化和运用链条，推动工业、农业、第三产业和经济社会全面发展，实行对科技成果效益的最大化提升；抓住振兴城区工业，重点建设"一园两区"的有利时机，加快建设相对独立有本地特色的高新科技园。主要是将真正意义上的高新科技创新项目、企业集中在一个相对封闭、独立的园区内自主创新，研究发展，形成高新科技产业集群，引领全市高新科技产业和一、二、三产业又好又快发展。

第四，实行市级领导联系重大科技创新项目、自主知识产权项目和传统产业改造升级项目责任制，加强对项目的跟踪服务和督查督办。重大科技创新项目和传统产业改造项目关系重大，联系广泛，有的就像我市经济社会发展的"牛鼻子""瓶颈"那么重要，在实施过程中会面临许多意想不到的困难和问题。领导上阵，协调各方，督查督办，既是解决困难和问题的关键，又是对专业科技人员的关心和支持，还能更好营造科技发展的氛围。

第五，要把普及科技知识，推广实用技术纳入各级各部门的"政绩工程"考核考评。要将培养更多有文化、懂技术、会经营的新型农民、创业带头人和城镇蓝领专家、高素质熟练技术职工的任务，分别量化分解到各县（市、区）、乡镇、街办、企业单位党政领导班子和分管领导，作为政绩考核考评指标，年底结账，实行奖惩。

五、要像抓经济体制改革那样抓好科技体制改革，创新机制，放活人才，促进科技事业和科技产业比翼齐飞

为了适应国内外形势变化，自20世纪70年代末，党的工作重点实行战略性转移以来，我国不断深化经济体制改革，逐步建立起社会主义市场经济体制，现已取得举世瞩目的成效。同全国一样，我市改革从农村开始，不断向城市及各个领域深入展开，使全市经济社会进入又好又快发展轨道。在科技体制改革方面，应该认真纠正和避免一种误区，即认为我市没有大的国有科研机构，无须进行科技体制改革；即使改革，走走过场也就够了。这种误区，既阻滞了我市科技体制改革的深入，又阻滞了我市科技事业和产

业的发展，还使科技工作面临了一系列困难和问题。因此，我们要像抓经济体制改革那样抓好科技体制改革。

首先，深化改革，创新体制。我市现行科技体制虽较改革当初有了很大变化，但思想、行为、体制封闭半封闭状态仍没完全打破，科技创新机制尤其人才机制不活，科技人才由部门或单位所有，高层次技术人才匮乏，又引进少，引进了也难以重用、用好，更难留住，导致核心技术少，发明专利少；科技中介机构、研发机构及公共服务平台发展滞后；科技投入机制不健全，导致投入不足。所有这些问题，只有深化改革，建立健全新的适应市场经济发展和自主创新的体制，优化政策，激活人才市场才能解决。

其次，整合资源，放活人才。我市科技资源，除了人才第一资源，就是丰厚的现实和潜在的物质资源。我市地处鄂中，交通便利，矿产和农产品资源丰富，自20世纪60年代建立起来的化工、食品、建材、机械、电子等支柱产业，新建"一区两园"和县域经济的发展，传统产业改造升级和高新技术产业自主创新发展基础好、潜力大、前程广，是我市丰厚的现实和潜在的科技发展资源之所在。整合资源，最重要的就是要通过深化科技体制改革，将人才资源和物质资源有机结合，使全市经济社会发展由资源要素驱动转向自主创新驱动，把荆门建成为中南地区有较强科技竞争力的创新型城市。

最后，优化环境，激活机制。科学技术既是一项公共服务事业，又是一项新兴产业和新的经济增点，应该放宽政策，优化环境，建立健全技术要素参与分配的激励机制，在完善自主创新体系，大力提升企业自主创新能力的同时，鼓励科技人员开展职务或非职务发明创造，领办或创办科技中小型企业，加速科技成果转化和运用；鼓励和引导产学研一体化发展，充分发挥在荆中央、省属科研单位和企业科研人才集中的优势和作用，促进全市科技资源的合理配置和高效利用，促进全市科技事业和科技产业比翼齐飞。

第三篇

文体运用篇

新版

调研写作分类 精讲

本篇的原有标题"具体方法篇",本来就命题不当,题不对文,标题叫"具体方法篇",而正文所举,都不是具体方法,而是具体的文体(或称文种),现在把它修改成"文体运用篇",指具体的调研文体运用,就名正言顺了。本书所举,古往今来的主要调研文体大约有15种之多,现实中运用最多的大约八九种吧,这样一改,就顺理成章了。对于广大的调研写作实践者,尤其是初学调研写作者,有较大的实用意义。

第二十三讲　怎样写好调查报告

一、理顺文体关系

为什么一开讲就要提理顺文体关系?

调查研究无论作为一门科学,还是一项工作,都构成庞大,纷繁复杂,仅通过调查研究按照文体要求产生的各个门类的文章都是数十种之多,在文体使用和研究探讨上也五花八门,莫衷一是。首当其冲,调查报告与调研报告、调研文章等就概念混杂,有的论者自相矛盾,有的论者含糊不清、词不达意,有待澄清。

(一)什么是调查报告?

近年比较权威的说法是李忠实编著的《新编公文写作必备全书》,中国致公出版社2007年1月版第280页,"文体辨析"中说:

调查报告是根据调查研究成果写出来的反映客观事物的书面报告。调查研究是调查报告写作的基础;调查报告则是调查结果的书面形式,它是社会实践中,对一个事物、一个问题或某一方面的经验进行深入细致的调查,对调查到的大量材料进行分析、归纳,透过现象揭示事物的本质,找出带有规律性的东西,从而引出正确的结论,在材料与观点统一的基础上,根据内容特点,认真构思写成的文字材料。

这里,我想挑战一下权威,或许是我"吹毛求疵"吧!然而,毕竟你有疵可挑呀。给一个事物定义,是理论,是科学,有些重要的定义是引领时代潮流,或者千百万人民行动的,必须符合实际,符合理论和科学原则,千万草率不得!我以为,这里的第一句话简括调查报告的定义,就不准确,不科学,不符合事实,且与后面对调查报告完整、详细的定义表述不一致,核心语词(概念)的内涵不是一回事,犯了偷换概念的错误。这第一句是说,"调查报告是根据调查研究成果写出来的反映客观事物的书面报告"。一般来说，一次完整的调查研究活动，在没有形成符合文章体例的文字材料之前是算不上有什么"调查研究成果"的。"成果"是什么？①成全，成立；②收获到的果实，常用于指工作或事业方面的成就。你的"书面材料"还没有"写出来"，还没有"成全，成立"，也没有"果实"；果实是看得见、摸得着的，你的调查研究还在行进之中，哪来什么"成果"为你作"根据"，由你"写出来""书面报告"呢？所以说，这个定义不准确、不确切、不符合调查研究实际。

我说它与后面的调查报告完整、详细的定义表述不一致，应是两处不一致：一是与分号后面的"调查报告则是调查结果的书面形式"不一致。前者叫"调查研究成果"，后者叫"调查结果"，这二者决不会是同一个概念吧。二是与再后边的107个字的一长串表述不一致。这107个字中，只有"从而引出正确的结论"，再没有出现"调查研究成果"6个字，这二者也应该不会是同一个概念的两种说法；而且，"从而引出"的说法，表达的是一个在进行中的过程，是调查研究中的一个重要环节，这个环节完成之后，才能最终形成调查研究"结果"或"成果"；"结果"和"成果"也是两个不同的概念。因为"结果"有正确和错误之分，不一定就是"成果"。这是符合调查研究实情的。

那么，到底什么是调查报告呢？

我以为，调查报告是对某一情况、某一事物、某一问题调查研究后，将所得的材料和结论加以综合写成的书面报告。详细定义，就是前述"调查报告则是调查结果的书面形式"这句话中"调查结果"中间加上"过程及其"4字，再连同后面的107个字的概括，即：

调查报告则是调查过程及其结果的书面形式，它是社会实践中，对一个事物、一个问题或某一方面的经验进行深入细致的调查，对调查到的大量材料进行分析、归纳，透过现象揭示事物的本质，找出带有规律性的东西，从而引出正确的结论，在材料与观点统一的基础上，根据内容特点，认真构思写成的文字材料。

这样一简一繁的两句话组成调查报告的定义，可能比较切合实际，又比较科学、完整、严密、协调、统一。

调查报告作为一种信息载体，它不仅是政治、经济、社会管理工作中使用频率较高的文体之一，也是我们各项工作领域中使用比较广泛的文体，在我们的工作中发挥着重要作用。它还可以作为国家制定正确路线、方针、政策的重要依据，也是宣传国家方针、政策的有力武器。它可以成为反映人民愿望，促使我们改进工作，克服缺点的舆论手段。好的调查报告，可以在群众中产生巨大而深远的影响，对实际工作起很大的推动作用。深入调查研究，精心撰写调查报告，是理论和实际相结合的一个重要方面。因此，对于提高干部管理水平也有着重要意义，应该引起我们足够的重视。

（二）"调研报告"的出现及其鸠占鹊巢

在传统调研写作和应用写作实践和理论研究中，调查报告是一个十分规范、严谨、独立的文种，没有与谁拉扯不清。改革开放以来，尤其进入21世纪以来，由于调查研究蔚成风气，调研理论研究也竞相发展，逐渐有人提出个"调研报告"的说法并成为调研写作和应用写作的热门话题。令人意想不到的是，它竟鸠占鹊巢，把传统调查报告挤压、贬损为"侧重调查过程"，主张只有"调研报告""侧重于研究与结果，是以调查为前提，以研究为目的，研究始终处于主导的、能动的地位，它是调查与研究的辩证统一，充分反映调查研究的结果"。调查报告就什么也不能、也不是了。持这一观点的代表作可能就是徐群的《调研报告的写作》（载《理论与探讨》2007年第1期；网载题目改为《调研报告与调查报告的区别及写作技巧》，以下简称《巧》文）。拜读全文之后，我觉得有几点是值得认真商榷和拨乱反正的。

1.调研报告与调查报告其实是一回事。

《巧》文从始至终没有对"调研报告"四字作个什么确切而简要的定义，只有一处，从调研报告的写作上，做了详细叙述：

调研报告的写作要抓好三个主要环节：调查、研究、报告。这三个环节中，调查是基础，研究是关键，调研报告的写作是把调查获得的材料所形成的观点，通过布局安排、语言调遣组织成文章。这里，调查与研究是辩证统一的关系。它们之间不仅相互作用、相辅相成，而且相互贯通。调查的目的，在于掌握大量、真实、全面的客观事实和具体数据，对基本情况有一个系统的了解；研究的目的是对已经获取的材料进行分析、研究，探索事物的本质和规律；报告则是在调查、研究的基础上，用书面形式说明结果。因此，可以说"调查"是"研究"的事实基础，"研究"是"报告"的理论依据，"报告"是调查、研究的具体体现。

这段文字，无论哪一条，都与调查报告写作的情况相一致。既然可把本来属于调查报告的属性人为地排给调研报告，那就是说这二者就是一身二名，同一事物，两个名称。在现实中，也确有不少部门是这样做的。如中共中央党史研究室就把全国各地组织撰制的抗日战争时期中国人口伤亡和财产损失调研材料，叫做"调研报告"。按照《巧》文关于"调查报告侧重于调查过程"的要求，抗战调研报告，主要是调查了解各地抗战时期人口伤亡和财产损失的情况，并不要求制定什么解决问题的对策，中央党史研究室公然地称它为"调研报告"，这不就正好说明它是一物二名了吗？

2.《巧》文所述调研报告的特点，均是调查报告的特点。什么"目的明确""注重事实""论理性""语言简洁"，哪一条不是调查报告的特点？

3.《巧》文所说调研报告"格式"，与李忠实《新编公文写作必备大全·怎样撰写调查报告·结构模式》（下文简称李书）无二。

（1）比如标题，就没有多大差别，只有一处写了个"调研"一词。

①《巧》文中的"公文式标题"：《关于知识分子经济生活状况的调研报告》《知识分子情况的调查》。

李书中的"单标题"：《关于北京六〇八厂生产情况的调查报告》。

②《巧》文中的"一般文章式标题"：《本市老年人各有所好》。

李书中"结论式标题"：《实行计件工资好》。

③《巧》文中的"提问式标题"：《"人情债"何时了》。

李书中"提问式标题"：《××单位的领导班子为什么涣散无力？》

④《巧》文中"正副结合式标题"：《深化厂务公开机制 创新思想政治工作方法——关于武汉分局江岸车辆段深化厂务公开制度调查》。

李书中"双标题"：《新作风开创了新局面——天津市发展集体商业服务网点的调查》。

（2）比如正文。《巧》文说是"包括前言、主体和结尾三部分"。

李书说一般由"导语、报告分析（即主体）和报告结尾"三部分组成。

（3）《巧》文说主体的结构大约有三种形式：即横式结构、纵式结构、综合式结构。

李书说："报告分析的撰写方式常见的有三种类型，即纵式、横式、交叉式。"

（4）结尾部分，他们都说可写可不写。

4.按照《巧》文所强调的"研究始终处于主导的、能动的地位"的调研报告如果真正是有的话，我认为它只能是一个集合概念，诚如《巧》文所说，"广义上说，所有调查报告都或多或少带有某种研究性质，都是调研报告"。它就正是这里所说的广义的调研报告，不仅包括传统意义上的调查报告，还包括工作研究（对策研究）、工作经验、工作总结、发展战略研究、考察报告、可行性研究报告、研究和揭露特殊问题的专题报告等调研写作中的许多文章。

如果这样，它就同现在已经很流行的说法叫"调研文章"几乎很接近，它可以统领一部分调研文章，也跟调研文章一样，不是一个具体的文种或文体。

（三）关于调研文章的提法，我在拙著《怎样写好调研文章》第54页第12行至第15行讲了这样一段话

在正规出版（也即传统）的教科书中，是没有调研文章这个概念的，正儿八经的，是叫"调查报告"。在我们的实际工作中，至少是我和我周围的一些同志，口头上，有时在书面用语中都叫"调研文章"，比较随便，也能体现它的特点，不像"调查报告"四字一出口，文诌诌的。所以，我以为，在我们讨论的时候，就叫调研文章好了。

我一直喜欢调研文章这个说法，拙著竟以"调研文章"命名又被国家一级的言实出版社认可；打开网页，"调研文章"四个字出现频率也高得出奇。现在我想，凡是对某一情况、某一事物、某一问题进行调查研究，将所得材料和结论按照一定的文章体裁整理而成的书面材料，都可叫调研文章。调研文章，确乎比调研报告具有更大的包容空间和统率能力。这样的话，调查报告、调研报告、调研文章以及其他许多调研写作和活动之间的关系可能就都理顺了；调查报告就是调查报告，它是调研写作的主力军和基本力量，调研报告不能取代；调研报告不是一个具体文种，只是个集合概念，可以统率小部分调研文章；调研文章包容广泛，且体系完整，是调研文化的重要组成部分；调研文化是个新兴的文化种类，既是应用写作中的望族，又是与文学、艺术、教育、科学平起平坐的文化大家庭中的一员。这一点，我曾在发表于《秘书工作》2006年12期上的《调研文化新概念解》中作过论述。

下面是理顺关系后的调查报告等的文种关系图：

	调查报告
	工作研究
	工作总结
调研文章	工作经验
（调研报告）	考察报告
	发展战略研究报告
	可行性研究报告
	典型材料……

二、调查报告的种类

（一）从范围上，可分为

1.综合调查报告　一般把围绕一个中心问题，在进行全面调查的基础上写成的报告称为综合调查报告。综合调查报告是对有关情况的全面反映和概括，具有普遍的指导意义，是制定或修改方针、政策的重要依据。

2.专题调查报告　把围绕一个专题，经过如重点调查、典型调查、抽样调查等写成的调查报告称为专题调查报告。这种报告内容单纯，范围较小，针对性强，反映问题及时。

（二）从内容上，可以分为

1.基本情况调查报告　这类调查报告较全面地反映社会某一方面或某项工作的基本情况，为领导机关了解信息、制定政策提供依据。如国务院人口普查办公室、国务院统计局人口分析小组的《关于我国人口状况的几点分析》。

2.揭露问题调查报告　这类调查报告主要是揭露矛盾和问题，调查原委，找出原因，弄清是非，分清责任，分析性质，论述危害，找出教训。它既可以作为处理问题的依据，又能起到反面教育作用。如《中纪委调查组关于安徽省霍立县××粮站重大贪污案的调查报告》。

3.查实情况调查报告　这类调查报告主要是根据群众来信来访、举报揭发在调查了解事实真相以后而写成的。目的是弄清事实真相，提出处理意见或建议，如《关于风陵渡中学校长被扣事件的调查》。

4.研讨问题调查报告　又包括两小类：一是在开放搞活中，对某些政策或某项工作有分歧认识，通过调查研究，写出研讨性的调查报告；二是一些学者、专家在对一些学术问题进行考察、研究取得结论、结果后，写出学术性调查报告。

5.新生事物调查报告　这类报告要求比较及时地反映新思想、新作风、新事物产生的背景、原因、发生、发展的过程，阐明它在现实生活中的意义和作用，揭示它的成长规律和发展方向，以促进它进一步健康成长。如笔者在2016年任职湖北群艺集团报刊编辑后，相继撰写《积分制管理的由来、性质和特点》《积分制管理的中国传统文化渊源》等，就较好反映了积分制管理这一新生事物产生的背景、原因、发生、发展的过程，还阐明了它在现实生活中的意义和作用，揭示了它的成长规律和发展方向，以促进它进一步健康成长（见附二：《积分制管理的由来、性质和特点》）。

三、到底应该怎样指导他人撰写调查报告

（一）一般讲授模式的老生常谈

无论打开网页，还是翻阅教科书，讲解怎样撰写调查报告的文章、讲义以及什么"大全"之类，不论他们怎么比比皆是，令人眼花缭乱，但差不多都是"汇总型"的老生常谈，也就是集中起来，概括性地讲个一、二、三、四：

1.做好深入细致的调查；

2.主题正确、鲜明、新颖；

3.观点和材料统一；

4.语言简明扼要、生动朴实等。一般都是三、四条合起来才三五百字。实际上是几句公式化、概念化的提纲，好像还没有谁具体展开讲过到底怎么写。

再就是附一二篇范文，叫你自己看吧！

这当然也是一种传道、授业、解惑的办法。至于效果有多大，我就说不准了。

（二）我怎么讲授调查报告写作方法呢

我的办法，就是用"实例法"讲自己是怎么做的，让听者和读者从实例中感受、领悟其中的道理、理论原则和做法。

我今天就以我怎样写作《价值规律与生猪生产问题初探》（简称《价》文）为例，探讨一下怎样写好调查报告这个问题。

《价》文是我的调研写作才开始真正摸索到一点点道道的第一篇文章。1981年，我从湖北省沔阳县（现为仙桃市）三伏潭公社办公室主任当上公社副主任不久，在接待省畜牧局一位专家时，如数家珍地介绍了本社畜牧业生产情况。专家发现我思维敏捷，情况熟悉，当即就约请我为我省和全国即将召开的畜牧经济理论研讨会撰写论文。在他的指导下，我数易其稿，写成《价》文，相继参加了这两个会议。全国第四次畜牧经济理论研讨会专门为我的文章印发了一期简报，会议纪要和总结报告还分别以相当篇幅评介了我这篇文章的主要内容和观点。我之所以能够获此殊荣，原因就在于1979年粮食十多年来第一次提价以后，国务院拟给生猪十多年来第一次提价。但提多少为宜呢？当时农业部畜牧总局的专家学者们没有谁能够提出可供参考的第一手资料。而我的文章恰好从粮猪比价、肉料比等几个方面较好回答了这个问题，所以我在这次会上受到高度重视。

那么，我到底是怎样撰写这篇让全国会议高度重视的重要文章的呢？我的做

法，主要是按照调查报告的写作要求，从以下四个方面下了一定功夫：

1.资料：深挖细找，丰富库存

1980年以前，我一直做办公室工作。那时，收集、整理资料，全靠手工，口问手写；文字资料靠抄写。我写《价》文的资料来源如下：

一靠我家家庭养猪。当时，我家在农村，每年养猪2—3头；养一头猪需多少糠麸饲料，多少青菜、青草；一头猪，仔猪购买多少钱，出售多少斤，收入多少钱；扣除食水多少斤；奖励粮票、肉票多少斤；交猪踩肥多少方，记多少工，分配多少钱。还有我家在生产队的现金、实物分配情况和数据资料。

二靠我分管的集体养猪场、食品营业所和住队联系户提供与养猪相关的各方面资料。

三靠县里的农业、商业、粮食、供销等生产和经营管理部门提供中华人民共和国成立初期至1982年共30多年的相关资料和数据。

四靠从中央到县、乡各级党政及相关企事业单位提供各种相关档案、文献资料。我所收集、抄录、参阅资料达10万字之多。

2.背景：勾画点染 夯实基础

背景，《现代汉语词典》的释义为：①舞台上或电影、电视剧里的布景。放在后面，衬托前景。②图画、摄影里衬托主体事物的景物。③对人物、事件起作用的历史情况或现时环境。有的称为历史背景、时代背景、政治背景。

调查报告主要是反映某一事物、某一问题、某一情况的书面报告，而这些事物、问题、情况，一律都存在于一定的历史情况和现实环境之中，其背景是不得不明确交代的。否则，它就是无源之水，无本之木，是空中飘浮之物；就如同没有布景的电影、电视剧，前景得不到衬托；如同图画和摄影里没有景物衬托的主体，怎么也鲜明、突出不起来的。

调查报告必须交代背景。但背景毕竟不是主体，不是前台，不能喧宾夺主。那么，到底应该如何交代呢？办法就是勾画、点染，以少胜多，以为衬托。

勾画、点染，都是中国画的技法名，即不用勾勒，而以笔端蘸墨或颜色，落纸成画，妙笔生辉。

在《价》文中，我从开头第一句话交代"1979年春，党和政府提高生猪收购价格，让农民得到实惠，生猪生产一度急剧上升"的时代背景，以后每块，或者在段中，或者在段尾，或者勾画，或者点染，穿插有关时代背景的交代，都较好突出了事实，深化了主题。比如在第一块"生猪提价与有关生猪生产其他方面的擅自提价"的最后一节开头，我写道：

"可见，1979年这一次生猪提价，在20种提价的主要农副产品中，是一种反常现象……"

这就至少告诉了人们：1979年农副产品提价的品种20多种，是一次大规模提价，是党和政府对农村政策的一次重大调整等。

在第三块"农牧并举与挖农补牧"最后一节，我写道：

"讲到这里，不禁使人想到，多少年来，尽管党中央三令五申不准采用任何形式把不合理负担转嫁给农民，不准制定任何'土政策'罚扣农民，并千方百计让农民得到实惠。可是时到今日……"

这里说的这个"今日"，就是改革开放的今日，拨乱反正的今日，就是进一步突出时代背景。这几句话，既使人进一步认清了长期以来，党的农村政策的主要走向，也使全文主题有了更为坚实的政策基础，为后边全面调整"文化大革命"遗留下来的极左政策作了较好衬托。

3.主题：反复提炼 再三升华

（1）围绕新观点开发主题。《价》文的主题，就是主张正确运用价值规律回顾、反思、认识长期以来违背价值规律，单纯靠行政命令指导生猪生产的情况和教训，以便拨乱反正，回到发展生猪生产的正确轨道。这一主题、这一观点，在20世纪80年代初期，计划经济开始破冰时期，无疑是一个新观点。《价》文的总标题、总主题就是"价值规律与生猪生产问题初探"，全文立论、布局、选材、用语等，全都围绕这个总标题、总主体展开。

（2）抓住本质规律挖掘主题。全文四块：一是"生猪提价与有关生猪生产的其他方面擅自提价"；二是"农畜产品内部比价与养猪"；三是"农牧并举与挖农补牧"；四是"保护农民养猪积极性与生猪政策调整"。前三块分别从猪糠比价、猪粮比价在生猪提价后出现的新的不合理现象，农畜产品内部比价不合理和用行政命令挖农补牧等不合理现象的分析中，抓住生猪价格背离价值是严重挫伤农民养猪积极性的本质规律，挖掘主题，找到问题的症结。

（3）突出本地特点提炼主题。沔阳县是个传统农业大县，主产粮棉油，"派""补""罚""扣"等挖农补牧的行政和经济手段，只有像沔阳这样的农业大县才能产生。反过来说，这种手段也正好体现了沔阳地区挖农补牧的特点。

《价》文通过全面、完整、详细介绍如何采用这四种手段挖农补牧，挫伤农民积极性，影响党群、干群关系，使主题愈来愈鲜明、深刻。

（4）运用典型事实深化主题。一是选择有代表性的典型事项具体算账深化主题。全文分别围绕1979年4月27日湖北省粮食局、物价局联合通知麸皮、细糠等饲料涨价，沔阳地区私养一头毛重160斤的一级猪在提价前后农民可得的实际收入，农民养一头毛重160斤一级猪的净收入与当地其他主要农副产品的比价及其变化，尤其粮猪比价、棉猪比价、猪糠比、肉料比，"三派"任务与农民的实际承受能力等近10个方面进行了详细算账对比，深刻揭示生猪价格背离价值的严重情况。有的还列表补充，唯恐文字表达不够鲜明、突出、深入、翔实。二是多方面选择大量生动具体且带有鲜明时代特色的典型，用以说明重要观点，达到主题深化的目的。为了证明强行超派生猪任务对农民积极性的影响，我举了这么个典型：三伏潭公社尹湾五队会计严四好全家7人，1982年派购生猪任务2头，他家养了2头200斤以上的大肥猪，完成了1头任务，还欠1头任务，他坚决不肯卖了。他说："今年我家养这么大两头肥猪，完成了任务，年关就没有肉吃，我不干！"为了进一步揭示挖农补牧、以牧伤农的危害，我列举了一个公社的例子：有个公社1979年共计兑现生猪饲料粮200多万斤（不包括国家奖售粮），生猪圈养工、肥料工又从分配中夺粮100多万斤，合计300多万斤。如果按超购价卖给国家，可多得现金21万元；肥料工、圈养工分配现金72万元，合计93万元，相当于平均每头生猪由生产队补贴45.31元，占全公社分配总额的11%，使全社平均工值减少0.055元。这种办法，实际上是叫农民"蜻蜓吃尾巴，自己吃自己"。为了进一步深化主题，我又接着列举了两个典型：一是因为返还肉票减少全县历年积存700多万斤社会肉票，一年内可以全部回笼的"好形势"；二是某公社食品营业所1975年—1980年生猪收购量由1274头上升到1935头，只增长51.9%；头平利润却由2.4元上升到7.68元，增长3倍；1981年又提高到9.4元，接近4倍，用以说明他们用"扣"的办法，"再挖农民一锹"。真是穷追不舍，直逼主题。

（5）引用党的方针、政策和理论原则并构成严密的逻辑推理升华主题。《价》文坚持以党的方针政策为红线贯穿始终。开头第一句就是"1979年春，党和政府提高生猪收购价格……"第一块"生猪提价与有关生猪生产的其他方面擅自提价"，开头第一句就是"生猪提价是党和政府正确运用价值规律，执行社会主义价格政策……"第二块"农牧产品内部比价与养猪"，在中间就讲了有这样一段话："按照社会主义基本经济规律和社会主义价格政策基本原则的要求，在农业内部，通过价格的不断调整，应该是使农业内部比价逐步趋于合理，农业内部结构逐步得到改善，从而推进农林牧副渔全面发展。可是，回顾过去33年的情况，却不是这样，尤其生猪与其他主要农副产品比价反而越来越不合理了。"第三块"农牧并举与挖农补牧"，又是在开头第一小节就宣传党的政策和价值规律等理论原则；第四块则全部讲政策调整。所有这些，一方面，使主题上升到党的路线、方针、政策的高度；另一方面，紧扣改革开放的时代背景，更使主题鲜明突出，深刻感人。

4.语言：字斟句酌 精益求精

孔子说："言之无文，行之不远。"调查报告作为调研写作的"大哥大"，文采是不可或缺的。但字斟句酌，也不是为炼字而炼字，而要炼字必须先炼意，为进一步升华主题服务。

《价》文十分注重修辞手法的综合运用。如 "可是时至今日，生猪价格却只是这样的明提暗降，生猪任务也还是这样的明派暗卡，经济效益又仍是这样的明补暗挖，这怎不挫伤农民养猪积极性，又怎么不使生猪生产全面下降呢？对比粮棉油和其他农副产品的蒸蒸日上，生猪生产却一落再落，主要就在于价值规律起消极的、阻碍生产发展的作用"。这就综合运用了排比、反问、对比等修辞手法，使文章既生动活泼，又发人深省。

同时也比较注重使用群众语言，乡土气息比较浓厚。如"倒贴一把米""又挖了农民一锹""蜻蜓吃尾巴——自己吃自己""挣点'工夫钱'"等，都较好体现了文章的语言特色。

此外，还适当采用了统计表，更加精练了语言，又图文并茂，使人一目了然。

四、关于调查报告等文种的学术讨论

改革开放以来，科学文化的学术活动蓬勃开展，写作学、应用写作、公文写作、调研写作的学术讨论成为热点之一，受到广泛关注。前不久，我从搜狗问问网站上看到"有人把调查报告当成调研文章，这是不对的，因为调查报告只注重调查、不注重研究，只是陈列问题的事实和数据，没有对事实和数据作进一步的分析、推理，没有得出具有建设性的探索、实践成果，所以调查报告不是调研文章"。对此，我经过一段时间研究思考，在《秘书之友》2018年第06期上发表《调查报告工作总结不是调研文章吗》参与了探讨。在这里为了廓清"调查"与"研究"的关系，我重提9年前出版的拙著《调研写作分类精讲·第十四讲 怎样写好调查报告》中，关于调查、研究、报告三者关系的一段话：调研报告的写作要抓好三个主要环节：调查、研究、报告。这三个环节中，调查是基础，研究是关键，调查报告的写作是把调查获得的材料所形成的观点，通过布局安排、语言调遣组织成文章……本书的这段话，无论是对调研报告，还是调查报告，其调查、研究、报告三者之间的关系，是描述得一清二楚的了，对调研文章中的调查、研究、文章这三者之间的关系也是一样适用的。最终，批评他们把调查报告从调研文章中排挤出去是没有道理的（见附三：《调查报告工作总结不是调研文章吗》）。

◎附一：价值规律与生猪生产问题初探

1979年春，党和政府提高生猪收购价格，让农民得到实惠，生猪生产一度急剧上升。但只一年光景，不少地方的生猪生产就直线下降。以湖北省商品猪基地县之一的沔阳县（现为仙桃市）为例，三年来，生猪的产、购、销、调都持续下降。

1981年与1979年相比：全县生猪饲养量下降12.9%；年内肥猪出栏头数下降3.1%；生猪年末存栏头数下降19.6%；生猪收购头数下降1%；上调下降12.1%，倒退到1973年的水平。生猪问题的严重性，应该引起党和政府的高度重视。否则，农牧生产、人民生活和四化建设都要受到严重的影响。本文仅就生猪提价与有关生猪生产的其他方面擅自提价、农畜产品内部比价与保护农民养猪积极性等问题作个初步探讨。

一、生猪提价与有关生猪生产的其他方面的擅自提价

生猪提价是党和政府正确运用价值规律，执行社会主义价格政策，进一步调动群众养猪积极性的重要措施。采取这一措施，使长期背离价值的生猪价格得到一次可喜的调整，生猪与工业品之间长期存在的"剪刀差"进一步缩小，农民的养猪收入相对增加。因此，农民的养猪积极性空前高涨、生猪生产大幅度上升。奇怪的是没过多久，直线上升的生猪生产却直线下降，普遍高涨的群众养猪积极性也渐渐低落，这就令人深思了。

本来，生猪生产作为一项多环节的社会生产，不会仅仅由一项价格政策所能左右的，但价格及价值规律对生猪生产的影响却十分重要。生猪提价，农民增收，这只是问题的一个方面；还有与生猪生产有关的其他方面的擅自提价，农民不仅未能真正得到生猪提价的实惠反而倒贴一把米，只得了生猪提价的一个"虚惠"。这就是影响当前生猪生产的重要原因之一。

1979年4月27日，也就是生猪提价后的第十二天，湖北省粮食局、物价局就联合通知：麸皮每百斤由4元提到5.5元，上升37.5%；细糠每百斤由3.2元提到4.5元，上升40.6%（同年9月24日，因不少地方反映麸皮、细糠提价幅度太大，该两局又通知麸皮每百斤降为5元，仍比提价前上升25%，细糠每百斤降为4元，仍比提价前上升25%）；饼糠每百斤由2.8元提到4元，上升42.8%；统糠每百斤由2.5元提到3元，上升20%；谷渣每百斤由0.2元提到0.5元，上升150%；粗糠每百斤由1.8元提到2.5元，上升38.2%；米渣每百斤由3.5元提到6元，上升42.5%；奖销粮比城镇人口供应价每百斤提高3.1元，上升25%左右。随之，仔猪价格普遍上涨，每市斤价由原来的0.7—1元，提到1.2—1.5元，上升50%，上述九个品种有五个品种的幅度超过了生猪提价的幅度。可见猪糠、猪粮比价在生猪提价后出现了新的不合理现象：

试以沔阳地区私养（公养亏损更大）一头毛重160斤的一级猪为例，对比提价前后农民可得的实际收入。

提价前一级毛猪每斤价0.497元，按净重（扣糟4斤）156斤计币77.53元；提价后一级毛猪每斤价0.651元，按净重（提价后扣糟偏多）154斤计币100.25元。名义上农民增加收入22.72元；而在其他方面，农民少收多付31.64元，与卖猪增加的收入相抵，实际上却减少收入8.92元。

1.以正常生产、合理经营下的中等成本和中等技术状况计算，生猪肉料比为1∶7，需糠麸1000斤左右，按精粗饲料各40%、青饲料20%，合理搭配如下表：

生猪提价前后，一般饲养一头毛重160斤肥猪主要成本开支对照表　　　单位：斤、元%

项目	数量	原价	金额	现价	金额	对比±	备注
合计			61.95		82.41	+20.46	其中加工费4元
麸皮	100	4.00	4.00	5.00	5.00	+1	
米渣	50	3.50	1.75	6.00	3.00	+1.25	
细糠	200	3.20	6.40	4.00	8.00	+1.60	
饼糠	100	2.80	2.80	4.00	4.00	+1.20	
统糠	100	2.50	2.50	3.00	3.00	+0.50	
谷壳糠	200	2.20	4.40	2.50	5.00	+0.60	
青菜	2000	0.10	20.00	0.012	24.00	+4.00	
大麦	60	8.50	5.10	10.68	6.41	+1.31	
饲料小计			46.95		58.41	+11.46	
仔猪	18	0.83	15.00	1.33	24.00	+9.00	

说明：饲料开支增加11.46元，仔猪开支增加9元，合计开支增加20.46元。

2.提价前每头一级猪平均扣槽4斤，提价后扣槽6斤，这又少卖1.3元，还有压级压价现象不作计算。

3.生猪提价后，猪肉随之提价33.3%，比生猪提价的30%多提3.3个百分点。沔阳猪肉由原来的每斤0.78元提到1.04元。猪肉提价，城市职工享受副食品补贴，低工资职工因猪肉等副食品提价带来的困难解决了，食品公司"购销倒挂"的问题也解决了，但农民没有副食品补贴呀，"城乡倒挂"的毛病却这样出现了。如一家又有职工，又有农民的家庭，同一张桌子上吃两种价格的猪肉，农民的实惠比不上工人，这就是新的工农矛盾的表现。且不说工农矛盾，单说买肉开支，按"购五留五"政策，农民出售一头160斤重肥猪，可得肉票38斤，猪肉每斤提价0.26元，买肉需增加开支9.88元。

可见，1979年这一次生猪提价，在近20种提价的主要农副产品中，是一种反常现象，农民卖猪的实际收入不是增加了，而是减少了。这对农民养猪的积极性无疑会有不好的影响。如果这次生猪提价像粮棉油一样只提收购价，不提销售价，或者对农民给予一定的副食品补贴，与生猪生产有关的各个方面都严格遵守国家的价格政策原则，不擅自提价，还进一步疏通生猪流通渠道，合理经营，并适当考虑仔猪提价的合理补贴，把生猪提价的实惠90%以上让给农民。我想，生猪生产就不会出现目前这种全面下降的局面了。

二、农畜产品内部比价与养猪

农畜产品内部比价悬殊是影响当前生猪生产的又一重要原因。由于其内部比价悬殊，生猪价格长期背离价值，使农民感到养猪划不来，不如种田，甚至不如卖糠。这就严重挫伤了农民养猪的积极性。只要我们按照正常生产、合理经营情况下的中等成本和中等技术水平推算，比较一下生猪与各项主要农副产品生产资料的必要消耗，和社会必要劳动及其平均工值，就不难看出它们之间比价悬殊的情况来。

仍以饲养一头毛重160斤的一级猪为例，按上例，加上积肥2方，币8元，可以收入108.25元；成本开支从仔猪头平18斤，币24元，全部糠麸按平价计算，也如上例。饲料合计58.41元，包医费2元，猪舍折旧及工具费5元，合计开支89.41元，纯收入可得18.84元。根据1982年6月24日三伏潭食品门市部收购的24头肥猪平均育肥期220天计算，每天活劳动计工0.1个，共22个，日平均工值仅0.85元。可是，据沔阳县农产品生产成本调查，目前在中等生产水平下，生产各种农产品所得收入（按平价计算）扣除肥料、农药、种子、公粮、小麦等项生产开支，每个劳动日平均工值是：生产粮食为2元，生产棉花为2.98元，生产油菜为7.43元，生产黄麻为13.2元，生产黄花菜为9.49元，分别比养猪劳动日平均工值高1.35、2.57、7.47、14.62、10.17倍；如果粮、棉、油、麻等按超购加价计算收入，则与养猪日工值悬殊更大。由此可见，养猪不如种田，无论种水稻、种棉花，还是种油料，都比养猪强；种黄麻、黄花等多种经营作物，就比养猪更划算了。

按照社会主义基本经济规律和社会主义价格政策基本原则的要求，在农业内部，通过价格的不断调整，应该是使农产品内部比价逐步趋于合理，农业内部结构逐步得到改善，从而推进农林牧副渔全面发展，以满足人民日益增长的物质和文化生活的需要。可是，回顾过去33年的情况却不是这样，尤其生猪与其他主要农副产品的比价反而越来越不合理了。如沔阳县1981年农产品收购价格（平价）与1950年相比，稻谷提价2.88倍，棉花提价2.3倍，麻油提价3.1倍，鲜鱼提价4.6倍，而生猪只提价2.28倍，可见，粮、棉、油、鱼提价幅度都比生猪提价的幅度大。不仅如此，而且，现在农民在完成粮棉油鱼国家征购任务外，超卖部分还可得按征购价50%的加价款，农民多卖一斤粮食相当于提价前的1.78斤，多卖一斤棉花相当于提价前的1.87斤，多卖一斤麻油相当于提价前的1.8斤，多卖一斤鲜鱼相当于提价前的2.3斤。而生猪却不是这样，无论卖多少，都只有一个购价。如果拿生猪去换别的农产品，那么，生猪的价值就是越贬越低了。1950年一斤毛猪可换6.5斤稻谷，1962年可换5.5斤，1977年可换4.8斤，1981年可换平价稻谷5.1斤（加价稻谷只能换3.5斤）。30年来，生猪跟稻谷比，被贬值22%—46%；跟棉花比，贬值25%；跟麻油比，贬值27%—56%；跟鲜鱼比，贬值50%—67%。因此，有的农民说："生猪是抱的儿子，不作数的东西。"

养猪是不是不如卖糠呢？这一点，当然要具体情况具体分析。生猪生产同其他一切社会生产一样，不只是一个仔猪+糠麸+残水的简单过程，也是一靠政策，二靠科学，不能一概而论。养猪与卖糠比较大约要分四种情况：①良种良法强于卖糠，可得20%以上利润。这种情况，在目前的养猪户中占5%。②良种常法，或者常种良法，除捞回工本费外，略有利润。这种情况，在目前的养猪户中约占10%左右。③常种常法只能捞回生产成本的消耗和得到社会必要劳动的补偿，基本上无利润可得，倒不如卖糠得钱简单直接，既不愁猪的生病死亡，又不愁猪的长慢长快，省去许多烦恼与劳累。常种常法在目前的养猪户中是普遍的、大量的，约占70%以上。④劣种常法或者常种劣法，还有劣种劣法的，这里的"劣"是指比一般水平稍差的对象，那种特殊的"劣"不在此列，那是百分之百不如卖糠的。这种户约占10%。

养猪亏本，使不少农户失去简单再生产能力，更谈不上扩大再生产。这是目前养猪"空白户"日趋增多的主要原因。有的农户为了继续养猪，只好拿自留地和其他家庭副业收入，或者农业分配收入来赔偿养猪的亏损，坚持把猪养下去。

三、农牧并举与挖农补牧

在生猪价格背离价值，而又供不应求的情况下，领导和指挥生猪生产，应该在做好思想政治工作的前提下，充分运用社会主义价格政策的基本原则，发挥价值规律的积极作用，统筹兼顾，合理调整生猪价格，处理好国民经济收入分配不均的问题，以调动群众养猪的积极性，促进生猪生产的发展，达到农牧并举的目的。

可是，回顾过去十多年中，我们在生猪生产的所有工作中，并没有认真这样去做，而是主要靠行政命令和经济惩罚相结合的手段，把养猪亏损的负担转嫁给农民。为了激发农民的养猪积极性，保证生猪生产的发展，自20世纪70年代初期以来，逐步采取了"派、补、罚、扣"的办法，这就是挖农补牧，以牧伤农和农商矛盾的集中表现。

"派"。就是用行政手段把生猪的饲养、收购和圈猪踩肥的任务按人头、按户或按全年口粮指标摊派给社员，一定三年不变。在"三派"中，最主要的是派购。过去较长时间对派购部分返还肉票的政策，自1982年起改为不返肉票，可见这派购政策是愈来愈苛刻了。对生猪生产采取适当的行政干预是必要的，但是，如果派得太高，超过农民实际的养猪能力，形成"高征购"，就值得研究了。沔阳县一般1—2人派购0.5头肥猪，2—3人派购1头，4—5人派购1.5头，6人以上派购2头，就的确太高了。五口之家一般实际只能养1头肥猪，完成任务也得不到肉票。三伏潭公社尹湾五队会计严四好全家七口人，1982年派购2头，他家就养了2头200斤以上大肥猪，完成了一头任务，还欠一头任务，他坚决不肯卖了。他说："今年我家养这么大两头肥猪，完成了任务，年关就没有肉吃，我不干！"

"补"。以农补牧，为收以牧促农、农牧并举之效，补一点是必要的。但如果补得太多，形成挖农补牧，甚至以牧伤农那就不好了。现在有些地方却正是在挖农补牧，以牧伤农。其补的办法：一是由生产队按出栏肥猪每头补售饲料粮80—100斤给养猪户；二是按生猪存栏每头每天记圈养工0.1—0.15个参加农业分配；三是提高猪踩肥的工分报酬，每方由原来的6—8个提到12—15个，有的高到18个；另外还降低质量标准，一头猪只积4—5方"渣草肥"。据调查，有的地方一个辅助劳力，全年养三头肥猪，得工分350个，分配现金280元，夺粮400多斤，相当一个上等劳动力一年农业劳动的分配所得。这样生猪价格背离价值的部分，就大部或者全部由生产队的农业分配给补上了。有个公社1979年共计兑现生猪饲料粮200多万斤（不包括国家奖售粮），生猪圈养工，肥料工又从分配中夺粮100多万斤，合计300多万斤。如果按超购价卖给国家，可多得现金21万元；肥料工、圈养工分配现金72万元，合计93万元，相当于平均每头生猪由生产队补贴45.31元，占全公社分配总额的11%，使全社全年平均工值减少0.055元。这种办法，实际上是叫农民"蜻蜓吃尾巴——自己吃自己"。

"罚"。就是"三派"任务结奖赔，超过任务的奖工、奖钱、奖粮；反之，赔工、赔钱、赔粮。尤其生产责任制变革以后，生猪圈养工、肥料工失去了对农民的约束作用，平均增划的饲料地也不能刺激农民多养猪，社员养猪一度陷入自流状态，靠行政命令和形式主义建立起来的"大锅饭"支撑的集体养猪场纷纷散伙。沔阳县3000多个集体猪场数月之内垮掉90%以上。在这种情况下，不少地方就在原来派养派购的基础上实行重罚：每5—6户派养一头母猪，欠一头，由该5—6户分摊罚款50—100元，或者罚粮300—700斤，或者罚水利工30—50个（工价2—3元）。派购任务每欠一头，罚款30—50元，或者罚粮100—300斤，或者罚水利工10—30个。其具体办法有同奖同赔、全奖全赔、多奖少赔、多赔少奖和只赔不奖等数种。但无论哪一种搞法，都是叫农民"自相戕杀"，最终是加重农民的负担。所以，有的农民甘愿罚款也不养猪，有的则拖欠不交，有的不肯受罚，顽抗到底。所以，不少地方的干部感到工作难做，干群关系受到严重影响。

"扣"。一是明扣，二是暗扣。所谓农商矛盾，主要就表现在这"扣"字上。明扣就是改购五留五政策为派购部分不返肉票，超购部分全返。由于近年来实行的"高征购"，大部分农民完不成，这样就大批克扣返销肉票，使刚好完成任务的农户都无票买肉。据沔阳县商业局摸底（沔阳县对生猪派购部分返票10%），1982年全县返回肉票比上年减少60%。全县历年积存的700多万斤社会肉票，一年内可以全部回笼，是十多年来没有的"好形势"。这样下去，叫人担心的是势必使"纺织娘，无衣裳；卖盐的，喝淡汤"的不合理现象重演！

不可思议的是所有这些不合理的罚扣办法，各级党委和政府都分别按照各自的权限，或者印发文件，或者制定乡规民约，加以合法化、制度化，用以约束农民，保证生猪喂养发展。

暗扣就是食品部门由于把利润指标与职工工资、奖金直接挂钩，少数职工，为了片面追求本单位的利润和个人奖金，也不惜收猪时多扣糟，卖肉时少给秤，大猪上调，小猪杀肉，甚至压级压价，再挖农民一锹，其结果更是使养猪农民负担加重、食品部门利润翻番。据对某公社食品营业所调查，1975—1980年，生猪收购量由12743头上升到19351头，只增长51.9%；头平利润却由2.4元上升到7.68元，增长3倍，1981年又提高到9.4元，接近4倍。

讲到这里，不禁使人想到，多少年来，尽管党中央三令五申不准采用任何形式把不合理的负担转嫁给农民，不准制定任何内容的"土政策"罚扣农民，并千方百计让农民得到实惠。可是时至今日，生猪价格却只是这样的明提暗降，生猪任务也还是这样的明派暗卡，经济效益又仍是这样的明补暗挖，这怎不挫伤农民养猪的积极性，又怎能不使生猪生产全面下降呢？对比粮棉油和其他农副产品的蒸蒸日上，生猪生产的一落再落，主要就在于价值规律起消极的、阻碍生产发展的作用。

四、保护农民养猪积极性与生猪政策调整

尽管养猪亏本，生猪提价并不十分实惠，又有挖农补牧，以牧伤农和农商矛盾等不良现象存在，但绝大多数农民还是愿意养猪。究其原因：

（一）俗话说，穷不丢猪。养猪可以使一般的农民家庭保持勤俭持家的优良传统，可以挖掘辅助劳力，积攒剩余劳动时间，挣点"工夫钱"。再则，可以利用大量的社会糠麸和家庭残粥剩饭、泔水和一定的植物饲料，变废为钱，增加收入，贴补生产生活费用。随着养猪科学技术的进步和普及，越来越多的人从生猪生产上取得较大利润，这对一般的人又是一个莫大的吸引。

（二）猪肉是农民逢年过节、婚丧嫁娶、砌屋盖房以及平时改善生活的主要肉类食品，谁不养猪谁就没得肉吃，所以每个农户都要想方设法养头肥猪。

（三）生猪生长周期较短，投资少、见效快，是一项适应性强的畜牧业生产门路。

（四）党的一系列正确的养猪政策、方针的贯彻执行，在较大程度上调动了群众养猪的积极性。同时，由于养猪科学的进步、养猪技术的普及、生猪防疫工作的深入进行，对严重影响生猪生产的猪瘟、猪肺疫等主要疾病的有效控制，都有力地推动了生猪生产的发展。

在我国，不仅农民中蕴藏着极大的养猪积极性，而且农村中还蕴藏着极大的养猪潜力。根据我国国情和我国农业内部结构和人们食物构成调整的需要，养猪业还会有一个大发展。只要我们正确执行党的政策，并逐步进行如下调整：

（一）适当提高生猪的收购价格。为了充分发挥价值规律的积极作用，对生猪价格再次进行调整是必要的。调整生猪价格必须以其价值为基础，即以当前生猪正常生产和合理经营下的中等技术条件、中等成本，再加上一定的利润、税收，同时还要考虑以粮价为中心的各类农副产品的合理比价。只有这样制定出的生猪价格，才能正确处理各部门和各社会集团之间的矛盾，使国家、集体、工人、农民合理分配国民收入，迅速纠正目前国民收入分配不均的弊病。

（二）制止乱涨价，让养猪农民得到实惠。迅速纠正粮食副产品及奖售粮等擅自提价的问题，尤其要调整好猪粮比价、猪糠比价，尽可能让农民得到生猪提价的全部或者大部分实惠。在生猪价格的再调整未实现之前，必须将粮食副产品的奖售粮的销价，或者调为原价（即1979年以前的价格），或者由国家给养猪户（包括集体户）以一定的

"饲料补贴"。仔猪和其他成本费用的提价部分也应该适当考虑。总之，要使大部分养猪农民得到生猪提价的90%以上的实惠。

（三）妥善解决生猪上"城乡倒挂"问题。是否可以对农民也实行副食品补贴？富队可拿公益金补贴农民，穷队由国家适当补贴。

（四）虽然，生猪生产不能脱离国家计划的指导，目前取消生猪派购为国计民生所不允许。但必须充分发挥市场调节的辅助作用，按照养猪劳动和物资消耗的变化以及供求情况的变化，做好地区性和季节性的价格调整，以此来促进国家计划的完成，保证市场的供应。其派养派购任务，一要切合实际，让生产者有产可超；二要同群众协商，让群众自觉自愿，不能搞一律化、一刀切，严禁层层加码。派养派购合同不能只约束农民，而应该使产购双方都受到合同约束；生产者欠购要罚，超购要奖；购销者停购、限购、禁购，也要受罚。"一把刀"地区要严格实行购五留五政策，应随购随留，不能先购后留，更不能只购不留，避免完成任务的农户吃不上猪肉。生猪超购部分应同粮棉油鱼一样加价50%，以鼓励农民多养猪，多超卖。

（五）禁止用强迫命令和随意的经济惩罚挖农补牧，以牧伤农。由生产队兑现生猪饲料、圈养工的做法和高罚的做法都必须废止，细致的思想政治工作必须加强。

（六）大力发展城镇和城郊养猪业，变消费者为生产者，使一些有养猪条件和能力的工厂、学校、部队、机关、团体和城郊养猪自食，也像农村一样，层层下达指标，纳入国家计划。如果这样做了，全国每年可多养1000万—2000万头生猪，使全国生猪饲养量增长4%—7%，可以使城镇居民和低工资职工增加10亿—20亿元收入，还可以解决100万—200万非农业人口的就业问题。

（七）要不断改良猪种，普及养猪科学，加快生猪育肥速度，缩短饲养周期，同时进一步搞好生猪疫病防治，以降低养猪成本，增加农民收入。

（八）改进经营作风和方法。食品部门利润指标与职工工资、奖金挂钩的办法，不利于克服官商作风、密切农商关系和疏通流通渠道，这种办法必须改进，应代之以既能调动食品部门积极性，又不损害农民养猪积极性的经营方法和经营作风。

（九）要大力扶持穷队穷户养猪，解决生猪生产的不平衡状态。

（十）要大力发展饲料工业，这是发展生猪生产的物质基础。

（本文收入全国第四届畜牧经济理论研讨会论文汇编）

附二：积分制管理的由来性质和特点

中国积分制管理，本世纪初诞生在湖北省荆门市，荆门市被称为积分制管理的发源地；积分制管理的创始人是湖北群艺董事长李荣先生。他于2001年创办只有七八个人的群艺公司；2003年，他在总结回顾自己任荆门市一医副院长近20年管理经验的基础上，首创并试用中国积分制管理模式，几年之间，公司人员、资产增加20多倍，效益增加50多倍，项目拓展到2500多个；尤其积分制管理落地实操培训班，从2008年开始至今，已开办149期，共培训4万多人次，凡是推广实行的企事业单位、机关、学校、社区（村）都分别取得了巨大的经济效益和社会效益；2016年11月19日，首届中国积分制管理学术研讨会对此作出高度评价，同时，与会专家、学者与科技部门就积分制管理体系的理论定位、应用前景和创新价值进行了深入研讨和表决，一致认为，积分制管理体系是一套具有中国特色的创新人力资源管理方法，填补了国内空白，并在现场颁发了科技成果鉴定证书。2017年5月8日，中国积分制管理新丝路国际文化驿站（荆门总站）成立，把积分制管理融入到"一带一路"国家倡议之中。

2008年开始，积分制管理逐步走向全国及海外大中小企业的同时，走向了国家机关、团体、事业单位及社区（村）的管理和基层治理；还走进了北京大学、清华大学、复旦大学、武汉大学等高等院校的课堂，成为中国首个走出国门的创新管理模式、从企业实践中"落地"式的管理模式、被中国管理科学研究院授予"管理创新项目"，也是将学习课程放在车间教室的培训、全程学习+体验式管理操作的培训；它将企业制度化与人性化完美结合，是"有结果"的管理；同时，成为荆门的光荣和骄傲，大大提高了荆门市知名度和美誉度；成为了荆门一张城市名片、文化名片和一个文化品牌，并将成为荆门市第一个文化产品出口项目。

积分制管理，作为一套具有中国特色的创新人力资源管理方法，它特色鲜明，特点突出，主要是：

一、涵盖广泛

凡是实行积分制管理的单位、组织、区域（社区、村），其管理是统统纳入、统统涵盖，积分一线牵万家，一盘散沙成一家，这就是积分制管理的奇妙及其功能的广泛应用。它既管事，又管人；既管做事，又管做人；积分的精细化、量化管理，可以说无所不在，无所不能；对所有的人和事，都可进行精细化、量化管理，一管到底。

二、公平公正

凡是实行积分制管理的单位、组织、区域（社区、村），在积分制管理下的所有人和事，在积分面前人人平等，无论老少男女、干部职工、技术等级，统一实行同一个标准，公平公正，一视同仁，老少无欺。统一实行民主评议，民主决定，这就是公平公正。

三、民主平等

首先，是积分可以自报，由领导认可；其次，可以公议决定，一般由两人监督；最后，软件记录，全程可查，有错必纠。只有老板一人说了算是人治，中层干部甚至员工说了都能算，这就是民主平等。

四、公开透明

积分制管理从报分、评分到记分、用分、重复用分，评优发奖，全程公开透明，阳光操作；还可公开查对、核实、修改、纠正，没有暗箱操作；管理者和员工之间信息及时反馈；如果谁徇私舞弊，就会给予纪律论处。

五、积分充分利用

积分永不作废、清零，可以重复使用、多次使用，评选优秀、先进，提拔重用，晋级加薪，评职称，享受福利待遇、车辆补贴甚至房屋、干股分红等等，都是利用积分，以积分靠最前者当选。

六、表达管理者心愿

积分制管理最大最重要的一个特点就是要表达、能表达、随时表达、大家都表达老总的管理心愿和管理者的心愿。这两个心愿集中到一点，就是把人管好，把事管好，达到管理者和被管理者共赢共享。

七、坚持以人为本，彰显人性光辉

积分制管理就是抓住人性的特点，突出人性向善的一面，利用人性本私、利己也利人的积极的一面，充分调动人的积极性和创造性，主观上是为自己，客观上为大家，实现自我更大的人生价值。积分制管理的核心，是用积分（奖分和扣分）对人的能力和综合表现进行全方位量化考核，并用软件记录和永久性使用，从而达到激励人的主观能动性，充分调动人的积极性的目的，让员工更好地去投入工作！

八、积分的作用超过金钱

钱只是物质的东西，它容易引导人唯利是图，而积分既是物质的东西，又是精神的东西，员工可以通过挣积分名次，实现自我价值和精神上的追求，所以，积分是物质和精神最佳的结合体。员工要工资、要奖金，老板会有功利的感觉，而挣积分、要积分，则没有这种不好的感觉。钱在激励上的作用只解决了员工做事，没有解决员工做人的问题，员工重视的只是与钱有关的劳动，而与钱无关的行为，如文明礼貌就不会引起重视，而积分既解决了员工做事的问题，又解决了员工做人的问题。积分制管理能够很好地记录员工工作业绩、工作表现、加班情况及提出合理化建议等；还可延伸到在社会上做好人好事、助人为乐等。

九、累积性

对比传统积分制设计和运用，积分制管理的最大特点是终生使用，永不清零，这就是它的累积性和累计性，永远累计，从第一次的积分、第一次使用之后，就继续累积、累计，加上新的积分继续使用，如此反复多次地继续累积、累计，再使用，再累积、累计；持之以恒，上不封顶；永无休止，永不清零。又像银行存款，又不像。像的一方面是，你只要存入，他就给你累积、累计，存得多，就积得多。不像的一面是，银行存款，你不能取出，一旦取出，他就给你减，减到没有了，就清为零，还取消你的账户；积分制管理对积分使用，是不减少积分的，而是保留积分，继续有效，继续使用，直到你的工作终止；甚至你退了休，只要你的身份还保留在公司，你原有的积分还可继续使用，继续有用，这就比银行存款还优越。

十、持久性

积分制管理的这一个特点明显由上一个特点派生，正是因积分永不清零，才能够终生享用，这确确实实胜过储蓄存款。因为储蓄存款，取一点就少一点，而积分制的积分永不清零是可以多次使用、反复使用的，这就确确实实优于储蓄存款。有的老年人了解到积分多次使用的特点后说：这积分真好，既可得实惠，又可得快乐，还可长期使用，何乐而不为呀。

十一、广泛适用性

积分制管理开始试用，主要是针对国内中小民营企业，试用的结果，不仅是国内中小民营企业，国有大型、超大型企业，甚至上市公司试用，也觉得得心应手；后来向党政机关、社会团体、事业单位、社区（村）推广应用；再后来突破国界，向海外拓展，得到很好的反响，证明它不受行业、所有制甚至国界、种族、文化种类的限制，具有最为广泛的普遍适用性。

十二、激励的多重性

无论是企业管理、社会管理，不说是一般管理者，就是全世界的管理学专家学者，对于物质激励和精神激励的有限性都感到无可奈何，无计可施。中国积分制管理创始人李荣先生恰好在这个方面做了切实可行的探索。他的积分制管理的积分不直接与钱物挂钩，积分的定期奖励，有选择、有限制地发放，既有物资性奖励，又有精神性奖励，还让你有快乐、有期待，包含了多重激励因素、正向的激励因素；有些负面的激励，最终产生的效果都是正向激励，真是奇妙无穷。

十三、包容性和协调性

积分制管理对于所有机关团体、企业事业单位原有的规章制度，统统能够包容、吸收，协调一致，不必戒备和废除。每一个企业都有自己的管理体系，都有自己的规章制度，都有自己的生产流程和工作流程，许多老总担心，实行积分制管理是不是要打乱公司的管理体系？重新制定管理制度和工作流程？回答是完全没有必要，而只需要把积分制管理的奖、扣分和标准融入到公司原有的管理体系中，把奖分和扣分的标准具体化就可以了。例如，员工劳动纪律，原制度规定上班迟到要扣钱，往往很难落实，实行积分制管理后，凡迟到的员工都要按规定扣分，按时到或早到的员工还可以给予奖分，只要坚持执行，一定会收到好效果。又例如：服务态度，凡受到客户表扬的，都要给予奖分，凡客户投诉的，都给予扣分，公司把不容易落实、执行的制度变得能够认认真真的执行，把所有的规章制度与奖分、扣分挂钩，虽然制度要求没变，但执行力却增强了。

积分制管理像一根无形的线，可以把公司想解决的各种问题都用这根线串起来，从而让公司老总变得无比轻松。

十四、令人赏心悦目，见到就高兴

一般的积分兑奖活动，大都配合或伴随着文艺晚会进行，所以热闹非凡、快乐无比。不少员工自编自导自演节目，首先是自己高兴快乐；大多数员工快乐参与观看，像过节一样快乐；尤其积分高的员工，可以得到品种不一、数量不等的奖励物资、干股分红等，那种获奖的高兴快乐，尤其精神需求的满足，就不必多说了；还有凭奖票抽奖，看到奖票就让人赏心悦目、兴高采烈、快乐无比，辐射的全是正向激励；抽到奖励物资、现金就更加让人欣喜不已。

十五、自我管理的最高境界

积分制管理的最高和最终目的，是通过多种多样的正向激励，引导管理对象提高自我约束、自我管理、自我提高、自我完善的自觉性和能力，使自己道德高尚、能力高超、综合素质高档，最终实现自我最高的人生价值，达到最高人生境界。

十六、高效能、低成本

这是积分制管理模式的一个更为重要的特点。积分制管理，积分上不封顶，不论你积分有多高，运用积分结果奖励钱物，授奖者的钱物数量总是结合自身实际，控制在相对合理的比例之内，名额始终限制在积分靠前的少数名额之内；即使水涨船高，成本增长也总是控制有效能增长的比例之下，总体上总是呈高效能、低成本状态。

十七、责权利相统一，权责清晰，奖罚分明

单位定员定岗定责，每个员工都有明确的工作职责，责任意识增强了，老总管理越来越轻松。在群艺，无论是个人工作职责还是公司的中心工作、文体活动，都可以积分。通过积分明确每一个岗位的工作职责和成效，同时解决了每一个干部有责无权的问题，每个干部都会根据自己的级别，使用加分扣分的权力，在其位，谋其政，负其责，及时发现工作中员工的优劣表现和各种纰漏，奖罚及时又公正、分明，使公司老总的工作负担大大减轻。

十八、符合人性，员工乐于接受

一是积分制管理的核心就是让优秀的员工不吃亏，公司通过积分，把优秀的人员挑选出来，再把各种福利待遇向高分人群倾斜，员工的优秀表现也就得到了回报，所以，它符合人性，员工乐于接受。

二是实施积分制管理，是以认可员工的优秀表现为主，处罚为辅，也就是以奖分为主、扣分为辅，这种以认可为主的管理方式克服了传统管理方式以监督、处罚为主的弊端。

三是实行积分制管理以后，员工违规犯错，只扣分，不扣钱，保证员工的工资待遇不受影响，是一个非常符合人性的方法，所以员工更乐于接受。

四是实行积分制管理，可以给员工改正缺点和错误的机会，传统管理则主要是用扣钱的方法处罚员工，钱扣了不可能再补发给员工，而积分扣除以后，员工还可以再挣回来，也非常符合人性。

十九、以柔克刚，效用持久

群艺公司实行积分制管理主要运用奖分引导员工的正确的行为举止，形成好的风尚习惯，运用扣分制止、纠正员工的错误和不良行为、习惯，用奖分和扣分给予正反两种不同的信号，基本上取消了对员工的批评，尤其是激烈的批评，不需要过多的思想工作，只需要平平静静地使用积分、平平静静地产生效果，因为只有平平静静产生的效果才能够持久，这就是以柔克刚的奇效。积分制管理实施时间越长，大家的积分就会越积越高，对自己的发展前途就会越有信心，越会接受正向激励，越会多挣积分，积极向上，进步不停。所以，积分制管理实施时间越长，效果越好，这是无可置疑的。

二十、被扣、被丢、被错过的积分可以补回来、找回来、挣回来

主要是可以由本人自己寻找机会或者申请领导安排机会挣积分、多挣积分，被扣、被丢、被错过的积分就可以补回来、找回来、挣回来。

二十一、简单、易学、易懂、易会，好用、管用，不受老总文化水平影响

在企业中，老总的文化水平差距较大，许多人一不留神就当了老板；少数人担心文化水平不高，学不会、用不好这套方法，其实，这种担心完全没有必要。因为积分制管理原理非常简单，一听就懂，一学就会，一用就有效，一坚持就会成功；好用、管用，落地生根，立竿见影；员工做好了、做对了就给奖分；做错了、做坏了就给扣分。执行中，这套方法全是加减法，老总只要能分清对错、明辨是非就可以了；只要求老总有情商就可以了，而情商与文化水平没有太大的关系，所以，积分制管理不受老总文化水平高低的影响。

附三：调查报告工作总结不是调研文章吗——兼与匿名用户商榷

我之所以提出这个问题、撰写这篇文章，是因为我从青年时代起，就与调查研究结下不解之缘，并以身相许，把它当作自己的终生事业，不仅终生从事，而且在退休后的10多年中，集结出版了《陈方柱调研写作学习丛书》六七部，尤其是近年整理出《调研文章撰写》，对调研类文章提出了规范化统称，受到不少读者和听众好评。

万万没有想到的是这次应邀给本市一个单位讲授调研写作，为了做好这次讲座，我清理了一下自2009年《调研写作分类精讲》问世后逐步形成的《调研文章撰写》，并就"调研文章的写作方法"到网上查找了一下相关信息，读到一篇《调研文章的写作方法》（搜狗问问·匿名用户2011-10-9回答；百度知道｜浏览7382次，推荐于2017-11-24 18:29:08。该文作者本文称为"匿名用户"），说什么"调研文章以调查为前提，以研究为重点，以探讨为目的，并不只是对事实的对与错、优与劣，或者先进与落后的简单评论。有人把调查报告当成调研文章，这是不对的，因为调查报告只注重调查，不注重研究，只是陈列问题的事实和数据，没有对事实和数据作进一步的分析、推理，没有得出具有建设性的探索、实践成果，所以调查报告不是调研文章；有人把工作总结当成调研文章，这更是不对的，因为工作总结是对过去的工作成绩和经验进行的归纳总结，并不是对某方面问题进行专门的调查研究和论证，不带有研讨性和探索性，所以工作总结不是调研文章"。

调查报告怎么就"不注重研究"，工作总结怎么就"不是对某方面问题进行专门的调查研究和论证"，不带有研讨性和探索性？怎么就都不是调研文章了？

对此，我即刻从网上找来了关于"调查"与"研究"的释义。

先说"研究"：1.研究是主动寻求根本性原因与更高可靠性依据，从而为提高事业或功利的可靠性和稳健性而做的工作。2."研究"一词常被用来描述关于一个特殊主题的资讯收集。利用有计划与有系统的资料收集、分析和解释的方法，获得解决问题的过程。3.研究是主动和系统方式的过程，是为了发现、解释或校正事实、事件、行为、理论，或把这样事实、法则或理论作出实际应用。研究是应用科学的方法探求问题答案的一种过程，因为有计划和有系统的收集、分析与解释资料的方法，正是科学所强调的方法。

这么长一节文字，好多需用"调查"来表述的内容却一个"调查"二字都没有用，而改用为"寻求""资讯收集""资料收集""发现""收集"等，实在是矜奇立异，那"寻求根本性原因""资讯收集""资料收集""发现……""有计划和有系统的收集……"不就都是由"调查"完成的工作吗？何以要将"研究"与"调查"人为断开呢？

再说"调查"：调查就是通过一种手段、方式来了解或者熟悉所想知道的事情或者东西。调查主体在对特定对象进行深入考察了解的基础上，经过准确的归纳整理，科学的分析研究，进而揭示事物的本质，得出符合实际的结论，由此形成的汇报性应用文书。

后说"调研"：它是调查研究的简称，指通过各种调查方式，比如现场访问、电话调查、拦截访问、网上调查、邮寄问卷等形式得到受访者的态度和意见，进行统计分析，研究事物的总的特征。调研的目的是获得系统客观的收集信息研究数据，为决策做准备。

这些释义，全是来自最近的网络。网络最能跟进时代发展，无疑是最顺其自然的，按照人们的习惯，或约定俗成，将二者连为一体。

在这里为了廓清"调查"与"研究"的关系，我想重提我9年前出版的拙著《调研写作分类精讲·第十四讲 怎样写好调查报告》中，关于调查、研究、报告三者关系的一段话：

调研报告的写作要抓好三个主要环节：调查、研究、报告。这三个环节中，调查是基础，研究是关键，调研报告的写作是把调查获得的材料所形成的观点，通过布局安排、语言调遣组织成文章……调查的目的，在于掌握大量、真实、全面的客观事实和具体数据，对基本情况有一个系统的了解；研究的目的是对已经获取的材料进行分析、研究，探索事物的本质和规律；报告则是在调查、研究的基础上，用书面形式说明结果。因此，可以说"调查"是"研究"的事实基础，"研究"是"报告"的理论依据，"报告"是调查、研究的具体体现。

本书的这段话，无论是对调研报告，还是调查报告，其调查、研究、报告三者之间的关系，是描述得一清二楚了，对调研文章中的调查、研究、文章这三者之间的关系也是一样适用的。

下面接着讨论调查报告到底是不是调研文章。为了弄清这个问题，请允许我们先查明"调查报告"这个名称的来由及其演变。

王宝珊在其专著《调研理论与操作实务》（中国言实出版社，2010年版）"第二章第一节调查研究是推动历史发展的前提条件"中说："调查研究最早发生在中国，却发展于欧美各国……所以，在介绍调查研究的发展过程和历史作用方面，只限于欧美相关各国和中国的情况。"他在该书第二节及相关章节介绍欧美传统的调查研究成果时，几乎在所有调研文章的标题中，只有极少数的具体嵌入了"调查""研究"等字词，没有一个是嵌入了"调查报告"4字的，"调查报告"4字，只有在概述、介绍某篇或某几篇文章时才采用，如第15页介绍"英国改良学家约翰·霍华德（1726—1790）于1774年调查了欧洲的监狱，分别于1777年和1789年公布了他的调查报告《英伦和威尔士的监狱情况及外国监狱的初步观察报告》《关于欧洲主要监狱医院的报告》"；社会学家约翰·辛克列尔（1754—1835）用了3年时间调查了……撰写出21卷本的调查报告《英格兰统计报告》，在欧洲各国产生了很大的影响。再如第17页，美国伦理运动发起人阿德勒（1851—1933）通过社会调查，分别于1871年和1892年撰写了调查报告《信条与事业》《儿童的道德教育》等，提倡建立模范公寓住宅。以上就是调查报告作为一种文体名称，在欧美各国那时的使用情况。

我国近现代专业调查研究活动，始于19世纪末至20世纪初，调查报告4字逐步成为一个文体或文种的专用名称，使用到20世纪末至21世纪初期止，自调研文章4字作为调研类文体规范化统称起，调查报告就当仁不让地成为调研文章的一种。在我国，调查报告到底怎样逐步成为一个文体或文种的专用名称的呢？还得具体说说。

王宝珊《调研理论与操作实务》第19页："陈达于1923年带领清华大学学生对北平成府村91个家庭和安徽省休宁县湖边村56个家庭进行了调查，撰写了调查报告《社会调查的尝试》。"这可能是我国最早的调查报告。下面，我介绍李文海主编《民国时期社会调查丛编》二编乡村社会卷（福建教育出版社　海峡出版发行集团2014年版）26篇调研文章的标题制作，其中6篇直接嵌入"调查报告"4字，11篇嵌入"调查"2字，1篇嵌入"研究报告"4字，其余为"研究"2字。嵌入"调查报告"的，如冯紫岗、刘端生合编《南阳农村社会调查报告》（1934年5月黎明书局初版）；武寿铭编著《太谷县贾家堡村调查报告》（1935年稿本山西大学行龙先生提供）等。嵌入"调查"的，如许仕廉

《一个市镇调查的尝试》（燕京大学社会学系《社会学界》第5卷，1931年5月）；《北平市四郊农村调查》（北平市政府1934年9月刊行）。

由此可见，调查报告名称在我国形成并流传演变的一斑。1949年至改革开放时期，调查研究怎样在我国蔚然成风，调研类文章怎样应用规范化统称，我就不再多说，只说调查报告的概念：

一看前面讲的拙著这一讲中关于调查报告的概念：调查报告则是调查过程及其结果的书面形式，它是社会实践中，对一个事物、一个问题或某一方面的经验进行深入细致的调查，对调查到的大量材料进行分析、归纳，透过现象揭示事物的本质，找出带有规律性的东西，从而引出正确的结论，在材料与观点统一的基础上，根据内容特点，认真构思写成的文字材料。

二看《应用写作》2007年第8期首发薛福连《调查研究文章的写作技巧》，分别于2014年1月由望月观星、2017年1月由E书联盟等转载到互联网上的相关论述：该文总论称"调查研究文章（简称调研文章，编者所称）的写作是全部调查研究过程和调查研究结果的具体总结，是研究者对所研究问题的再思考、再研究、再升华的思维过程，也是研究者借以表达自己的思想观点以及传播新理论、新知识、新方法的主要形式"。

该文把调研文章的类型主要分为：

（1）专题调查研究。这是一种最常用、形式多样、不拘一格的调查研究文章形式。主要是调查研究者围绕某个问题、某种倾向、某类现象、某种做法、某一典型或经验，通过专题调查研究，有针对性地进行集中论述，提醒领导机关和读者在平时工作中加以注意。

（2）调查报告。这是研究者以书面形式向领导机关和广大读者汇报自己调查研究成果的一种研究文章形式。主要是在大量真实可靠的调查材料的基础上，通过透彻的分析研究，反映工作的真实情况，提出新的观点和有价值的建议，促进工作的加强和改进。

（3）理论研究（略）。

（4）可行论证（略）。

在这里，我把拙著关于调查报告的概念、薛福连关于调研文章的总论及第一类专题调查研究和第二类调查报告的概念放在一起作了比较，一是其基本内涵大致一致，二是看不出调查报告没有"不注重研究"的地方，尤其"调查报告"一条，明确表示："主要是在大量真实可靠的调查材料的基础上，通过透彻的分析研究，反映工作的真实情况，提出新的观点和有价值的建议，促进工作的加强和改进。""专题调查研究"则更明确表示："主要是调查研究者围绕某个问题、某种倾向、某类现象、某种做法、某一典型或经验，通过专题调查研究，有针对性地进行集中论述，提醒领导机关和读者在平时工作中加以注意。"在某种意义上说，有关"五某"的任意一份调查报告，都是一个关于某个问题的专题调查研究。本书本章列举的《价值规律与生猪生产问题初探》一文，既可称为这样的一篇调查报告，又可称为这样的一个专题调查研究或理论学术研究。公开载明它就是调查报告，也完全符合调查报告的写作规范；你说它是一篇关于生猪生产问题的专题调查研究，也未尝不可；或者说它是一篇关于生猪生产问题的理论学术研究文章也不错，首先它讲了生猪生产的价值规律，又讲了猪糠比价、肉料比等，还讲了农产品内部比价、农副产品与工业品之间的多种比价关系及许多理论学术问题。该文问世近40年了，现在读来，也还觉得它有一些参考价值和新鲜感。

由此看来，指责调查报告"不注重研究"，是没有道理的；尤其以此为据，把它从调研文章中排挤出去，就更无道理了。

下面讨论工作总结是不是调研文章：

1988年6月，我在当时上海大学主办的《秘书》杂志上发表《"条"与"理"的辩证关系——浅谈工作总结写作》，认为工作总结主要应该做好"四理"：

1.梳辫子，分条目，理出头绪。这就是把收集到的资料认真进行梳理、整理，为写好总结打好基础。要求作者把广泛占有的材料整理辨析，去粗取精，去伪存真，使之系统化、条理化，头绪清楚。

2.抓本质，找规律，理出经验。要求作者在对广泛占有的事实材料分类归纳的基础上，进一步辨析事物发展的客观规律，筛选主题，从中悟出经验性、理论性的认识和体会。

3.遵政策，循原则，就事论理。要求作者把从广泛占有的事实材料中筛选出来的经验性、理论性、系统性的认识，同党的路线、方针、政策和有关理论原则相对照，看哪些是对的，哪些是错的，并加以分析研究，使主题深化，从根本上避免总结的"全、浅、杂、散"及一般化、公式化、概念化毛病。

4.去芜杂、补精粹，理顺全篇。写出初稿，只是完成了总结写作的一半，还有许多芜杂之物必须剔除；一些精粹的材料，甚至精辟的观点必须补上；有些事实材料必须反复核对才能定稿。

我写这篇《浅谈》，提炼出这"四理"，依据的事实和理论基础，就是我担任荆门市城乡建设委员会办公室副主任时写作的1986年、1987年等年该委员会工作总结，其1987年工作总结第一部分写了全委10个方面的工作成绩；第二部分写了"我们之所以能在这一年中较好完成各项任务，并取得上述成绩，主要是抓了以下几项工作"：一是集中力量，突出重点；二是引进竞争机制，强化各项改革；三是抓好教育培训，提高服务质量；四是转变领导作风，提高管理水平。第三部分写了几条存在问题，并作了一些简要的分析。

这样提炼出来的"四理"，哪一条"不是对某方面问题进行专门的调查研究和论证"呢？怎么能说工作总结就"不带有研讨性和探索性"，就不是调研文章呢？

还请看看一篇重量级文章是怎么写的，这就是2010年第11期《秘书工作》刊登湖北省委政研室余爱民《总揽情况结晶思想创新写作——谈谈撰写工作总结的方法和技巧》；2017年10月7日，网上六朝元君再次转载了余爱民这篇文章：

一、总揽情况。总的是要情况清楚，我的体会是三要：一要两下功夫，弄清半熟情况；二要"六听三看三查"；三要从情况总汇到情况总揽。

二、结晶思想。总结，总的是事实，是依据，是基础和前提下；结的是结论，是思想，是本质和规律。如何结出思想来？我的体会是坚持实事求是原则、运用科学方法、与时俱进、从本质规律上找结论等"八个坚持"。

三、创新写作。文贵创新。我的体会是写作创新应该是全方位的，包括主题、题材、思想、结构、标题、语言等。

这又有哪一条"不是对某方面问题进行专门的调查研究和论证"，哪一条"不带有研讨性和探索性"呢？所以说，匿名用户把工作总结排斥到调研文章之外是根本站不住脚的。不仅调查报告、工作总结不可以排斥到调研文章之外，工作经验、考察报告、典型材料、述职报告等等，也都统属调研文章，不可排挤出去。

早在2006年，我在当年《秘书工作》第12期上发表《调研文化新概念解》，把调研文化看作一个新兴的文化种类，对调查报告等文体进行了一次新的分类：

（详见本书第242页）

2009年，我把它纳入拙著《调研写作分类精讲》中出版发行。后来，在我所有《调研写作学习丛书》《调研文章撰写》及相关讲座稿中，尤其是"调研类文章规范化统称"中，都采用了此说。这里的工作研究、发展战略研究报告、可行性研究报告等，是被匿名用户列为研究报告之列了的，剩下的调查报告、工作总结、工作经验、考察报告、典型材料，还有述职报告、情况汇报、工作计划等，都被他们通通排斥在调研文章之外，成为散兵游勇，无家可归；仅有被嵌入"研究"2字的那些文章七零八落，形单影只，构不成调研文章的阵势，我的办法就是将调查报告、工作总结等通通纳入调研文章之列，只要是经过调查收集整理资料，形成书面材料的通通纳入。因为只要是经过调查收集整理，就要分门别类，就要分析思考，就要讲究条理和逻辑构成，就含有调查研究的成分，就是调研文章。调研文章就是一个大类，是有多层次、多部门、多维度的结构的，有广义、狭义之分，有高等、低等之分。比如公文，就有法定公文和非法定公文之分；文学还有书面文学和口头文学、文人文学和民间文学之分。

参考篇目：

1.陈方柱：《当前农副产品增产减收的表现、成因与对策》，原载湖北省委政策研究室《调查与研究》1993年第3期。

2.陈方柱：《荆门市镇乡水厂建设管理中的问题与对策》，原载《城市改革信息》，1989年第8期。

3.陈方柱、张邦岐：《农村中党员兴趣下降的问题与对策》，原载《理论与改革》，1994年第3期。

第二十四讲　怎样写好发展战略研究文章

一、战略与发展战略

战略一词，《现代汉语词典》2005年版的释义是：1.指导战争全局的计划和策略。2.有关战争全局的部署。3.比喻决定全局的策略。如革命战略、全球战略等。

战略原本是一个军事述语，产生于战争实践，长期使用于军事领域，本义即军事战略。它的本来定义为：战略是筹划和指导战争全局的方略。即根据对国际形势和敌对双方政治、军事、经济、科学技术、地理环境等诸因素的分析判断，科学预测战争的发生与发展，制定战略方针、战略原则和战略计划，筹划战争准备，指导战争实施所遵循的原则和方法。

战略的地位和作用。它是国家根本性的军事政策，是军事活动的主要依据，是运用军事力量支持和配合国家进行政治、经济、外交斗争的重要保障。它既指导战时，也指导平时；既指导军事力量的使用，也指导军事力量的建设；既指导准备与实行战争，赢得战争的胜利，也指导遏制战争，维护和平。战略正确与否，决定战争的胜负，事关国家和民族的荣辱兴衰。战略对战役法和战术具有指导作用，同时战役法和战术对战略也有着重要影响。

发展战略。先说"发展"的释义：1.事物由小到大、由简单到复杂、由低级到高级的变化。2.扩大组织、规模等。发展战略，就是把过去长期在军事上使用的战略一词运用到经济建设上来，主要用于经济社会的发展。现在省以下的发展战略，主要用于区域经济社会的发展。发展战略研究这个词组中，"研究"一词的释义为：1.探求事物的真相、性质、规律等。2.考虑或商讨（意见、问题）等。改革开放以来，随着我们党把工作重点转移到社会主义经济建设方面，为了正确指导、引导和加快各地区域经济社会或部门工作发展，发展战略研究，成为各级各类党政机关、企业事业单位一项重要的工作，各地不惜大量投入人力、物力、财力，培养人才，成立专班，围绕经济建设这个重点，广泛开展发展战略研究，使发展战略研究文章成为调研写作中一个新的广泛的重要的文种。

二、发展战略研究与国民经济发展计划、规划的同异点

计划：一是指工作或行动以前预先拟定的具体内容和步骤；二是指做计划。规划：一是指比较全面的长远的发展计划；二是做规划。中国第一个五年计划于1953年开始实施，1957年实施结束。2001—2005年为第十个五年计划时期。"五年计划"，是中国国民经济计划的一部分，主要是对全国重大建设项目、生产力分布和国民经济重要比例关系等作出规划，为国民经济发展远景规定目标和方向。中国国民经济计划，从1953年实施第一个五年计划，到2005年第十个五年计划实施结束，一直叫"五年计划"。为了适应市场经济发展，2006年，十届全国人大四次会议通过《十一五规划纲要》，"计划"让位于"规划"，仅一字之差，突显中国政府更加注重发挥市场对资源配置的基础性作用，更加注重对经济社会发展的宏观把握和调控，政府职能转变迈出新步伐。

回顾自1953年实施第一个五年计划以来50多年的历史，无论国民经济计划，还是规划，尤其"十一五规划"，对国民经济的发展有着不可或缺的指导、引导、协调、控制和推动作用，其预见性、针对性、可行性和约束性特点和作用均十分明显、有力，对于加强全国各地各部门区域经济发展战略研究，具有不可忽视和或缺的重要启示、引导作用。如果将国民经济发展计划、规划与发展战略之间的同异点弄个明白，并作一些必要的比较研究，对于发展战略研究及其文章写作，其作用将不可低估。

二者的相同点：

1.预见性。这是国民经济计划、规划和发展战略研究文章都具有的最明显的特点之一。它们都不是对已经形成的事实和状况的描述，而是在行动之前对行动的任务、目标、方法、措施所做出的预见性确认。但这种预想不是盲目的、空想的，而是以上级部门的规定和指示为指导，以本地区、本单位的实际条件为基础，以过去的成绩和问题为依据，对今后的发展趋势作出科学预测之后作出的。可以说，预见是否准确，决定了它们制定或写作的成败。

2.针对性。一是它们都根据党和国家的方针政策、上级部门的工作安排和指示

精神而定；二是都针对本地区本单位的工作任务、主客观条件和相应能力而定。总之，从实际出发制定出来的计划、规划、发展战略研究文章，才有意义、有价值。

3.可行性。可行性是和预见性、针对性紧密联系在一起的，预见准确、针对性强的计划、规划、发展战略文章，在现实中才真正可行。如果目标定得过高、措施却无力实施，这个计划、规划、发展战略就是空中楼阁；反过来说，目标定得过低，措施、方法都没有创见性，实现虽然很容易，但不能因而取得有价值的成就，那也算不上可行。

4.大致相同。发展战略研究文章除没有小范围的班组计划、规划，短时间如1年以下的之外，其他类型都是有的。按照不同的分类标准，也可分为多种类型。

（1）按其所指向的工作、活动的领域来分，可分为工作、学习、教育、销售、采购、财务审计计划等的发展战略研究文章。

（2）按适用范围的大小不同，可分为国家、地区、部门等的发展战略研究文章。

（3）按适用时间的长短不同，可分为长期、中期、短期三类，具体还可以称为十年、五年、二年发展战略研究文章。

（4）按涉及面大小的不同，可分为综合性、专题性发展战略研究文章。

二者的相异点：

1.作者不同。国民经济计划、规划一般是政府或政府部门以文件形式发布，以指导、引导、协调、调控、推动经济社会发展，其作者是政府或政府部门。发展战略研究文章，一般由调研、政研人员、专家、学者，有时也有领导调查研制，供党、政、事、企业领导作决策参考。

2.侧重点不同。计划、规划主要是根据国民经济中长期发展的指导性要求，制定各种任务指标和实现这些任务指标的主要方法、措施，侧重点主要讲"怎么做"，讲做法，少讲或不讲"为什么"。发展战略研究文章，主要根据国民经济发展计划指标及其实施办法，进行深入细致的理论探讨，使各种实现国民经济中长期计划任务指标的各种方法、举措更为符合经济社会发展的客观规律和国情民意，更能顺利实施，在深入研究"怎么做"的同时，更加注重研究"为什么"，具有更强更深的理论性。

3.作用不同。计划、规划一经通过、批准或认定，在其所指向的范围内就具有约束作用，在这一范围内无论是集体还是个人都必须按计划、规划的内容开展工作和活动，不得违背和拖延。发展战略研究文章不具有这种约束力，主要只为党政企事决策者作决策参考；其所有对策建议，只有纳入决策文件发布，才具有如同计划、规划的约束力。

三、发展战略研究对经济社会发展的作用

前面简述战略的地位和作用时，主要讲军事战略；讲军事战略的作用也只讲了一句话。这对于研究发展战略研究对经济社会发展的作用是很不够的。发展战略研究，对经济社会发展的作用，主要有三：

（一）长期指导作用。前边讲了，战略一词，原本是一个军事述语，来源于古代战争。无古不成今。我们先谈谈我国三国时期一篇杰出的战略研究文章《隆中对》试试。东汉末年，群雄并起。处于游击状态的蜀汉先主刘备第三次到襄阳隆中诸葛亮的草庐商讨复兴大计。诸葛亮通过对当时全国政治、经济、军事形势全面深刻的调研分析，对刘备提出的复大业这一问题，制定出分三步走的切实可行的战略措施，后来成为刘备的国策和指导以后几十年行动的纲领。按照这一纲领，刘备第一步夺取了荆州；第二步夺取了益州，建立了巩固的荆益根据地。第三步，在"西和诸戎，南抚夷越，外结好孙权，内修政理"方面，取得了丰硕成果，制造了华夏大地上魏、蜀、吴40多年三国鼎立的局面。《隆中对》全文不过300来字，但整个战略研究，立足实际，分析透僻，规划严谨，措施合理，可操作性强，堪称发展战略研究的精品。

厚古不薄今。现当代中国，成功指导长远的发展战略研究和决策，可说数不胜数：毛泽东《井冈山的斗争》《星星之火，可以燎原》，邓小平的"一国两制"构想，"三个世界"划分，尤其1978年党的十一届三中全会后提出的"一个中心，两个基本点"，即以经济建设为中心，坚持四项基本原则和改革开放等，都说明发展战略研究的长期指导作用不可低估。

（二）综合协调作用。综合协调，无论对一个国家，还是对一个地区，无论对一个部门，还是对一个企业，都至关重要。尤其现在，经济社会快速发展，地球村越来越小，人、事、环境纷繁复杂，市场信息瞬息万变；市场竞争、发展竞争，甚至生存竞争，都越来越激烈、残酷，为历史上任何一个时代所无可比拟。任何一个

国家、一个地区、一个部门、一个企业，要想顺利实现自己的发展目标，都必须搞好综合协调，充分发挥发展战略决策的综合协调作用：对外，联合、合作；对内，统一思想，团结一致。否则，必然事与愿违。

回想我国改革开放30年的巨大变化，就完全是全国上下，坚持执行党中央"一个中心、两个基本点"发展战略不动摇的结果。30年中，党中央、国务院按照"一个中心、两个基本点"的基本精神，不断调整东中西部、城市和农村、工人和农民、新的发达地区和老工业区等各方之间的关系，始终保持了国民经济和各项社会事业又好又快的发展，较好发挥了"一个中心、两个基本点"战略决策的综合协调作用。这一点是我们必须牢牢记取的。

（三）持续稳定作用。随着社会知识化、科技信息化和经济全球化的不断推进，人类社会将进入可持续发展综合实力激烈竞争的时代。无论一个国家、一个地区，还是一个企业，持续稳定发展都更为重要。历史告诉我们，曾经有过不少发展很好的国家和地区，由盛而衰，后来走向了消失和沉没；到了现当代，红红火火的企业，一不小心就顷刻瓦解的事屡见不鲜。原因虽然很多，且各有不同，但有一点，可能是相同的，那就是文化力，或者是由文化力所代表的软实力不足，使他们成为匆匆过客，走向了衰败或没落。在这里，科学正确的发展战略决策，可能是保障他们长盛不衰，并持续稳定发展的良药。科学正确的发展战略研究，及由此产生的发展战略决策，属文化力之一种，在较好发挥的情况下，就可能具有这种作用，应该引起高度重视。

四、我所撰写的一篇发展战略研究文章是否"真正成功"

翻看我40多年所写全部调研文章，真正称得上成功的，可能就是《发展与大中型企业联合加快荆门经济建设发展》（以下简称《发》文）这篇。我说它"真正称得上成功"，大约有以下四种可能：一是名副其实；二是我自吹自擂、夸大其词；三是某种巧合；四是上述三种可能兼而有之。我想，我的自我评价不论属于哪种可能并不重要，重要的只有一点，那就是《发》文的主要论点与荆门这30多年来的发展是否吻合或基本吻合。为此，我想先列出《发》文第一、三两块的主要论点，再对比一下后来的种种实情，总是可以的：

第一块标题叫"发展与在荆大中型企业的联合是加快荆门经济建设的必由之路"，文中主要论点有三个，分别论述了发展与在荆大中型企业联合的三大好处，也可以说是三大发展目标：

（一）发展与大中型企业的联合和协作，可以互相取长补短，既带动小企业发展，又促进大中型企业进步；

（二）发展与大中型企业联合，可以打破分割、封闭，发挥我市城市的中心作用；

（三）发展与大中型企业联合，可以发挥资金优势，建立起有产业特色的经济支柱。

第三块的标题叫"进一步发展与在荆各大中型企业联合，建立开放型网络化经济"，主要是提出了5条联合的途径和方法：

第一，利用资源优势，以大中型企业为骨干，建立联合企业群体；

第二，开发拳头产品，以大中型企业为"龙头"，发展"一条龙"联合生产；

第三，开展智力联营，以大中型企业为主体，建立科技协作网络；

第四，"求爱联姻"，协调各部门建立双层服务体系；

第五，依靠政策，为企业联合创造条件，吸引和推动联合。

荆门建市，主要依托荆门炼油厂、荆门热电厂、三三〇水泥厂等一批中、省大中型企业，荆门自身基础薄弱，工业企业不说大中型，小企业都不多，"且起步迟，资金不足，人才奇缺，设备技术落后，原料缺乏……"而"中、省大企业资金雄厚，设备技术先进，固定资产原值和净值分别占全市的75%和75.9%，流动资金占69.1%，助理工程师以上科技人员占全市的62%"。22年来，荆门市上下一心，围绕上述发展与大中型企业联合的三大目标，基本上采取第三块中的5条途径和办法，进一步解放思想，深化改革，放宽政策，克服困难，增加措施，搞好服务，不少中省大中型企业在"裂变"发展的同时，带动我市中小企业发展；有的建立联合企业群体，有的发展"一条龙"联合生产，有的建立科技协作网络，还有的通过改制放权，打破分割、封闭，成为市属"龙头"企业，使我市城市中心作用得以良好发挥。1996年，经国务院批准，京山县和钟祥市划归我市管辖和代管，国土面积和人口规模分别扩大2倍，2008年1月，市委书记在中共荆门市委六届三次全体（扩大）会议的讲话中说："近两年来，城区工业充分依托重化工业（主要指荆门石化），建材工业（主要指三三〇水泥厂）等优势产业，加大项目建设和招商引资力度，着力理顺开发区体制，呈现出较好发展势头。随着福耀玻璃、葛州坝（三三〇水泥厂）两条日产4800吨新型干法水泥、天茂集团（市属荆门石化下游企业）100万吨二甲醚、众和纺织20锭精梳紧密纺、格林美二期工程等项目竣工投产，随着荆门石化加工能力提高到1000万吨（原为300万吨）和C4项目的开发，以及荆门热电厂年产40万吨聚氯乙烯项目的建设，城区工业的产业链进一步拉长，产业层次进一步提升，创造的产值、税收和就业岗位将大幅度增加，竞争优势和带动力将逐步显现出来。"近几年，我市生产增速持续高位运行，产销衔接始终保持较好水平，工业用电大幅度攀升，主导行业生产发展势头良好，各项社会事业持续稳定健康发展，使我市正由省级园林城市向生态宜居城市迈进。

上述种种，我以为与我33年前在《发》文中提出的三个发展目标和5条具体措施基本吻合。《发》文成功与否，我不敢武断；不说是十分"顺乎时代之潮流，符合人群之需要"，至少是不离谱吧！

五、我是怎样撰写《发展与大中型企业联合加快荆门经济建设发展》和《社区（村）积分制管理全面深入长期推广的对策研究》的

（一）临"为"受命

1986年初，荆门建市刚好6年，升格为省辖市才2年多，中共荆门市委政策研究室刚刚由市委办公室调研科整体转移，独立组成。我因在湖北省沔阳县（现为仙桃市）农村写了一篇《价值规律与生猪生产问题初探》的文章，先后出席了湖北省和全国两个畜牧经济理论研讨会，于1985年5月被荆门市委办公室作为人才引进，安排到调研科工作才半年多，正为碰不到好的选题，写不出好的文章，是否能在此地安身立命而寝食不安；恰好在这个时候，随科整体转移到这个新成立的单位，危机感更随之加重。新成立的政研室，连同领导，总共6人，两个跟市委书记和副书记，1人抽调在市化工厂建设工地工作；日常工作由我和另一名副科长担任，谁管城市、谁管农村调研尚未明确；文稿打印暂由市委办公室担任。所有工作尚无头绪的时候，市委办公室把撰写一篇发展横向经济联合的调研文章，出席省里即将召开会议的任务，交给新成立的市委政研室，政研室像踢皮球一样踢给了我。从当时的实情看，不说刚从农村来的我力不胜任，就是政研室、办公室甚至全市，可以说都很难

找到能够独立完成此项任务的合适人选。

然而，我却别无选择，只好临"为"受命，即使是赶鸭子上架，也只好硬着头皮上了。这里的"为"，对于我和新成立的政研室，也都确有"危机"之"危"，我的危机是是否能在此地落脚谋生，政研室的危机是否能够打开局面。然而，我却还是用个"为人民服务"的"为"字来陈述我的心情：

一是为我自己争一个谋生的位置。人们不是常说"有为才有位"吗？这可是给了我一次难得的机会！

二是为政研室打开局面尽一点绵薄之力。

三是我作为"人才"被荆门市引进，也应该为荆门市委、市政府建言献策，做一点贡献。

四是为全省召开这么一次改革开放的重要会议摇旗呐喊一回呗！往后的事，我一点也未细想。

（二）急用先学

受命容易复命难。当时的我，莫说工业，联合，对城里的事两眼一抹黑，头脑里一片空白。面对困难，我想起了叶剑英元帅一首欢呼全国科学大会召开的《攻关》诗，全诗四句是："攻城不怕坚，攻书莫畏难。科学有险阻，苦战能过关。"叶帅横刀立马，辟关斩将的英雄气概鼓舞我"攻书莫畏难"，我只好急用先学，一边博闻强记，攻读城市经济和工业经济基础知识，一边进工厂，串商店，了解城市经济发展情况；一边与工商建运人等座谈调研，一边向科技人员拜师学习，经过三个月奔波劳碌，终于写成《发》文这篇荆门市委政研室的开山之作，不仅成功出席了全省会议，还给市委、市政府起到一定参谋服务作用。

（三）吃透"三头"

一是吃透"上头"。紧跟形势，吃透党中央、国务院关于城市改革的各项重大战略布署和重要政策法规，尤其发展横向经济联合的战略部署及其他有关研究文章。

二是吃透"外头"。广泛了解周边县市及沿海先进地区乃至国外发展横向经济联合的政策法规、文章、报道等。

三是吃透"内头"。即要深入调查了解本市地域范围内所有中、省大中型企业的情况及经济体制改革与发展横向经济联合方方面面情况，包括历史、现状、经济、社会、人文、环境，等等，掌握尽量多的有用信息和资料，达到"吃透"的标准。

（四）解决好发展战略研究的能力素质问题

毛泽东在《关心群众生活，注意工作方法》一文中说过，要想过河，首先就要解决好船和桥的问题。发展战略研究的能力素质就是跨越发展战略研究这条河的船和桥了。

发展战略研究与我们过去所进行的许多调查研究既有不少相同之处，又有很多不同之点，它需要更多地凭靠对未来较长时间内四维空间的想象能力和创造性思维能力，需要更多的整体构想和分项设计；在文字驾驭上，要求也更高。由于制定高质量战略发展路线图关系重大，我的办法就是勤学苦练，对照范文，写了改，改了再改；自己改了，送领导审阅、修改；再请专家修改审阅，最后定稿。

（五）高瞻远瞩，整体构思

站在市域经济社会中长期发展的宏观高度，全方位、多侧面深思熟虑；并在此基础上，突出重点，抓住特色；整体构思，分项设计；精心装配，紧密连接，做到首尾呼应，无懈可击。

高瞻远瞩，整体构思，是发展战略研究最基本也是最重要的要求。但"高瞻"，要多高？对于一个中等城市来说，有两种高度：一是"全市""市域经济"范围的高度；二是改革开放，打破分割和封闭体制的高度。"远瞩"，瞩多远呢？在时间上，一般是"中长期"，未来的5—10年，也可以更长。"整体构思"，就是以市域为一个整体，从全方位、多侧面着想，进行构思设计。我想，细分一下，这"高瞻远瞩，整体构思"8个字可分为4个步骤实行，我就是这样做的。

《发》文开头199个字（含标点符号）就正是站在市域经济和改革开放的宏观高度，总起全篇，既突出重点，抓住特色，又进行整体构思，为全文进一步分项设计，精心装配，紧密连接，作好全面铺垫。

以大中型企业为骨干，以优质名牌产品为龙头，组织企业之间的联合和协作，是当前城市经济体制改革深入发展的一个重要环节，是从根本上打破以分割和封闭为特征的经济组织结构，建立以中心城市为枢纽的开放型、网络化经济组织体系的重要途径。我市一个重要特点，就是部属、省属大中型企业多，因而积极发展与这些大中型企业的联合和协作，是我市当前城市经济体制改革的一项重要任务，也是振兴荆门经济，加快荆门建设步伐的迫切需要。

正文三大块，就逐步按照从"市域经济社会中长期发展的宏观高度，全方位、多侧面深思熟虑"往后共作4个步骤走，到"整体构思，分项设计……"再到"首尾呼应，无懈可击"。

第一块："发展与在荆大中型企业的联合是加快荆门经济建设的必由之路"。这是站在全市经济社会中长期发展和改革开放政策的宏观高度，对发展横向经济联合的重要性和必要性的充分肯定。第一小节从叙述荆门依托中省大中型企业建市发展的历史情况和时代背景入手，既突出介绍荆门市先建厂、后建市和中省企业多的特点，又指出"经济管理体制极不合理"的弊端，着重提出了"走地方企业与大中型企业联合共同发展的道路"的建议，紧接着，指出了走这条道路的三大好处或奋斗目标，并逐一分析了实现这些目标的有利条件。

第二块："与在荆各大中型企业联合的发展趋势及问题"。这一块坚持从实际出发，实事求是地总结成绩，分析问题，在总结与大中型企业联合取得4项可喜成绩的同时，揭示出进一步发展联合的5大障碍，为第三块制定五条对策措施再进一步做了很好的铺垫。

第三块："进一步发展与在荆大中型企业联合，建立开放型、网络化经济"。进一步提出具体的奋斗目标，和实现这些目标的具体措施：既整体构思，又分项设计；既精心装配，又紧密连接，首尾呼应，观点和材料配套而统一，逻辑结构严谨又完整；大目标套小目标，大措施里面又有具体措施，既可行，又可操作；既可用于当前，又可用于长远，是较符合发展战略研究文章写法的。

（六）薄积厚发，浮想联翩。

笔者现在借拙著再版的机会，增加一篇新时期的发展战略研究文章，就用了"薄积厚发，浮想联翩"两个成语和方法，说明发展战略研究文章的另一种写法，那就是对于一种新生事物，它的发展还只是一种萌芽，我们对它的认识还并不十分完整、深刻、全面、成熟的时候，如何把握它的发展方向和全局，如何制定它的发展战略，本讲的附二：《社区（村）积分制管理全面深入长期推广的对策研究》，就属此类。薄积厚发，是说我们对该事物的认识、了解还不充分，不全面，不深刻，掌握的情况、资料还很不足，显得比较单薄、浅薄，但其发展研究却很急需、很重要，迫不及待、刻不容缓，决不能简单应付，敷衍了事，必须高瞻远瞩，全面策划，提出切实可行的战略发展措施。浮想联翩，就是为了补充前面的不足，要求我们浮想：飘浮不定的想象；联翩：鸟飞的样子，比喻连续不断，许许多多的想象不断涌现出来，天马行空，纵横捭阖，其对策措施，可以立竿见影，指日成功。这种想象当然不是胡思乱想，也不是虚无缥缈的空想，而是立足现实，切实可行、实实在在的发展战略措施。

◎附一：发展与大中型企业联合加快荆门经济建设发展

以大中型企业为骨干，以优质名牌产品为龙头，组织企业之间的联合和协作，是当前城市经济体制改革深入发展的一个重要环节，是从根本上打破以分割和封闭为特征的经济组织结构，建立以中心城市为枢纽的开放型、网络化经济组织体系的重要途径。我市一个重要特点，就是部属、省属大中型企业多，因而积极发展与这些大中型企业的联合和协作，是我市当前城市经济体制改革的一项重要任务，也是振兴荆门经济，加快荆门建设步伐的迫切需要。

一、发展与在荆大中型企业的联合是加快荆门经济建设的必由之路

我市地处鄂中，西接荆山余脉，东连江汉平原，古称荆楚门户，资源丰富，气候温和，水陆交通方便，工业基础较好，具有加快发展经济的许多优越条件。现在的荆门，已由中华人民共和国初期的一个4000人、278万元工业产值的山区小镇，发展成为一个拥有城市人口19.4万，工业产值14.5亿元的中等工业城市。1970年以来，国家在荆门投资10.4亿元，建起了荆门炼油厂、荆门热电厂、三三〇水泥厂等一批部属、省属大中型企业，全市已初步形成了以石油、化工、电力、食品为主的，建材、机械、纺织、电子工业与之相适应的门类齐全的工业体系。但由于先建厂、后建市，城市经济管理体制极不合理，使许多优势未能得到充分发挥，经济发展未能达到应有的水平。为了改变这种状况，加速我市经济发展，必须广泛地发展同部属、省属在荆各大中型企业的联合和协作，走地方企业与大中型企业联合共同发展的道路。

发展与大中型企业的联合和协作，可以互相取长补短，既带动小企业发展，又促进大中型企业进步。企业是国民经济的细胞，搞活企业是经济发展的基础。我市市属企业起步迟，资金不足，人才奇缺，设备技术落后，原料缺乏，使企业的生产和发展都受到了一定的限制，而中央部属、省属大企业资金雄厚，设备技术先进，固定资产原值和净值分别占全市的75%和75.9%，流动资金占69.1%，助理工程师以上的科技人员占全市的62%，炼油厂还可提供聚丙烯、液蜡、苯等大量的石油产品、副产品原料。通过联合，

充分发挥部属、省属各大中型企业的优势，弥补市属中小企业的短处，必将带动小企业的发展。在荆的部属、省属企业，属军工单位的较多，党的工作重点转移后，企业生产任务不饱满，使资金、设备、科技人才的作用都没有得到应有的发挥。特别是荆门炼油厂的石油产品、副产品原料没有得到充分利用。因此，发展联合也有利于大企业挖掘资金、设备、技术、原料等方面的潜力，以较少的投入，在较短的时间内生产出较多的产品，促进自身的发展。发展同部属、省属企业的联合，既搞活了小企业，又增强了大中型企业的活力，就为荆门经济的快速发展打下了牢固基础。

发展与大中型企业的联合，可以打破分割、封闭，发挥出我市城市的中心作用。发挥城市的中心作用，特别是生产中心的功能作用，是推动经济发展的必要条件。目前，荆门社会生产力总体被部、省、荆州地区和荆门市几家条块分割。这些条块一方面各自成为体系，严重影响专业化协作和社会化大生产的发展；另一方面又总是为各自局部的利益，千方百计地互相掣肘，使本来可以得到很快发展的经济受到人为的牵制。我市虽然资源丰富，但开发利用少；工业企业虽多，但成龙配套少；产品品种齐全，但名优"拳头"产品少；企业活力不强，支柱工业还未形成。如荆门炼油厂，有大量的石油化工原料，关广富同志1984年到荆门检查工作时就提出，要把荆门建成湖北第二化工基地。但由于条块分割，荆门石油化工的发展受到很大障碍。发展与大中型企业联合，必将从根本上打破条块分割、地区封锁，逐步建立起以大厂为依托、以技术资金和生产协作为纽带的多层次、跨行业、跨部门的新型企业群体和企业集团，从而促进我市新的经济体制的建立和运行，发挥出应有的城市中心作用。

发展与大中型企业联合，可以发挥资源优势，建立起有产业特色的经济支柱。我市有丰富的建材资源，现初步探明，有优质石灰石42亿吨，石膏10亿吨，还有大理石、玄武岩等资源；有丰富的石油产品、副产品资源，有丰富的食品、饲料工业原料。和荆门炼油厂联合开发石油产品、副产品资源，可以建成湖北第二化工基地；和三三〇水泥厂、中建三局一公司联合，开发建材资源，可以形成我市建材工业支柱；广泛发展同大厂的资金联合，可以尽快建立起我市食品、饲料工业支柱；另外，和宏图机械厂、江北铸造厂、605所企事业单位联合，发展机械工业"拳头"产品，将使我市的机械工业得到较快发展。发展联合，开发资源，建立起新的经济支柱，必将带来荆门经济腾飞。

二、与在荆各大中型企业联合的发展趋势及问题

我市同在荆部属、省属大中型企业联合和协作，是在同一地区内不同部门、不同行

业、不同所有制之间的联合和协作，对比跨地区的联合和协作，其优点是就地就近，缩短了时间、空间跨度；洽谈方便，运输便捷，费用节省。1985年，我市在同省内外签订的223项经济技术联合和协作项目中，有64项是同在荆的部属、省属大中型企业单位签订的，占28.7%；全部实现后，每年可新增产值9500万元，新增利税1200万元。现在与在荆各大中型企业联合和协作方面，已出现了如下四种发展趋势：

一是由单纯的物资串联、加工、改制发展到资源的联合开发和联合生产。如同荆门炼油厂的联合就是如此。开始，只是炼油厂供给我市一定数量的工农业生产和人民生活所需要的燃料油、润滑油、液化气等石油产品、副产品；后来，由炼油厂提供聚丙烯原料，市里加工、改制，兴建了万吨聚丙烯化工厂；去年3月，以全面开发石油化工资源，建立湖北第二化工区为目标，市、厂双方充分协商，合资经营，建立了荆门石油化工联合开发公司；下半年就研究、试制并投产了油漆、涂料、蜡制品三种产品，今年又将有糠醛等一批新的石油化工产品问世。

二是由临时性的单项协作，发展到长期的、稳定的多项综合的联合协作。荆门热电厂是我省最大的火力发电厂，装机容量32.5万千瓦。随着横向经济联合的发展，荆门热电厂除了每年为我市搞来料加工，即以我市提供的4000吨原煤，加工3000万度电以外，还以其粉煤灰原料，同我市硅酸盐厂合资办厂，投产了烘干粉煤灰和轻质保温硅等产品。

三是由单个企业的合作，发展到组织各种类型的经济联合体。市建材公司利用我市建材资源丰富的优势，同三三〇水泥厂合办葛荆水泥厂，带动了全行业的联合和协作。全市先后有玻璃厂、子陵水泥厂、潭溪水泥厂等12个市属、镇（乡）属和村属中小型建材企业同三三〇水泥厂联合和协作，仅去年实施的28个项目，就新增产值1700多万元，利税350万元。

四是由一般技术交流、联合攻关，发展到有组织地进行科技成果转让和技术的系统开发。605所、宏图机械厂是航空工业部设计、制造、总装飞机的军工事业和企业单位，厂址好，设备先进，技术力量雄厚。军转民、军民用结合，系统开发民用工业新产品的积极性很高。去年，605所出技术，航空工业部四川江陵仪表厂出设备，我市蓄电池厂出厂地、劳力合办三联蓄电池厂，开发了蓄电池系列新产品。宏图机械厂向我市沙洋机械厂、钢盖厂等转让技术，扩散摩托车后桥总成、倒挡箱总成等零配件，形成了长江—750型摩托车生产线。与此同时，它们还"找米下锅"，为联合开发我市食品机械系列产品作了准备。

近年来，我市在发展与大中型企业联合和协作方面，虽已起步，取得了一定成绩，但由于条块分割、自我封闭的局面还没有真正打破，联合和协作碰到了许多障碍。一是大中型企业缺乏应有的自主权和活力。如荆门炼油厂至今还是一个纯生产型企业。石化总公司在人、财、物的管理上还是高度集中，企业还未获得相对独立的生产者和经营者的地位，尽管和地方联合开发石油化工产品，可以使这个厂得到快速发展，但由于缺乏自主权，难以开展联合。目前，这种捆住"蛟龙"，放开"鱼虾"的状况，严重阻碍了横向经济联合的全面开展。二是发展联合的指导思想还不明确。大、中、小企业的领导都不同程度地存在着担心"肥水外流"的思想，在联合中只追求自己单方面的利益，不讲求联合体的整体利益；只追求眼前利益，不讲求长远利益；只追求企业利益，不讲求社会效益。大企业怕吃亏，怕小企业讨好，小企业指责大企业不让利，想揩油，缺乏互相依存、共同生存发展的思想。三是少数企业缺乏开拓进取精神，发展联合的主动性不强，积极性不高。有些大企业在国家统购包销制度的保护伞下，发展联合的内在冲动不足；有些小企业盲目自满、夜郎自大，摆出一种"万事不求人"的架势，还是用一些关门经营的小农经济的思想在指导生产。四是缺乏统一的组织监督、协调和服务。少数职能部门工作不力，没有用经济的手段积极引导企业走联合发展生产、增加收入的正确道路，甚至见利忘义、放弃职责、放任企业经营中的不良风气滋长蔓延，影响了企业联合的积极性；对联合企业的生产、财务、成本等方面的管理服务做得不够，使联合企业的经济效益不高，影响了联合的顺利发展；在联合中，对有些项目缺乏认真的了解考察和经济技术论证，盲目上马，使联合无成效；还有一些企业在联合时，签订合同草率，造成界限不清，责任不明，互相扯皮，使联合陷入僵局。五是联合的方式不当，有少数联合不是企业间的联合，而是企业和某些行政单位的联合。因此使得这种联合的双方缺乏内在的联系，造成了管理上的困难，难以巩固。

三、进一步发展与在荆各大中型企业联合，建立开放型网络化经济

进一步发展与在荆大中型企业的联合，可采取以下途径和办法。

第一，利用资源优势，以大中型企业为骨干，建立联合企业群体。荆门炼油厂每年可提供大量的石油产品和副产品作化工原料。我们设想，利用炼油厂的石化产品、副产品资源，以炼油厂为骨干，通过"聚变"吸引带动市、镇、乡、村各级现有化工厂；通过"裂变"，炼油厂和现有的化工厂自我增值，"细胞分裂"或母鸡下蛋，产生一批新的化工企业，建立我市石油化工企业群体，发展聚丙烯、烷基苯、PBT塑料等八大石油化工系列产品的生产。以三三○水泥厂为骨干，联合荆州水泥厂和我市市属、镇属、乡

属、村属各中小型水泥厂，形成我市水泥生产的企业群体，发展普通水泥、商标注册水泥、白水泥等系列产品的生产。以江北铸造厂、宏图机械厂、605所为主体建立起我市机械、食品、电子等行业的企业群体。

第二，开发拳头产品，以大中型企业为"龙头"，发展"一条龙"联合生产。引导沙洋机械厂、市通用机械厂、汽车大修厂、铸造厂、缸盖厂、发动机总装厂同江北铸造厂、宏图机械厂的联合和协作，开发我市汽车产品，米、面、油加工机械产品；以这两个厂为"龙头"，市属企业为"龙身"，乡镇企业为"龙尾"，组织汽车、粮油加工的机械产品等"一条龙"生产，发展我市机械工业。我市电子工业已经起步，和605所、五七矿联合，尽快开发电子行业的拳头产品，发展以东光电器厂为"龙头"的电器产品"一条龙"生产。

第三，开展智力联营，以大中型企业为主体，建立科技协作网络。根据大厂的技术分布状况和荆门经济发展的需要，我们设想，以部属、省属企事业单位为主体建立三个专业技术服务网和两个中心。以炼油厂为主体，建立石油化工技术服务网；以三三〇水泥厂为主体建立水泥生产技术服务网；以江北铸造厂、宏图机械厂为主体建立机械行业的生产技术服务网；以五七矿为主体联合东光电器厂，建立电子产品开发中心；以605所为主体建立信息服务中心；通过以大中小型企业为主体建立科技服务网络，组织科研协作攻关，科技人才培训，转让技术成果，不断地提高小企业的生产技术水平。

第四，"求爱联姻"，协调各部门建立双层服务体系。首先，是放下架子，主动"求爱"建立起为部属、省属大中型企业服务的体系。一是组织教育部门为大中型企业搞好教育服务；二是组织商业财贸部门为大中型企业搞好生活和生产服务；三是按照政策规定帮助大厂解决企业干部、职工家属农转非的户口问题；四是组织城建部门搞好道路、文化生活设施建设。其次，是建立起为"联姻"企业服务体系，对企业之间的联姻，当好"红娘"，做好牵线搭桥工作，使大中小企业能够互相了解、"自由恋爱"，坚持召开经济发展例会，及时交流情况，密切关系；加强管理服务，帮助排难解忧，使联合企业不断提高经济效益。

第五，依靠政策，为企业联合创造条件，吸引和推动联合。首先是通过多种途径，争取上级主管部门对大中型企业简政放权，为联合创造必要的条件。其次是制定优惠政策，积极利用法规，吸引和推动联合。调减征税办法，认真解决好联合体内部重复征税的问题，并对新办的联合企业，适当减免税收，对联合企业在资金、物资等方面给予必要的扶持；对积极发展与地方联合和协作的大中型企业，优先解决子女读书招工就业等问题；积极发挥经济杠杆的作用，加强对企业的监督检查，堵塞企业非法收入的来路，推动企业发展横向经济联合，增强活力，发展生产，提高经济效益。

（原载《湖北横向经济联合研究》1986年）

附二：社区（村）积分制管理全面深入长期推广的对策研究

当前，我国共有基层群众自治组织68.2万个，其中社区近10万个，村58万个。从当前我国城市社区建设和农村经济发展的情况，尤其社区（村）的管理、治理情况看，大都面临甚至存在不少亟待解决的困难、问题和矛盾：城市社区自治职责不明，过多承担政府工作职能；社区管理机关化，被动履职；大包大揽，不善于利用社会资源；民主议事机构虚化，作用不明显等。农村青壮年流失，土地抛荒，社会涣散；农民打工难致富，贫富分化加剧；集体组织瘫痪，支农扶贫政策缺乏依托，这些困难和问题解决起来难度也很大。对此，我们结合近年荆门市和全国不少社区（村）试行积分制管理的经验，提出全面深入长期推广社区村积分制管理的对策，供国家及各省市区县乡村各级相关领导和理论工作者、实际工作者参考。

一、积分制管理的由来与发展

中国积分制管理，本世纪初诞生在湖北荆门，荆门市被称积分制管理发源地；积分制管理的创始人是湖北群艺董事长李荣。他于2001年创办只有七八个人的群艺公司；2003年，他在总结回顾自己任荆门市一医副院长近20年管理经验的基础上，首创并试用中国积分制管理。积分制管理，就是指用积分（奖分和扣分）对人的能力和综合表现进行全方位量化考核，并用软件记录和永久性使用。从而达到激励人的主观能动性，充分调动人的积极性的目的，让员工更好地去投入工作！它的作用主要是用积分调动员工的积极性，用积分培养员工的好习惯，用积分解决分配上的平均主义，用积分建立健康的企业文化，用积分增强制度的执行力，用积分建立优秀的管理团队，用积分留住人才等；它的特点主要是适用、管用、易操作、公平公正、民主平等、公开透明、反馈及时、积分充分利用、表达管理者心愿等。

积分制管理实施几年之间，湖北群艺公司人员、资产增加20多倍，效益增加50多倍，项目拓展到2500多个；尤其积分制管理落地实操培训班，从2008年开始至今，已开办

146期，共培训4万多人次，凡是推广实行的企事业单位、机关、学校、社区（村）都分别取得了巨大的经济效益和社会效益；2016年11月19日，首届中国积分制管理学术研讨会对此做出高度评价，同时，与会专家、学者与科技部门就积分制管理体系的理论定位、应用前景和创新价值进行了深入研讨和表决，一致认为，积分制管理体系是一套具有中国特色的创新人力资源管理方法，填补了国内空白，并在现场颁发了省级科技成果鉴定证书。2017年5月8日，中国积分制管理新丝路国际文化驿站（荆门总站）成立，把积分制管理融入到"一带一路"国家倡议之中。

二、社区（村）积分制管理试行与探索

积分制管理试行、推广成功并在全国及海外产生巨大影响后，李荣积极响应党的十八大提出的创新基层社会管理、治理号召，投入到把积分制管理导入到社区村管理、治理的探索之中。2015年6月，李荣首先在荆门市掇刀区白石坡社区试行积分制管理，给社区管理、治理带来巨大变化，是全国首个实行积分制管理的社区；接着在山东省官场村开办了全国第一个农村积分制管理试点；同年，荆门市妇联在全市开办12个社区积分制管理试点，东宝区浏河社区积极探索推行社会治理积分制管理，有效调动了居民参与社会治理的积极性，初步构建起共建共享的社会治理工作格局。次年，市综合治理办公室与组织、宣传、民政、妇联等部门在全市广泛开展社区（村）积分制管理创新工作，加上县市区自行举办试点，积分制管理在社区（村）中加快推行。

荆门市整合创投项目资金、财政专项资金、社区"一元基金"等，解决积分制奖励经费来源。同时，将智力资源、公共服务资源、市场资源整合，链接民政"居家养老"、妇联的"公益木兰"、人社的"宅家就业"等服务资源，开展"挣积分，换服务"活动，将其打造成荆门社会管理的一张亮丽名片。截至6月，全市已有657个社区（村）对接积分制管理软件，占全市社区村总数的41.3%，并通过软件录入积分事项85240条，共积分值634894分。

将积分制管理引入基层社会治理，标准怎么定？分数谁来打？社区居民自主定分：家庭生活环境整洁、干净卫生，积分30分；家庭种植花草树木，美化环境，积分30分；勤俭持家、节能环保，积分50分。白石坡社区参与积分制管理的居民有4000多人，占总人口的1/4强。他们将积分制管理与环境卫生联合起来，通过环境治理加分，引导村民参与进来，争做环境卫生的保护者，大家主动打扫背街小巷的卫生、清除"牛皮癣"等；楼道下水道堵了，居民都会主动牵头请师傅来疏通；邻里矛盾纠纷明显减少，人人争做好事，好

人好事增至10005条，让社区变得更加和谐和美好。

浏河社区推行积分制管理至今，已有90%的居民自愿成为积分制家庭，小区建设与家庭道德积分结合，点燃了居民参与社区治理的热情。同时，采取社区自管委员会加志愿者队伍加网格员的联动模式，催生了竹园街"管家婆"、铁路小区的"铁路家属委员会"等11个明星组织。

山东省官场村自2016年实施积分制管理以来，也发生了一系列可喜变化。

从社区（村）积分制管理试行与探索两年多的情况看，说明它对社区村的建设、管理、治理很适用、管用，能落地生根，立竿见影；尤其让社区治理由"替民做主"向"由民做主"转变，由"单一行政管理"向"多元协商共治"转变，由社区（村）干部"唱独角戏"向全体居民"跳集体舞"转变，这符合党的十八届五中全会提出的"推进社会治理精细化，构建全民共建共享社会治理格局"的要求。在理论探索上也给人许多启示，在改善社会治理微环境的探索上，有四个理论贡献：一是对社区公益行为分类、分项的工作，他们分成七个大类，70项，构建了社区公益行为的目录清单。二是用积分统一了居民公益行为的"度量衡"，实现了居民公益行为的可比性。三是用积分制管理尝试准确地度量居民公共社会收益与私人收益、私人成本。四是通过积分项目，也就是公益行为立足于促进社区微环境建设，进一步推进社会建设、生态建设、文化建设等。（见李波《积分制管理改善社会治理微环境》载《中国积分制管理》2017年第7期）。

三、全面深入长期普及推广社区村积分制管理的理由

（一）领导重视和支持

1.重视和支持积分制管理的作用和价值自积分制管理开始试行成功，向全国和海外推广，暂露头角，就进入到荆门市委、政府领导视野：2011年9月20日，时任市委书记对张利国朱章俊《关于群艺数码"积分制管理"的调查报告》批示："先选几个单位试点，取得经验，明年在市直部门推行"。2015年至今，现任市委书记别必雄逢会必讲"积分制管理的作用和价值""积分制管理是管理领域的重大创新，它不仅适用于企业管理而且也适用于社会治理、农村治理""进一步加大积分制管理在荆门社会与经济管理领域的推广和应用，将其打造成社会管理创新的第一品牌，提升荆门城市影响力和竞争力"。

2.重视全市社区（村）管理、治理市委、市政府领导着眼城乡基层组织化程度低、制度执行力不足、管理治理无抓手问题；尤其农村点多面广，"空心化"严重；生态环

境破坏；文化传统逐渐流失；存在很多"最后一公里"问题，主要是国家投入不足所至以；还有一些一家一户"办不好、不好办和办起来不合算"事务等，认为积分制管理既管做事，又管做人，是解决社区（村）管理治理诸多问题的一把金钥匙，应该全面深入长期推广实施积分制管理予以解决。

3.制定并部署全面推行积分制管理创新基层社会治理的实施意见和工作。2017年1月12日，中共荆门市委市人民政府印发《关于全面推行积分制管理创新基层社会治理的实施意见》，《意见》设总体要求、制度设计、推进措施、保障机制4条16款12小条；工作目标要求通过2—3年的努力，实现基层社会治理积分制管理全覆盖，完善基层社会治理体系，激发基层社会治理活力，为实现荆门在湖北中部崛起营造和谐稳定的社会环境。2月17日，荆门市社会管理综合治理委员会印发《荆门市社区（村）社会治理积分制管理推进实施方案》，《方案》设指导思想、工作目标、推进步骤、工作要求4条8款；其中，工作目标要求2017年重点验收城镇社区和136个行政村；2018年全市社区（村）社会治理积分制管理覆盖率达到70%；2019年全市社区（村）社会治理积分制管理全覆盖。

（二）积分制管理创始人李荣的心愿

李荣先生早有全面深入长期普及推广社区（村）积分制管理的理想。2017年，湖北群艺积极响应市委市政府号召，在大力导入荆门社区（村）积分制管理的同时，加快向全国社区（村）推广积分制管理，印发《全国首家社区积分制管理参观培训指南》和《关于举办社区农村积分制管理培训班的邀请函》30万份，预定湖北荆门每月都有一期积分制管理培训班开办。

（三）学者呼吁推动

2016年11月，首届中国积分制管理学术研讨会上，武汉大学继续教育学院院长杜晓成发言呼吁："让积分制管理在社区（村）管理方面走出湖北、走向全国、走出国门是一件十分重要而紧迫的任务。"

（四）适用、管用、有用

从10多年来创立、试行、推广、运用积分制管理在大中小型企业和行政事业单位取得巨大成功的实践来看，也应该对全国社区农村社会管理、治理适用、管用、有用，可以成为全面深入长期普及推广到广大社区（村）管理和治理的一条理论上的理由。

（五）积分制管理可以成为社区（村）社会管理治理一个抓手

当前，社区（村）组织化程度低，不少地方是一盘散沙，尤其"空心化"农村社会的管理、治理没有抓手，无从下手。引入积分制管理后，就可以积分一线连万家，它管做事，又管做人，就理所当然地成为了社区（村）社会管理、治理的抓手，它就顺理成章成为全面深入长期普及推广到广大社区（村）积分制管理的一条实用上的理由。

四、社区（村）积分制管理实施中的问题及成因

无论从荆门市还是全国已经开展的社区（村）积分制管理的情况看，大都面临着不少困难和问题。具体讲，这些问题主要是：

（一）覆盖不全面

社区（村）积分制管理，从理论上讲，应该是全覆盖。而全覆盖的参与率应该是100%。事实上，100%参与是很难的，也不必强求。一般来讲，50%以上，60%—70%是很理想的。我们现在搞得最好的可能也只40%左右；有些明显的人群，尤其是有些特殊人群，宣传工作还未做到，不能实现覆盖。

（二）工作不平衡

有的社区（村）领导、专班、网格员和软件、硬件设施设备齐全，积分申报、考评、录入、记分基本上自动化了，有的还是半手工，甚至是全手工操作。在工作进程上，有的家喻户晓，参与面不断提升，好人好事层出不穷，整个社区面貌，通过积分制管理发生了根本性变化；有的却还处在发动阶段，仅仅开了几次会，作了一些方案和布置，与发展快的社区（村）差距很大。

（三）连续性不强

有的社区（村）开始阶段轰轰烈烈，进展很快，效果显著，涌现出不少好人好事，总结交流过一些经验，后来却没了下文；有的社区只是为了完成任务，应付上级检查走了一下过场。

（四）内容不正宗

名义上是开展社区（村）积分制管理，实际上走样、失真，搞的仍是传统百分制一套办法；还有的就是生搬硬套，脱离本社区（村）实际，只有原则性，没有灵活性，未能创造出积分制管理的生动活泼的局面，未能真正调动和激发广大居民、村民参与社区（村）管理和公益活动的积极性和创造性。

（五）设施不到位

湖北群艺模式是高新科技的现代化管理模式，技术含量是很高的。可是有的社区（村）活动场地狭窄不说，电脑都十分有限。有个社区6个网格员，只有1台电脑，申

报、记分等全靠手工操作；固定电话机也只有一部，网格员只好用自己的手机与居民联络，工作条件十分艰苦。有的社区（村）工作人员还不知道积分制管理需要使用互联网软件系统。

（六）操作不协调

这个问题不仅是社区（村），包括市和县市区的网络链接，都有操作不协调的问题。有的社区（村）安装了软件系统，但系统不稳定，时好时坏，本级网格员积分资料输入困难，甚至相互割裂；尤其是与上级网络系统不对接或者不兼容；市级与县市区也有系统不兼容问题，使积分制管理操作混乱，相互不配合，市与县市区和乡镇、社区（村、队）四级网络各自为政，连全市社区积分制管理的统计工作都难以正常进行，难以进行全面完整的统计。

（七）专人不足和能力不齐

社区（村）积分制管理在开始时期最好有专人负责，等到走上正轨，也即申报、评分、记分等各环节都能自动生成了，就可以由素质较高的兼职人员承担。积分制管理是高素质人员的"专利"，素质低了是不能承担的。本次调查发现，有一定比例的专兼职人员素质不高，能力较差，实在难以担负这种高技术含量的管理工作；面对全面深入长期普及推广社区（村）积分制管理的任务目标，备感杯水车薪，力不从心。

（八）吸引力不足

社区（村）是社会最底层的管理，其管理对象构成十分复杂：不同年龄层次、不同经济收入层次、不同文化层次的人，其物质文化生活需求是大不相同的。目前不少社区（村）的居民、村民构成，也就是国家两极分化、分配不公的缩影，其物质文化生活需求差距悬殊，以当前所有社区（村）在积分制管理中的正向激励措施看，实在是十分有限，仅是现有的物质激励和精神激励，对大多数人来说微不足道。据了解，有的社区（村）不少事业有成、物质文化生活富裕的高层次住户，不说是现有积分兑奖物资，就是房产商和物业公司给他们送的礼品，他们都不屑去拿，至于荣誉，多高多大的荣誉对他们才有吸引力，值得研究。

（九）管理内容范围窄层次浅

一般社区（村）积分制管理实施方案所列类别、事项很多，但实际上实施的范围窄，层次也不深，主要停留在公交车上让座、拾金不昧、打扫清洁卫生、孝敬父母等方面，涉及见义勇为的都不多；深层次社会管理治理的属凤毛麟角。

（十）缺乏培训教材，一字难求

仅是积分制管理教材，目前还是稀缺物质，仅有李荣、聂志柏著《中国积分制管理》等数种。社区（村）有其本质自身的特殊情况和特点，应该有符合其自身要求的积分制管理培训教材才好，但从目前情况来，实是"一字难求"，只好借用李荣《中国积分制管理》。

（十一）实施滞后，推广乏力

对比中国积分制管理创立推广应用的情况，社区（村）积分制管理的试点及推广，已经滞后了数年。从推广普及的情况看，湖北群艺的决心、信心及准备工作做得确实不错，30万份《全国首家社区积分制管理参观培训指南》和《关于举办社区农村积分制管理培训班的邀请函》，发出已经四五个月，全国第一期社区农村积分制管理培训班尚未如期举办，可见其难度还很大，推广还须加大力度。

产生上述问题的原因是多方面的，其中，主要有：

（一）认识不到位

从三个方面说：一是认为群艺模式主要针对企业，尤其民营企业适用，对行政事业单位，尤其对社区（村）不一定有效。二是认为它只是一些做法，没有什么理论，至少理论依据和理论含量不足。三是觉得积分制管理多此一举，额外增加了工作负担和考核压力，不愿先行先试。

（二）领导不稳定

无论是市级，还是各下级单位，"一把手"重视还可以推动一下，一把手调整，就停止或者停滞不前，领导不稳定导致思想认识不稳定、专班人员不稳定，使积分制管理工作缺乏连续性。关键还是"人治"思想作怪，在体制机制上，对积分制管理持续实施保障不足所致。

（三）评分指标制定不够科学合理

比如，规定制止一次犯罪、抓住一名窃贼、参加一次抗洪抢险各奖励30分，而老人、妇女、小孩就不太可能做到，明显得不到30分，他们能做的仅是乘公交给人让个座、打扫一下清洁卫生等，每次才记0.5—1分，最多记2分。对于不同的群体，应该采用不同的指标体系，以便每个群体都有人能够得到较高奖分，有较高的目标追求。

（四）政策有约束

社区（村）推广积分制管理模式，以精神激励为主、物质奖励为辅是对的；反腐打虎，严格执行中央八项规定也是对的，但绝大多数社区（村）在经费开支上捉襟见肘，基本上没有机动的余地，在积分兑奖时手足无措，使有些地方的推广工作陷于困难甚至停顿。

（五）推广队伍尚未形成，且素质不高，又缺乏培训

分两个方面说，仅就荆门市社区（村）积分制管理的推广应用而言，除了依靠湖北群艺，他们自身还应该建立健全推广普及队伍，他们自身的推广普及队伍，就是尚未形成，且素质不高，又缺乏培训。就全国而言，也是需要建立健全推广普及队伍的，这在荆门市以外，可能还没有进入各级党政领导的思维，更别说建立队伍和培训了。

（六）宣传舆论不够

在荆门，对于推广普及积分制管理应用，是早已开展，对于社区（村）积分制管理的普及应用，也基本上形成氛围；对于全国，可能除了湖北群艺组织的多渠道、多层次、多形式的宣传和其"弟子单位"呼应之外，"和者"不多，其宣传舆论的深度和广度尚待提高，尚未形成全面深入长期普及推广社区（村）积分制管理的舆论环境和氛围。

五、全面深入长期普及推广社区农村积分制管理的建议

（一）正确认识湖北群艺模式

积分制管理的价值一是有利于弘扬中华民族优秀传统文化；二是有利于各项管理制度化繁为简；三是可以解决目前城乡基层社会治理过程中所碰到的一些困惑，引导更多居民做好事、善事，积善行德，成为一种习惯和风尚，并自觉参与社会管理、治理。

（二）加快和加强积分制管理的理论和理论体系建设

湖北群艺工作繁忙、任务繁重，但再忙、再重，也要在社区（村）积分制管理上增加试点，摸索到更多更好的经验、做法，并不断总结、提高，建立健全积分制管理理论和方法体系。

（三）加大社区（村）积分制管理全面深入长期普及推广的宣传和培训力度

荆门市和群艺公司都要这样做，更要互相配合，结合起来抓。对荆门市来说，是得天独厚，近水楼台先得月；对群艺来说，是更好地接地气，聚人脉。培训的内容，一定要是群艺模式的正宗核心内容，不能走样、失真，不能新瓶旧酒，瞎子点灯白费蜡。

（四）以整合县市区网格化平台为主，完善各级社区村积分制管理硬件建设

从荆门来说，现在的当务之急是要尽快整合全市网格化社会管理平台，彻底改变

各自为政局面，既要减少开支，节约成本，又要网络全市各个角落，上下贯通，左右链接，畅通无阻，融为一体。湖北群艺应从更大的范围，考虑解决好所有开展积分制管理的社区（村）互联网链接问题，最好都用上统一的积分制管理软件；切实改善积分制管理办公条件，尤其要全部解决手工操作问题。

（五）加强领导，稳定思想和专班

积分制管理刚开始实行，实行时间不长、还未走上正轨或重新开始、开始恢复积分制管理的社区（村），要加强领导，稳定思想和专班，待工作进入正常化、积分制管理积分由系统自动生成，才可以改为兼职人员管理。

（六）抓先进、带后进、促平衡、全覆盖

这是目前社区积分制管理的又一个当务之急。现在走在前头的效果很明显、很突出；后进的面很大，看不出谁是中间。这就要重点抓住先进，促其更快更好发展，更好发挥带头作用，带动大面积后进进步发展，促进平衡发展。全覆盖是总目标，现在要尽量加大覆盖面，先做到20%—30%；循序渐进，逐步发展。不能急功近利，欲速则不达。

（七）解放思想，放宽政策，多方实行正向激励

社区（村）是当今社会最底层的管理组织，它既是一盘散沙，又积淀、隐藏着许多两极分化、分配不公的矛盾和隐患，处理不当就可能出现意想不到事件。而在这里采取积分制管理实在是一种不二的选择；解放思想，放宽政策，多方实行正向激励，也显得尤为重要和亟须。其实，放宽政策的项目还是很多，问题就在于政府能不能解放思想，官员能不能有所担当，切实从实际出发，实行对各社区（村）内各种不同年龄段、不同阶层对物质文化生活的不同需求，给予不同的有一定吸引力的正向激励。

（八）改进推广普及方法

集中在群艺产业园办班虽说也好，建议创新思路，可以联系一些对推广普及社区（村）积分制管理积极性高县市区，成建制地在当地办班，湖北群艺派遣精干人员前往落地实操培训；还可整合全国积分制管理培训办班力量，加快培训，加快推广。

（2017年入选湖北省智库）

第二十五讲　怎样写好学习考察报告

一、考察报告与学习考察报告

考察的释义：一是实地观察调查。二是细致深刻地观察。考察报告，指人们通常对考察过程中取得的大量材料进行研究、整理，找出其中本质性和规律性的东西，据此写成的文字材料。它是直接经验的总结。其种类很多，如科学考察报告、自然地理考察报告、入党考察报告、人事考察报告、体制改革考察报告、世界文化遗址考察报告、古墓葬考察报告等。学习考察报告是许多考察报告中的一种。在党政机关、企事业单位，尤其公务员中应用最多，是党政机关应用写作——调研写作中一种独特的体裁，所以，我把它列为一个专题研究。

在我国，学习这个词，是把"学"和"习"复合而成。最先把这两个字联在一起讲的是孔子。他说："学而时习之，不亦说乎？"意思是，学了之后及时、经常地进行温习，不是一件很愉快的事情吗？按照孔子和其他中国古代教育家的看法，"学"就是闻、见，是获得知识、技能，主要是指接受感性知识与书本知识，有时还包括思的含义。"习"是巩固知识、技能，一般有三种含义：温习、实习、练习，有时还包括行的含义。所以学习就是获得知识，形成技能，培养聪明才智的过程。实质上就是学、思、习、行的总称。因此，学习考察报告至少应该包含学、思、习、行等四个方面的内容。

一般来说，学习考察报告由五部分组成：

1.序言。有时也可以写作"前言"，主要说明为什么要进行这次学习考察，也就是学习考察的目的，要通过考察学习什么。

2.学习考察的方法。有时也可以写成"研究的方法"，因为考察的过程也就是开展研究的过程。在这里，必须说明学习考察的时间、人员、地点及过程等。

3.学习考察的结果。这一部分的内容要详细展开，主要向人们阐述考察之后所得到的事实材料，如观察到的事物接触到的人物情况，学到了什么东西等。需要提醒的是，结果应该实事求是，不能虚构，不能夸大其词。

4.分析与讨论。这是学习考察报告的精华所在。在这一部分里，要求作者根据考察结果，推理、分析其中的因果关系。因此在这一部分里可以充分展开作者的聪明才智，大力进行创新思维。

5.建议与收获。主要针对自己需要解决的具体问题提出自己合理的设想或解决问题的方案、办法；还可以谈谈自己参加学习考察活动后的收获。

学习考察报告也分许多种：

按地域分，有出国到先进国家和地区学习考察、中西部到东南沿海学习考察、中西部之间的学习考察等。

按组织形式分，有组团学习考察、办班培训的学习考察、挂职锻炼的学习考察等。

按学习考察对象分，有一次一个点的学习考察和一次多个点的学习考察。

按内容分，有综合学习考察和专题学习考察。

二、学习考察报告写作中的问题

不论哪一种形式的学习考察，其学习考察的主体都会有具体、明确的目的，都是带着本地区、本部门改革和建设中的实际问题，或者是为了扩大眼界、提高自身素质，或者是多个目的兼有。有的是出国，有的是到先进发达地区；有的是组团，有的是办班，有的是挂职；有的是一次一点，有的是一次多点，两个点以上，学习考察报告写作中，往往出现如下问题：

（一）只顾写学习考察对象如何如何先进、发达，只字不提自己怎么学习、运用对方的先进经验、做法解决自己地方或部门工作中的问题；有的即使写了一些自己学习考察后的打算，也只轻描淡写，没有具体、深刻、切实可行的办法和方案。2.只顾写自己如何解决自己的问题，而对学习考察对象的先进、发达的经验、做法写得少，写得不具体、生动，不完整，挂一漏万，没有真正在学习考察上下功夫，不像学习考察报告。

（二）两张皮。先进发达国家和地区的情况、经验和做法，与自己学习考察的打算、办法脱节；在文章结构形式和内容上，各是各；尤其在内容上各是各；甚至相互矛盾，具体是自己学习考察的打算、措施，与学习考察学到的经验、做法不对号，让人看了不觉得是从学习考察中必然得到的收获，跟未学习考察时写的东西差不多；或者与所学习考察到的先进经验、做法相矛盾，相抵触，两张皮。还有把多点学习考察中多个点上的经验、做法各写各，相互之间没有有机联系，或没有联系；甚至相互矛盾、交叉、重复等。

（三）照抄照搬。没有立足本地实际，结合自身特点和问题，创造性地学习外地先进经验、做法，而是不分好坏优劣，对先进发达地区、国家的经验、做法照抄照搬，没有区别，没有选择，没有抓住重点，囫囵吞枣，生吞活剥，生搬硬套。

（四）只学形式、皮毛，没有学到本质性、规律性的核心经验和做法，有的甚至只学到先进发达国家和地区的落后、阴暗的东西。

导致上述问题的原因：

1. 认识不足。主要对学习考察及其报告写作的作用认识不足。学习考察，不论对于谁、对于什么地区或部门的改革开放和建设发展、对于当前和长远、对于个人思想素质和能力素质的提高和进步，都是解放思想，学习先进的极好机会，都是一所大学校。尤其写作学习考察报告，更是一次学习提高的好机会、好课堂、好学校。尤其挂职锻炼，更是既有实践，又有理论，是理论和实践相结合的好课堂和好学校，应该值得珍惜和利用。

2. 心理障碍。有的同志从中西部封闭落后地区走出来，尤其走出国门，来到西方先进发达国家和地区，未能正确对待"外面的世界多精彩"，总以为自己是落后、贫穷、封闭地区，自卑心理，总觉得自己什么都不如人；差距太大，无法与人比较，难以向人学习，难以学到、用上别人的先进经验和做法。有的却夜郎自大，觉得别人不过如此，有什么好学的；有的觉得别人条件好，别人就是别人，先进就是先进，而自己就是自己，落后就是落后，思想僵化，把先进与落后、贫穷与富裕、封闭与开放对立，绝对化，不思进取、改革和改变，认为这些是改变不了的，学习考察也是无用的，写作学习考察报告更是多此一举。还有的以意识形态为壁垒，把社会主义制度与西方发达国家先进的管理经验和科学文化相对立，不愿意虚心学习，认真吸取，"拿来"改造使用。有的则把我国社会主义制度与西方的民主自由混为一谈，不分青红皂白，照抄照搬，生吞活剥，一概"拿来"。

3. 素质不高。除了思想素质，心理素质不高，有的同志还能力素质不高，主要是驾驭考察报告写作的能力素质不高。分析能力、综合能力、文字表达能力等都有待提高。

三、学习考察报告写作要诀

第一，要解放思想，放下包袱，不卑不亢。出外，尤其出国学习考察，这本身就是实实在在、活生生的解放思想，就是封闭面对开放，落后面对先进，贫穷面对富裕，就是解放思想，就既是机遇，又是挑战，面对面的机遇和挑战，最重要的就是要解放思想，放下包袱，开动机器；要放下臭架子，甘当小学生，不能故步自封，思想僵化；也不能自满自足，夜郎自大。尤其对待西方发达国家和地区，要不卑不亢，实事求是；要正确区分他们的政治制度与先进科技、先进经验和思想文化，可资借鉴的要借鉴，能够学习的要学习；学不了、用不上的，不必勉强。对于学习考察西方发达国家和地区的思想文化，也有不少写得很好的报告。网上和各种期刊上发表不少，均可参考。2004年5月，我在《决策参考》上编发过一篇《可资借鉴的美国政务理念》。作者是荆门经济开发区党工委书记、管委会常务副主任，时任共青团湖北省荆门市委书记周文霞同志。她随湖北省委组织部组织的青年干部赴美学习培训班学习考察三个月后，撰制该文，对于美国的先进与发达就不卑不亢，实事求是地学习考察，体会部分提出了很好的建议。后被共青团湖北省委机关刊物转发，产生了较大反响。

第二，要立足本地实际，放开写作。凡是出外、出国学习考察，都是有明确学习目的，都是为了解决本地区、本部门实际工作中的困难和问题，或者提高自身素质。尤其在本地担任一个地区，或一个部门主要领导职务的国家公务员，出外挂职锻炼，更是组织上的特意安排，更要认真学习考察，努力把学习考察、挂职锻炼地区的先进经验、做法带回本地开花结果。挂职锻炼对于学习考察的好处，既有时间较长的优越条件，又无本地工作时的应酬，而且以其所挂之职和实际工作的有利条件，更能实地考察学习到更多更实在的东西，更多第一手资料，对于写出高质量学习考察报告更为有利。然而，有的同志并不是这样。我就碰到过两篇这样的学习考察报告，一篇是一位挂职锻炼的乡镇党委书记，一篇是一位新任副县长，两篇都只写了挂职锻炼或学习考察对象的先进经验、做法，只字未提回来后本地区、本人的分管工作打算和应该怎么做，也就是说他们的报告都只写了一半。这两位同志，我都分别要求他们补齐如何借他山之石攻本地之玉的对策措施，再予刊登。于是，他们都分别认真分析研究了本地实际，又结合学习考察的经验体会，进行补充，有一篇还被市委常委秘书长批示印发，在全市产生了较大影响。

第三，要"站在别人肩膀上"写作。"站在别人肩膀上"，是英国的伟大科学家牛顿的名言，原话是"如果说我比别人看得远些，那只是因为我站在别人的肩膀上"。站在别人肩膀上写作学习考察报告，是学习考察报告写作的最高境界，也是最佳境界。它不只是不卑不亢、实事求是，虚心学习别人的先进科技、先进经验、先进做法，而是高瞻远瞩，开放学习，放开学习，不但学到、学好别人的先进经验、先进做法，而且，举一反三，创新学习，超越所学经验、做法之上，提出新的思路，新的构想，加快本地、本部门改革和建设发展。中共湖北省荆门市委常委胡道银同志，2004年3月初至4月底，以时任荆门市东宝区委书记身份在浙江省桐乡市挂职任市委副书记2个月，回来时向荆门市委提交了题为《勇于担起加快发展的责任——赴浙江省桐乡市挂职锻炼的体会》，领导批给我编发《决策参考》，那可真是"站在别人肩膀上"写作的优秀学习考察报告。尤其最后几点体会，字字珠玑：（一）既要"无为而治"，更要"有为而进"，始终把加快发展作为地方党委、政府的第一要务。（二）既要"讲出道理"，更要"干出道理"，始终把真抓实干作为地方党委、政府的内在要求。（三）既要"为人发展"，更要"靠人发展"，始终把激发广大干部群众的干事创业热情作为地方党委、政府的重大工作。（四）既要"学人之鱼"，更要"学人之渔"，始终把坚持学习和善于学习作为地方党委、政府工作的重要方法。该文后被湖北省委办公厅《决策参考》2004年第16期转载。

第四，要写好"本地连接"。即要抓准、抓住并抓好、写好外地和本地、所学经验和实施本地措施的连接点。外地学习考察的经验、做法总结归纳得好，本地实际、对策建议也编写制定得好，二者如何联系上，连接好，是该学习考察报告是否知行统一、协调一致、天衣无缝的关键。有些学习考察报告之所以两张皮，就与此有关。前述《可资借鉴的美国政务理念》初稿在这方面也略有不足。我在编辑该文时，就给它适当改编强加了这个"本地连接"，使之前后一气呵成，掷地有声，增添了光彩：

上述几点，归纳起来，大约是十四个字：精简、高效、务实、民主、平等、博爱、法治。"自由民主"是美国社会的旗帜，加上平等、博爱、法治，是美国社会的主流意识形态和历史文化积淀。从我耳闻目睹的美国政府实时公布财政支出账目、允许公民自由旁听议会讨论、对纳税人高度尊重负责、平等善待弱势群体等来看，尽管我们与他们文化背景不同，理解各异，但他们还算得是以人为本，以人的自由、民主、平等为基点，以法治为保证，使经济社会实现了长期稳定协调发展，显示了厚重的文化底蕴。胡锦涛同志不久前在开罗访问时说，我们要保持和发扬我们的优秀文化传统，同时要学习和借鉴其他国家的优秀文化，为世界和平和我国的改革开放事业服务。从美国的政务理念中，我们可以得到以下启示（下面即是原文5条启示，也即建议）：

（一）加快民主法治建设，全面推进依法行政。（二）大力简政精官，切实转变政府职能。（三）树立人本思想，关爱弱势群体。（四）树立科学发展观，注重可持续发展。（五）创优发展环境，大力招商引资。

我帮作者改编的"本地连接"文字，就较好使前面可资借鉴的美国政务理念6条与后面5条对策建议连为一体。这前面6条是：（一）创造公平竞争的经济发展环境是政府的主要职责。（二）将服务作为政府第一要务。（三）依法行政，公开透明。（四）努力提高行政效率，降低行政成本。（五）注重经济社会协调发展和可持续发展。（六）坚持以人为本，注重人文关怀。

"本地连接"对于此类文章至关重要。这个"本地连接"，对于该文，一是较好连接了前后两块；二是深化了主题，增强了文章的可信度和感染力。之所以如此，主要在于我是按照作者思路和文章需要，帮助作者做了三件事：一是解放思想，大胆地正面肯定了"民主自由"加上平等、博爱、法治，是"美国社会的主流意识形态和历史文化积淀"；二是实事求是地正面肯定了美国政务的某些进步性和以人为本的行政成果；三是较好引用了胡锦涛同志在开罗的一段讲话，使全文立足点站到了党的改革开放政策和中西文化交流政策的历史和现实的至高点。尤其最后这一点，大大增强了文章的可信度和感染力。这也可说是我在编辑或撰写此类文章的一条成功的经验和主要做法。

第五，要既扬长，又扬短，化短为长。所谓"扬长"，既要扬对方之长，也要扬自己之长，要立足本地优势，发挥本地优势，尤其后发优势，制定对策措施。与此同时，也要扬短，不避短，更不护短；要敢于对照先进找差距，认真亮短亮丑，揭短揭丑，充分认识、剖析自己的短处、劣势，辩证地看，反过来看，不卑不亢，化短为长，激发和鼓舞斗志，增强决心和信心，把本地本部门的改革开放和建设发展搞好，又好又快地崛起和发展。

第六，灵活运用，从心所欲不逾矩。学习考察报告写作，其实没有固定的格式，它是你学习考察过程中的心得体会的书面表达，你完全可以灵活运用，从心所欲，想怎么写就怎么写，想写什么就写什么。所谓一般有5个部分，其实，很多学习考察报告只有2到3个部分，关键是写好学习考察对象的经验部分，和自己的心得体会、收获部分。多点考察的，要将多点经验、做法，揉在一起写，揉成一个有机整体，不可支离破碎，不可顾此失彼，不可自相矛盾。总体要看写作者的综合素质和能力。不论怎么写都可以，只有一条原则，就是不逾矩，遵守基本的政治原则和体例原则就行。

另外，有的学习考察报告也就只写学习考察对象的状况如何那一块，别的什么都不写，一律由读者自己去体会。文无定法吧，也是允许的。

四、学习考察报告的文体运用

本节要说的是个文体运用问题，其实也是个学习考察报告的写作知识问题。这个问题就发生在笔者任湖北群集团报刊编辑时期。其期刊《中国积分制管理》总第12期刊登山东省荣城市课题组一篇《积分制管理——一个行之有效的管理方法》，编辑人员还特地为该文写了一则200多字的编者按，具体介绍了该文的作者单位，调研时间、地点、过程及文章写作的质量、目的、作用等。笔者一看，就觉得该文文体运用不准确、不规范，没有重点、特点；这个编者按完全是多此一举，它所说的这些情况绝大部分本已在导语部分交代得一清二楚，只需在文章大标题中写明"赴湖北群艺积分制管理"10个字，就简明扼要地介绍清楚了此次行动的基本情况，再写上"学习考察报告"这个文体，所有这篇文章的大标题和导语介绍，就让人一目了然：一是标题规范；二是文体明确；三是主题即中心思想明确；四是组织行为过程明确；还会使湖北群艺知名度大为提高。这样看来，该编者按实在是不伦不类，也大可不必。该文全文在本书不必作实例收入。

◎ 附：可资借鉴的美国政务理念——赴美学习培训的思考

根据组织安排，我从2003年10月至2004年5月参加湖北省第三期中青年干部出国培训班，先在华中科技大学三个多月，春节后在美国俄亥俄大学三个月，接受了公共管理

（MPA）知识培训，对美国社会及其一些地方政府的工作进行了实地考察，直接、深入地了解了一些真实情况。

在美学习培训期间，我能时时处处感受到美国作为世界第一的强大国力，感受到"发达"和"发展中"的差距。美国2002年人均GDP达到3.62万美元，只占世界人口5%的美国人，却创造了占世界总量32.5%的GDP，生产力发展和人民生活标准保持了全世界最高水平。追溯历史，美国在建国后的200多年时间里，先后实现了工业现代化，并快速超越了所有老牌资本主义国家。中国和美国国情不同，政治制度差异很大，他们的运作模式我们不能照抄照搬，但有些政务理念却很值得我们学习和借鉴。

一、创造公平竞争的经济发展环境是政府的主要职责。我们学习所在的俄亥俄，是美国农业和工业基础较好的州，GDP在美国排第七位，地方财政收入排第五位。州政府主要精力在于完善本州的基础设施建设，创造经济发展的良好环境。在我们学习培训的雅典市，全市只设有供水和污水处理局、警察局、消防局、娱乐局、街道管理局、社会保障局等七个部门，竟然没有一个负责抓经济发展的部门！市长理查得告诉我们说：创造发展环境是地方政府工作的主要职责；市长主要从事发展教育、维护安全、保护环境等公益性较强的事业。建设一个干净、安全、适宜投资的城市是地方行政首长的主要目标。他们很少插手企业或农场的事，也很少到企业或农场视察。

二、将服务作为政府第一要务。美国政府要为居民提供很多服务，如治安、消防、住房代码、街道和人行道的维护、修建公共停车场、基本医疗卫生等，大小事务，只要市民有需求，政府就得提供。地方政府无论是州长还是市长，他们很多时候都要亲自接听市民电话并回答任何一个市民提出的问题，一旦回答让市民不满意，他们就可能听到"你拿的是我们纳税人的钱！"等告诫。所以不论是州长、市长还是每一个在政府工作的雇员，都十分尊重纳税人，具有强烈的为纳税人服务的意识和责任感。他们经常认真听取市民的意见，有时还约定时间，征求市民对政府所提供服务的意见。从他们的工作作风和态度上，我们能直接感悟美国政府的服务型特征。

三、依法行政，公开透明。在美国地方政府开支中占第一位的是社会保障支出，第二是教育支出，第三是公共福利支出。每一项开支都得经过议会讨论通过，并告知市民。我们第一次旁听雅典市议会就是市长向议会报告要购买交通车等开支事项。不仅财政状况公开，用钱公开，政府办事程序也比较公开透明，市民参与程度非常高。市议会例会每周一晚上7点召开，提前一周就把议题和内容在当地报纸上公布。市民如果对所讨论的问题感兴趣，可以直接到议会会议室旁听并提出问题。另外每周三下午雅典市长都要举行例行的记者招待会，向记者和市民通报最近工作情况和重大事项，回答记者的提问。议会例会和记者招待会雅典市电视台都要专题进行全程现场直播。所以政府和市长想干什么、在干什么、准备干什么，全部工作程序和工作内容市民也一清二楚。

四、努力提高行政效率，降低行政成本。美国最近几年掀起了政府私有化运动，即政府不直接提供公共产品或服务，而由政府与一些非政府机构、私人部门或企业签订合同提供服务。除了国防和邮政等关系国家机密的行业外，其他大部分公共服务项目都由这些获得合同的私人部门来承担，包括警察、监狱等让人觉得必须由政府包揽的事情。美国政府的私有化运动大大降低了行政成本，减少了官僚主义，提高了行政效率，也使政府提供的服务更为专业化。同时也消除了政府部门的"三六九等"，防止了贫富不均。政府的扶持项目也不是无偿进行投资或扶持，而是通过市场手段和经济杠杆的作用进行。例如帮助无钱买房的人，联邦政府就设立相应的基金，并选定相关银行管理这笔资金，然后再低息贷给这些穷人，或者是政府拨出相应款项低息贷给房地产开发业主盖成本房，再卖给缺房户。这样，既资助了无钱买房的人，又提高了政府资金的使用效率。

五、注重经济社会协调发展和可持续发展。我经常向俄亥俄州的企业家宣传中国湖北和荆门，希望他们到中国投资。在我和他们的交谈中和新闻媒体上我惊奇地发现该州政府也在想尽办法吸引外资，增加国内就业岗位。我曾在俄亥俄州政府所在地哥伦布市一份报纸上看到一则消息："上次州长率团赴日本、韩国、东南亚考察，为本州创造了1395个就业岗位。"俄亥俄州类似于我国辽宁省，曾经是美国工业化时代的先锋。但当美国的工业化顺利实现、信息化浪潮飞速而至的时候，该州由于制造业偏重，企业产品结构调整滞后，尽管目前其GDP排名仍占全美第七位，但与依靠信息化和第三产业带动、经济迅速腾飞的美国西南部各州相比，就明显衰退下来了。2002年俄州制造业虽在全美50个州仍排名第三位，但其经济增长速度却只有2.7%，大大低于同期美国西海岸加利福利亚州经济增长速度的5%；并且，俄州失业率高达6%，居全美首位，导致该州人口近年来每年以1%的速度流失，尤其是使它在全美的排名和联邦的地位受到严重影响。面对经济衰退和高居全国之首的失业率问题，俄亥俄州政府想尽办法吸引外资，增加就业岗位，把经济社会的协调发展和可持续发展放在了重要位置。作为世界第一经济强国的美国地方政府，在市场竞争日趋激烈的情况下，也如我们发展中国家一样，竭尽全力抓招商引资，为民众增加就业岗位，为地方政府增加税收，这可真是我未曾想到的。

六、坚持以人为本，注重人文关怀。美国是一个主张平均和务实的国家，无论何时何地，都能体现其深厚的人本思想和人文关怀理念。美国社会是一个典型的纺锤形结构，穷人和富人大约各占5%，其余90%为中产阶级。为了社会的稳定，政府对5%的富人收取高达70%的遗产税，为大约5%的穷人建立了非常完备的社会保障机制，保证其有房住，有衣穿，有饭吃。为了保障残疾人的利益和方便残疾人的生活，随处可见社会对残疾人的关爱，所有的建筑物都是"无障碍设计"，停车场有残疾人专用停车处，公共汽车设有残疾人上下车自动装置，政府办公大楼每一间办公室的指示牌上都刻有供盲人触摸的文字以及残疾人休息区，不少景点设有专门的残疾人通道，每一个洗手间都有残疾人专用间，就连麦当劳出售的饮料杯上都印有盲文。政府提供的公共设施设计也非常人性，卫生间设有座椅，以方便那些带孩子的父母休息；公共汽车停靠亭也设有制冷和制热装置。在首都华盛顿，无论是航天博物馆、美术馆、植物园、动物园，还是其他供参观之处一律免收门票，不少的展品每三个月左右更换一次，让人们可以置身其中尽情地从中了解美国的昨天和今天。为解决区域间经济发展不平衡的问题，联邦政府通过出资兴办水利事业，实行不同的税制，利用转移支付手段向落后地区倾斜；采用财政融资手段鼓励私人企业向落后地区投资；等等，在一定程度上实现了区域经济协调发展。为改善人居环境，美国国会专门制定了法案。30年前，美国环境污染比中国现在的状况严重得多，1968年俄亥俄州Cuyahoga河就曾发生过危及人们生命财产安全的重大燃烧事故。但30年后的今天，整个美国都随处可见蓝天白云，鲜花绿草，而无一棵土，人们可以自由地呼吸新鲜空气和享受优美的自然环境。为了保证每一个孩子都在平等的起跑线上，政府在2002年制定了《不让一个孩子落后》的教育法案，加强落后地区教育投资，让每一个孩子接受良好的教育，旨在消除差距，促进平等。为解决近几年的高失业率问题，最近几年中，美国政府用于就业培训计划的拨款每年都有增加。2003年拨款达60多亿美元，使全美大约200多万人免费参加了各种就业培训，其中，约有70%的人找到了工作，缓解了美国政府的福利压力。

上述几点，归纳起来，大约是十四个字：精简、高效、务实、民主、平等、博爱、法治。"自由民主"是美国社会的旗帜，加上平等、博爱、法治，是美国社会的主流意识形态和历史文化积淀。从我耳闻目睹的美国政府实时公布财政支出账目、允许公民自由旁听议会讨论、对纳税人高度尊重负责、平等善待弱势群体等来看，尽管我们与他们文化背景不同，理解各异，但他们还算得以人为本，以人的自由、民主、平等为基点，以法治为保证，使经济社会实现了长期稳定协调发展，显示了厚重的文化底蕴。胡锦涛同志不久前在开罗访问时说，我们要保持和发扬我们的优秀文化传统，同时要学习和借鉴其他国家的优秀文化，为世界和平和我国的改革开放事业服务。从美国的政务理念中，我们可以得到以下启示：

一、加快民主法治建设，全面推进依法行政。美国民主法治深入人心，政府依法行政，公民积极参与，保证了国家长治久安和经济社会稳定持续发展。我国是一个长期实行封建专制的国家，官本位思想、人治思想严重，这是我国民主法治建设的最大障碍。要适应全面建设小康社会的新形势和加快依法治国进程，必须全面推进依法行政，建设法治政府。一是要进一步解放思想，更新观念，牢固树立民主法治意识。要革除"人治"思想，树立"法治"意识；革除"民主就是官为民主"的错误思想，树立真正的人民当家作主、民为主思想；革除"法律治民不治官"的错误思想，树立依法行政重在依法"治官"的观念等。二是要进一步发扬和扩大民主，把加快民主法治建设落到实处。建立健全科学民主决策机制，实行依法决策、民主决策、科学决策；推进政府管理信息化，保障社会公众的知情权和监督权，重大事项要事前公告，广泛听取公民意见。三要改革行政管理方式，推进行政管理法制化。认真贯彻实施《行政许可法》，规范行政许可行为；加快电子政务建设，创新管理方式。四是要理顺行政执法体制，规范行政执法行为。深化行政执法体制改革，严格按照法定程序行使权力；推行行政执法责任制、过错追究制、行政过失赔偿制，从根本上改变政府部门及行政人员不作为和乱作为的状况；完善行政监督制度和机制，强化对行政行为的监督。

二、大力简政精官，切实转变政府职能。美国注重建设服务型政府，坚持有所为，有所不为，有力地促进了经济社会协调发展。在我国，过多的政府管制、繁杂的行政审批手续，不仅不利于经济社会发展，相反是搭建了"部门腐败平台"。借鉴美国经验，我认为，我国各级政府应大力简政精官，切实转变政府职能。一是加快行政体制改革，建立精简、高效、廉洁的政府。按照市场经济要求，对国民经济宏观调控部门、市场秩序管理部门、基础设施建设部门、科技教育部门、社会公共服务部门等要保留、完善，对不属于政府职能的部门、职能已划转到中介组织或市场的部门、专业经济部门、不符合市场规则的审批部门等一律撤销或者弱化。二是加快行政审批制度改革，平衡部门利益，维护公平竞争的市场环境。把不该由政府机关审批的事项坚决减下来，把可以通过市场机制由社会自我调节和管理的职能交给社会中介组织。三是政府要给负责经济发展的部门充分授权和加强考核评价。建立部门接待——服务——调查反馈制度及企业需求档案，公开服务程序，提高服务效率和质量，以服务促发展。四是要强化政府宏观调控能力，减少对企业的直接干预。通过财税、金融等经济杠杆引导产业发展，减少对企业的直接干预。全面推进国有企业改制，使国有企业真正摆脱与政府的依附关系，成为真正独立的市场主体。

三、树立人本思想，关爱弱势群体。美国政府始终坚持以人为本，把人文关怀落实到每一个角落，深得人心。我们的政府如何得到广大群众真心的拥戴，那就要看政府是否能够真正做到权为民所用，情为民所系，利为民所谋。我国农村贫困人口、城市下岗失业人员、农民工及其家属是我们现阶段主要的弱势群体，关注他们的生存状态，提高他们的生活质量是政府义不容辞的责任。一是要抓紧完善社会保障制度。扩大城镇社保覆盖面，保障困难群众的基本生活，并逐步延伸到农村。二是增加教育投入，提高人均受教育的程度。特别要注重增加贫困地区、贫困人口的教育投入，提高国民整体素质。三是加强公用基础设施的人性化建设。在各项公益建设中，要特别注重关爱未成年人、老年人和残疾人等弱势群体，为其提供必要的生存生活条件和环境。四是要注重公平分配，防止地区、城乡贫富差距进一步拉大。要通过税收杠杆和转移支付等手段促使贫困地区尽快脱贫致富。

四、树立科学发展观，注重可持续发展。美国20世纪60—70年代遇到的经济发展与环境保护相矛盾的难题，我们现在已经遇到，将来还可能遇到。有些地方一味追求经济发展速度，忽视经济、社会的可持续发展，造成了资源严重浪费和环境恶化。我们必须吸取美国的经验教训，摒弃对GDP的盲目崇拜，坚持科学发展观，努力提高经济增长质量，走出一条科技含量高，资源消耗少、利用率高，污染排放少，经济效益好的可持续发展之路。要把推进农村工业化作为解决"三农"问题的重要举措，紧紧抓住确保粮食安全增加农民收入两大主题，促进城乡协调发展。政府在为经济发展创造良好环境的过程中，要注重人与自然和谐发展、经济与社会和谐发展。在谋求发展时要采取更加审慎和理性的态度，对那些确实能够带来GDP增长但对环境有污染的项目，必须严格依法执行环境影响评价制度和环保项目评价强制性条款，保证经济发展和环境保护"双赢"，任何时候都不能以牺牲环境为代价来换取GDP的阶段性增长。

五、创优发展环境，大力招商引资。美国是世界第一经济强国，技术先进、资金雄厚、市场成熟，但地方政府仍然高度重视创优环境和招商引资。发达国家地方政府能做到的，我们发展中国家更加应该加倍努力做到。我们必须进一步增强紧迫感、责任感和使命感，进一步把创优经济发展环境作为自己的重要工作职责和工作任务，进一步加大招商引资力度，广聚资金、广纳人才、广辟商机、广借外力谋发展，争取比他们做得更好。

（周文霞）

第二十六讲　怎样写好工作总结

一、工作与工作总结

工作，《现代汉语词典》2005年版的释义为：一是从事体力或脑力劳动，也泛指机器、工具受人操纵而发挥生产作用。二是职业。三是业务、任务。工作的核心含义，主要指劳动生产创造价值；也是社会中的一种责任，一种学习和积累为人做事的经验。

工作的意义，在于发挥我们的才能，使我们得到一种成就感，满足人类的最高需求（按照马洛斯五个需求理论），使我们心情更加愉悦，从而使我们生活更加美好。而金钱、荣誉只是我们潜心工作带来的副产品。

总结的释义：先把"总结"二字拆开看："总"是总括、总起、总之、汇总，总纲、总则等；"结"的意思有结果、结算、结论、结束等。合起来成为"总结"，应该有先总：总起、汇总、总纲的意思；后结，即结果、结算、结论、结束等意思的。《现代汉语词典》对总结的释义为：一是把前一阶段时间内的工作、学习或思想中的情况，经过分析研究，找出经验和教训，引出规律性认识，用以指导今后的工作和实践活动。二是概括出来的结论。

工作总结，就是用以记述各种总结的一种应用文体。这种文体，广泛运用于各级各类党政机关，事业、企业单位，班组车间，街道门店，农村乡镇村组，甚至各类个人。

工作总结种类很多。按其所指向的领域分，可分为工作总结、学习活动总结、教育工作总结、财务工作总结，等等。

按其运用范围大小不同分，可分为地域（如县、市、区）工作总结、单位工作总结、班组工作总结、门店工作总结等。

按其适用时间长短不同分，可分为年度工作总结、半年工作总结、季度工作总结、月份工作总结等，最长时间的工作总结，大约是政府等换届，3至5年不等。

按其涉及面大小不同分，可分为综合性工作总结、专题性工作总结等。

二、工作总结的作用

（一）反映过去一段时间的整体工作面貌。这个整体，指该总结规定范围具体的整体。如果是一个专项工作的总结，它所反映这个专项工作的总体情况，包括好的方面，成绩、经验等，规律性、本质性的情况；差的方面，存在的问题和不足，包括深层次问题等。

（二）提供经验和教训，可用以指导、引导、推动今后的工作。工作总结与经验材料不同的是，它可以总结好、坏两个方面的情况，有成绩、经验，就如实总结成绩、经验；有问题、教训，就如实记录问题、教训，全面反映，参考价值很大。经验材料，一般只总结成绩、经验，好的做法，不涉及问题和教训。

（三）为编史修志和编纂年鉴直接提供原始资料。不少地方、单位每年编纂一本年鉴。盛世修志编史，不少地方和单位每20年左右编修一次地方历史和地方志、部门志等。工作总结，主要是年度工作总结，是最好的史、志、年鉴的重要原始资料之一。有的工作总结，只需按照史、志、年鉴体例原则，在体例、文字上进行一定的再加工，就可整段整段整理为史、志、年鉴的重要掌故材料，起到资政、存史、教化的作用。

三、工作总结写作中的问题

1.照相式写作的问题。有的工作总结像照相。简单、平面，全、浅、平、淡，只是表面情况的简单记述，没有立体感，没有深度，没有思想，没有味道，当然也没有什么作用，应付差事而已。

2.流水账式写作的问题。流水账实际叫现金日记账，是专门用来记录现金收支业务的一种特殊日记账，一般采用收入、支出、余额三栏式，每笔收支都记，一笔不漏，每天都记，非常简单、完整。有的工作总结就像记流水账，一笔不漏，懒婆娘的裹脚布，又长又臭；白开水一样没有味道。

3.提纲式写作的问题。提纲就是写作、发言、学习、研究、讨论等内容的要点，极其简单概括，不作展开的文字材料。有的工作总结，其实就是这一类的文字材料，对总结期间的工作不做任何展开和全面、深刻、细致的反映，只是反映的提纲而已。

4.复制式写作的问题。复制，著作权法术语，指以印刷、复印、临摹、拓印、录音、录像、翻录等方式，将作品制作一份或多份的行为。也称拷贝，指将文件从一处拷贝一份完全一样的到另一处，而原来的一份依旧保留。现在有的办公室人员撰写年终工作总结，就从档案柜里抽出去年的年终工作总结复印一份，只改很少几个字的时间、数据、人名等，就正儿八经地打印出来，作为今年的年终总结上报和留存备用。

5.砖渣式写作的问题。有的总结东说说、西说说，杂乱无章，根本不成其为文章，只是像一堆砖渣，一堆文字垃圾。

四、工作总结写作的基本要求

（一）体例要求

工作总结有自己独特的格式：

1.标题。直截了当写明是什么单位、什么事项、什么时间的工作总结就行。如荆门市委政研室2007年工作总结，就是《荆门市委政研室2007年工作总结》，不必玩任何花样，搞什么概括式、结论式、提问式，副标题、正标题之类。

2.正文。一般由三个部分组成，即导语、总结分析、结束语或后段打算。

①导语，又叫前言。必须高度概括，提纲挈领，紧扣主题，简明扼要。侧重交代本总结时间和空间范围内的主要工作概貌，以统领全篇。

②总结分析。这部分是总结的核心。主要总结分析两个方面的情况：一是本期间好的工作方面及其取得的主要成绩和主要经验；二是存在的主要问题及教训等。这是总结正文与经验文章不同的地方之一。经验文章是不必也不允许展开写存在问题的。工作总结的分析部分文字一般较长，除单项工作总结、短时间的工作总结外，均应分条列目叙述，以求纲目清楚，层次分明。总结分析的撰写方式常见的有三种类型，即纵式、横式、交叉式。

③总结结语。除了写一些基本的结论性文字，还可简明扼要地写一点下段工作的打算。这也是总结写作与工作经验等不同的地方。不过，也可不写下段打算。

（二）正文要求

1.要分条列目，采用明细分类账式写法。明细分类账簿是对全部经济业务事项按照会计要素的具体类别而设置的分类账户进行登记的账簿。以类登记，条理清楚，层次分明。还可采用编纂地方志和年鉴的办法，横分门类，横排到边不缺项；越境不书，也不多出子项。对于各项内容材料，也可这样分条列目；即使不这样明分，也要这样暗写，条分缕析，层次清楚；并写实，写细，一目了然。

2.要点面结合，有血有肉。每个条目，就是一个事项，以类系事，将本类事实材料集中在一起，突出重点，兼顾一般；或者说明一项工作的成绩，或者证实一条经验的成立，都做到有理有据，有血有肉；有观点，有论据；并且由观点统率论据事实，由论据事实说明观点。

3.典型实例要完整准确，特点鲜明、生动。做到一个典型就是一个完整独立的事实掌故，以便编写年鉴、地方志和地方历史作原始资料引用。可参考年鉴条目写作的要求收集整理典型；一要记实、记要，时间、地点、事件（人物）、经过、原委等五要素齐全；二要从整体上看是服务和说明观点，分开来看独立成篇，在信息、知识与资料、条理上形成独立的单元实体。三要注重年度性，以年为限，突出年度特点。《湖北省荆门市畜牧业局2005年工作总结》主要工作和做法一节第一项工作的写法便是这样，在概述面上工作后，分列了"全力抗击禽流感"一条：

全力以赴抓防疫，成功防控重大动物疫情扩散蔓延。4月中旬，京山县疫情发生后，我们充分发挥防疫主力军的作用，同时组织全市畜牧部门开展了禽流感的歼灭战和阻击战，千方百计调回禽流感免疫疫苗600万羽，有重点、分步骤对全市存笼家禽进行禽流感免疫注射，六类重点地区的禽流感免疫密度达100%，整体免疫密度达80.51%，免疫合格率达89.39%，高出国家标准19个百分点。全面实行联防联控，群防群控。积极主动与工商、公安、交通等部门密切合作，加强对禽类加工厂、畜禽交易市场等重点部位的监督管理；在边境口子镇设立检疫检查点加大查疫堵疫力度；配合卫生部门开展人禽流感监测防范工作，阻止禽流感向人传播。面向社会、面向群众开展全方位、多形式宣传活动，印发各类禽流感宣传资料40万份，宣传挂图2.4万份，形成全社会共同防控合力，坚决阻击禽流感疫情扩散和蔓延，阻断禽流感向人传播。

此节文字，全面、深入、细致地记述了全市抗击禽流感的掌故。不仅为推动现实工作起到一定的作用，还很好地为编辑年鉴、修史、编志提供了可靠的历史资料。

4.要实事求是，有成绩、经验写成绩、经验，有问题、教训写问题、教训。秉笔直书，不溢美，不饰过。

五、总结写作要做好"四理"

无论一个地区、一个部门、一个单位，还是一个企业，只要稍具规模，一个年度的工作总结就头绪繁多，必须认真回顾、检查、核实、分析、研究、归纳、提炼，将丰富的感性材料集中起来，汇个总，再分条列目，使之条理化、系统化，上升到理性认识高度，肯定成绩，得出经验，找出教训，摸索规律，明确发展方向，以指导、推动今后的工作。其中，最重要的一环是条分缕析，把丰富的感性材料条理化、系统化，获得真理性认识，使人得到经验性、规律性的启示和教育。

1987—1989年，我在荆门市城乡建设委员会办公室工作的3年中，认真钻研过一阵子工作总结写作的方法，结合工作实际，我还写过一篇《"条"与"理"的辩证关系——谈谈"总结"的写作》的理论文章在上海大学主办的《秘书》杂志1988年第6期上发表。工作总结到底怎么写，该文的回答就是要做好以下"四理"：

（一）梳辫子，分条目，理出头绪。这就要求写作者能够掌握梳理、整理材料的技术。它是写好总结的基础。要求作者把广泛占有的材料整理辨析，去粗取精，去伪存真，使之系统化、条理化，头绪清楚。整理材料的形式大致有以下几种：

1.制成目录索引。可以利用有关的现存资料，如文件、资料室的目录卡片等，根据总结的需要编写。

2.制成文摘卡。将总结所涉及的时间和空间范围的简报、报告、报表、典型经验、调查记录、领导讲话等资料进行全面认真的搜集、整理；其搜集、整理工作要力求真实、准确、细致，做到眉目清楚，分类合理。

3.制成"流水账"。主要是全面编辑、整理好大事记和工作安排、会议记录及一般季节性、专项性的工作总结、小结等资料。通过这一类材料的编写、整理，加强对总结材料的总体印象，有利于在胸有全局的基础上深化对全部工作及某一侧面、某一问题的总结和回顾。

（二）抓本质，找规律，理出经验。前两点是在纹理、事理上的功夫。它是写好总结的关键。要求作者在对广泛占有的事实材料分类归纳的基础上，进一步辨析事物发展的客观规律，筛选主题，从中悟出经验性、理论性的认识和体会；所谓经验，一是指人们在实践过程中通过自己的感观直接接触客观事物而获得的对事物的表面现象的初步认识；二是指通过实践反复检验的理论性认识，即对客观事物的本质、规律性的正确反映，总结写作就是要这样从广泛占有的事实材料中筛选主题，理出经验；三是在理出经验的基础上，按照理出的经验，分条列目，按观点统率材料的要求，以类系事，把各种事实材料整理成"分类账"。

（三）抓住党的路线、方针、政策及有关的理论原则提高总结的理论深度，深化理论。它要求作者把从广泛占有的事实材料中筛选出来的经验性、理论性、系统性的认识，同党的路线、方针、政策和有关理论原则相对照，看哪些是对的，哪些是错的，并加以分析，使主题深化，从根本上避免总结的"全、浅、杂、散"及一般化、公式化、概念化毛病。

（四）去芜杂、补精粹，理顺全篇。总结初稿写出后，不能以为完事大吉。写出初稿，只是完成了总结写作的一半，这还是个半成品，还有许多芜杂之物必须剔除；还有一些精粹的材料，甚至精辟的观点必须补上；有些事实材料必须反复核对；还需交群众讨论，送领导把关，最后才能定稿，使半成品成为成品、优等品，甚至精品，用于存史、资政、教化，或者广泛交流，流芳百世。

六、我怎样写作《荆门市城乡建设管理委员会1988年工作总结》

工作总结种类多，要求不同，写作方法主要有纵式、并列式、总分式多种，都可写出好的总结文章。我写《荆门市城乡建设管理委员会1988年工作总结》，是结合我在当年研究工作总结写法，并发表《"条"与"理"的辩证关系——浅谈"总结"写作方法》一文的理论原则，采取总分式写法，先"总"后"结"，即先按市城建委全部10个方面的工作，"总括"这一年中方方面面的工作成绩，后从方方面面都采取过的相同的工作方法入手，综合为"一、集中力量，突出重点；二、引进竞争机制，强化各项改革；三、抓好教育培训，提高服务质量；四、转变领导作风，提高管理水平四个方面，以类系事，做成整齐划一的"分类账"，再"结算""结论""结束"这一年的工作。我觉得总分式写法更好一些，我一般采用总分式。

具体方法，请看我在20年前起草的这篇《荆门市城乡建设管理委员会1988年工作总结》：

1988年是党的十三大以后，全面贯彻大会路线的第一年。一年来，我们坚持贯彻党的十三大精神，积极治理经济环境、整顿经济秩序，围绕城市建设总体规划，深化各项改革，坚持以法治城，切实抓好建筑工程和城市基础设施建设，加强综合开发、园林绿化和环境治理，提高服务质量，增强经济效益、社会效益和环境效益，各项工作取得了好成绩。

一是建安管理和施工任务完成较好。一年来，先后三次组织有关人员对外来施工队伍的情况进行检查，基本弄清了我市建设市场的情况。到年底，进入我市的外来施工队伍共有166个，7495人。承接工程项目112项，投资达4906万元。对本地34个建筑施工企业进行资质核查和升级核证工作，其中：批准新开办的有4个，升级的4个。全年监督工程质量项目96个，建筑面积为21.11万平方米，分别比去年增加9.1%和17.7%，监督人员人平监督面积为5.28万平方米，超过国家规定的工作量。发现并处理工程质量问题485起，设计质量问题11起，对30起重大质量问题进行及时的鉴定和处理。建安事故比去年下降30%。市属专业公司共承担工程项目92个，施工面积15.9万平方米，分别比去年增加8.24%和13.4%；总产值1808万元，比去年增长14.8%；全员劳动生产率比去年上升12%，达到了8792元/人，利润比去年上升11%，成本下降2%。

二是集中力量，高效优质地完成了市政建设的各项工程任务。市政工程全年开工15项，已有11项建成受益，新增城市道路4公里，新铺污水管道4公里。植树28579株，植绿篱5521米，生产花卉77182盆。环境卫生日清扫面积34万平方米，累计清运垃圾1.5万吨，清运粪便0.15万吨，冲洒水38998吨。被列入国家示范工程的垃圾无害化处理场进入建设之中。

三是公用事业有新发展。公用企业全年实现工业产值437万元，比去年增长0.7%。完成客运量580万人次，比去年的560万人次增加35.7%；供水总量达1165万吨，比去年增加18.6%；供气1470吨。比去年增加45.4%。

四是建筑设计和房屋开发迈开新步伐。全年共完成建筑设计项目99项，工程钻探4841米，共计收费45.37万元。房屋开发新开工面积31788平方米，定向开发（包括联建、代建）工程1.5万平方米，竣工面积达1.61万平方米，竣工率为40%，完成工作量991万元。销售商品房1.6万平方米，其中私人购房6197平方米，总销售额为385.6万元，实际回收资金320万元。出租商品房2742平方米，收取租金3.6万元。征用土地55.4亩，完成"三通一平"土石方任务达25.4万立方米。

五是环境建设取得好成绩。全年征收超标准排污费236万元，对省、市限期治理的四个污染项目进行了整治；年废水处理能力达到了2100万吨；完成了一个省级无害化工厂的创建和城东区主要工业锅炉的烟尘治理任务。对23项新建项目实行"三同时"，用于环保设施的投资达687.4万元；对漳河主要污染源点和污染现状进行认真的调查，环境监测获得各种数据8300个。

六是城镇规划、建设、管理进一步加强。规划设计在完成城区市级公建和主要街道设计方案的同时，完成了月亮湖小商品市场、中建三局一公司江山基地、洞沟纤维板厂等单位面积为187公顷的规划设计任务；完成了马河、姚河两镇面积为27.38公顷的总体规划设计。市政工程设计完成了荆门热电厂油改煤输水管等工程11项施工图的设计；完成指令性任务达50余万元。全年发现违章建筑140起，处理109起，占总数的78%；处理建筑纠纷15起，收集、整理城建档案资料316卷，提供使用档案资料308项，1375张。办理工程竣工档案保证金手续的单位达108个，参加了34项工程竣工验收。全市已有45台客运车辆在客运办公室办理了准运证件，办证率为51%。市容监察大队对市区504个棚户进行清理整顿，搬迁棚户66个，拆除违章建筑10处，对47家建筑施工占道进行了控制，处理了各种违章150起。

七是以新建小水厂为重点的镇、乡城建工作取得好成绩。原有的17个建制镇的最后3个小水厂基本建成，新建乡、镇中也有一个小水厂投入建设。近10万名镇乡居民的"吃水难"问题得到解决。除了马河、姚河以外的新建镇乡总体规划已进入编制之中。

八是治理整顿工作进展较快。委属各单位在认真学习贯彻党中央关于治理经济环境、整顿经济秩序精神的基础上，不断提高思想认识，认真开展"自查、自报、自改"活动。对所属各类公司进行了清理整顿，对19个单位的财务进行了一次清理；停、缓、压工程项目8个，占总投资项目的27.6%。

九是职称改革评定工作进展顺利。全年培训各类专业技术人员5期，320人。获专业合格证的有238人；有438人申报了各类专业技术职称，评审了372人，其中：高级5人，中级32人，初级335人。由于职称改革工作坚持原则，不徇私情，严格按政策办事，没有出现不正常的现象。

十是精神文明建设取得较好成绩。环境卫生管理处、房地产管理公司跨入市级文明单位行列，龙泉公园积极创造条件向市里进行了申报。职业道德教育纳入各单位重要议事日程，先进单位和先进个人不断涌现，职工精神面貌和单位面貌都有改观，促进了城市的各项建设。

我们之所以能在这一年中较好完成各项任务，并取得上述成绩，主要是抓了以下几项工作：

（一）集中力量，突出重点

一年来，我们在对城市基础设施和公用企业状况进行系统调查分析的基础上，明确重点，实行新突破：一是市政建设以城市大排水和垃圾无害化处理场为重点，在提高市政工程质量上实行新突破。城市大排水可行性研究论证和一期工程初步设计，经审定通过，被纳入全省1989年度的计划。垃圾无害化处理场已进入土建施工阶段。动态发酵初步设计方案，经专家论证，被列入国家示范工程。同时，我们对市政工程质量制定管理办法，成立质检小组，开展资格审查和预收质量保证金的活动，提高了工程质量，全年施工的水泥路面强度均达到设计要求，综合质量指标基本符合国家验收标准。二是公用企业以扩建液化气站为重点，在发展生产上实行新突破。液化气站扩建工程已按期完成场地平整、围墙施工、罐区基础、罐装车间、配变电及消防泵房、消防水池等项目的土建工程，大部分设备器材已购置，完成了140万元的投资，占一期工程计划的87.5%。预计1989年上半年建成投产；客运、供水和供气能力都分别比去年增加了37.5%、14.55%和8.9%。这些重点工程建成，将使我市基础设施进一步完善，城市环境和城市景观得到进一步地改观。

（二）引进竞争机制，强化各项改革

一是改革分配制度，实行各种不同形式的承包责任制。市政、园林、环卫等事业单位，按照有关规定分别同市政局签订了为期三年的主要经济技术指标和投资包干的经济承包合同。企业单位在进一步划小了核算单位，采用岗位目标责任制、利润包干等多种承包方式，较好调动了广大干部职工的积极性，增强了企业活力。公汽公司修理车间从4月份开始采用定额工时和浮动工资相结合的承包方式后，改变了修理车间吃大锅饭的现象，承包后的八个月，不仅向公司上交了1.4万元利润，还节约修理材料费1.4万元，公司车辆进保、小修、抢修等都比过去及时。建筑施工企业在进一步完善栋号包干承包责任制的基础上，逐步推行其他形式的经营承包责任制。四建筑公司水电队队长罗则雄在承包队内部实行单项承包责任制，全年产值达100万元，利润创历史最好水平。三建筑公司在实行栋号包干的同时，成立设备租赁站，对设备、模板和周转材料实行租赁制，一年来，这个站收取租赁费8.7万元，自

己动手维修大小设备65台次，节省开支近万元，加工U形卡1.2万个，节约开支1500元。设计院试行工资与产值挂钩，奖金与利润挂钩的分配方式后，调动了广大科技人员的积极性，使我市建筑设计的承受能力和竞争能力大大增强。

二是改革资金渠道，逐步实行市政设施有偿使用。荆政发〔1987〕54号文件关于《荆门市征收排水设施有偿使用费暂行办法》等规定在上半年全面实施，一方面，使园林设施、环卫清扫、清运等有偿服务逐步走向规范化、制度化轨道；另一方面，为我市城市建设开辟了新的资金渠道。环卫处实行有偿服务后，在改善服务态度、提高服务质量的同时，还使其社会效益、环境效益和自身经济效益也得到提高。他们的做在全省环卫情报年会和中南五省环卫工作年会上进行交流时，受到广大与会者好评。

三是引进竞争机制，改革劳动人事制度。一年来，我们在引进竞争机制，优化劳动组合上做了一些偿试。建筑施工企业和市房屋开发公司在企业内部实行"双向选择"，即承包单位的负责人对职工有选择权，职工对参与哪个承包单位也有选择权。对未参与组合的职工实行内部待业，在三个月内领取70%的基本工资，自己在企业内部找门路，三个月后仍无事可干的，停发工资。四建筑公司实行双向选择后，有5名职工在内部待业，其中国家干部1人，国营合同工2人，集体职工2人。建筑施工企业在竞争激烈、处境困难的形势下，大胆实行超利润分成，风险共担，不仅使企业求得了生存和发展，而且为劳动人事制度的改革作出了有益的探索。

四是改革分散建设体制，发展横向联合。荆门市建筑工程联营公司的成立，是全市建筑企业深化改革的产物，它的初步经验，给全市建筑企业的发展带来了新的希望，在短短的几个月中，共承担工程建设项目25个，建筑面积4.2万平方米，完成建安工作量484万元，分别占市属专业建筑企业承担工程项目27%，建筑面积26%，完成建安工程量28%。

（三）抓好教育培训，提高服务质量

党的十三大报告指出："从根本上说，科技的发展，经济的振兴，乃至整个社会的进步，都取决于劳动者素质的提高和大量合格人才的培养。"一年来，我们立足于这个根本，狠抓职工教育培训，在提高人员素质的基础上，提高了服务质量。

一是认真学习贯彻党的十三大文件精神和党的路线、方针、政策，提高干部职工政治思想素质。建委业余党校举办了三期十三大文件学习培训班，培训党员331人。各单位还结合贯彻市纪检工作会议精神，进行党性、党风、党纪的专题教育。结合

十三届三中全会的精神贯彻，对干部进行了廉政教育，对职工进行了形势教育。干部职工的政治素质进一步提高，服务工作越做越好：公汽公司司乘人员为乘客做好事1200多件次，拾失物250多件，价值5000多元；房地产公司挚城为住户服务，全年翻修屋面、检修门窗、玻璃、电表、水表、线路、撤换闸阀、疏通下水道等维修项目746次户。同时，还定期派人清运垃圾，给住户创造了优美舒适的居住环境。

二是开展《企业法》的学习讨论，提高职工民主管理企业的主人翁意识。一年来，各级工会、共青团等群团组织，结合当前深化改革的实际，进一步完善和修订职代会条例实施细则。运用黑板报、墙报等阵地广泛宣传《企业法》，强化职工民主管理意识。自来水公司、市政公司等12个单位还根据市委、市总工会关于民主评议干部的意见和要求，对74名主要负责人进行民主评议。职代会全年共提提案195件，其中：生产经营管理方面113件；落实提案50件，其中：生产经营方面37件。全年共增产节约资金277.55万元。

三是开展业务技能培训，提高职工的技术素质。第一，选送53名干部职工到各类大中专学校学习深造。第二，组建城建职业高级中学，为培训职工打下了基础。目前，该校已开设了三年制"工民建"专业职业高级班1个，在籍学生38人。第三，狠抓职工的岗前培训。市政局所属的3个单位对新招、新调进的职工进行了5次业务培训，培训人员达400人次，使之专业技术大大提高，一般都能适应工作的需要。

（四）转变领导作风，提高管理水平

一是深入基层调查研究，搞好内部协调工作。一年来，我们在调查研究的基础上，召开协调会议7次，使全委各职能部门的工作及时得到协调发展。4月20日，根据建筑市场较为混乱的状况，及时召开规划、设计、建工等单位的协调会议，就建筑、设计市场的管理问题形成一致意见，理顺了关系，加强了内部团结和联系，形成了"一条龙"的管理机制，促进了建筑、设计业的发展。

二是城市规划和规划管理工作进一步加强。首先从健全管理机构入手，组建了城区四个规划管理所。其次是加强规划宣传、检查工作。一年来，办城市规划简讯8期，组织管理人员对规划执行情况进行了检查，在白庙城管所召开了管理经验交流会。最后，严格按规划控制用地。全年接待征地单位130个，计1505亩，只按规划批准划拨地50个单位，661.42亩作建设用地。

三是安全生产工作得到加强。一年来，各单位在"预防为主，安全第一"的方针指导下，狠抓安全生产和治安保卫工作。为维护正常的生产、生活、工作秩序，预防和减少治安灾害事故，组织有关人员进行了5次较大的安全检查，查处各种隐患110处，整改率达90%，各类事故比上年明显下降。

一年来，城建工作总的来说，是比较好的，各方面都取得了较好成绩。但也存在着一些问题，比如，改革发展不够平衡，联合的步子还迈得不够大，管理也还跟不上城市建设的发展等，有待认真解决。

1989年是"治理经济环境，整顿经济秩序"最关键的一年。城镇建设工作要积极认真地贯彻治理整顿方针，不断深化各项改革，坚持量力而行、尽力而为原则，努力加强城市基础设施建设和各项管理、服务工作，创造更好成绩，迎接国庆40周年。

七、列举另外两种不同写法的工作总结提纲，以供参考

第一，《荆门市畜牧业局2005年工作总结》。

1. 全年畜牧业经济运行的状况和特点

（一）优势畜禽发展强劲，生产指标有增有减。

（二）市场疫情双重影响，养殖效益滑坡严重。

（三）小区建设稳步推进，规模养殖方兴未艾。

2. 主要工作和做法

（一）全力以赴抓防疫，成功防控了重大动物疫情的扩散蔓延。

（二）整合资源搞调整，推进畜牧业增长方式的转变。

（三）内引外联建龙头，促进畜牧业的优化升级。

（四）整纲束纪严执法，确保畜产品消费更加绿色安全。

（五）保先教育促发展，促进了机关建设更加文明和谐。

3. 存在的主要问题

（一）产业化程度低，抗风险能力不强。

（二）京山发生疫情，防控能力脆弱。

（三）队伍素质较低，检疫工作存在漏洞。

该总结就是纵式写法，全文按一定的逻辑顺序纵向分为三块，将好的方面的成绩、经验和差的方面的问题和困难如实摆出，供人参考。

第二，《中共荆门市委政研室2007年工作总结》。

（一）立足平稳过渡，主动配合做好两室分离交接。

（二）突出以文辅政，高标准完成重要文稿起草工作。

一是认真起草市委重要会议报告和领导讲话文稿。

二是认真起草市委重要工作汇报材料。

三是认真起草把关市委重要文件。

（三）开展调查研究，为加快荆门崛起提供智力支撑

一是抓住事关荆门发展全局的重点问题展开调研。

二是抓住影响制约改革发展的难点问题展开调研。

三是抓住社会和人民群众普遍关注的热点问题展开调研。

4．创新工作方式，从更宽领域服务市委科学决策

一是深入开展系列宣传研讨活动。

二是大力总结推广发展中的先进经验和典型。

三是精心做好重大会议活动的服务工作。

四是努力提高信息服务工作水平。

5．强化党刊载体，着力打造理论精品服务平台

6．加强自身建设，不断提高战斗力和凝聚力

一是加强队伍建设。

二是完善工作机制。

三是强化内部管理。

该文就是采用并列分块方式结构全篇，每块内部，再次并列分块。这两种写法都条理分明，层次清楚，条分缕析，可供采用。

◎附："条"与"理"的辩证关系——浅谈"总结"的写作

在总结写作中，常见的毛病有"全、浅、杂、散"数种。所谓"全"，即面面俱到，有啥说啥；"浅"即浮光掠影，撮其皮毛；"杂"即不分主次，鸡毛鸡肉一锅煮；"散"即结构松散，牛头不对马嘴。往往一篇总结读完之后，还叫人摸不着头脑，不知到底总结了什么。之所以出现这种情况，除了其他各种主客观因素之外，一个很重要的

原因是总结写作者对条与理的辩证关系缺乏深刻的认识和正确的掌握。本文仅从这一点上对总结写作做一个初步探讨。

"条"：泛指一般长条形物，也指款、项。如律条、条款等；还有指层次、系统、条目的。"理"的内涵更为丰富，但主要不外四种：一是治玉，引申为整理、修理、治理；二是玉石的纹路，引申为物的纹理、事物的内在规律；三是理论，指概念、原理体系；四是理解、讲解、评价、论理等。

在文章中，"条"属形式，"理"属内容的范畴。"条"与"理"的关系就是形式和内容的关系。两者互相依存，互相区别，密切联系，缺一不可。"理"是主导，"条"是服从，依"理"定"条"，"条"服从于、服务于"理"。写总结就是要将已经做过的一个时期的工作，以马列主义、毛泽东思想和党的路线、方针、政策为指导，进行回顾、检查、分析、研究、归纳、提炼，将丰富的感性材料集中起来，使之条理化、系统化，上升到理性认识的高度，肯定成绩，得出经验，找出教训，摸索规律，明确方向，以指导今后的工作。其中最主要的一环是条分缕析，把丰富的感性材料条理化、系统化，上升到理性的认识，使人得到经验性、规律性的启示和教育。

到底怎样运用条与理的辩证关系，分条析缕，把总结写好呢？与其他的一些应用文写作相比，写总结要做到以下"四理"：

（一）梳辫子，分条目，理出头绪。这就要求写作者能够掌握梳理、整理材料的技术。它是写好总结的基础。要求作者把广泛占有的材料整理辨析，去粗取精，去伪存真，使之系统化、条理化，头绪清楚。整理材料的形式大致有以下几种：

1.制成目录索引。可以利用有关的现存资料，如文件、资料室的目录卡片等，根据总结的需要编写。

2.制成文摘卡。将总结所涉及的时间和空间范围的简报、报告、报表、典型经验、调查记录、领导讲话等资料进行全面认真的搜集、整理；其搜集、整理工作要力求真实、准确、细致，做到眉目清楚，分类合理。

3.制成"流水账"。主要是全面编辑、整理好大事记和工作安排、会议记录及一般季节性、专项性的工作总结、小结等资料。通过这一类材料的编写、整理，加强对总结材料的总体印象，有利于在胸有全局的基础上深化对全部工作及某一侧面、某一问题的总结和回顾。

（二）抓本质，找规律，理出经验。前两点是在纹理、事理上的功夫。它是写好总结的关键。要求作者在对广泛占有的事实材料分类归纳的基础上，进一步辨析事物发展的客观规律，筛选主题，从中悟出经验性、理论性的认识和体会；所谓经验，一是指人们在实践过程中通过自己的感观直接接触客观事物而获得的对事物的表面现象的初步认识；二是指通过实践反复检验的理论性认识，即对客观事物的本质、规律性的正确反映，总结写作就是要这样从广泛占有的事实材料中筛选主题，理出经验；三是在理出经验的基础上，按照理出的经验，分条列目，按观点统帅材料的要求，以类系事，把各种事实材料整理成"分类账"。

（三）抓住党的路线、方针、政策及有关的理论原则提高总结的理论深度，深化理论。它要求作者把从广泛占有的事实材料中筛选出来的经验性、理论性、系统性的认识，同党的路线、方针、政策和有关理论原则相对照，看哪些是对的、哪些是错的，并加以分析，使主题深化，从根本上避免总结的"全、浅、杂、散"及一般化、公式化、概念化毛病。

（四）去芜杂、补精粹，理顺全篇。总结初稿写出后，不能以为完事大吉。写出初稿，只是完成了总结写作的一半，这还是个半成品，还有许多芜杂之物必须剔除；还有一些精粹的材料，甚至精辟的观点必须补上；有些事实材料必须反复核对；还需交群众讨论，送领导把关，最后才能定稿，使半成品成为成品、优等品，甚至精品，用于存史、资政、教化，或者广泛交流，流芳百世。

参考篇目：

1. 陈方柱：《从荆门研究的成长看荆门市调研写作的进步》，原载《陈方柱调研写作学习丛书》之六《调研习作比较》，中国文史出版社，2017年1月。

2. 陈方柱：《荆门调研30年回顾与思考》，原载《陈方柱调研写作学习丛书》之六《调研习作比较》，中国文史出版社，2017年1月。

3. 陈方柱：《从政铭》（原名《从政40年的回顾》），原载《陈方柱调研写作学习丛书》之五《调研写作能力培训速成》，中国言实出版社，2013年。

第二十七讲　怎样写好工作经验

一、经验与工作经验

什么是经验？《现代汉语词典》2005年版释义为：一是由实践得来的知识或技能；二是经历和体验。这是我们传统的解释。2008年1月22日"百度百科·浏览词条"对经验一词的解释有4种之多：

一是任何人只要做一点有用的事，总会有一点报酬，这种报酬是经验，这是最有价值的东西，也是人家抢不去的东西。成功者与失败者之间的区别，常在于成功者能由经验中获得益处，并以不同的方式再尝试。

二是目前台湾地区"经验"一词还可作为动词使用，相当于"经历"。

三是哲学中的经验有两种：来源于感官知觉的观念和来源于反思的，即我们由内省而知道的那些观念。

四是经验不是真理，也是不能一味套用的。

浏览词条对经验一词的解释比我们传统的解释更为全面、深刻。它的第一条更注重经验的价值；第二条比传统解释深入一个层次，直接作动词使用；第三条解释上升到哲学层次，而且既有来源于感官知觉的观念，又有来源于反思的，即我们由内省而知道的那些观念，比我们传统释义"由实践得来的知识或技能"，更具理论的深度和广度，特别"由内省而知道的那些观念"的释义，何其深刻。同时，也并未把经验夸大到真理的高度；其第四条强调经验仅仅是经验，不是真理，不能一味套用，只能是"以不同的方式再尝试"。

什么是工作经验呢？

先说什么是文章。《现代汉语词典》2005年版释义为：一是篇幅不很长的单篇作品；二是泛指著作。魏文帝曹丕在《典论·论文》中则说："盖文章，经国之大业，不朽之盛事。"经验文章，大多数是篇幅不很长的单篇作品；大块文章，鸿篇巨制也有，如毛泽东的《湖南农民运动考察报告》《中国红色政权为什么能够存在？》《井冈山的斗争》等，分别从不同侧面，很好总结了党在第一次和第二次国内革命战争时期领导人民进行武装斗争的新鲜经验，及时指导了中国革命的深入开展，堪称"经国之大业，不朽之盛事"。

经验文章种类很多，作用重大，涉及革命、建设和改革的方方面面，是各级党和政府机关、企事业单位、各级各类公务员和工作人员使用最多的调研文体之一，值得大家学习应用。具体讲，经验文章的种类，从大的方面讲，有革命经验、建设经验、改革经验的文章；从具体工作讲，有综合工作经验、部门工作经验、专项工作经验、学习经验、劳动锻炼经验等；从时间上分，有年度工作经验、半年工作经验等。

工作经验的作用：一是指导、引导、推动作用。可以给人以教育启示，让人以相同或者不同的方式尝试、创新，把工作推向前进。二是学习交流作用。让别人学习，与别人相互交流，相互学习，共同提高。三是表彰鼓励作用。给经验创造者以精神上的表彰鼓励，使之再接再厉，创造新的成绩和经验。

二、工作经验的特点和写作难点

工作经验的特点和难点，搅在一起，难解难分，有时特点就是难点，难点就是特点：

一是它的已然性。即是已经做过、实践过或者经历过，并被实践检验是正确的、成功的。这在经验写作中，就尤其是一个难点。它必须是已经做过、经历过，而且是被实践检验是正确的、成功的，是现实的、真实的客观存在。一点也不能凭想象、联想、畅想、推理、预测等虚无缥缈地写。

二是它的先进性、创新性、方向性，最好的经验是首创、独创，代表着事物发展的方向，值得别人借鉴、模仿、学习。

三是它的真理性。它虽然不是真理，但接近真理，有哲学上的理论深度。尤其它是来源于反思的、由内省知道的那些观念，不是真理，胜似真理，可能是最难捕捉和撰写的一个层面。

四是可操作性。它在很多时候都是具体实在的做法，看得见，摸得着，可以照着学，照着做；有的还能吹糠见米，计日成功。

五是普适性。普遍适用。即使不能套用，也可供参考，给人以启示。

三、工作经验写作

所有调研系列文章的写作，都以调查为基础，研究是关键，调查与研究不必赘述，都是第一手资料、第二手、第三手甚至第四手、第五手资料齐备，举手可得，就看你怎么取用，这里就只讲写作，不讲调研。经验文章写作：

第一，真实准确，凭事实说话。真实准确是所有调研文章的生命，工作经验尤其如此。板凳可坐十年冷，经验不写半句虚。所有观点都要有客观存在的事实、和事实材料支撑，都是已经存在，已经做过、经历过的事情，所有数据都经过反复核对、核实，所有人名、地名、物名、事名、经过、结果都经过认真核实、实践检验，准确和正确无误。不仅写经验文章必须这样，我的体会和原则，编写工作经验都得如此。否则，就是"流毒"社会，危害人间；就不仅不是"经国之大业，不朽之盛事"，反而只是并且只能是误国之大孽，腐朽之祸事！有一年春节后上班第一天，市委秘书长亲笔批示，由分管市委办公室文字工作领导交给我编辑一篇由某县县委办公室撰写的自新任县委书记到任后55天"开创新局面"的工作经验，以内资简报《决策参考》印发市及县市区领导参阅。该县新任县委书记到任、该县"四大家"换届及元旦、春节两个节日的假期等的时间总共不过55天，所有县、乡级领导及群众做实际工作的有效时间这么短，其洋洋洒洒8000多字文章的经验，就白纸黑字，历历在目，货真价实地"做"出来了！这难道是真实准确、凭事实说话吗？我浏览全文，略作推敲，就断定他们是从会议到写稿、从文件到文章，把会议报告、讲话、讨论中的发言拼凑在一起，"做"成经验，以求推动工作，"开创新局面"。市委办公室编发这篇简报材料到底能对谁有好处？有什么好处呢？我的结论是只能是给该县、该县新的领导班子，尤其新任县委书记帮倒忙。因此，我拖着不予编发。分管领导来做我的思想工作，我真诚地以该稿全是纸上谈兵、发出来将是误人害己、帮倒忙为由说服了他，并把自己的想法直接大胆地向市委秘书长汇报，说服秘书长收回陈命。后来秘书长在市委办公室网上通报表扬我敢于实事求是，敢于向他实话实说的精神，并要求办公室系统全体同志向我学习。经验文章凭事实说话，只能写已经付诸实施的措施、做法，已经取得的成绩及心得体会，千万不要超出这个范围。文章结尾，最好不要写"我们虽然取得一定成绩，但也存在不少问题。今后打算……"之类的话，画蛇添足，毫无意义。

第二，要点面结合，不以偏概全。工作经验的点、面结合，点，就是要详细介绍围绕某一主题，做出突出成绩的典型人或者典型事例，尤其那些具有广泛代表性和突出先进性的做法和思想。面，就是大面上与典型事例协调一致、互相映衬，并顺利开展的工作状况的简述，使人既见根深叶茂、独立支撑的参天大树，又见葱浓茂密、无边无际的原始森林；既有个别，又有一般；既能给人以雄健挺拔伟力的鞭策，又能给人以浑厚坚实的信心和鼓舞。切忌只见树木，不见森林；只有个别，没有一般；尤其不能仅这个别，也只是一株枯枝败叶、残缺不全的病树，它长在哪里，命悬何方，也没有一句半句交代，即没有必要的时代背景和地理位置的任何交代，给人以孤立无援、苍白无力的感觉。有一篇《发挥自身优势服务兴工富市》的经验文章，其第三节第二条做法是"为地方经贸合作牵线搭桥"，就只缺胳膊断腿地介绍了"团市委积极争取团中央支持，通过多方努力、认真筹备，于2003年4月11日在北京成功举行了湖北省荆门市北京经贸协作洽谈会"的有关情况，有多少人参会，"初步达成18个合作意向"就完了。没有一个字交代这18个合作意向的结果怎样，牵线搭桥牵得怎么样，搭得怎么样；全文都没有交代一句"为地方经贸合作牵线搭桥"这项工作，另外还做过哪些工作，更没有就这个论点，与这个并不完整的论据材料怎么组成一个论证，按照逻辑推理的办法，来论证论点是否成立。然而，作者主观愿望（不论他是否有这种愿望）却是想以这个孤零零的证据材料，反映"为地方经贸合作牵线搭桥"的全貌，这就真正是毫无说服力的以偏概全了。如果它当真连这个愿望都没有的话，那它就更加不是经验文章应有的写法。

一般来讲，工作经验的点面结合，都是为了证实一条经验做出法的正确、成功，或者成绩取得的不容易，值得表扬和肯定等，必须与论点构成一个完整、准确、严密的逻辑推理，让人对"牵线搭桥"的结论心服口服，确信无疑。要想这样，一是列出论点，这个作者做了。二是围绕论点，概述面上的工作，在"牵线搭桥"上已经做了哪些工作、取得了多少成果，用事实和数据说话；三是再举一至两个完整、突出的典型，有过程、有结果、有人的活动、有思想的闪光。并构成一个完整严密的论证，那才叫有说服力，不是以偏概全。

第三，有条有理，条分缕析。在《辞海》里，"条"，"泛指一般长条形物，也指款、项。如律条、条款等；还有指层次、系统、条目的。"理"的内涵更为丰富，但主要不外四种：一是治玉，引申为整理、修理、治理；二是玉石的纹路，引申为物的纹理、事物的内在规律；三是理论，指概念、原理体系；四是理解、讲解、评价、论理等。在文章写作中，"条"属形式、"理"属内容的范畴。"条"与"理"的关系就是形式和内容的关系，两者互相依存，互相区别，密切联系，缺一不可。"理"是主导，"条"是服从，依"理"定"条"，"条"服从于、服务于"理"。写经验文章就是要将已经做过的一个时期的工作，以邓小平理论、"三个代表"重要思想和党的路线、方针、政策为指导，进行回顾、检查、分析、研究、归纳、提炼，将丰富的感性材料集中起来，使之条理化、系统化，上升到理性认识的高度，肯定成绩，得出经验，找出教训，摸索规律，明确方向，以指导今后的工作。其中最主要的一环就是条分缕析，把丰富的感性材料条理化、系统化，上升到理性认识，使人得到经验性、规律性的启示和教育。

经验写作，要做到有条有理，重要的是条分缕析，先条，后理。先条，是按照工作经验的类别和层次分条立目。后理，重要的是理论、论理，就事论理，上升到哲学层面上的反思、内省取得深刻的理性认识。经验写作的条分缕析，先条后理，不是脱离实际的随心所欲，必须立足现有材料，实事求是地分析研究，梳理整理，就事论理，理出头绪，理顺全篇。实事求是则既是经验写作的理论原则，又是就事论理的具体操作方法。"实事"就是既有材料，"是"就是所取得的成功秘诀、经验、理念和道理。"求"，就是按照事物发展变化的客观规律，寻求、找到、抓住这些经验和道理。2006年，我以《荆门研究》20年成长过程，写了题为《从〈荆门研究〉的成长，看荆门市调研写作的进步》的经验文章，分4块：第一块，《荆门研究》的成长。分3个阶段；第二块，《荆门研究》的作用：形象作用、园地作用、参谋作用、纽带作用。第三块，荆门市调研写作的进步，主要写了它调研写作的5个转变。第四块，从"层层领导身体力行，率先垂范""注重抓好领导者身边的秘书调研队伍建设""各级党政注重调研经验的总结交流和调研理论的指导引导"等5个方面的经验。尽管洋洋万言，但层次分明，条理清楚，既有理论深度，又有实践力度，对《荆门研究》及荆门调研写作的进步产生了一定的影响。

第四，普遍适用，可以操作。经验的作用，主要在于它取得成功的技术和观念，是回答"怎么做"的。尽管它不是真理，但可以"以不同的方式再尝试"，它的特点之一是具备普遍适用性。所以，写作经验文章，必须立足于"怎么做"，使之普遍适用，可以操作。关键在于突出时代特点、地方特点、事物（即行业）特点、思想亮点。没有时代特点，经验的普适性就没有方向和对象；没有地方特点、行业特点，经验本身就没有个性，等于没有经验；没有思想亮点，经验就没有灵魂，没有生命力、吸引力和画龙点睛之笔。光有"四点"还不行，还必须科学划分，精辟表述，使条条经验都力透纸背，掷地有声。

2005年秋，领导交我编一期《决策参考》（简报），来稿为沙洋县委领导以《建好每个岗树牢每面旗——沙洋县为农村无职党员设岗定责的做法》（以下简称《建》文）为题的署名文章。从副标题的几个关键词看，《建》文还很新意，颇具时代特点，主要新在"农村无职党员""设岗定责"上。当前，不少农村党员不再担任公职，其共产党员的先锋模范作用难以发挥，成为一个"老大难"问题。沙洋县委能在这个问题上出经验，实属难能可贵。毛病主要在经验分条列目的划分上不够科学，使经验的普遍适用性大打折扣。具体在于它第二大块"按需设岗、因人设岗"，按每项具体职责甚至每个具体的人划分，设置了以下十多个岗位。作为经验文章，这么平平淡淡地一摆就是十多个这岗、那岗，烦琐是一回事，而且又不能穷尽，普遍适用性不强。你这里能设的岗，其他地方不一定能设置；你这里没设的岗，可能其他很多地方都需要设置。这么看来，这第二块标题中的"科学设岗"就很欠"科学"。

我把它"因人设岗"的做法，改为"因事设岗"，主要归纳为10个类，特殊村组的设岗，另作交代，整个第二段改为：

合理设岗。对收集到的热点、难点问题梳理后，再从群众最急、最怨、最盼的村务监督、公共事务、经济发展、民主建设等重点问题入手，按需设岗，因事设岗。全县第一批为无职党员设岗定责的26个村大约总共设置了农技信息服务岗、"双建双带"示范岗、公共设施维护岗、社会治安维护岗、村务财务监督岗、计划生育示范监督岗、村规民约示范监督岗、扶贫帮困岗、思想教育政策宣传岗和文明新风促进岗等10个类型的相同岗位；超出这个范围的不同类型的岗位，由各村根据本地实际设置。李市镇联合、蔡咀两村针对地处汉江沿线年年都有防汛任务的实际，设置了防汛基础设施维护岗，将所有上岗党员分段包堤，在今年汉江防汛工作中发挥了特殊作用。十里铺镇十里居委会地处集镇闹市，针对辖区内易发交通事故的实际，设置了交通巡逻岗，负责交通安全防范，使交通事故大大减少。

我这样修改，情况就大不相同，沙洋县周边甚至外省，凡是农村无职党员，都可仿做或参考。

《建》文刚编完，我就读到中央党校管理科学研究中心编发的《党政周刊》2005年第33期（8月25日版）上的《以无职党员设岗定责为切入点努力探索党员管理长效机制——普洱县开展农村无职党员设岗定责活动成效显著》一文，立刻想到拿这篇文章与手中的《建》文比较——有比较才能有鉴别，有鉴别才能有提高。或许对己对人都会有一些启示。

两文的相同点是：

1.题材相同。都是写农村无职党员的管理和发挥作用的。

2.体裁相同。都是经验性文章。

3.主要做法基本相同。两篇文章可说你中有我、我中有你，如果把每个小条目都拿出来一条一条比较，真是相差无几。

尽管两文在内容选择及结构布局上均有不同，尤其两地相距数千公里，地情地貌、风土人情各异，但具体岗位设置却大多数相同，尤其可以参照，证明《建》文的普遍适用性不容怀疑。

◎附：建好每个岗　树牢每面旗——沙洋县为农村无职党员设岗定责的做法

过去常说，一个党员一面旗。但随着经济社会的发展和人的自然老化，不少农村党员不再担任公职，其共产党员的先锋模范作用或旗帜作用难以继续发挥，成为当前党的农村基层组织建设中的一大难题。近年来，沙洋县委针对这一难题，大力开展为农村无职党员设岗定责活动，让每个无职党员都能参与政务、管理事务、尽好义务，充分发挥共产党员的先锋模范作用或旗帜作用，有力地促进了农村小康和和谐沙洋建设，受到群众好评。

一、因事设岗，建好每个岗。这是开展为农村无职党员设岗定责活动的基础

1.调查定岗。首先，以镇为单位摸清各村无职党员现状，包括年龄、文化、能力、

特长、分布和家庭情况，进行综合分析、登记造册。其次，结合村级经济状况、社会风气等实际，广泛搜集群众普遍关心的热点、难点问题，为合理设置无职党员能够充分发挥先锋模范作用或旗帜作用的岗位提供科学依据。最后，制定好设岗定责的实施方案。如何开展宣传发动、学习培训、建章立制、督查督办、奖惩兑现等。

2.合理设岗。对收集到的热点、难点问题梳理后，再从群众最急、最怨、最盼的村务监督、公共事务、经济发展、民主建设等重点问题入手，按需设岗，因事设岗。全县第一批为无职党员设岗定责的26个村大约总共设置了农技信息服务岗、"双建双带"示范岗、公共设施维护岗、社会治安维护岗、村务财务监督岗、计划生育示范监督岗、村规民约示范监督岗、扶贫帮困岗、思想教育政策宣传岗和文明新风促进岗等10个类型的相同岗位；超出这个范围的不同类型的岗位，由各村根据本地实际设置。李市镇联合、蔡咀两村针对地处汉江沿线年年都有防汛任务的实际，设置了防汛基础设施维护岗，将所有上岗党员分段包堤，在今年汉江防汛工作中发挥了特殊作用。十里铺镇十里居委会地处集镇闹市，针对辖区内易发交通事故的实际，设置了交通巡逻岗，负责交通安全防范，使交通事故大大减少。

3.自我认岗。即由无职党员根据本人综合素质、个人特长、履职能力和岗位职责要求，向村支部呈送选岗申请；年龄大、文化程度低的党员以口头方式申请，但也必须陈述认岗理由、履岗措施及预期达到的效果等。从党员申报岗位情况看，一般每个岗位上岗的人员为2—4人，有的达到8人；约有30%的无职党员申报了2个以上的岗位。

4.支部议岗。无职党员自我认岗后，村党支部及时召开会议，按照党员大会民主推荐、支部讨论审定的办法和"既可以一人多岗，又可以一岗多人"原则，择优选用每个岗位的最合适人选，真正将那些"党性强、公道正派、敢于坚持原则、有较高威信并具备较强履职能力"的无职党员选配到合适岗位。

5.公示明岗。岗位和人员明确后，村支部将岗位设置、职责划分及人员选择情况在村务公开栏中公布，并在所有党员家的门前挂牌，以便群众监督，较好增强了上岗党员的责任感和使命感。

6.培训上岗。上岗前由各镇党委和村党支部按照党员岗位职责，分门别类培训，合格的发证上岗，不合格的，继续培训到合格为止。全县第一批开展为无职党员设岗定责活动的26个村共有无职党员728名，上岗466人，上岗率为64%。

二、定责到位，举起每面旗。这是开展为农村无职党员设岗定责活动的基本出发点和归宿，要求把对每个岗位制定的职责落到实处，使每个无职党员都能真正高举自己这面旗帜，影响群众，带领群众前进

1.教育提高，认识到位。 长期以来，不少农村无职党员组织生活参与少，对党的路线、方针、政策了解不够，宗旨观念弱化、组织观念淡薄，有的甚至认识模糊，发牢骚，说怪话，说什么"在党不在干，说话不能算""不是我目无组织，是党不来组织；不是我不为党工作，是党不给我工作"，不仅党员的先锋模范作用或旗帜作用难以发挥，还严重损害了党的形象。针对这种情况，我们结合正在开展的保持共产党员先进性教育活动和和谐沙洋建设，分别采用召开党支部大会、党小组会和选派骨干到县委、镇委党校培训等形式，组织无职党员学理论、学党章、学政策，引导他们进一步明确自己的党员身份，强化宗旨观念，增强高举旗帜、永葆先进性的自觉性和责任感。后港镇贯头村党支部从思想教育入手，定期组织全体党员学习交流，使16名无职党员深深体会到"支部重视自己、群众需要自己、责任要求自己"，都纷纷要求参加设岗定责活动，做出新贡献。党支部书记熊立金说："设岗定责，改变了不少无职党员过去有事不便管、有劲使不上的状况，使他们迅速成为农村基层党组织建设的重要力量。"

2.明确职责，措施到位。 我们针对所设置岗位特点，结合工作实际，一一明确职责、任务和完成任务的时限，做到了专岗有专责、专责有专人。上岗无职党员也都按照岗位职责要求，制订出了详细的履职计划，作为年内任期目标，接受组织考核，增强了他们上岗履职的自觉性和责任心。如扶贫帮困岗，主要职责帮助2个以上的困难户解决生产、生活实际困难，力所能及地为他们提供资金、技术上的援助，使之早日脱贫致富。李市镇新灯村无职党员杨家金上岗伊始，就主动制订了以"四个八"为主要内容的扶贫计划，即吸收8个贫困户入厂扶贫，提供80斤油解决村孤寡老人吃油问题，捐献800元现金给困难户、老人和失学儿童，拿出8000斤饼肥解决困难户蔬菜施肥难题。目前，杨家金的扶贫计划已全部完成，受到了群众的称赞。

3.激励推动，奖惩到位。 我们努力完善目标管理激励机制，由村支部与上岗党员签订《设岗定责目标管理责任书》，把每一个上岗党员的工作任务及所要实现的目标进行细化、量化，并定期进行民主测评，确定优秀、合格、基本合格、不合格四个档次，对履行职责好的党员进行表彰和奖励，并推荐给上级党组织参加优秀党员的评比和表彰；对考评为优秀、有培养前途的年轻党员优先列入村后备干部培养；对不胜任的实行

诚勉谈话，及时调整，做到奖优汰劣。毛李镇李场村对18名上岗党员实行季度测评、年终考核，按照人均100元的奖励基数实行以奖代补，评为优秀等次的最多可奖励200多元现金，评为不合格的则作再培训处理，较好地调动了广大无职党员尽职履责的积极性。

三、精心组织，全力抓到底。这是能否使为农村无职党员设岗定责活动收到预期效果的组织保证

1.强化组织领导。县委专门成立了为无职党员设岗定责工作领导小组，由分管党群工作的副书记任组长，并于年初专题召开动员大会进行安排部署；年底，还将召开总结表彰大会，对优秀无职党员进行大张旗鼓的表彰。各镇党委分别成立了工作专班，加强对设岗定责工作跟踪管理，并抽调专人进驻相关村组具体指导。各相关村党支部也结合自身实际，充分发动，精心组织，确保设岗定责工作顺利进行。

2.广泛宣传发动。主要结合近年来开展的学习、贯彻"三个代表"重要思想、"保持共产党员先进性教育"和构建和谐社会等活动，通过刷写宣传标语、在县内新闻媒体上开辟专栏，召开村党员大会、农村无职党员座谈会等方式，大张旗鼓地宣传为农村无职党员设岗定责工作的重要意义，使广大无职党员的思想得到了高度统一，积极投身到设岗定责工作中来。拾桥镇周店村70多岁老党员鲁明银，平时喜爱打抱不平，以前老被群众说爱管闲事，得不到大家的理解，他索性有时睁一只眼闭一只眼。自从上岗后，他不顾年老体弱，带头连续10多天参加疏渠放水，多次拦截超载货车，主动维护通村公路，赢得了群众的广泛赞誉："共产党员的好作风又回来了！""七一"前，县委组织部还专题召开了半年经验交流会，邀请相关村党支部书记和优秀无职党员代表座谈，相互交流；各镇、各相关村也定期碰头，交流情况。很多无职党员说，自从有了这个岗位，就有了一种责任，让自己重新找回了作为党员的一种荣誉感和责任感，干劲比以前更足了。

3.注重典型引路。我们十分注重挖掘身边典型，对工作主动、成效显著的后港镇贯头村、五里铺镇枣店村等党支部和涌现出来的优秀无职党员，及时总结经验，大力宣传推广，引导广大无职党员充分尽职尽责。五里铺镇十岭村三组无职党员王俊锋认真履行"双建双带"示范岗职责，积极引导、扶持群众发展养猪业，目前全组49户有40户养猪，年出栏生猪1万头以上，养猪业迅速成为当地农民增收的重要途径。今年6月，他被评为荆门市优秀共产党员。在依法完善农村土地二轮延包工作中，十里铺石牛村8名参与设岗定责活动的无职党员舍弃个人利益，主动让出原属自己的责任田给缺少耕地参与纠纷的群众耕种，使该村没有一人因土地纠纷上访。我们对其做法进行了总结推广，在广大无职党员中起到了很好的示范带动作用，既有力促进了全县依法完善农村土地二轮延包工作顺利开展，又促进了和谐沙洋建设。

4.严格检查督办。为切实加强对这项活动的领导和指导，县委组织部经常深入基层调研，发现问题及时解决。各镇负责跟踪管理，检查督办，年终考核结账。对工作成绩突出的村予以表扬，对组织不力、党员作用发挥不明显的村党支部通报批评，责令其迅速整改。村支部要求班子成员根据各自分工，负责联系两个以上的岗位，实行跟踪管理，督促和监督上岗党员履行职责。官当、李市、毛李等镇还统一编印了《上岗党员履职情况记录簿》，在党员自我记录、口头汇报的基础上，支部指派专人定期检查，核实情况后如实填写，作为年终考核的重要依据。

此活动效果初步显露后，我们一边认真总结第一批开展活动的26个村的经验，一边部署第二批开展活动的工作，力争在两年内将此活动推向全县所有农村，为占全县农村党员90%的无职党员建好每个岗，帮助他们举起每面旗。

参考篇目：

1. 陈方柱：《创建五个格局建好国家商品粮基地》，原载《中国粮食经济》，1995年第3期。

2. 陈方柱：《依法治村四法》，原载《警察文摘》1995年第5期。

3. 陈方柱：《领导者要注重培养身边的秘书调研队伍》，原载《秘书之友》1996年第3期。

第二十八讲　怎样写好工作研究

一、研究与工作研究

研究一词，《现代汉语词典》2005年版的释义：一是钻研、探求事物的性质、规律等；二是考虑、商讨（意见和问题）。综合起来是指为获取并理解新的科学或技术、知识而进行的独创性的、有计划的调查思考。

工作研究是指对实际工作中重要的具有普遍意义的热点、难点、疑点、焦点问题，新问题，进行研究探讨，提出独特见解和主张，为领导决策服务或参与应对社会需要而引起的公开讨论。

工作研究是一种极其宝贵的信息载体，具有巨大的生命力。它有助于开辟认识真理的道路，克服经验主义和教条主义；有助于补充、修订和调整政策决策，防止和克服主观主义和官僚主义；有助于改革、建设和开创各项工作的新局面，克服固步自封和因循守旧思想。

工作研究又叫对策研究，专门研究对策、对策措施。在古代也叫策论，一般以奏章形式上达天听（皇帝）。这种文体源远流长，使用广泛，对于统治者制定正确政策，推动经济社会发有不可取代的重要作用。先秦诸子百家的散文中，有不少是针对时弊，为当权者提出对策建议的佳作。汉初晁错的《论贵粟疏》，可说是当时一篇优秀的"工作研究"文章。它联系实际，着重分析论证农业的重要作用，提出奖励粮食生产，促进农业发展，打击商人投机牟利的政策建议，被汉文帝采用实施后，为汉武帝时代国家的大统一大发展，起到重要作用。唐朝柳宗元的《封建论》，则针对分封制和郡县制两种行政制度之争，认为整个社会历史是一个自然发展的过程，有其不以人们意志为转移的客观发展的必然趋势。分封制暴露出种种严重弊端，而新的郡县制能够克服分封制的弊端，促进社会进步，因而极力支持郡县制，对郡县制的推行起到一定作用。

改革开放以来，由于经济建设、思想建设、政治建设、民主建设的深入发展和经济社会发展的迫切需要，建立在调查研究基础之上的工作研究写作蔚成风气，成为各级各项工作一股强劲的文化推动力量——也就是调研文化的力量。随着改革的深入，开放的扩大，我国经济社会事业以加速度发展，新形势、新情况、新问题不断出现，各级、各部门、各企业事业单位工作，不断碰到新的困难和问题，急需大量高质量、高水平新奇良策予以应对、破解，使工作研究异军突起，成为调研文化的新的骄傲。

它特点突出：一是有的放矢，针对性强。凡是真正合格的工作研究文章，都是来源于工作实际，直接针对改革和建设中的热点、难点、疑点、焦点、新点问题，不少课题为领导机关领导者亲自直接提出，由研究部门、研究人员遵命调研写作，所以有的放矢，针对性强。

二是新颖独特，出奇制胜。工作研究是要在针对实际工作中重要问题的具体分析中，总结出具有普遍意义的指导思想，提出新奇独到的见解和工作方法，出人意外，为人所未言或未能言。它是一种创造性的活动，尽管这些见解还不一定十分成熟完善，但却能发人深省、引人注目。

三是分析研究的科学性和深刻性。始终坚持以唯物辩证法和科学发展观为基本方法，以充分、典型的事实作为研究的基础，坚持以长远的观点、全面的观点、发展的观点去研究问题，寻求科学的对策。

四是实践性和可操作性强。它始终坚持以工作中的实际情况为基础，坚持以解决现实问题为唯一出发点和归宿，不允许夸夸其谈，虚无缥缈。所提方案、办法，一定要看得见、摸得着，并切实可行，可以操作，能吹糠见米，计日成功。

工作研究与写作经验文章不同，经验文章主要是从工作成绩的概括总结提炼出条理性、理论性较强的经验，用于交流推广，推动工作。工作研究主要针对工作中面对的具体困难和问题，提出和制定解决方案和办法。

工作研究与工作总结写作不同，工作总结主要把前一段时间内工作、学习或思想中的情况，经过分析研究，找出经验教训，引出规律性认识，用以指导今后的工作和实践活动。工作研究就是要针对当前工作中的困难和问题，现买现卖，解决当前工作中的这些困难和问题。

工作研究与工作通信不同，工作通信是介绍贯彻党的某项政策，完成某项工作的成就和经验，要求报道工作的全过程（纵的）或相互联系的几个侧面（横的），材料翔实、细致、完整；而工作研究则是抓住主要矛盾，分析原因，提出崭新的见解和对策。

工作研究也不同于决策方案，两者虽然都可以作为决策的依据，但工作研究不像决策方案那样，提出两个以上的方案，论证举优，供领导选择，它只是针对具体工作，经过分析研究，提出自己的见解与对策。

工作研究与调查报告的区别是：调查报告侧重于回答"是什么""怎么样"，有时也要提出一些意见和建议；而工作研究侧重于回答"为什么""怎么做"，它不是一般地提出建议，而是要拿出精辟独到的见解与对策，并且切实可行、有用。

二、工作研究的结构模式

（一）标题

工作研究的标题有单标题也有双标题。要求具体、鲜明、简洁，直击主题。常见的写法有：或尖锐地提出问题，引人深思或指明研究探讨的对象，如《养猪利润流向了何方？》《依托畜牧业发展农业循环经济的思考》《……设想》等；或直抒己见，揭示基本观点，如《小轿车管理制度亟待改革》《卸下犁耙产牛奶奶水牛业大有为》等。双标题一般是正题揭示主题或提出问题，副题标明研究对象，如《既要"金山银山"又要"绿水青山"——坚持发展循环经济推进节能减排的思考》等。

（二）正文

工作研究以分析阐述为主，行文结构第一种模式是，正文部分由基本型、分析探究、提出对策三大块组成。一般的写法多是先在分析现状中摆明问题，接着分析原因、探究根源，最后提出解决问题的具体对策。《新编公文写作必备全书》只谈了这种模式，我以为，还有第二、三种模式可供选用。第二种是把正文安排为两块写，即摆明问题和分析原因并作一块，一般叫"问题及成因"，后边写对策。第三种模式是纵横式，就是将全文并列分块，采用块状结构形式；每块中还可采用纵式、横式、纵横式写作。

第一种模式，其行文情况为：

1. 摆明论题。工作研究一般在开头明确论题，摆出要研究的是什么样的问题。有的在分析现状中揭露矛盾，直接尖锐地指出某项工作中的缺点、不足或弊端，有的是原则地提出某项工作存在着亟待解决的某一问题，文字简明扼要；有的则从正面阐述解决某一问题的现实紧迫性或重要意义。不论简单陈述还是翔实分析，不论从正面还是从反面确立论题，都须有鲜明的针对性。

提出问题，明确论题要做到事实典型，材料充分，概括准确简明。

2. 分析探究。分析探究就是运用马克思主义立场、观点、方法，对提出的问题作原因的分析、根由的探究，以便从中引出解决问题的途径和办法来。或条分缕析，或层层深入，或理论阐述与实例剖析相结合，或统计分析，或纵、横比较，都要深究事物的底里，不停留于表面；都要分析事物内在的和外部的各种联系，在方针政策与实际工作的结合点上形成规律性的认识，找到存在问题的要害所在，把握未来工作发展的必然性。

有的工作研究不专列这项内容，而是渗透、融合到对策中去写。建议型工作研究甚至在行文中根本不出现具体分析的内容，只是提出指示性的工作意见、工作部署或是陈述供决策参考的工作建议；至多也只在开头明确论题的时候，稍作精要的分析，以指明所研究问题的现实重要性和迫切性。

3.提出对策。经分析探究，最终提出的解决问题的对策性意见，提出对某项工作的合理化建议，是撰写工作研究既定的目标和必然归宿，观点要鲜明，内容要可信可行，表达要简洁明快。这一部分是全文重心所在，必须把对策讲实，无须旁征博引，不必抽象思辨，也不要纠缠于事实细节，而是重在把能不能做和怎样做的见解逐条、逐层表达清楚，以便于参照、遵循。

上述三大块有严密的内在联系。摆明论题是前提，确定了研究的指向和范围；分析探究是基础，是解决问题的逻辑先导；提出对策是必然的科学结论。不写分析内容的不等于不作分析探究，无非一种书面表达的省略罢了。其他两部分内容的多寡，文字的繁简也都要视研究的对象和目的而定；各部分的结构顺序也可灵活安排，如常有将结论写在开头，再摆事实情况，进行分析阐述的。各块的构段不宜过碎、过散，要采用规范段，即一个自然段表达一层意思；要用段中主句（主题句、观点句），叫撮项提要，概括段旨，统领全段；主句多置段首，也可写成结句或腰句。

第二种结构模式是将摆明论题、分析原因合并为一块，有的叫"问题及成因"，有的就是"问题"，把原因夹带说出；摆明一个问题，就分析其中原因；也有把问题摆完后，再集中分条列目分析原因的。我曾撰写过一篇题为《正确处理四个关系加快发展乡镇企业》的工作研究文章发表，就是先摆问题：

　　一是骨干乡镇企业改革滞后；二是规模小，市场竞争力不强；三是乡镇企业产业层次浅；四是扶持政策难以落实。

　　对策也是四条：一要正确处理好个体和集体的关系，给乡镇企业真正的"国民"待遇；二要正确处理好政府与企业的关系，给乡镇企业以独立市场主体的地位；三要正确处理好竞争与内耗的关系，整合乡镇企业的市场竞争能力；四要正确处理好集聚与均衡的关系，把乡镇企业的"蛋糕"做大做好。

　　注意这种两块的问题对策文章，不可问题、对策"一对一"地写，那样写是很呆板的。应该适当"错开"，综合性写对策，尽量写得活泼一点。

　　第三种模式，我曾尝试多次。全文并列分块后，各块问题、原因、对策各写各，只要分块科学，布局合理；以类系事，领属得当；互相关联，又不矛盾，不交叉，不重复；推理正确，结构严密；行文流畅，也不乏佳品。我写的《搞好"四个"推进加快农村城市化步伐》，其四块是：一、目标推进；二、产业推进；三、设施推进；四、体制推进。比如第三块，设施推进，就针对"城镇、农村市政公用基础设施和市场设施建设严重不足的问题"，简析原因之后，集中提出了四条对策，环环紧扣，层层推进，势如破竹，使人信心倍增。该块为：

　　设施推进。通过完善城镇市政公用基础设施，农村交通、通信设施、城乡市场设施，增强城镇功能，优化投资环境，加快城乡经济和农村城市化发展。城镇、农村市政公用基础设施和市场设施建设严重不足，已有的一些设施也严重老化，功能极为不全。改变此种状况，一要超前规划。规划走在建设前，基础设施建设走在经济发展前。无论新城镇开发兴建，还是老城镇扩建改造，水、电、路及其他各项公共建筑，都要按照经济社会超常规发展的要求，科学编制总体规划，使之对经济社会发展具有超前指导性，成为建设和发展的蓝图。二要快速实施。必须打破过去的分散建设体制，实行统一规划，合理布局，综合开发，配套建设，尽快把规划好了的城乡公用基础设施变为现实，并推进到经济发展的实际运用之中，为经济建设和农村城市化提供良好的外部环境。三要保证资金。关键在于坚持"人民城镇人民建，建好城镇为人民"方针，努力拓宽资金渠道，坚持城乡基础设施有偿服务，坚持为城乡基础设施建设筹集奖金，积累后劲，走城乡基础设施建设自我完善、自我发展和开发发展之路。市场设施建设更要坚持谁出钱、谁受益的原则。四要强化管理。主要是依法管理，靠管理出速度、出质量、出效益。

三、工作研究的写作

工作研究成败的关键在于写好正文；写好正文的关键在于做到"把脉准、解剖透、处方妙、下药猛"12个字。

把脉准。"把脉"是中医行当中的一个术语。中医讲究"望、问、闻、切"，"切"就是把脉，是传统中医最重要的诊断技术。只有把脉准，才能真正抓住病根，做到对症下药。工作研究就是为了解决实际工作中的困难和问题。目的明确，有的放矢。"的"就是把子，"矢"就是箭。"放矢"必须瞄准靶心，首先看准把心，才能真正做到有的放矢，正中靶心。工作研究写作首先要解决的问题，就是要找准病根，找准问题的症结所在，这其实就是要命题准确，不可偏题、跑题，头疼医脚，胃疼当作心疼医。用中医把脉准确比喻工作研究的命题正确、新颖十分恰当，工作研究的把脉准在某种意义上说，比中医更难、更为复杂。其所把之"脉"，首先要把握时代脉博的跳动；其次要把握"地脉"——本地实情；再次是"气脉""病脉"，具体工作中的主要问题的症结。所以，马虎不得。

剖析透。这是工作研究的重中之重。对比医生解剖，工作研究的析因探源，更要注重实际，讲究科学，充分运用马克思主义的立场、观点、方法和科学发展观，对实际工作面临的困难和问题厘清脉络，推导缘由，明确认识，以便找到解决问题的途径。在这里，最重要的是要站在党的政策、方针的高度，解放思想，更新观念，打破旧框框，大胆进行创造性思维，全面地、辩证地、发展地分析问题，坚持立足当前，着眼长远，从全局出发，兼顾左邻右舍；每解决一个问题，都要既看到当前，又看到长期效果。不可头疼医头，脚疼医脚，搬根楠竹不转弯。要与时俱进，灵活应对，切忌经验主义和教条主义毛病，给实际工作增添新的麻烦。

处方妙。就是要出新策、出奇策、出良策，不可新瓶旧酒，一个处方医百病。要出人意料，在人意料中，更在情理、事理、法理之中，符合实际，符合党的政策方针，既切实可行，又可操作。对症下药，可以药到病除。朱明王朝的万历年间，灾荒连年，朝庭贫弱，无钱赈灾；怨声载道，饿殍遍野。湖北公安派代表人物之一的袁宗道给朝庭上了一道《救灾奇策》的奏章，一是免税，二是建议朝庭采取行政手段引导、协调地方大户人家出资赈济放粮。最后，收到救民于水火的千古奇效。

下药猛。必须以把脉准、剖析透、处方妙为基本前提。只要这三个前提具备，就可大胆狠下猛药，药到病除，挖底刨根。这是工作研究的落脚点和归宿。1997年，领导安排我写一篇有关农业产业化的文章。我在报刊上一查，全国调研水平已经很高，回答其"是什么""为什么"的文章连篇累牍。只有分析研究深层次的问题，才可以出新意、出新策。于是，我深入调研我市农业产业化的现状及发展过程，写了《化解六大难题推进农业产业化发展》一文，被市委领导认可，在省委机关刊物上发表，产生了较大影响。其中六大难题，分别从农业产业化的六大环节的深层次找出，个个问题实实在在，一目了然。对策也是六条，看似与问题对应，有点呆板。呆板不呆板，不能只看表面、看形式，而要看内容。我在内容上却是综合写对策，六条对策分别是：

一、更新观念，消除思想障碍；二、深化改革，消除体制障碍；三、完善设施，消除条件障碍；四、转变方式，消除技术障碍；五、搞好服务，消除环境障碍；六、发育市场，消除购销障碍。

前五条都不是简单的农业产业化生产环节，而是每条都涵盖了农业产业化的全部环节；只有第六条是单独针对第六个问题，就使全文比较机动灵活，错落有致，也较新颖独特，具有较强的综合指导性和实践力度。

◎附：化解六大难题推进农业产业化发展

推进农业产业化是实现农业现代化的一个重要手段，也是1997年农村工作的重点。从当前情况看，各地在推进农业产业化上已做了许多工作，取得了一定的进展。但在实际工作中也面临着一些困难和问题。据了解，主要有以下六个方面的难题：

一、**主导产业培植难。**主导产业指能支撑和代表区域经济状况和面貌，且有鲜明特色的产业，是农业产业化的源头和基础。从许多农业自然资源丰富，且多宜性强地方的情况看，现在真正能够稳定发展、可称主导产业的也不过几个传统产业，许多市场前景广阔，自然资源潜力和潜在经济优势大的新兴产业，如某些特殊畜禽和水产品养殖，特种经济作物种植搞不起来；有的搞起来了，也只是昙花一现，成不了什么气候。比如在农村一些地方，不少多种经营项目，早些年都曾分别先后红火过一阵子，或者经历过一番认真考察、论证、计划、立项等，但后来却都销声匿迹；有的在襁褓中死去，有的则胎死腹中，至今很少人再提。究其原因，既有技术、资金问题，又有体制制约、信息不灵、销售受阻等问题。这些都至今仍未从根本上解决，是农业产业化中主导产业培植难的根本原因之所在。

二、龙头企业发展难。龙头企业指既能带动基地发展，又能拉长产业链条，且基础雄厚、辐射面广的农副产品加工、销售企业或企业集团。其实力如何，直接决定农业产业化水平，是发展农业产业化的中心环节。从当前多方面的情况看，龙头企业发展不理想，已成为障碍农业产业化发展的"瓶颈"问题。从龙头企业自身情况看，一是规模小。带动能力有限。二是数量少。不少农副产品的加工、营销企业少，有的为空白；龙头企业无处可找，这类生产基地和农户实为群龙无首。三是实力弱。有些企业长期亏损甚至严重亏损，负债很多，当了龙头更压头，不仅未能带动基地和农户，拉长产业链条，反而雪上加霜，更加难以发展。四是素质低。除了技术素质、管理素质低之外，思想素质也不高。有的不敢闯，不敢冒，害怕当了"农头"被压头；有的轻农厌农弃农，对当"农头"态度冷淡，不肯当龙头。不少龙头企业实为政府撮合，"拉郎配"，思想问题、态度问题、感情问题均未解决，背着包袱当龙头，哪能大力发展龙型产业呢？从企业外部环境看，原材料、燃料、交通轮番涨价，不合理负担日益加重；加工产品销售不畅等，使不少龙头企业发展困难，龙型产业难以形成，腾飞无望。

三、生产基地建设难。生产基地是主导产业存在和发展的空间载体、龙头企业的依托，是农业产业化的重要基本条件之一。从当前不少基地情况看，同主导产业一样，真正有规模、够档次、称得上基地的也只有几个传统老基地，其他就很少有像样的了；从传统老基地的情况看，一般都兴建在二十世纪七八十年代，其设施老化、损毁严重，又年久失修、超期服役、带病作业的问题相当普遍，服务功能愈来愈低。近几年水旱灾害对不少老基地造成的严重损害就充分说明了这一点。不少新建基地规模小，档次低；最大的问题是分散建设、简单趋同；有的脱离实际，与本地资源特点和经济格局背离；有的基础设施配套不全，不少项目成为"胡子工程""半拉子工程"，不能进入实际运转，致使基地建设不能尽快变成实际生产力。

四、产业链条拉长难。农业产业化，严谨的说法是农业产品系列化，就是把一种农产品升格为一个系列。产业链条的长短、"链条节"的多少，一般决定着农副产品转化增值的大小。因此，拉长产业链条，是农业产业化的又一关键性环节。从目前情况看，农业产业链条总是一"短"、二"断"、三恶性拉长占相当比例。短，指多数农副产品仍然停留在卖原料上，通常只有一个"链条节"；即使加工，也只是初级加工、粗加工，顶多两到三个链条节，就囫囵卖了。营销距离也短，绝大多数就地出售，出县、市的不多，打出省界、国界的实在太少。断，就是把多数农副产品转化增值分割在不同利益主体手中实现，利益分别由不同主体独享。对农副产品同城倒卖、坐地贩销、互相杀价等恶性"拉长"产业链条的现象，在很多地方都存在。造成这一问题的原因，一是体制封闭和地域封闭。近年来，所有制界限、地域界限、产业、行业界限虽已在理论上打破，但在实际上，农业产业被地域封闭、多部门分割的情况却改变不大，不同生产经营者为了各自的利益，相互间难以结为"风险共担，利益共享"的经济实体；在产业链条上，你想拉长，我想缩短，互相制肘，障碍了产业链条的有效拉长。二是经济增长方式落后。传统农业长时期粗放经营的思想、习惯和方式等的顽固存在，继续障碍着各种名特优新农副产品的开发、推广，加上二、三产业增长方式转变滞后，也阻碍了农业产业链条的有效拉长。三是科技开发、推广困难。研究开发推广名特优新系列新新产品是拉长农业产业链条的关键。但是，由于科技体制改革滞后，农科经费不足、网络不全，推广运用有限，使本来就不多的农研成果难以转化为实际的生产力，影响了农业产业链条的有效拉长。

五、经营规模扩大难。没有规模就没有效益。生产、加工、储运、销售都未形成规模，专业种养大户，"巨人"型加工、储运、销售企业和企业集团少；而且，各类生产经营规模又都扩大困难。这些问题，主要由小生产与大市场矛盾所致，具体表现为"三个分散"和"三个渠道不畅"。三个分散：一是农副产品生产上的家庭小生产的分散经营；二是农副产品加工上的"村村点火、处处冒烟"的乡镇企业的分散布局；三是农副产品流通上的"提篮小卖，小摊小贩"式的分散营销。三个渠道不畅：一是农村土地流转渠道不畅；二是大批农村富余劳动力向二、三产业转移的渠道不畅；三是农产品交换渠道不畅，使小生产与大市场的矛盾成为一个"死结"，顽固地阻滞着农业产业化发展。近几年，土地流转在制度上虽有较大突破，但由于其他配套改革不到位，经济增长质量和效益不高，二、三产业对农村富余劳动力的吸引力不强，多数农民仍然只求厮守田园，在黄土地上搞饭吃，对土地流转的需求不迫切，愿望不强烈，使三个分散的格局难以很快改变；三个渠道不畅的问题，还将长期存在；小生产与大市场矛盾也还将继续成为阻滞农业产业化的主要因素。

六、销售渠道拓宽难。除了产品结构不适应、市场竞争力不强之外，农副产品销售不畅主要是市场，尤其农村市场发育不全，国内市场与国际市场接轨不够、不牢或未接轨所致。从目前农村市场发育情况看，总的是发育滞后，不能适应农产品和生产要素流通的要求。具体表现主要是市场建设滞后。绝大部分农村只有零星、分散的初级市场，没有或少有集中性、大规模、功能齐全、辐射力强的农产品专业市场、综合市场和中心市场；只有初级产品市场，没有或少有中、高等级的生产要素市场；只有现货市场，没有或少有农副产品期货市场等。市场载体脆弱。设施落后，简陋；有的没有设施，有市无场。市场机制不健全。主要是价格关系不顺，工农产品比价和农产品内部比价不合理；市场管理、市场服务不到位等；有的管理就是只收费，不服务；顶多也只是多收费少服务而已。

如何化解上述六大难题？我认为应采取以下措施：

一、更新观念，消除思想障碍。主要是改变传统封闭的分工分业思想，树立现代开放的"分工联业"观念。传统分工分业思想把农业看成一个孤立封闭的产业；把农业看成国民经济基础，也只是孤立封闭的基础；把农业发展也只是看成农业自己孤立封闭的发展，与外界关联不大。现代开放的"分工联业"思想是从国民经济的整体出发，把农业看作开放的、与现代工业并驾齐驱的、强大的现代基础产业，与发展市场经济相适应的基础产业，主张农业与各大产业相互联结，相互促进，共同发展，是农业产业化的思想前提或基础指导思想。树立现代开放的分工联业观念：第一，树立大产业思想。把农业看成一个包括工商建运科教文卫在内的大产业。不仅农业要这样看、这样做，其他各产业、各部门也应该这样看、这样做，既让农业包含自己，又让自己包含农业，谁也不自我封闭，互相封闭，自绝于其他产业。第二，树立大开放思想。历史上，城乡封闭、地域封闭、所有制封闭、内外封闭、产销封闭等都起源于产业封闭，尤其农业的自我封闭和其他社会全面发展，必须首先打破产业封闭，实行产业大开放，各产业互相开放，互相通开，以此带动城乡通开、地域通开、内外通开，以致所有制通开和产销通开。第三，树立大联结思想。在传统分工分业的基础上，坚持各大产业，尤其农业与其他产业有机结合，开放发展，联合发展，既分工，又合作，在分工的基础上合作，在合作的指导下分工，不离开农业，不抛弃农业，不损害农业，拧在一起，互相促进，共同发展。

二、深化改革，消除体制障碍。主要是使家庭联产承包责任制、双层经营体制、股份合作制，准市场化的调节机制与农业产业化经营体制的"五制"配套，为发展"龙头"企业，建立"市场牵龙头，龙头带基地，基地连农户"的"龙"型生产经营体系扫清体制障碍。对农村土地要强化所有权，明确发包权，稳定承包权，放活使用权，逐步完善土地使用权流转制度，使土地向种田能手集中，提高土地产出率和农业劳动生产率。要在充分发挥家庭经营积极性的同时，充分发挥统一经营的优越性，通过管好用好集体资产、开发多种经营基地，兴办村组企业，提高统一经营层次的实力和服务功能。要转化经营机制，活化生产要素，激发多种所有制合作的农村经济活力。要在坚持市场取向改革的同时，加强调控力度。切实减轻农民不合理负担，进一步加大保护和扶持农业的力度。此外，要加快城镇户籍制度和房地产管理制度改革，放宽以致逐步取消对进城农民的限制，为农民合理流入城镇提供必要条件。

三、完善设施，消除条件障碍。主要围绕培植主导产业、发展龙头企业、建设生产基地和农村市场体系，加快建设农田水利、农机化、交通通信、城乡市场、科教文卫等五大系列基础设施，不断改进农业产业化条件。要根据经济社会中长期发展目标，统一制订建设计划，配套完善、巩固提高、管好用好现有设施，加快建好在建设施，积极研究、开发后备设施。要按照发展区域经济需要，选择并保证重点，合理分工，分级负责，充分调动中央和地方两个积极性，由国家负责大江、大河、大湖治理，负责跨省、区交通、通信、供电基础设施建设和国家级要素市场及中心城市市场设施建设。地方要坚持抓好以防洪、灌溉、排涝三大体系为主的农田水利基础设施建设，坚持高起点、高标准、高质量开发，以改造中低产田、中低产园、中低产塘为重点，实行山水田林路电村综合治理的农业综合开发，提高土地、山林、水面等的利用率和产出率，不断提高农机装备水平和农机化水平；坚持以交通通信开路，尽快建成内外畅通的铁路运输网络、等级公路网络、干支直达的水路运输网络及设施完备的客货站场网络，不断提高农村电话普及率。

四、转变方式，消除技术障碍。主要是抓住农业是基础产业、弱质产业的特点，和长期粗放经营、单一经营、分散经营的难点，努力提高劳动者素质，高效配置农村和农业内部生产要素，使农业经济增长方式由小型分散性农业经营向适度规模、基地化生产经营转变，由平面种养型农业向立体增值型农业转变，由低产低效的原料型农业向发展精加工的成品型农业转变，由粗放型农业向集约型农业转变，确保农业持续、稳定、快速增长。第一，要不断更新和改良品种，大力组织和实施农业的"种苗工程"，不断培育优良农作物品种、苗木、畜禽及水产品种，加快淘汰劣种，促进种养良种化、优质化。争取主要农作物品种每2—3年更换一次，良种覆盖率达到90%以上，农产品优质品率达到50%以上。第二，要大力应用现有科技成果，使之尽快转化为现实生产力。重点是建立健全农业科技推广网络，通过农科教三位一体等途径，进一步开展对广大农民的文化教育和科技培训，在农村培训更多能够掌握和运用先进科技的新型农民，真正使先进科技进入田间地头，千家万户。第三，建立健全技术先进、设备精良的农副产品加工转化增值体系。重点要通过发展高质量、高附加值的饲料工业，把种养业有机结合，促进农业由传统的二元结构向三元结构发展。第四，不断创新种养加、产供销、农工商、内外贸、经科教一体化的农业发展模式，对区域性主导产业实行专业化生产、工程化开发、系列化加工、企业化管理、集约化经营、社会化服务，使农业走上自我积累、自我发展、自我调节的良性发展轨道。

五、搞好服务，消除环境障碍。一是搞好领导服务。树立领导就是服务的观点，把领导服务具体体现到转变政府职能、工作作风和思维方式、工作方式上，由过去重点抓地域、抓环节转移到重点抓产业、抓产品，由过去抓个别乡镇村组示范转移到抓主导产业、基地建设和龙头企业等的形成和发展，由过去包片、包点转移到包产业等。二是搞好政策服务。认真制定和落实支持农业产业化的优惠政策，在龙头企业的立项、申报、审批以及土地征用、税费征收等方面给予优惠。坚持谁投资谁受益原则，鼓励国家、集体、个人、三资企业一起上，谁有能力谁牵头，谁发展快就支持谁。要切实落实农业科技人员的优惠政策，优先解决好农业生产第一线科技人员各项待遇，鼓励科技人员到农村承包、领办各类农业项目。鼓励竞争，鼓励竞赛，造成良好的发展氛围。三是搞好资金服务。调整资金投向，加大对农业产业化的投入，特别要集中资金保大项目，大"龙头"，使龙头强，龙身壮，龙尾长。四是抓农民自我服务。主要在发展集体企业，壮大集体经济，完善统分结合双层经营体制的基础上，拓宽集体经济服务领域、建立健全以中介组织和行业协会为主的农民自我服务体系，重点搞好农作物植保、农机、农资、信息、流通等方面的自我服务。

六、发育市场，消除购销障碍。第一，发育市场载体。主要是加快农村集镇建设。坚持以集镇为农村市场的依托和载体。不断聚集生产、聚集人口，提高农村城镇化水平，使农村城镇化、工业化、市场化三同步发展。第二，加强市场建设。主要在推动各地发展农产品初级市场的同时，有计划地建立若干国家级和区域性的主要农产品批发市场、生产资料市场体系及各种生产要素市场体系。第三，壮大市场主体。主要是发展壮大以农民为主体的农产品购销和各种生产要素经销大军。要通过思想引导、信息引导、典型引导等办法，不断提高他们的商品意识和竞争能力，引导越来越多的农民进入流通领域，既较好实现农村剩余劳动力合理转移，又拉长农业产业链条，拓宽农产品购销渠道，加快农业产业化发展。第四，规范市场行为。主要是理顺工农产品、农产品内部比价关系，强化市场管理，坚持依法治市，保证农业产业化健康、有序、持续、快速发展。

参考篇目：

1. 陈方柱：《发展市场经济要树立科学发展观》，原载《湖北经济管理》1993年第5期。

2. 陈方柱：《要建立决策责任制》，原载《决策借鉴》1993年第10期。

3. 陈方柱：《干部在联系群众中的主要心理障碍浅探》，原载《党政干部论坛》1990年第12期。，

第二十九讲 工作总结、工作经验、工作研究比较

工作总结（简称"总结"）、工作经验（也称经验总结，简称"经验"）、工作研究（简称"研究"）是党政机关、群众团体、事业企业单位调研写作中使用最多的文体，它们同中有异，异中有同，有时很难把握；尤其同一单位，在同一个时期，对于某些工作，同时要写一份工作研究指导当前的工作；要写一份工作经验出席上级表彰、奖励和经验交流会议；而年关逼近，或者半年，或者一个阶段工作结束，要写一份工作总结，上报主管部门和作档案资料备查，这就要求既要弄清三者的相同点，又要弄清三者的不同点，各以规范的格式和要求撰写。

工作总结，是对前一阶段工作进行回顾、分析，找出成绩与问题，总结经验与教训，引出规律性的认识，以指导今后工作的一种事务性文书。其特点是内容广泛，注重全局。一般各机关、团体、企事业单位的年终总结和各级人代会上政府工作报告中的总结部分以及计划、财政的执行情况都属于这一类。

工作经验是专门用来总结先进经验的，它对某一工作、某一任务完成后的先进做法进行专项总结，其特点是内容集中，针对性强。一般受到上级嘉奖、舆论好评、行业工作会议表扬的先进单位和某些工作的先行、试点单位所撰写的工作经验属于这一类。

工作研究是指对实际工作中重要的具有普遍意义的热点、难点、焦点问题和新问题，进行研究探讨，提出独特见解和主张，为领导决策或参与应社会需要引起的公开讨论，有时也要总结、回顾本部门、本单位在一定时期内所做的工作，以便引出问题，理论联系实际，实事求是地分析问题，查明原因，抓住事物的本质特点和规律，制定对策措施，作为意见、建议向决策者或有关方面提出，其内容集中，针对性强，在思想内容上，与工作经验和工作总结有一定相同之处。

由于三者作用不同，所以，其写作侧重点各不相同，工作研究与工作经验的内容选择几乎是背道而驰，前者专门研究问题、原因、对策，后者专门总结好成绩、好经验、好做法。不少人在写作工作总结时，总是将问题、成绩、经验、教训都收集、整理后，写在总结一起，但一般都对经验、问题不作深入细致地研究探讨，有

时甚至只是点到为止。也有特例，就是将工作经验和工作研究写在一起，成为"二位一体"。这种情况，后边再谈。

三者之间的不同，既有内涵上的不同，又有体例上的不同。我们先说内涵上的不同。为更好识别三者之间在作用发挥、观点提炼、材料选择等方面的不同，我想从我在1994年前后为荆门市委领导撰写的10多篇反映"三农"问题的调研文章中，选择有代表性的一篇工作总结《农民闯市场的十大趋势》（简称《闯》文）、一篇工作经验《全面提高农业综合效益》（简称《全》文）、一篇工作研究《粮棉价格增，调整不放松》（简称《粮》文），进行比较。尽管这三篇文章撰制在同一个年度，题材范围几乎完全相同，某些资料、数据甚至来源于同一组资料和统计报表，但比较起来，还是有四个方面的明显不同。

一、作用不同

工作总结，主要是总结前段工作的成绩和经验，指导后段工作。《闯》文主要回顾、总结我市农民闯市场、发展农村市场经济带来的十大趋势，也就是十大变化，从而引出规律性的认识，指导今后的工作。它没有摆问题，找教训，查原因，这对工作总结写作是允许的。

工作经验主要是通过总结推广先进经验，先进做法，推动大面上的工作。《全》文主要从8个方面总结出8条先进的做法、经验，以供别人学习、借鉴，推动农业发展。

工作研究主要针对实际工作中的热点、难点、焦点问题，揭露矛盾，分析原因，制定对策、建议，服务领导决策，以推动工作。《粮》文就正好针对1993年粮棉提价给农村工作带来的一些新情况、新问题，制定对策、建议，供领导参考、决策。

二、观点提炼不同

《闯》文是工作总结，主要总结农民闯市场给农村经济带来的十大变化，围绕变化提炼观点，引出规律性的认识，引导人们大胆闯，大胆发展农村市场经济。

《全》文是工作经验，一个观点就是一条具体的工作经验，一个具体的工作方法。如：抓两头带中间，提高农业整体效益；抓"四路并进"，提高资源开发效益；抓一促二带三，提高结构效益等等，一"抓"就是8条，条条都看得见，摸得着，可学习，可借鉴，可操作。

《粮》文是工作研究，也叫对策研究，它针对现实中的热点问题，分析原因，制定对策，虽也具体，可以操作，但又比较宏观，比较注重理性认识，带着较强的"研究""探讨"的色彩。

三、材料选择不同

尽管三者资料来源差不多在同一地区范围、同一时间段，甚至同一套资料和报表，但由于文章侧重点不同，其材料选择就大不相同。《闯》文主要总结农业和农村经济发展的十大趋势、十大变化，全部选择反映这些发展变化的资料，真实、具体、准确，很多数字、比例都十分精确，典型资料都很完整。

《全》文主要是总结介绍先进经验、先进做法，选用的材料，都是实际取得的成果，实际工作中的具体做法，并被实践检验、证明是正确的、先进的工作方法。

《粮》文注重问题研究、措施研究，"研究"都还在探讨之中，还未付诸实施，有些还只是思考、设想。比如对策第二条中的"在农业综合开发上，要做到'四个突破'……"都只是设想，是可以做好的工作，不是已经做好的工作；"力争'八五'期末实现多种经济产值收入在农业中占大头"，还只是个奋斗目标；"在农业中占大头"，只是个概数，模糊数字，不像工作总结和工作经验中的资料，都是已经做过的工作，已经取得的成绩，已经存在的事实。

四、有些句、词、字用法不同

工作总结和工作经验，由于大都是总结介绍工作成绩、经验和做法，至少是已经付诸实施并取得明显成果，或正在实施之中，主要运用陈述句和说明句，一般不用疑问句和祈使句；也不用假设关系复句和选择关系复句；在用词上，一般不能使用"要""应""将"等能愿动词或未来时时态助词，但可大量使用表示过去时的"已经""了"等时态助词，也有使用进行时时态助词的。

工作研究除了使用陈述句、说明句外，还使用祈使句、疑问句，许多语句具有辩证性、推理性、预测性，只使用"要""将""应""应该""可能"等能愿动词和时态助词，但在对策建议中不能使用表示过去时的"已经""了"等时态助词，连进行时也不能用。

三者之间在文体格式上也有很多不同。主要表现在五个方面，有时，三者之中，又可能有两种文章有相同之处，只与另一种不同。这些细枝末节，我们要尽可能了解掌握。本讲很多地方参考了广州市番禺区农业中等专业学校周大山老师《工作总结与经验总结的格式差异》（《应用写作》2006年第2期）一文，二者与工作研究之比较和部分实例为笔者原创和另行增加，使三者比较更为完整。

五、标题设置不同

工作总结一般采用公文式标题，由"单位+时间+内容+文种"组成，如《××局2003年工作总结》《××市人民政府2006年工作总结》。根据实际情况，标题中的单位或时间或内容有时可以省略，如《2006年春季植树造林工作总结》《会计技术职称评定工作的检查总结》。

工作经验一般采用新闻式标题，有单标题与双标题之分。单标题如《我们是怎样战胜禽流感的》《强化五大机制推进新农村建设》《坚持向管理要效益》。双标题如《打破旧模式建立新机制——钟祥市推进事业单位人事制度改革的做法》《严控硬管抓减负标本兼治促发展——东宝区减轻农民负担的经验与做法》。

工作研究与工作经验的标题使用办法差不多，有单标题的，如《绿林镇旅游业发展现状及对策》《着力解决三个问题加强农村基层组织建设》。有双标题的，如《拓宽创牌渠道打造品牌强市——发展"荆门品牌经济"之我见》《大力开辟资源管理的新途径——浅析人力资源管理外包》。

三者相比，工作总结的标题比较庄重，富有公务文书色彩；而工作经验和工作研究的标题比较灵活，一般开门见山，直击主题。

六、正文开头不同

开头，主要概述基本情况，先给人一个总体印象。但工作总结、工作经验、工作研究在正文开头部分各有侧重点。

工作总结开头的一般写法是先简介时间和背景，然后对工作作出总的评价。这部分要写得相当简要、精练，不能把总结的具体内容写到开头中去。如《荆门市委政研室2007年工作总结》的开头部分是这样写的：

2007年是市委政研室与市委办公室分离独立运行的起步年，也是政研室各项工作迈上新台阶的重要一年。一年来，在市委的正确领导和省委政研室的指导支持下，我们努力适应新形势、新任务和新要求，紧扣中心，服务大局，团结协作，拼搏进取，较好地完成了全年各项工作任务，为我市经济发展和社会进步做出了新的贡献。

工作经验开头的一般写法是先简介与经验有关的背景和情况，然后比较具体地介绍成绩和经验、做法。这样撰写使人们了解经验产生的主客观环境和主要成绩，并产生学习先进的渴望。

1995年，我为湖北省荆门市委政研室起草的题为《改进调研方法提高调研质量》的工作经验文章，被湖北省委政研室内刊《调查与研究》刊发后，《秘书》杂志当年第5期转载。其开头语是这样写的：

调查研究的方法很多，但要取得好的成果，还必须不断改进。我们荆门市委政研室成立9年，共在省及省以上报刊发表调研文章230多篇，其中前5年30篇，后4年200多篇，后4年比前5年发表文章多5.6倍；另给市领导提供了200多篇决策参考材料，主要就在于我们不断改进调研方法，提高调研质量和效率所致。

工作研究开头的一般写法是先简介与对策建议有关的背景和情况，然后简述问题、原因，再概括主要对策措施，使读者了解对策产生的主客观环境和主要对策措施，并产生学习参阅的兴趣。我于20世纪90年代中期发表，现在又被挂在互联网上的《要建立决策责任制》一文的开头是这样写的：

随着科学化、民主化程度的提高，各级各类决策的质量、效率、效益都大为提高，不仅使决策科学得到丰富和发展，更使经济社会得到迅猛发展。这是一个方面。另一个方面，由于我们制度化、法制化滞后，不少决策仍比较盲目、草率，质量不高，效率和效益不理想；有的甚至是失误、失败和错误的决策，给党和人民的事业带来很大损失。笔者认为，这种情况绝不能再延续下去，必须在继续提高科学化、民主化程度的同时，加强决策的制度化、法制化建设，逐步建立健全决策责任制度，确保决策质量、效率、效益同步提高，以促进经济社会和决策科学更快发展。

七、主体结构不同

正文主体是总结的核心，要对开头所述的基本情况具体展开，主要包括做法（成绩）、效果、体会、问题、教训等内容。力求做到主旨鲜明、内容充实、材料典型、层次清楚、语言流畅。由于工作总结与工作经验、工作研究的目的和内容不同，其主体部分的结构模式有较大的差异。

工作总结的主体结构一般有四种模式：

（一）"成绩—做法—体会—问题—打算"式

这种模式先集中撰写成绩，再写体会、做法，最后写存在的主要问题和打算，也有不写打算的。比如，有一篇《荆门市规划管理处1989年工作总结》就是这样写的：

1.全年完成主要工作任务

（1）市政规划设计。

（2）测绘任务。

（3）规划管理工作。

（4）城建档案工作。

（5）后勤保障工作。

2.主要措施和做法

（1）深化改革，完善技术经济责任制和目标岗位责任制。

（2）坚持社会主义物质利益原则，实行按劳取酬。

（3）强化城市规划基础管理，坚持依法治城。

（4）加强领导班子建设，做好过细的思想政治工作。

3.主要体会

（1）优化组合带来工作活力。

（2）提高人员素质是搞好各项工作的有力保证。

（3）发挥党支部战斗堡垒作用是搞好两个文明建设的关键。

4.存在的主要问题

（1）思想政治工作氛围还不够浓。

（2）依法治城力度还不够大。

（3）优化组合有待进一步完善。

5.1990年工作的打算

（1）进一步深化改革。

（2）进一步完善技术经济责任制和目标岗位责任制。

（3）进一步努力完成城建各项基础管理工作。

（4）进一步加强干部职工队伍建设。

（二）"经验—教训"式

这种模式将经验与教训合在一起写，既看到工作上取得的成绩，也指出存在的问题，形成鲜明的对比，有利于改进工作。比如，朱德同志在1930年7月7日所写的《八路军抗战两年来的经验教训》就是采用这种式样：

八路军抗战两年以来，我们得到了一些什么经验教训呢？

第一，凡是党政军民团结一致的地方，我们就能胜利；凡是在发生摩擦的地方，我们就要遭受不必要的挫折。

第二，凡是在民从运动有成绩的地方，游击战争就能展开，抗战就能胜利地坚持；凡是在民运落后或受挫折的地方，抗战一定要遭受不必要的困难。

第三，凡是采用灵活战略战术的战役和战斗，我们大致就能胜利；凡是单纯防御或盲目进攻，就会遭受失败。

（三）"详写工作—略写问题和打算"式

这种模式主要分条列目总结工作成绩，只在结尾处简述几点存在问题和打算，不作任何展开。如《荆门市委政研室2007年工作总结》就是这样写的。

1.立足平稳过渡，主动配合做好两室分离交接

2.突出以文辅政，高标准完成重要文稿起草工作

一是认真起草市委重要会议报告和领导讲话文稿。

二是认真起草市委重要工作汇报材料。

三是认真起草把关市委重要文件。

3.开展调查研究，为加快荆门崛起提供智力支撑

一是抓住事关荆门发展全局的重点问题展开调研。

二是抓住影响制约改革发展的难点问题展开调研。

三是抓住社会和人民群众普遍关注的热点问题展开调研。

4.创新工作方式，从更宽领域服务市委科学决策

一是深入开展系列宣传研讨活动。

二是大力总结推广发展中的先进经验和典型。

三是精心做好重大会议活动的服务工作。

四是努力提高信息服务工作水平。

5.强化党刊载体，着力打造理论精品服务平台

6.加强自身建设，不断提高战斗力和凝聚力

一是加强队伍建设。

二是完善工作机制。

三是强化内部管理。

一年来，虽然我们在工作中取得了一定成绩，但还存在许多不足。主要表现为：涉猎各方面的知识和信息不够，学习途径比较单一，理论学习的深度还不够；服务市委决策创新不够；调查研究的广度、深度有待进一步提高；对全市政策研究队伍培训和指导有待加强；办公条件有待进一步改善；等等，对这些问题，我们将高度重视，制定措施，认真研究解决。

2008年，市委政策研究室将按照"坚持一流标准、培育一流队伍、创造一流业绩"的要求，不断开拓进取，扎实工作，多出创新的思路，多谋创新的办法，多提创新的对策，进一步提高决策服务工作水平，努力开创政研工作的新局面。

（四）"总结—打算"式

这种模式前半部分总结前段工作，后半部分谈下段打算。（略）

工作经验的主体结构一般有七种模式：

（一）"做法为主"式

这种模式，主要写做法，把成效和体会置于做法之中。这也是经验总结常见的式样。比如，1996年，我为荆门市委政研室撰制的《实行四个转变搞好参谋服务》：

1.变被动服务为主动参谋。（略）

2.变部门自我封闭为多方搞活。（略）

3.变墨守成规为开拓创新。（略）

4.变按部就班为满负荷运转。（略）

（二）"体会为主"式

这种模式主要写体会，把做法和成效置于体会之中。比如，湖北省京山县新市镇曾祥富撰写的《对选调生在基层培养和管理的几点体会》，其主体结构是这样的：

一是站在经济和社会发展高度，从思想上重视选调生培养和管理工作。（略）

二是努力营造良好氛围，让选调生安心基层工作。（略）

三是注重综合素质培养，树立选调生良好形象。（略）

四是加强选调生工作研究，促进他们健康成长。（略）

（三）"做法—体会"式

这种模式是先集中写做法，后集中写体会。比如，××区人民政府撰写的《繁荣城乡广场文化大力推进港城两个文明建设》，就采取这种式样：

……在繁荣广场文化方面，我们主要抓了"三项工程"建设：

1.科学规划，加大投入，把广场文化建设作为"实事工程"来抓。（略）

2.精心策划，贴近群众，把广场文化作为"聚心工程"来抓。（略）

3.城乡联动，创作精品，把广场文化作为"育人工程"来抓。（略）

回顾我区广场文化建设历程，我们的体会是：

1.领导重视，各方配合，是广场文化建设的重要条件。（略）

2.广泛发动，群众参与，是广场文化建设的重要保证。（略）

3.注重地方特色和大众性，是广场文化建设的根本所在。（略）

（四）"成效—体会"式

这种模式先集中写成效，后集中写体会。比如，郑良玉同志撰写的《深圳特区十年发展的回顾与展望》，其主体结构是这样的：

……特区的成就令人鼓舞：

1.国民经济持续协调发展，创造了举世瞩目的"深圳建设"。（略）

2.进行大规模基础设施建设，创造了一个良好的投资环境。（略）

3.发挥"窗口"和"桥梁"作用，对内对外产生了积极的影响。（略）

4.进行体制改革的有益探索。（略）

5.人民生活水平有了显著提高。（略）

深圳经济特区10年建设的实践确有很多东西值得我们思考与总结。我认为，能够得到的启示至少有以下几点：

1.社会主义制度具有巨大的优越性，关键在于如何让它充分发挥出来。（略）

2.建设有中国特色的社会主义，必须结合本国的国情和实际。（略）

3.坚定不移地贯彻执行"一个中心、两个基本点"，是保证特区胜利发展的根本所在。（略）

4.改革开放，发展商品经济，必须建立一套较为完善的政策体系。（略）

5.计划调节与市场机制是可行的，我们能够探索出一条相互结合的有效途径。（略）

6.发展外向型经济，必须创造出一个良好的"软、硬"投资环境。（略）

7.区域性经济的发展，必须走自我积累、滚动发展的路子，不断增强自身的"造血"功能。（略）

8.特区的发展，自始至终要加强党的领导，坚持物质文明和精神文明"两手抓"。（略）

（五）"做法—成效—体会"式

这是一种全面性的主体结构，也是工作经验常用的模式。比如，中共××县委组织部黎志永同志撰写的《以无职党员设岗定责为重点努力探索党员管理长效机制》，就是采取这样的结构：

1.开展农村无职党员设岗定责活动的主要做法

（1）强化领导，周密布置，营造氛围。（略）

（2）严格程序，把握关键，科学合理设岗定岗定责。（略）

（3）强化指导，严格管理，确保设岗定责落实到位。（略）

2.开展农村无职党员设岗定责活动取得的成效

（1）有岗有责，党员的光荣感、责任感明显增强。（略）

（2）增强了党组织的吸引力和战斗力。（略）

（3）构筑了促进农村改革、发展、稳定的新支点。（略）

3.开展农村无职党员设岗定责活动的体会

（1）要把提高农村党员素质放在首位，不断提高无职党员上岗履职的能力。（略）

（2）要把完善激励措施作为重要手段，充分激发无职党员上岗履职的活力。（略）

（3）要把群众参与贯穿于设岗定责的全过程，真正让群众满意。（略）

（六）"背景—做法—成效"式

这种模式先突出背景，后写做法和成效。比如，××县委组织部撰写的《实施"候补村官"接力工程解决村干部后继乏人问题》，就采用这种式样：

工作背景：

背景一：农村人才短缺，村干部队伍后继乏人。（略）

背景二：村级后备人才队伍建设中"选"、"育"不规范，备用脱节。（略）

背景三：农村民主政治建设深入推进，对基层组织建设提出了新的挑战。（略）

具体做法：

1.制订规划，切实增强村级后备人才队伍建设的有序性。（略）

2.公开选拔，严格把好村级后备人才入口关。（略）

3.联动培育，整体提高村级后备人才综合素质。（略）

4.严格管理，积极促进村级后备人才健康成长。（略）

5.备用结合，大胆使用优秀村级后备人才。（略）

初步成效：

1.营造了优秀年轻人才脱颖而出的良好氛围。（略）

2.锻炼了村级后备人才的综合能力。（略）

3.优化了村班子的结构。（略）

4.激活了村级干部活力。（略）

（七）"意义—做法—成效"式

这种模式先突出意义，后写做法和成效。比如××区委组织部撰写的《实行领导职务任期制促使干部正常退出》，就是采取这种式样：

现实意义：

1.实行任期制是实现干部工作向法制化推进的需求。（略）

2.实行任期制是进一步促进干部流动、加快干部成长的需要。（略）

3.实行任期制是解决干部能上能下问题、优化干部队伍结构的需要。（略）

4.实行任期制是树立正确用人导向，为我区提前实现现代化提供坚强组织保证的需要。（略）

具体做法：

1.科学制定职务任期制的适用对象和任职期限。（略）

2.建立健全干部考核评价机制。（略）

3.建立健全离岗和到龄退岗干部的待遇保障机制。（略）

初步成效：

1.进一步拓宽了干部"下"的渠道。（略）

2.进一步促进干部流动，激活干部活力。（略）

3.形成了干部监管新机制。（略）

工作研究的主体结构一般有三种模式：

（一）"问题—原因—对策"式

这种模式是工作研究也即对策研究文章"老三段"的写法：先摆明问题，再深入剖析原因，最后，针对问题原因讲对策措施，层次分明，眉目清晰，由浅入深，由表及里，逻辑紧严。我在1997年发表的《当前农副产品增产减收的表现、成因与对策》就是如此：

1.表现

一是（减收）项目多。（略）

二是（减收）地域广。（略）

三是减幅大。（略）

2.成因（略）

3.对策

一靠教育鼓动。（略）

二靠"减载"节支。（略）

三靠"转化"增值。（略）

四靠流通增收。（略）

（二）"问题（原因）—对策"式

这种模式是把问题原因合在一块，简明扼要，着重点放在制定对策措施上。2006年1月，我给《荆门研究》编发的一篇《荆门市农业资源配置中的问题与对策》就是采用这种模式：

1.荆门市农业自然资源配置的现状和问题

第一，种植业过"重"，资源配置结构单一，效益不高。（略）

第二，畜牧业发展不快，资源浪费严重，效率不佳。（略）

第三，水产资源开发不足。（略）

第四，劳动力资源丰富，转移不够。（略）

2.优化配置我市农业资源的对策与建议

第一，处理好粮食生产与结构调整的关系。（略）

第二，处理好资源利用与提高效益的关系。（略）

第三，处理好资源开发与市场需求的关系。（略）

第四，处理好配置资源与保护资源的关系。（略）

（三）全文并列分块式

这种模式有两种写法：一是开头语结束之后，紧接着集中摆明问题，简析原因；紧接着并列分块分析，横分门类讲对策措施，高屋建瓴，势如破竹。如我在2006年发表的《拓宽创牌渠道打造品牌强市》就是如此。

开头语结束之后，就集中摆明问题，简析原因：

然而，同其他许多事情一样，有人积极就必然有人消极。对于创品牌，也有一些人望牌兴叹，知难而退：有的说我们是中小企业，基础薄弱，身单力孤，难以创品牌；有的说我们是弱势和弱质企业，生存尚且不易，何谈创品牌?

持这两种态度的同志主要对品牌经济认识不足，对品牌的内涵和创牌的路子未弄清楚，陷入某种误区所致。其实，条条道路通罗马，办法总比困难多。只要解放思想，转变观念，创新思路，创牌的路子是很宽广的：

1.借牌创牌，也叫"借船出海"。（略）

2.搭车创牌，又叫"带拖创牌"。（略）

3."填空"创牌。就是靠攻冷门，填补国内外空白。（略）

4.统筹创牌。（略）

5.集体创牌。（略）

6.老字号创牌，也叫"特色创牌"。（略）

7.引进创牌。就是招商引资，引进先进的技术、管理和人才，借巨人品牌。（略）

8.牌外创牌，又叫"跳出品牌创品牌"。（略）

9.模仿创牌。（略）

10.虚拟创牌。（略）

二是开头语写完之后，全文按一定的逻辑顺序，横分门类排到边，竖写问题、原因、对策，其实是先横后竖式，逻辑严谨，生动活泼。写得好，波澜壮阔，沁人心脾。1995年1月，我为荆门市委领导捉刀的《当前影响农村经济全面发展的几个问题》就属这种模式。

其几个问题就是：

1.真正把农业放到首位，从根本上解决农业升温又降温的问题。（略）

2.坚持全面发展，从根本上解决农村产业结构调整步伐加快又放慢的问题。（略）

3.继续深化改革，从根本上解决农产品购销体制放开又收回的问题。（略）

4.强化市场和物价管理，从根本上解决工农业产品价格"剪刀差"缩小又拉大的问题。（略）

5.切实增加投入，从根本上解决农业生产条件改善又恶化的问题。（略）

6.加大执法力度，从根本上解决农民负担减轻又加重的问题。（略）

八、正文结尾不同

工作总结一般有结尾，主要写今后的打算或努力方向。打算要切合实际，方向要具体明确。内容宜简短，但应起到明确方向、激励斗志、增强信心的作用。

工作经验的结尾可有可无，视内容而定。如需要撰写结尾，主要写明今后的努力方向。

工作研究不写结尾。因为它主要是讲当前和今后怎么做。不必写结尾，写了反而画蛇添足。

九、落款要求不同

落款包括署名和成文日期两部分，署名需用单位全称或个人名称，成文日期要写明年月日。

工作总结如在标题中出现单位名称，则落款处不再署名；如标题中未出现单位名称，则在落款处署名。工作总结成文日期一般置于文后右下方。

工作经验和工作研究的署名一般置于标题之下，其成文日期一般标于文后右下方。

此外，在作者称谓上也有些区别：工作总结、工作研究一般采用第一人称，工作经验则既可用第一人称，也可用第三人称；三者都不宜用第二人称。

综上所述，可以看出工作总结、工作经验、工作研究的格式是有差异的，尤其在主体结构方面有较大的差异。为了规范地撰写工作总结、工作经验和工作研究，我们不但要了解和掌握其在格式上的相同点，更要了解和掌握其不同点，一丝不苟，精益求精，篇篇文章成精品。

十、二位一体实例

前面讲过，这种情况属于特例，但在现实中并不少见，应该引起特别注意。下文的附四：《培育积分制管理新模式激发基层治理新活力》就是这样的一篇文章。该文在导语中就开宗明义讲了本文"较好回顾总结了主要成绩、经验和方法，并在此基础上，进一步揭示、分析了存在的问题和原因，提出了解决的对策和建议等"。该文前半部分以2/3的篇幅整体展示了推行积分制管理的"一、覆盖范围；二、流程管理；三、结果运用；四、良好成效等主要做法和主要成果"，尤其主要成效是执行力增强、创新力增强、服务力增强、凝聚力增强等。后半部分主要是揭示了存在的问题和提出了几点建议：存在的问题是认识不到位、指挥不统一、落地就走样、政策有约束；几点建议是：进一步解放思想，坚定信心；进一步整合资源，合力推进；进一步完善体系，高效运行；进一步强化激励，激发活力。

该文主题新颖，内容充实；激情澎湃，语言生动；逻辑严谨，结构完整；前呼后应，一气呵成，称得上是为数不多的工作经验与工作研究二位一体文章的经典之作。

写作此类文章，值得注意的是，不能前后不一，自相矛盾；不能前面说了许多成绩，后面又针对成绩说不少问题，让人不知道你到底是要总结经验，还是要揭露问题，明显是自打嘴巴，令人哭笑不得。

◎附一：农民闯市场的十大趋势

改革开放15年来，尤其在发展社会主义市场经济的过程中，农民闯市场的积极性不断增高，胆量不断增大，能力不断增强，门路不断增多，范围不断扩大，成效日益明显，其趋势可以归纳为这样10个方面：

一、由按指令性计划种植向按市场需求种植发展。这是农民闯市场所迈出的非常关键的一步。以湖北省荆门市为例，该市是国家重要商品粮棉基地，粮棉生产占很大比重。自20世纪80年代中期改变过去长期实行的粮棉"三定"（即定面积、定产量、定收购指标）办法至1994年实行合同定购、保量放价已有10个春秋。10年来，随着农民生产经营自主权的逐步扩大，他们日益注重按市场需求种植，积极发展"两高一优"农业，取得了明显成果。优质粮棉年年高产丰收，全市10年共生产粮食近200亿斤，棉花200万担。由于注重以市场为导向来组织生产，粮棉销售形势总体上来讲是好的，粮食畅销全国20多个省市，棉花一直处于供不应求状态。同时，以基地和庭园经济为主要形式的多种经济有了很大发展，过去闲置和利用不足的土地、山林、水面等资源优势转化为产品优势和经济优势的速度加快。这既增大了农村经济市场化程度，又极其有效地促进了整个农村经济发展。

二、由第一产业向第二、三产业分化发展。这是农村实行市场经济带来的可喜变化。荆门市原是一个以生产粮棉油为主的农业区，农村大，城区小；农业大，工业小；农村人口多，城镇人口少。以改建为省辖市初期的1983年为例，市属工农业产值比，第一、二、三产业产值比和从业人员比分别仅为40：60、56.6：37.3：6.1、89.1：6.6：4.3。由此可以看出，荆门市农村工业发展是很慢的，第三产业的发展更为滞后，个体私营经济则是寥寥无几。近10年来，广大农民顺应市场经济的潮流，不断加大改革力度，积极调整产业结构，优化资源配置，加速农村的产业分化，带来了乡镇企业、个体私营经济和第三产业的突破性发展。1993年，全市农业总产值与乡镇企业总产值比重首次达到1：1.32；种植业与林牧副渔产值比重首次达到6：4；从事第二、三产业的劳动力达到10万人，约占农村总劳动力的30％，为该市提出的1995年实现粮棉油经济和其他多种经济，第一产业产值和第二、三产业产值，从事大田生产的劳动力与从事多种经营和第二、三产业的劳动力三个比例的调头打下了良好基础。同时，涌现出了一批在市场上有竞争力、有影响力的乡镇企业和企业集团，还造就了一支农民企业家队伍。

三、由单纯出售原料及粗加工产品向出售转化增值型中高档产品发展。这是农村经济发展过程中的一个历史性进步，也是市场经济利益趋向的必然结果。过去单纯出售原料和粗加工产品，既有体制的原因，又有经济技术落后的问题。到20世纪80年代末，荆门市农副产品转化增值水平仍然很低，量少质差，市场竞争力弱，严重阻碍了农村经济的发展。面对这种情况，广大农民面向市场，立足现有农副产品和矿产资源，依靠科技，增加投入，大搞转化增值。一是物理性转化。主要根据农副产品或矿产品的物理学特性，在加工转化上下功夫，大力兴办乡镇工业。二是生物性转化。即根据农副产品的生物学特性，在种养转化上下功夫，主要利用种植业的果实、根、茎、叶等饲肥料发展养殖业和利用养殖业生产的动物体、粪便等作肥料，发展养殖业、种植业。三是化学性转化。即根据农副产品的化学特性，发展酿制业和精细化工等。四是综合性转化。即综合发展种—养—加—种—养，多向、多形式、多层次、多环节转化增值，上规模、上等级、上档次，形成了多条有地方特色的产品链、产业链和企业链。1993年全市乡以下加工转化粮食6.8亿斤；主要靠粮食及粮棉加工的饼粕饲料生产的肉鱼蛋奶禽共2.2亿多斤。全市以农副产品和矿产品为原料生产的中高档产品创产值10多亿元。

四、由单纯出售实物性自产产品向全方位经营发展。这是传统农业向现代农业、农业经济向农村经济转化的重要表现。广大农民顺应上述两个转变的历史潮流，积极发展个体私营经济，大力兴办第三产业，经营的渠道比以往任何时候都要多，经营的领域比以往任何时候都要宽。一是拓宽了工业品下乡渠道。1993年全市个体私营经济的各类工业品营业额达到5.37亿元，成为流通领域的重要力量。二是拓宽了科技应用渠道。主要通过农科教结合，不少农民运用自己掌握的最新实用技术服务农村、农业、农民，获取应得的报酬。三是拓宽了农村劳动力合理流动渠道。在农村，主要是帮工和串工互助；对外主要通过市区乡三级劳务市场实现合理流动。仅1993年这一年，全市就向非农产业转移农村劳动力1万人，其中向境外输出2000多人，共收回劳务资金4000多万元。四是拓宽了信息传播渠道。农民注重信息的接收、反馈，较好地增大了信息资源的释放效应，增强了产品的适应性。

五、由厮守乡土田园向逐步扩大生产经营空间发展。这是大力发展农村市场经济和农民奔小康的需要。不离土不离乡，10亿人口，8亿农民搞饭吃，这既是我国传统的自给自足农业、封闭农业、计划农业的主要特征和要求，又是我国农民世世代代命系土地的传统观念、封闭观念、乡土观念畸重的历史心理反应。改革开放，尤其社会主义市场经济的发展，不仅使计划经济体制和地域封闭被打破，促进了城乡通开，城城通开；更为重要的是改变了人们的上述观念，一些人已开始只把土地当作一般的生产要素看待，不再当作唯一的命根子。现在对许多农民来说是利之所在，家之所在；利之所在，业之所在。为了追求好效益、高收入，有的农民转让了原来承包的土地，务工经商，从事第二、三产业；有的把在本乡本土兴办的企业转移到了城镇；有的对背井离乡闯世界都在所不辞，认为是理所当然的事。1993年，全市常年外出推销农副产品的农民已达3.65万人；从事兴办工业、商业、建筑、运输企业的已达4.5万人。在地域范围上，国内除了台湾和西藏，到处都印有他们的足迹；国外，南边的东南亚，北边的俄罗斯，也不再是他们未曾涉足的区域。

六、由单纯利用闲散、零星时间务工经商，向既利用闲散、零星时间，又整年整月务工经商发展。这是旧有的时间观念向市场经济所要求的时间观念在农民中的一次重大转变。在自给自足农业、计划农业时代，农民们是"一年只有四十五日忙，一天捞九天的粮"。把时间看作不值钱的东西，除了农田劳作之外，其余时间几乎白白浪费了。初涉市场经济时，大多数也只是农忙务农，农闲和零星剩余劳动时间务工经商。随着市场经济的发展，在农民眼里，时间也愈来愈成了宝贝。务工经商的农民不再只是利用农闲和零星时间，除了部分"脚踏两只船"者外，整年整月从事务工经商活动的人越来越多。有的还把过去特别休闲的节假日视为黄金时节，大年三十、初一大抓一阵子生意。在淡季，他们或者转产，经营一段别的行业；或者在城镇"苦守码头"，有的甚至空着手等待旺季到来，也不返回农村。

七、由提篮小卖向既提篮小卖，又车装船载、长途运销发展。这是农村市场经济发展的又一重要表现。提篮小卖是我国农民最原始的交易手段和形式。时至加速发展社会主义市场经济的今日，他们觉得已很不适应了，而应代之以先进的现代工具和交易形式，向远距离、大批量的现货乃至期货交易发展。荆门市农民近年每年运销到全国20多个省市的十几亿斤粮棉油肉鱼蛋奶禽和几百万吨原煤、水泥、石膏、石灰、木材及其制品，就主要是靠整列火车和许多个汽车队、船队来完成的。但在服务本地人民生活方面，提篮小卖仍在继续发挥其作用。

八、由个体分散经营向组织起来的股份合作和适度规模经营发展。这是不少农民在市场海洋中呛了几口水之后探索到的一条路子。他们在经历了一段实践后说："市场风高浪险，还是组织起来力量大。"因此，联户经营随之兴起，公司+农户也应运而生。1993年以来，联合的形式越来越多，规模越来越大，逐步向跨行业、跨所有制、跨地区的集团化方向发展。到1993年底止，全市股份合作制企业已达1041家，吸纳股金1.4亿元，占全市1/4农户已成为股东。这一年，仅农村股份合作制经济就增产值2亿多元，初步显示了该市农民组织起来闯市场的巨大合力。

九、由只求好买好卖向讲究策略、追求最佳效益发展。这既是发展社会主义市场经济过程中农民素质提高的标志，又是进一步推动市场经济发展的条件。前些年，经受了各种农产品卖难、生产资料买难之苦的农民，由于对市场经济的不认识、不熟悉，在发展市场经济的初始阶段，只求好买好卖，并以此为满足。现在的情况就不同了，农民的眼光看得远了，腿子伸得长了，人变得精明了。他们处处精打细算，既算小账，又算大账；既算近账，又算远账；既算死账，又算活账。从身边眼前的市场和自家的"小九九"，算到全市、全省、全国乃至全球市场的风云变幻，以决定自己的经营策略。他们在生产经营中，买货比三家，卖货也比三家，学会了如何把生意做活、做好，以取得最大效益。这不仅促进了农村市场的活跃，也给农民带来了更多的收益。

十、由混沌无序向文明规范发展。这是农村市场经济由初级向高级发展的一个自然过程。在农民闯市场的初始阶段，不少农民对何谓市场、何谓市场经济以及与之有关的一些问题都模糊不清，市场的主体、市场经济的客体等也都处于某种程度的混沌、无序和非规范状态。经过10多年尤其近几年加强教育，强化管理，广大农民闯市场基本走上了文明、有序、规范化轨道：一是服管理。主要能够按产业政策择业，按城管要求设点，按价值规律交易，并接受监督，依法纳税。二是守信用。他们坚持以质取胜，不断改进服务态度和服务方法，提高服务质量和水平，以取得顾客的青睐。三是讲贡献。主要在依法纳税之外，还主动集资建城镇，兴市场。全市闯市场的农民每年集资700万—800万元，资助地方政府在城乡兴建了一批集贸市场，为市场经济的发展提供了较好的物质条件。

◎附二：全面提高农业的综合效益

1991年，《中共中央关于进一步加强农业和农村工作的决定》把提高农业综合生产能力和效益放到了20世纪90年代农业和农村工作首位。荆门市委、市政府认真贯彻落实《决定》精神，采取一系列措施，把全面提高农业效益、增加农民收入当作农村工作的中心任务来抓，取得了较好成效。1993年全市农业总产值达到12.9亿元，比上年增长4%；粮棉油稳定高产；乡镇企业产值增长73%；农民人均纯收入首次突破1000元大关，达到1003元，比上年增长17.4%。

一、抓两头带中间，提高农业整体效益。鉴于我市地域广阔，各地发展不平衡的状况，我们注意了抓两头、带中间，使整体效益获得较大提高。所谓抓两头，一是指抓实力大的乡镇，二是指抓潜力大的乡镇。在具体操作上，主要是从四个方面着手：一是在发展粮棉生产方面抓两头，；二是在发展多种经营生产方面抓两头；三是在发展乡镇企业方面抓两头；四是在发展个体私营经济方面抓两头。我们据此全面实施了"824

工程"（即在"八五"期间建成80万亩吨粮田，20万亩双百棉，40万亩千元田）以及超常规发展乡镇企业和个体私营经济的战略。并分别要求：对于产粮过亿斤、产棉过3万担，水产品、果品分别过500万斤，乡镇企业年产值过亿元，个体私营经济过2000户的乡镇，要立足现有规模和基础，增投入，加科技，扩规模，进一步加快发展速度，提高效益；对于荒山、荒水面积大，产值低，乡镇企业和个体私营经济起步晚的贫困山区、库区、分洪区，则根据当地群众脱贫致富需要，立足资源优势，区别情况，分类指导，力争取得应有的近期效果；对于农业和农村经济仍处于困难之中、徘徊不前的地方，重点是在稳定农业基础的同时，发展个体、联户办企业和私营经济；对于已经或即将起步发展的地方，在农业生产上，主要是发展"两高一优"农业；在乡镇企业上，主要以外延为主，走由小到大，滚动发展的路子，使农民尽快富裕起来。

二、抓"四路并进"，提高资源开发效益。根据农业与自然环境结合紧密的特点和我市自然资源丰富的实际，我们实行多头纵深开发策略：一是立足粮多优势，向种养加纵深开发，逐步形成"种—加（初加工）—加（深加工）""种—养—加——加""种—养—种—加"等多条纵深开发的产业链、企业链、产品链。1993年，全市乡以下加工、转化粮食6.8亿斤，主要靠粮食转化生产的猪、鱼、禽、蛋约2.2亿斤，增值5亿多元。二是立足林多优势，向林工商纵深开发，把造林绿化与提高林业整体效益结合起来，积极发展高效林业。到目前为止，全市已建成果特基地7万亩，力争"八五"末达到10万亩；营造用材林、外松基地各10万亩，并坚持把基地当工厂办，形成林工商一体化格局。三是立足鱼多优势，向渔（包括其他水产品）工商一体化纵深开发。全市以毛李、蛟尾等镇名特优水产品养殖和皮蛋加工为龙头，形成渔工商一体化格局。四是立足矿多优势，向采加销一体化纵深开发。在巩固提高马河、安团小煤矿开采能力的同时，突破性发展子陵、麻城、草场等地的石膏采掘、加工和运销一条龙生产。通过以上途径，全市各种主要资源优势得到较好发挥。

三、抓一促二带三，提高结构效益。我市农业块头大，工业基础相对薄弱，第三产业起步较晚。根据这个实际，我们坚持以农业为基础，以工业为主导，抓第一产业，促第二产业，带动第三产业。坚持从总体上把握，从宏观上推进，把农村与城市、农业与工业、生产与流通、内贸与外贸结合起来考虑，稳定发展粮棉生产，突破性发展多种经营和乡镇企业，较好地实现各生产要素的合理配置，做到基础（农业）稳，主杆（乡镇工业）壮，枝叶（第三产业）茂，使农村产业结构发生了可喜的变化。1993年，农业总产值与乡镇企业总产值的比例首次达到六四开；从事二、三产业的劳动力达到10

万人，占农村总劳动力的30%，为我市在近期实现"三个调头"即粮棉油经济和其他多种经济比较，其他多种经济占大头；第一产业和二、三产业比较，二、三产业占大头；从事大田生产的劳动力与从事多种经营和二、三产业的劳动力比较，从事多种经营和二、三产业的劳动力占大头，奠定了坚实的基础。

四、抓"两区四上"，提高布局效益。"两区"是指在农业上，坚持按农业区划，发展区域经济；在工业上建立乡镇工业小区。我们坚持把农业当工业办，在稳定家庭联产承包责任制的基础上，稳步推进土地向种田能手集中，并结合引进推广名特优新品种，上规模、上档次、上等级、上水平。除了继续发挥平原湖区传统粮棉产品的生产优势外，蛟尾镇的牛蛙、盐池镇的柑橘、姚集乡的金针菇、姚河乡的食用菌和马头羊、烟墩镇和四方乡的茶叶等，都已初步形成规模，既壮大了支柱产业，又展示了经济优势。为了解决我市乡镇企业布局分散、结构趋同的问题，我们按照国家产业政策，结合本地实际，实行乡、村、组、户工业适当向地理条件好、发展前途大并独具特色的集镇集中，以取得较好的"聚合效应"。如以化工、复混肥、化学助剂为龙头的沙洋化工工业区，以玻璃及其制品为龙头的后港工业区，以造纸、印刷为龙头的拾回桥工业区，以金属喷涂制品为龙头的李市工业区，以水泥及其制品为龙头的马良工业区，以石膏采掘及其制品为龙头的子陵、麻城工业区，以煤矿采掘为龙头的马河、安团煤矿工业区等，都较好地聚集了人才、资金、技术、信息，既加速发展了本地的乡镇企业，也较好地促进了周边地区的经济发展。

五、抓"两增一减"，提高投入效益。投入不足是制约我市农业发展的主要障碍之一。为了缓解这一矛盾，我们采取了增加资金投入、劳务投入和减轻农民负担等三项措施。在增加资金投入方面，一是保证农副产品收购资金、各项政策性补贴及支农资金按期到位。二是把解决资金不足问题和发展"两高一优"农业联系起来抓。把有限的资金重点投入到高起点、高技术含量、高附加值、高经济效益、大规模又符合国家产业政策的工农业企业和项目上，力争少投入，多产出，高效益。三是立足自力更生，多渠道、多层次、多形式筹措资金。在劳务投入上，除了动员农民精耕细作外，主要组织他们兴办农田水利基本建设。近三年来，共投工2000万个，兴建、完善了大中型工程300多处。在减轻农民负担方面，我们动真格，出实招，废止和暂停收费36项，清退1992年以来农民不合理负担145万元，把1993年负担限定在上年人均纯收入的5%以内，既增强了农民的投资能力，又增加了农民收入。

六、抓"三能五引"，提高开放效益。主要是大办交通、通信以搞活流通。全市现有公路通车里程1300多公里，达到乡乡村村通公路，组组通邮路，农村电话覆盖面也有较大提高。同时，我们注重通过信息引导，大力引进资金、技术、人才，把农民引入市场，搞活经济。全市已培训组织农民推销员3.65万人进入流通领域，平均每8户农民就有一个搞推销。1993年共推销粮食5亿斤，鸡、鸭、鱼、肉1亿多担，水果1.8亿斤，总价值达5.5亿元。在推销过程中，有的把外地一些优良品种购回家乡促进品种改良、产量提高；有的把时令物资从四面八方组织回荆门，方便人民生活，全年进货总额3亿多元。

七、抓农科教结合，提高科技效益。一是建立健全了市、区、乡（镇）、村、户上下贯通的农业科技推广服务体系。在逐步充实市级科研机构的同时，各级都相应加强了农科基地和队伍建设，做到市、区有中心，镇（乡）有站（所），村有技术员，组有示范户，户有科技带头人；基本普及"两校"（农民文化技术学校、农村职业中学），建立了"两会"（专业技术协会、专业技术研究会）。二是较好推广并应用了成熟、适用的科研成果，使农业增长中的科技含量在1992年增长3个百分点的基础上又提高了3.1个百分点。三是进一步落实了对科技人员的优惠政策，组织了大批科技人员送技下乡。1993年，全市共举办各类技术讲座1500多场（次），印发各种技术资料120多万份，对户主普遍进行了轮训，提高了他们的生产技能。

八、抓深化改革，提高农业机制效益。一是进一步完善双层经营机制。在适当延长土地、山林、水面承包期，理顺各种承包关系的同时，积极探索试行土地流转制度和大田"税费合一"制度；在尊重农民意愿的基础上，以专业化分工和协作为纽带，较快发展了社会化服务。二是大力推广股份合作制。全市已兴办股份合作制企业近1000家，入股资金2亿多元，年增产值可达3.5亿元。三是大力培育农村市场。重点抓了市场建设，仅1993年就筹资近亿元，先后建起了"百川粮油批发市场""三眼桥水果批发市场"等十个市级大中型农贸交易市场和一批遍布全市各乡镇的中心市场。初步形成了上下相联、内外沟通、覆盖城乡的农产品市场网络。四是初步建立了对农业的扶持和保护体系。市、区、镇三级都建立和加强了农民负担监督管理机构，依靠群众和"两法"抵制各种不合理负担，保护农民利益。同时，在建立农业发展基金和抗灾基金，扶贫和开辟新的农业投入渠道等方面，也取得了新的进展。

◎附三：粮棉价格增调整不放松

1993年以来，国家采取措施，分步提高粮棉收购价格，保护和支持农业发展。作为国家重要商品粮棉基地的荆门市，粮棉价格提高，必将增加农民的收入，必将进一步调动他们的生产积极性，促进农村经济的发展。据初步计算，因价格上调，1994年全市粮农可增收2亿元，棉农可增收3000万元。但是，我们也要清醒地估计到可能出现的一些新情况、新问题。如在农村产业结构调整上，过去粮棉价格低的时候，大家都感到单一种粮棉没有多大出路，调整的认识比较容易统一，劲头也比较高；而在粮棉提价后，就要注意防止产生"回归心理"，把刚刚迈出去的步子又缩回来。再就是由于过去农民种粮种棉收入少，外出从事二、三产业的内在压力和动力比较大；现在粮棉提价了，容易使人产生惰性，出现小富即安的思想，影响劳动力的进一步分流、转移。针对这类可能出现的问题，我们必须引导干部群众深刻认识到，调整农村产业结构，不是权宜之计，而是发展农村经济之所必需的措施。其目的是充分利用农村各种资源，广泛拓宽劳动者就业门路，全面发展农村经济，大幅度增加农民收入，引导农民奔小康。我们要在切实抓住粮棉提价机遇，进一步搞好粮棉生产的同时，在调整上再下大功夫，再出新思路，再拿新举措。

一、着眼现有耕地的生产潜力，发展效益农业。要大力推广以"四新"（新品种、新肥料、新农药、新方法）为主要内容的农业实用技术，依靠科技进步，发展效益农业。要改革耕作制度，推广高产、高效栽培模式，提高复种指数，挖掘土地增产的潜力。

二、着眼国土资源的利用，搞好农业综合开发。我市拥有国土面积4412平方公里。除了150万亩耕地外，还有大片山林、广阔的水域、较多的荒丘、荒坡、荒滩、荒冲等农业后备资源。我们要在抓好现有耕地的基础上，突破性抓好开发性农业，实现"山栽摇钱树""水变聚宝盆"。在农业综合开发上，要实行"四个突破"：一是在农产品结构上，突破性发展名特优新产品。二是在发展方向上，突破性发展龙头企业，建立公司＋农户、公司＋基地的生产模式，走种养加、贸工农一体化的路子。三是在生产经营上，突破性发展规模经营，按照一乡一业、一村一品、一地一色的要求，形成区域特色。四是在生产环节上，突破性抓好科学技术推广，依靠科技夺高产、增效益。力争"八五"期末实现多种经济产值收入在农业中占大头。

三、着眼劳力优势的发挥，为社会创造更多的财富。我市现有37万农村劳力中，有1/3的剩余劳力和大量的剩余劳动时间，这是一大优势。如何发挥劳动者积极性，创造更多的社会财富，这是我们要研究的一个重要课题。我认为：一是要引导农民面向市场，把握粮棉等农产品提价的契机，将劳动力与挖掘土地生产潜力结合起来，精耕细作，提高产量，增加收入。二是要抓好剩余劳动力的转移，由单一搞粮棉种植业转移到发展多种经济和二、三产业中去。三是要在农产品集中产区建立一批农贸中心市场和专业批发市场，把农民引向流通，实行产、运、销一体化，以搞活经营，增加收入。

四、着眼二、三产业发展，把农业经济变成农村经济。努力实现二、三产业在农村经济中占大头，这是农村经济发展的出路和希望所在。对二、三产业，在发展方针上，要摆脱"小打小闹"的模式，放开手脚大搞。在发展目标上，二、三产业的增长要快于一产业的发展。在发展方向上，要瞄准市场，市场需要什么就发展什么，鼓励竞争，以竞争促发展。在经济成分上，大力推行股份合作制，放手支持和鼓励发展个体私营经济、外资经济、公私联营经济，实行多个轮子一起转。要通过调整，在近两年实现一产业与二、三产业产值比重的调头，提高农村经济结构的层次，加速农村市场经济的发展。

◎附四：培育积分制管理新模式激　发基层治理新活力
——对全市部分单位（社区）试点积分制管理的调查

近年来，发端于湖北群艺集团公司的积分制管理被誉为"中国中小企业的管理革命"，广泛运用于企业管理和市场营销领域，形成了具有较强品牌影响力的"群艺模式"。积分制管理是对人的行为进行正面引导的量化管理方法，先后被各地广泛导入行政管理和社会治理领域。荆门市作为积分制管理的发源地，许多企业和行政事业单位、社区（村）主动引入试行。2015年以来，荆门市在全市上下广泛开展"十破十立"思想解放大讨论活动，重点突破"外地和尚会念经"的思想障碍，分期分批在全市行政事业单位、社区（村）推行积分制管理方法，并纳入全市综合考评内容，真正做到了积分制管理"花开荆门、香飘万家"，进一步丰富了"群艺模式"内涵，彰显了积分制管理在社会治理上的良好效应。2016年底，市社科联会同10个相关部门，对全市试点单位积分制管理应用情况进行了广泛调研，较好回顾总结了主要成绩、经验和方法，并在此基础上，进一步揭示、分析了存在的问题和原因，提出了解决的对策和建议等。

一、覆盖范围

荆门市审计局是最早摸索、引进积分制管理的行政单位之一，2007年开始推行工作量化管理，后来自发学习、吸收群艺模式内涵，并于2011年大胆引入；2012年，市委、政府明确市审计局等7个行政事业单位为全市第一批推广群艺模式试点；此后，各县市区相继出台了实施积分制管理意见，使全市积分制管理逐步实现了"四个全覆盖"。

（一）行政企事业单位和社区（村）全覆盖。积分制管理走进机关、学校、社区（村）、家庭。截至目前，荆门市直试点单位发展到总数达64个，其中市考评办举办的有20个，市妇联、市综治办等举办的有44个。各县市区自2012年起，相继在其141个直属单位和18个乡镇、158个社区（村）推广积分制管理。

（二）领导班子成员和工作人员全覆盖。《荆门市委组织部积分制管理办法（试行）》确定积分对象为：部机关各科室（中心），编制在部机关的副部长和机关干部。市审计局从2014年起，全部局领导成员的目标责任奖励性补贴分配与其个人积分挂钩，该局党组书记、局长陈芝凤（现为市政协副主席）当年积分在9名班子成员中居第9位，2015年，其积分从第9位上升到第3位。市环保局积分制管理实行全员纳入，分级管理，领导班子成员积分上报市委组织部考核。

（三）目标考核项目全覆盖。各级机关、团体、学校、社区（村）机构设置不同，权责各异。但凡实行积分制管理的，均将工作标准、年度任务、项目指标，按照积分制管理的独特办法，纳入科学合理、相对统一的分值指标体系，逐项分解到所有科室、班组等岗位，确保每项工作指标落地生根。

（四）员工岗位责任考核全覆盖。一般设两个方面指标：一是围绕德能勤绩廉5个方面，简化提炼"共性"考核指标。如对科室目标责任制考核设置了公共事项、信息调研、学习培训、机关党建等7类共性指标。二是针对业务类科室和综合管理类科室的不同特点，设置了工作量、工作时效、项目质量、计算机应用等6—10个个性指标；有的还在各类一级指标下设置若干二、三级指标。领导成员除了个人工作指标，还有分管工作指标。总之，根据每个人的实际情况，达到对每个人分内分外工作全覆盖。

二、流程管理

积分制管理的核心在评分。指标体系建立之后，"谁来打分、如何打分、谁来监督考核"至关重要。在考核流程上，各单位紧扣四个关键点上"阳光操作"，力求公平、公正、公开。

（一）各负其责，多元打分。针对以往考核中存在少数人说了算、平均主义盛行以及打"人情分""赌气分"的情况，采取分散打分权限、规范自由裁量权等措施，解决考核结果缺乏公正性、考核过程缺乏公开性、考核内容缺乏均衡性等问题。在科室及二级单位目标责任制考核中，将不同指标考核打分权限分解到办公室、综合、人事、机关党及具体业务等各个平行科室、单位，使其各管一块，各负其责。对个人岗位责任制考核，将考核打分权限分成三个层次，即考评员根据岗位责任制规定对每个人履职情况初步打分；召开月例会综合评分，采用总结工作，个人自评，科室、单位互评办法，形成个人积分考评结果；最后报分管领导审核，生成最终结果，录入积分制管理系统。领导班子个人基础分按分管科室积分和科室负责人积分加权平均计算得分，同时按照加减积分项目给个人积分。

（二）积分不封顶，不清零。突破传统百分制限额和一次性使用后清零的限制是积分制管理最大的特点和创新做法。积分制管理单位坚持以奖分为主，扣分为辅；多奖少扣或尽量不扣；每人的积分都多次使用、反复使用，实行正向激励；每个人都机会均等，只要努力学习，积极工作，最大限度发挥自身潜能和优势，既做好本职工作，又热心公益活动，争取奖分，不被扣分，都可积分靠前，甚至居首。积分优胜的，除获得更高荣誉奖励外，还能获得相应福利待遇和物资奖励，乃至晋职升级。

（三）动态考核，允许查分。考核指标的评价打分分布在日常工作中，针对不同考核内容设置不同类别的考核台账，各科室、二级单位，各人的目标完成情况，直接以分值形式录入积分制管理系统。录入前，考核加减分情况需被考核科室或个人签字认可；录入后，被考核对象可随时进入系统查阅。根据事项特点，按月、季、半年、年度分别进行考评积分，做到不重复、不漏项，有序、规范考评。同时，采取相关制度推进循环监督。如发现考核弄虚作假，导致结果失真，除扣减被考核人岗位积分外，还要追究单位负责人连带责任。通过不断健全完善测评体系，避免人为因素干扰，数据说话，制度服人。荆门市环保局领导班子、10个科室、7个二级单位，在职人员共167人，从2012年3月启动积分制管理，全员积分一律按日、月、季、年录入软件系统，分别汇总存放，随时可供核对、查询、调用。该局个人积分最多的已达近2万分。

（四）发现短板，"补火"增分。2016年上半年，市审计局在审计信息和写作考核中，一些科室（局）和个人积分偏低，系统及时预警，局考核领导小组对积分落后的科室（局），组织专门力量帮扶；对积分落后的个人，通过信息写作兴趣小组培训、以师带徒、请专家授课等方式帮助提升写作能力，增加工作量，"补火"增分。市委党校2016年春季县干班学员陈荷香因事请假3天导致积分较大落后，该学员积极申请参加党校教职工"全校性、临时性、综合性工作"，争取奖励分，很快补足并超过了自己短缺的积分。

三、结果运用

对于积分运用，荆门市各部委办局实施办法及其过程大同小异，荆门市委组织部、人社局等将积分与评先表彰，经济待遇，干部荣誉、提拔使用"四挂钩"；市委党校和市环保局均增加一条"其他福利"为"五挂钩"；市审计局为同等条件下以积分"四定"，是较简便易行的做法。

（一）跟踪补短，以积分定培养。每名干部的积分结果都直观地反映其工作质效，某方面出色、某方面短缺都一目了然。主管单位领导小组根据积分考评结果，针对性地对干部职工进行跟踪培养，本着缺什么补什么原则，在不同阶段给予适时"补课"，促其全面发展。尤其对新增和轮岗人员的相关知识欠缺者，及时安排参加本级或上级组织的培训，促进业务技能尽快提升。

（二）**奖勤激能，以积分定奖惩**。在同等条件下，最能拉开档次，打破平均主义，调动干部职工积极性的莫过于积分。2014年和2015年连续两年，荆门市审计局从全市工作目标考核奖励工资中挤出30%，兑现年度积分考核结果。一般干部的奖励补贴与岗位积分挂钩，最高得到4002元，最低2400元；领导班子成员奖励补贴与分管科室积分挂钩，最高3502元，最低2682元。同期，实行积分制管理的多数单位采取与市审计局相同、相近的方式兑现奖惩。分别在一定程度上拉开了档次，避免了平均分配。

（三）**评先选优，以积分定荣辱**。荆门市财政局将考核结果作为"工作贡献奖""工作创新奖""先进科室（单位）""学习标兵""服务标兵"等10多个创先争优项目评比的直接依据。对目标责任制考核积分排名前10位的科室（单位）直接授予"先进科室"称号，先进科室负责人直接授予"先进工作者"称号；根据个人岗位目标责任制的考核排名先后，按照核定的先进名额比例，自动生成"先进工作者"人选；学习成绩及工作业绩等部分单项考核指标特别突出的，根据《创先争优工作考核办法》直接授予"工作标兵""学习标兵""服务标兵"等称号。2015年，通过考核最终积分，对10个先进科室（单位）、39个工作贡献奖获得者、6个向上争取项目资金奖获得者、50名先进工作者、3名学习标兵、2名服务标兵予以表彰。

（四）**使用提拔，以积分定升迁**。荆门市委组织部《办法》规定"对连续三年积分排名靠前的，优先列为提拔重用考核对象或后备干部培养对象"，反之，"不予考虑"。荆门市环保局、审计局、财政局等推广积分制管理较好的单位，尤其对此条实施得好。2016年9月，市环保局结合积分排名和一贯工作表现及工作实绩，果断将一位副县级单位和一位正科级单位"一把手"对调，主要是以积分定升迁；其二级单位环境监测站连续选拔任用两名中级职称业务骨干，也是选拔积分最前的2人。2016年，市财政局28名35岁以下青年干部，12名到重点岗位轮岗交流，其中9名成为岗位能手和业务骨干；另提拔正科级1名，副科级15名。市审计局将积分靠前的4名科长报市委组织部考核重用。

四、良好成效

积分制管理模式随着全市一批批行政事业单位引入，相继走进数以百计的社区（村）和数万家庭，激发数十万居民参与社区（村）建设的热情，促进了民风、社风、政风、党风"四好转"，其表现为"四增强"。

（一）执行力增强。2016年6月30日至7月1日强降雨，致使我市突发151起山体滑坡、崩塌等地质灾害，造成受威胁居民302户，受威胁人口1300余人，174间房屋受损，直接经济损失1477万元。对此，全市国土系统共派出工作组21个，干部职工316人，组织应急专家和技术人员30人到抗灾一线，靠前指挥。京山县三阳镇集中发生地质灾害25起，直接威胁242人安全，我市迅速组织京山县国土资源局应急人员和专家有序开展应急处置。由于市国土局平时基础工作扎实，遇事组织有方、防守得力，几轮强降雨所导致的地质灾害未造成人员伤亡，出色完成了防汛抗灾救灾应急处置工作，保障了人民群众生命财产安全，受到省政府主要领导高度赞扬。2015—2016年，市财政局为确保积分制管理落到实处，先后建立15项内控制度体系，各项工作以办公室签发的督办时间为最后结算时限，大大提升了工作效率。2016年1—9月，全市财政预算执行进度较去年同期提高12个百分点。

（二）创新力增强。近年来，市财政局给予本系统、本地域创新性工作最大额度8分的奖励分，各科室（单位）解放思想，敢比敢拼敢担当，鼓足干劲搞创新。2015年17个科室（单位）获得工作创新奖，在全国无先进经验和固定模式可依的情况下，创造性出台了"将项目建设纳入党政领导班子年度目标责任考核""建立管理制度体系"等管理考核工作机制。同时，建立了123个项目的市级项目库，计划投资1362亿元，其中基础设施类项目86个，计划投资1090亿元；公共服务类项目37个，计划投资272亿元；择优推介中心城区18个项目，聘请26位权威专家组建市级评审专家库。目前，全市落地项目13个、融资66亿元，落地项目全省第一；《努力探索节能减排的荆门模式》在全国交流会上作经验交流，初显我市效益财政的雏形。

（三）服务力增强。市审计局以积分制管理对审计项目实行环节限时和跟踪督办，各类审计项目完成时间大大缩短：财政、财务类项目1个月完成；小项目15天、小型工程项目7天完成；财政科审计沙洋县县长梁早阳（今市政府副市长）任期经济责任，原定2个月，实际1个月完成；经责局审计市驻汉办主任宋锋任期经济责任，原定15天，实际7天完成。2016年前8个月，该局移送案件线索27起，创历史新高，为反腐"打虎"提供及时服务。2016年，长丰猎豹项目选址高新区，需整治农业用地4000亩，限定1—7月完成变更为建设用地手续，市国土局承担重大风险，责成局规划科长李红忠10次赴省、6次进京按时完成任务，奖励其全局最高分485分；同期及其后3月，其还完成了彭墩长寿食品产业园7500亩农业用地变更手续。该局实行积分制管理后，工作任务倍增，但人员却比以前减少1/4，行政成本明显下降，而工作效能大大提升。

（四）凝聚力增强。浏河社区党支部书记、主任苏玉梅说："不怕群众不讲理，就怕群众无组织。"浏河社区国土面积0.5平方公里,主次干道4条,背街小巷2条;8个行政事业单位,100多个商户;5110户,14300多人,其中5000多人户分离。苏在此工作20多年,每天从鸡叫忙到鬼叫,说千言万语,居民不理,等于一盘散沙。有了积分制管理,明确居民在门前打扫一次卫生奖2分,谁打扫就奖给谁。这积分就是一根线,网格就是一张网,相当于居民的一个组织。随着有积分的人增多,社区就召开积分分享会。有积分的人来抽奖,无积分的人来看热闹。2014年起,该社区每年召开诸如居民领袖能力分享会、爱我小区主题讨论会、趣味运动会等各式各样会100多次,每次几十至几百人,开一次换一个地方。不来不勉强,来的都欢迎;对的就采纳,错的不批评;社区里的大事小情,大家讨论决定。原来几十年对社区干什么都反对的一位"老刺头",捡到了个数千元钱包,物归原主不算,还把失主赠送的感谢金200元交给社区自管委员会公用;又多次挣得200多分奖分,与社区居民融为一体。2015年秋,掇刀区白石坡社区与群艺公司合作推行积分制管理模式,仅一年收录好人好事7974条,参与居民3652人,使一盘散沙的白石坡社区跻身全市前列。

五、主要问题

近年来,通过全市上下各方共同努力,积分制管理进机关、进社区、进基层,取得了显著成绩,但从如何进一步规范、发展上考虑,还存在以下主要问题:

(一)认识不到位。 主要有四个方面看法:一是认为积分制管理对企业,尤其是小微企业、民营企业适用,对社区管理也有潜力,前途无量,但对行政事业单位是否有用、能否推广存疑虑;二是认为积分制管理落地实操虽然在企业运用成效明显,但觉得其理论建树仍然不足,能否在机关、事业单位成功使用没有把握;三是受传统观念影响,习惯于"墙内开花墙外香",认为外来的和尚会念经,积分管理为荆门人创立,没有什么值得学习,信神信鬼信远不信近;四是觉得积分制管理多此一举,额外增加了工作负担和考核压力,不愿先行先试。

(二)指挥不统一。 积分制管理由湖北群艺创立、试用、推广、培训、落地实操,运转有序。但全市在普遍推行中,缺乏统一行动,缺乏统一指导,各自为政,多足鼎立。市委组织部只管机关、事业单位,市委政法委只管社区(村),全市没有建立统一协调机构,也没有与群艺集团的对接机构和机制,情形较为混乱。以积分制管理软件的使用为例,就有湖北群艺、市综治办和京山县三家并存,市委政法委的考核没有将京山及群艺模式的掇刀白石坡社区纳入。积分制管理的软件设计与内容各不相同,除了造成人力、物力、财力上的很大浪费外,还在项目设计、分类和积分计算、运用、考核等许多方面存在差异。

（三）落地就走样。推广、应用积分制管理方法，落地实操是其重中之重，没有或忽视了落地实操，推广、应用积分制管理就是一句空话。从全市推广积分制管理以来的落地实操情况看，社区积分制管理《办法》由于有群艺集团专家参与了部分文件起草，其内容、使用方式与群艺模式较为接近。机关、事业单位的积分制管理，内容与运用则走样多，似是而非，有的单位好像是在运用积分制管理，实际上仍是重奖重罚；奖分封顶，不超过百分；直接奖钱奖物，奖后清零；行政成本增加，使行政上本来就十分稀缺的物资资金难以为继等，仍是传统的百分制管理一套，没有学到积分制管理的"真经"。出现这种情况，与各单位没有系统学习、引进群艺积分制管理理论与实操方法有直接关系。

（四）政策有制约。全市机关事业单位长期实行的是封闭式管理，体制机制相对严格、教条，尤其开展打虎反腐以来，管控制度更加严厉，不得随意变通，致使群艺模式的激励办法与机关事业单位现行的管理办法存在较明显的差异，如群艺老总动则可以奖分5000—10000分，管理团队成员各可奖励相应的积分，这在机关事业单位领导层是不可想象的。群艺的积分不与钱物直接挂钩，但与员工的期望是挂钩的。在积分兑现环节，群艺模式可以按需设计、按企业情况设计，许多企业设计的花样繁多，金钱、物资、旅游、房补车补等不一而足，不断刺激、抬升员工的期望值，但目前机关事业单位没有任何规定之外的钱、物奖励手段，在一定程度上影响了积分制管理的使用效果。

六、几点建议

实践证明，积分制管理是管理领域的重大创新，在推进基层治理方面成效明显。建议认真总结前一阶段的试点经验，有效推进过程中存在的突出问题，努力把积分制管理的"群艺模式"培育成为创新基层治理的"荆门模式"。

（一）进一步解放思想，坚定信心。党的十八届三中全会强调要"推进国家治理体系和治理能力现代化"，在基层单位实行积分制管理，是实现治理能力现代化的有益探索。积分制管理"群艺模式"被国内外许多企业广泛运用，包括工厂、商场、餐饮、医疗、美容美发等不同行业，均取得了巨大成功，而且从我市各单位和社会的试点情况看，成效也非常明显。要通过参观考察、培训研讨、宣传推介等方式，引导各地各单位进一步解放思想，深入了解积分制管理的精髓要义，真正将积分制管理将一种制度在本单位（社区）落地。要合理吸收积分制管理培育企业文化的主要做法，学习借鉴外地在新市民管理与服务、社区党员管理、精神文明建设等方面运用积分制管理的经验，探讨积分制可适用的领域及制度分界，使积分制管理更具针对性和操作性。要按照"不提过高要求、不建大一统体系和标准"的务实思路，对积分制管理在基层治理领域的运用，因地制宜地进行制度设计，进一步优化积分项目、分值设定、积分审核、兑换标准以及软件开发、运用等方面的方案，努力使积分制管理更接地气、更具生命力，不断开花结果。

（二）进一步整合资源，合力推进。用积分制管理推动基层治理创新是一项新生事物，各地各单位都有积极性，但不能一哄而上，必须有序推进。在组织机构方面，建议由市委组织部考评办牵头，由宣传、政法、妇联、民政、卫计、城管和湖北群艺等单位参与，成立统一的协调机构，防止"各吹各号，各唱各调"。在平台建设方面，建议结合智慧荆门建设，以湖北群艺公司的计分软件为基础，依托各地已建立的网格化社会管理系统、社会综治系统等平台，建立统一的积分制管理系统。在对外口径上，以湖北群艺公司的管理模式为基础，大胆进行创新和升华，但不能自创模式、自提口号，避免降低"群艺模式"的品牌价值。

（三）进一步完善体系，高效运行。积分制管理是一套严密的管理体系，将其从企业管理中移植到社会治理中，绝对不能生搬硬套，必须活学活用。建议针对各单位和社区的特点，细分单元，明确对象，努力将单位各成员全部纳入，使每个人都能在积分制管理体系中找到自己的坐标和价值。科学设定分值，切实做到能参与就有积分、有贡献就有积分。建立积分记录信息平台，成立积分认定录入专班，记录确认单位和社区成员积分，适时公布积分并给予奖励，并严格做到积分使用后不清零、不作废，为每位成员建立一个"行为银行"，积累"善行账户"。强化积分的成果运用，根据积分兑换标准，每个分值对应一种奖品，在规定的时间开展一次集中积分兑换活动，调动参与者的积极性。

（四）进一步强化激励，激发活力。积分兑换是积分制管理的关键环节，但由于基层治理不同于企业管理，各单位和社区不可能拿出过多的钱物来奖励，创新激励机制尤为必要。对于行政事业单位，建议随时公布每个干部职工的积分情况，在评选表模、干部提拔等方面给予倾斜的同时，通过"晒积分值"来"晒贡献值"，并给予一定的物质表彰，营造比学赶超的良好氛围。对于各社区，要制定既科学规范统一又契合本社区居民实际，且能有效调动居民积极性的积分兑换规则，建立超市购物优惠、医疗义诊、免费体检、免费理发、家电维修、管道疏通、爱心服务等联动机制，为居民消费积分创造条件。要强化精神层面的激励，实行积分排名情况与评选文明示范家庭挂钩，激发居民参与积分制管理的原动力，最大程度扩大居民参与面。

第三十讲　怎样写好典型材料

一、典型与典型材料

典型的释义：①具有代表性的人或事：焦裕禄是优秀干部的典型。②有代表性的：很典型。③即"典型人物""典型形象"或"典型性格"。指作者用典型化方法创造出来的具有独特个性，又能反映一定社会本质的某些方面的艺术形象。典型人物形成于一定的典型环境即具体的现实关系中，并对它发生作用。但典型人物又往往超越时代的局限而具有某种永恒的性质。

典型一词，在希腊文中原是模子的意思。同一个模子可以塑铸出许多同样的东西，典型也是通过某一个单个的形象反映了某一群或某一类人的性格特征。因此，典型虽然是个别的，却具有普遍性。亚里士多德正是通过个别性与普遍性的统一，最早奠定了典型的理论基础。

典型材料可分为典型事迹材料和典型经验材料，典型经验材料是一种主要介绍先进典型的工作经验或成功做法的文字材料，它与专题经验总结的写法相似。

典型事迹材料与典型经验材料之区别：典型经验材料，是一种介绍先进典型的工作经验或成功的做法的文字材料，它与专题经验总结相类似，着重于叙述典型"怎么做"。事迹材料是一种通过对先进典型的优秀事迹的介绍，表现其思想、品德和情操，给人们树立行为榜样的文字材料，着重于叙述典型"做了什么"、取得什么成绩。如湖北省荆门市2008年《全市农村工作会议典型交流材料》（以下简称《典型材料》），共有典型材料19个，其中，9个为典型经验或曰工作经验材料，如中共钟祥市委钟祥市人民政府《坚持招商引资培植龙头企业打造百亿农产品加工强市》、中共东宝区石桥驿镇委东宝区石桥驿镇人民政府《实施以工哺农战略促进农村经济发展》，就是分别介绍全市和全镇一个方面工作经验的文章，主要讲"怎么做"的；11个分别为种养加工状元的典型事迹材料，主要讲"做了什么"。当然，前者也讲了"做了什么及做得怎么样"，后者也讲了"怎么做及做得怎么样"，但侧重点有所不同。这些典型材料通过会上交流，媒体传播，在全市家喻户晓，有的被省及省以上媒体传播，受到省领导重视，在全省推广。

本文侧重研究人物先进事迹典型材料的写作，兼及经验材料。

二、典型材料与文学典型的不同点

文学典型是写实文学形象的高级形态和人类创造的艺术至境的基本形态之一，也是中西论文共同发现和阐释的符合审美理想的范型模式之一，对人类精神文化生活影响重大而又深远。它最为人们称道的是典型环境。其创作方法：

一是可以虚构。文学典型可以通过作者采用各种典型化方法创造。它的情节、故事可以任由作者联想、想象、推理编造，只要符合生活的真实就行。

二是可以剪接拼装。文学典型及其故事，可以东拼西凑，头在上海，手在北京，心在武汉都行。

三是可以改头换面。文学典型即使是按照现实中一个真人的模型塑造，它也可以添油加醋，甚至改头换面，写一种完全相反的性格特点、完全不同的名称姓氏。

四是穷尽修辞手法。塑造文学典型，采用什么修辞手法都行，只要需要，只要用得上、用得好。先进人物典型材料写作，在这些方面，一条都不能使用，必须实事求是，是什么事实就用什么事实，必须真实、准确，一是一，二是二。不得虚构、拼凑和什么修辞手法都用。

三、典型材料与人物通讯的同异点

所谓人物通讯，就是以报道各条战线上的先进人物为主的通讯。它着重揭示先进人物的精神境界，通过写人物的先进事迹，反映出人物的先进思想，使之成为社会的共同财富。同时，也报道转变中的人物和某些有争议的人物。但不可把先进人物写成从来没有过的大智大勇，十全十美，写人叙事力求言真意切，恰如其分。人物通讯写作有四大特点：一是严格的真实性；二是报道的客观性；三是较强的时间性；四是描写的形象性。

典型材料在真实性、客观性、先进性、事迹性，注重写人物先进事迹，即在"做了什么"上与人物通讯是相同的。不同的是，先进人物典型材料，不是发现了就及时报道，它一般是有阶段性的，如一个年度、一个专项工作的经验交流会议等，有组织地总结编写使用。也不必像人物通讯可以过多运用描写、抒情、议论等多种手法，具体、生动、形象地反映人物及其故事，有的甚至只限于先进事迹简介。

四、典型材料与人物传（传记）的同异点

典型材料和人物传记，都是记述现实人物事迹故事的文字材料。人物传记是人物志的主体，是地方志中的重要内容。人物传记的特征有二个：一是人物传记的真实性是人物传记的生命。"志属信史"，志传和史传一样，必须真实可靠，符合历史事实。对人物的记述也必须坚持实事求是的科学态度，一是一，二是二，功是功，过是过，不虚构渲染，不隐恶扬善，不拔高溢美，不贬责降低，据事"直书"，做到人真、事真、言真、情真、形象真，以真取信，以真感人。（1）人物的姓名、性别、籍贯、民族。（2）人物的生卒年月。（3）人物的学历、简历、党派、职务。（4）人物的贡献功绩、科技成果、著作。（5）能反映人物思想风貌、本质特征的典型事件。二是人物传记的另一个显著特征是生动，就是要把人物写活。写成既具有鲜明的个性，又能体现时代特征和阶级特征，栩栩如生的血肉之躯，而不是干巴枯燥的偶像或只有动作没有思想的机器人。（1）选材典型。要选择重大的有代表性的最能反映人物特征的事件详细记述。（2）叙行记言。选择那些最典型、最能表现人物思想性格的行动来写。（3）讲究文采。人物传虽不能偏向华丽的辞藻、烦琐的描写、多余的形容、曲折的情节。但语言生动形象，用词精当贴切，句子流畅，层次分明，布局合理，一句话，文采还是必须讲究的。

对照上述要求，典型材料与人物传非常接近，最大的不同是典型材料一般只介绍人物当前时期的先进事迹，不是全面介绍人物一生的功过是非；最要突出的是人物的典型事迹和先进思想。

五、典型材料的特征

（一）鲜明的时代性。典型是时代的精华，代表着时代的发展方向。真正的典型，是站在时代的高度，最符合时代要求，最具有时代特色的先进单位和个人。这需要写材料的人具有高瞻远瞩的眼光。高，就是立足于全局，不囿于己见；远，就是要看到未来，着眼于发展。一个典型，如果不能面向全局，放眼未来，是很难显示它的意义和作用的。典型的时代特色，就是同时代的需要扣得很紧。每个典型可以根据自己的特点反映一个侧面，如在一个方面能够突出地体现党的主张、人民的愿望和时代的要求，就可以作为典型来总结、宣扬、推广。

（二）**普遍的指导性**。一个典型能不能获得社会承认和群众首肯，固然要看典型的事迹本身是否过硬，但客观上需要不需要，针对性强不强，有没有普遍的指导意义，也至关重要。普遍的指导性，实际上就是典型要有"卖点"。有人说，典型在群众中的影响，就像物质产品在社会上的销路一样，要受"供求关系"的制约。这是有一定道理的。典型的普遍指导性，也就是典型的针对性，就是能针对社会上人民群众和人们的思想上、工作中普遍存在和急需解决的问题，发挥典型的普遍指导作用，帮助人们解决这些问题。

（三）**完全的真实性**。典型必须真实，真实是典型的生命。典型经验、典型事迹是否完全真实，准确无误，是一个典型总结推广出去是否站得住脚的决定因素。典型的真实性主要包括：第一，构成典型材料的时间、地点、人名、事件都要真实可靠。第二，典型材料所反映的客观事实，包括事情发生的环境条件、过程和细节，人物语言和动作，原因和结果，都必须一是一，二是二，不能添枝加叶，更不能无中生有。第三，典型材料所涉及的各种资料，如背景资料、引用数字和史实都必须准确无误。第四，人物的心理活动、思想认识，也必须实事求是，不是"合理想象"，任意拔高。

（四）**很强的政策性**。这里所说的政策性，是指典型的经验、典型的事迹，符合党和国家的法规和现行政策，不能引起副作用。有些个人或单位的事迹很突出，群众反映也不错，但其事迹就是不符合党的现行政策，推广后会引起副作用。这就不是好的典型。树立一个典型，实际上就是提倡一种思想，倡导一种风尚，体现一项政策。政策上不允许，或宣扬后会引起副作用的人和事，也绝不能算好的典型。

六、从《典型材料》看典型材料写作

湖北省荆门市2008年《典型材料》虽非篇篇都好，但对我们的典型材料写作可以提供许多启示：

（一）**要精心选材**。典型事迹材料是观点+例子，选材十分重要。

《典型材料》中的11篇个人典型材料，1篇是第一人称，这篇第一人称材料，题目叫《回乡创业谋发展村企共建新农村》，作者为钟祥市石牌镇彭墩村村委会主任张德华。既是一篇个人事迹材料，又是一篇村工作经验材料。其余十大状元的事迹材料都是第三人称。不论第一人称，还是第三人称，在选材上，对个人事迹材料的挖掘，都不仅要了解本人的现实表现，还要对人物成长过程、主要经历、志趣爱好等进行多方面、深入细致的了解，只有充分占有材料，才能获得写作的主动权。在此基础上，第一，注重一个"新"字。这个新，就要注重它的时代特点，代表先进性及社会前进的方向，符合党的最新政策导向。《典型材料》中的十大状元，张德华也是状元，他的事迹都符合这个"新"字的要求。张德华是荆门市远近闻名的餐饮业"龙头"企业老板，他"回报家乡搞建设，村容村貌换新颜""产业带动促增收，农企双赢求发展"等事迹充满时代精神，代表农村经济和新农村建设的发展方向和党的新政策导向。其他十大状元的事迹，都在不同侧面和程度上体现了这个"新"字。这是必须首先肯定的。第二，注重一个"特"字。就是每个先进人物都各有特色，既有行业特色，又有个人特色。十大状元差不多涵盖了荆门市农村十大支柱产业，他们既分别在自己从事的产业里出类拔萃，又显示了各人不同的成长道路和个性特点。《执着的追求无悔的选择》，介绍荆门市粮食生产状元刘若峥，"一个普通农民的儿子，2002年高中毕业的他秉承中国九亿农民的传统，凭着一颗广袤农村创业的雄心壮志，远离家乡，在京山县永兴镇苏佘畈村六组无悔选择了在黄土里掘金的创业之路。通过几年的追求和奋斗，在600亩贫瘠的土地上取得了年创产值65万元，纯收入46万元的佳绩"，被湖北省授予"十大粮食生产标兵"和"学以致富标兵"的光荣称号。荆门市棉花生产状元王宗林、肉牛养殖状元刘兵等都分别展示了自己特殊的业绩和风采。第三，注重一个"真"字。就是真实、准确，丁是丁、卯是卯；不允许有半点虚假、拔高或拼凑及张冠李戴的情况。张德华"三年来，彭墩村以公司为投资主体，多方筹资3500多万元……全村建成13.8公里村组水泥路和22公里通组碎石路，架通150户自来水管网，硬化450米街道，建成200平方米垃圾处理场，建成容纳20多位老人的老年公寓，修建容纳350人的农民科技培训中心……"这都是看得见、摸得着、可以清点数目的实事、新事、好事，没有半点虚假。

（二）要艺术剪裁。占有了材料，如何运用职至关重要。首先要学会点睛之笔。写典型材料，要防止"见事不见人"，也就是要写出人物的思想面貌和精神世界，把材料和观点紧密联系在一起，这就需要画龙点睛。张德华的事迹材料之所以感人，最大的特点就是人物的思想面貌和精神世界往往在关键时刻突显出来。如，在讲述他最开始，只是想在家乡租赁一块土地，发展种养业，为公司提供原材料，也带动乡亲们改变一下贫困面貌。到了2006年，"全国上下开展新农村建设，让我看到了农村发展的远大前景。也就在这时，家乡的父老乡亲选举我为村主任。我深感责任重大，带领村委班子对彭墩村的建设和发展进行重新谋划。"这就自然而然地把他的思想面貌和精神境界展现出来，给人以震撼。其次，要学会使用表现全面的概括性材料和表现事物本质的个别材料，这一点也很重要。一些同志总喜欢罗列个别事例，好象多举几个例子就能凑成好文章。却不知道个别事例是有偶然性的，并不一定能推导出正确的结论；尤其是随意罗列事例，是没有任何意义或者会起完全相反作用的。《典型材料》在这方面做得好的例子不少。如张德华在文章第二块"五是依托产业建龙头"，就是"使用表现全面概括性材料和表现事物本质的个别材料"的较好例子："在市委、市政府的大力支持下，我们上山东，跑武汉，积极招商引资建龙头。经多方努力，目前已与山东六和集团和希望集团签订初步投资协议，成立钟祥六和股份有限公司，兴建年产20万吨鸭用配合饲料的加工厂和年屠宰分割2000万只肉鸭的家禽分割厂，力争用4年左右时间，建成国家级重点农业产业化龙头企业。"前面几句"上山东，跑武汉……"就是概括性材料；后边介绍"目前已与山东六和集团……建成国家级重点农业产业化龙头企业"就是"表现事物本质的个别材料"。这样运用材料，就是既具体，又不烦琐；既概括，又不抽象；既生动形象，又很实在，就写得很有说服力。让人一看，便可得出够得上先进的结论。最后，运用材料还需要掌握归纳的技巧，必要的归纳可以使认识的思路更加清晰。如张德华的发言材料第四块大力推广"四六"民主管理决策法，即：在村务公开上实行"六统一"，在村务决策上推行"六步法"，在村民议事上确定"六日谈"，在财务监督上实行"六字合章"，探索出了一条市场经济条件下新农村建设与管理的新路子。这样做，条理清晰，层次分明，使人印象深刻，好学好记。

（三）要布局合理，结构严谨。文章结构就是文章的框架。设计文章结构是文章写作的一项基本功，也是非常关键的一步，结构出来了就相当于一棵树有了枝干，只要添加一些素材作叶子，一棵树的形状就勾勒出来了。文章结构的设计，一要把握本质规律，突出文章主题。荆门市精品蔬菜生产状元张守水的事迹介绍标题是：《依靠科技进步发展精品蔬菜》，主题是要依靠科技进步，发展精品蔬菜生产，而依靠科技进步，抓好精品蔬菜生产的本质规律是什么呢？主要的就是要敢为人先，大胆引进精优品种，努力学习先进科技，成为科技带头人，并且再接再厉，争取更大成绩等。由此，写作者理出了四个二级标题："一、敢为人先，大胆引进精优品种；二、依靠科技，'土泡子'变成'洋专家'；三、乐于帮扶，致富不忘众乡邻；四、百尺竿头，扬鞭跃马自奋蹄"。框架出来了，加点枝叶也就行了。二要体现典型所具有的特性。规律性的东西，每一个单位都有，主要是各个单位和个人落实的力度大小问题。而典型之所以成为典型，还有别的单位和个人不具备的特性。设计结构就要把它反映出来。如，《执着的追求无悔的选择》就抓住了粮食生产状元刘若峥与众不同的三件事，突显了他的思想境界和突出贡献：一是他独特的经历：他老家在河南省驻马店市，父亲远离老家，千里迢迢到湖北省京山县农村承包600亩坡地。由于年事已高，又缺乏科技知识和市场信息，2003年一年亏损4万元。2002年高中毕业的刘若峥毅然放弃进城创业的宏愿，来到父亲身边，在黄土里掘金。二是他骄人的业绩。经过几年苦学苦干，终于依靠科技进步和农业机械作业，创造了年纯收入46万元的奇迹。三是他不忘国家集体和乡亲的思想行动，展示了他的鲜明个性和时代特色。

《典型材料》近20篇材料，尽管有些篇章不能尽如人意，比如，很难找到先进人物闪光的语言和内心独白就是一例；有的缺乏厚重，有些语言推敲不够等。但总体来看，是不错的，不失为一本优秀典型材料，在荆门以至湖北产生了较大反响。

◎附一：张德华：回乡创业谋发展　村企共建新农村

彭墩村位于钟祥市石牌镇西南，版图面积18平方公里，共有9个村民小组，317户，1159人，劳力634人，耕地面积6000亩。近几年来，我们依靠各级党委、政府的支持，走村企共建新农村之路，在基础设施建设、产业结构调整以及村容村貌等方面都发生了巨大变化。我们的主要做法是：

一、回报家乡搞建设，村容村貌换新颜

20多年来，我一直在外从事贸易和餐饮业，现任荆富商贸有限公司董事长。2003年，我回到彭墩村投资2000万元建设农业园。最开始，我只是想在家乡租赁一块土地，发展种养业，为公司提供原材料，也带动乡亲们改变一下贫困面貌。到了2006年，全国上下开展新农村建设，让我看到了农村发展的远大前景。也就在这时，家乡的父老乡亲选举我为村主任。我深感责任重大，带领村委班子对彭墩村的建设和发展进行重新谋划。三年来，彭墩村以公司为投资主体，多方筹资3500多万元，加强基础设施建设，改善村容村貌。全村建成13.8公里村组水泥路和22公里通组碎石路，架通150户自来水管网，硬化450米街道，安装150户有线电视，完成150户生态家园建设，建成200平方米垃圾处理场，建成容纳20多位老人的老年公寓，修建容纳350人的农民科技培训中心，改造全村高压电线路，改建村部活动室和村医疗服务站，建成万册农家书屋，完成了近万平方米的绿化工程。

二、产业带动促增收，农企双赢求发展

农村落后，首先是经济的落后，产业发展的落后。近几年，我们依托园区经济发展，因地制宜调整产业结构，建立公司+基地+农户的生产经营模式，在全村形成了"三个三分之一"格局，即：三分之一农民种田，三分之一农民从事畜禽水产养殖，三分之一

农民务工。2007年，彭墩村农民人均纯收入达到6500元，比2003年净增4000元。一是产业带动促发展。在抓好4000亩优质稻生产的基础上，重点带动发展高效种养模式，走规模化经营之路。全村形成了"五个五"的专业户队伍，即50个土鸡养殖户、50个肉鸭养殖户、50个生猪养殖户、500亩精品蔬菜种植、500亩水产养殖。传统种养结构得到调整，规模优势逐步形成。在园区科学种养模式的带动下，2007年，彭墩村推广种植1000亩"黑美人"西瓜，村民户平增收1000元；发展无公害蔬菜基地2000亩，户平增收1000元；带动村民养猪3000头、养鸡（鸭）10万只，户平增收3000元。六组养猪大户胡家明2007年出栏生猪100多头，收入6万多元。同时，我村的农副产品与荆富商贸公司实现了有效对接，生产的无公害蔬菜、瓜果、畜禽产品不仅不愁销路，而且还高于市场价格供应给公司，生产的优质西瓜俏销香港等地。二是劳务对接保增收。目前，彭墩村农民在荆富商贸公司务工人员近200人，其中在"苏州府"务工人员25人，在农业科技园常年打工的80人，季节性打工的60人，人平每年从公司挣回的工资近万元。三是循环经济见效益。肉鸭集中养殖，鸭粪统一回收，投入大棚作有机肥料，生产绿色蔬菜。仅此一项，农民人均增收200元。四是公司补贴得实惠。近几年，荆富商贸公司用于迁户腾田、改电、改水、改厕、建沼气池等方面的补贴近200万元以上。公司对符合发展标准的改厕户，每户奖励500元。对按要求建设沼气池的农户，在国家和地方补助的基础上，每户另外补助500元。公司每年资助彭墩村40名贫困村民，按人平400元的标准帮助贫困村民解决生产生活问题。五是依托产业建龙头。在市委、市政府的大力支持下，我们上山东，跑武汉，积极招商引资建龙头。经多方努力，目前已与山东六和集团和希望集团签订初步投资协议，成立钟祥六和股份有限公司，兴建年产20万吨鸭用配合饲料的加工厂和年屠宰分割2000万只肉鸭的家禽分割厂，力争用四年左右的时间，建成国家级重点农业产业化龙头企业。

三、迁户腾地建新村，立足资源挖潜力

2007年春，我们邀请省、市专家对村庄建设进行了全面、科学的规划，在广泛征求村民意见后，提出了迁户腾田的思路。彭墩村现有宅基地2600亩，户均8.2亩，土地资源浪费严重，宅基地利用程度极低。全村实施迁户腾田工程后，加上有些宅基地周围荒地，共可复垦土地3000多亩。按照规划目标，2007年，我们选择四组进行迁户腾田建新村试点，先行搬迁26户，腾地250亩。2008年合并一、九组，再建60户农民别墅，然后逐年推开。在开工建设之前，村委会先后召开了4次户主大会，让试点组的农户了解新村建设规划和新居设计方案，征求意见，完善方案，村民签字率达100%。同时，争取国土、农业、交通等部门的支持，捆绑投入资金35万元，配套扶持土地平整、沼气池和道路建设，荆富商贸公司投资160万元，建成26套三层农民别墅，做到"五通"（通水、通电、

通沼气、通有线电视、通水泥路），每套新房总投资12万元，每个农户出资4.5万元，农民原有的房屋自行处理变现。2008年元月18日，26户村民乔迁新居。在坚持"不改变土地使用性质，不损害集体和群众利益，实行规模经营，对外招租"4条原则下，彭墩村将首批迁移户腾出的400亩（含原有低洼地150亩）土地，以每年每亩1000元的价格租给荆富商贸有限公司建设彭墩村肉鸭养殖小区。该小区总投资8892万元，2008年种鸭将达到10万只，商品鸭达到300万只。肉鸭养殖小区采取农户租房自养和合同喂养两种方式，实行统一规划建设、统一供种回收、统一技术服务，分户管理、分户饲养、分户核算的"三统三分"饲养模式，每户每年可获纯利4.5万元左右。

四、转变观念抓培训，培育造就新农民

新农村建设，农民是主体，在抓产业富民和基础设施建设的同时，我们始终把着力提高农民素质放在首位，狠抓教育培训、文化建设和民主管理，努力培育造就新型农民。一是依托园区经济推广科学技术。农业园区与华中农业科技大学联姻，是学校的实习基地，常年聘请20多名华农大种植、养殖专业的大学生或硕士生在园区进行多项高科技试验，示范推广高科技种养模式。我们充分利用这一示范基地，让村民们在园区一边打工、一边学技术，全面加强村民种养技能培训，让群众的思想不断解放，观念不断更新，生产技能不断增强，致富渠道不断拓宽。我村先后引进了鄂中5号优质稻、优质绿色蔬菜等10多个品种，推广运用"测土配方施肥""生物频振灯杀虫"等多项实用新技术，科技在农民增收中的份额越来越大。二是依托阵地建设丰富群众文化生活。我村建成了集办公、会务、图书阅览、娱乐健身等多功能一体化农民活动中心，配备了20多种文体设施，同时成立农民健身队、高跷队等文体组织，逢年过节组织开展文体活动，并在钟祥市新农村建设文艺汇演中取得了优异成绩。村风民风发生了极大改观，农民学技术，学文化，文明娱乐，礼貌待人，争做彭墩新农民蔚然成风。三是依托民主管理提高村民自治水平。大力推广"四六"民主管理决策法，即在村务公开上实行"六统一"，统一机构设置、统一公开内容、统一公开形式、统一公开程序、统一公开时间、统一建档管理；在村务决策上推行"六步法"，包括村民提议、村委会受议、村"两委"动议、村民代表会议或村民会议形成决议、村干部组织实施、实施结果公开；在村民议事上确定"六日谈"，将每月6日定为村民议事恳谈日，由群众与干部之间面对面询问、咨询、申诉、解答及处理；在财务监督上实行"六字合章"，刻发"民""主""监""督""审""核"六枚字章，分别授予6名民主理财小组成员，对村财务收支实行集中审核，探索出了一条市场经济条件下新农村建设与管理的新路子。

◎附二：执着的追求无悔的选择——荆门市粮食生产状元刘若峥

刘若峥，一个普通农民的儿子，2002年高中毕业的他秉承中国九亿农民的传统，凭着一颗广袤农村创业的雄心壮志，远离家乡，在京山县永兴镇苏佘畈村六组无悔选择了在黄土里掘金的创业之路。通过几年的追求和奋斗，在600亩贫瘠的土地上取得了年创产值65万元，纯收入46万元的佳绩，被湖北省授予"十大粮食生产标兵"和"学以致富标兵"光荣称号。

一、科学技术是第一生产力

在一般人眼里，最不能致富的是种地，因此很多人对种地不屑一顾。而出生农民家庭的刘若峥可不这样看，他认为只要靠科技种粮也一定能致富，并暗下决心一定要在黄土地里干出一番事业来。2003年由于市场行情不佳，种植效益下降，远离家乡在外创业的父亲租赁承包了湖北省京山县苏佘畈村当年农业综合开发的600亩坡地，由于父亲年事已高，科技知识和市场信息贫乏，再加上经营规模过大，当年亏损近4万元。2002年高中毕业的他有了施展自己才华的机会，毅然放弃了外出务工的打算，从不远千里的河南驻马店市来到了父亲的身边，承接了父亲的事业，开始了在黄土里掘金。他知道，在黄土里掘金并非易事，只有靠科技。因此，他先后投资600余元订阅了《中国农业》《农村新报》《农村经济》《中国科技报》《中国农业发展》等13种农业科技书籍和报刊。通过不断学习，开阔视野，掌握科技知识和农业实用技术。为了进一步提高粮食产量，增加收入，他多次到京山县农业局请教专家，咨询良种引进、科学栽培等方面的知识，特别是在农作物生长期间的病虫害防治等关键技术上，他频频邀请农技人员到自己的承包地，现场指导，亲自实践，增强自己的实际解决问题能力。此外，他积极参加京山县农业局、县团委等部门举办的"青农工程"培训、农机作业示范培训等，虚心向农技专家请教。通过努力，基本掌握了水稻高产种植、常见病虫预测预报、农机耕作等技术。在专家的指点下，刘若峥不断更新优化粮食品种，承包的460亩水田中不仅优质水稻鄂早18、红莲优6号、鄂中5号等占到种植面积75%以上，而且还试种了丰良优1号、中久优288等优质高产水稻20余亩，使水稻平均单产由上年的510公斤提高到2007年的610公斤。这一年，刘若峥共生产水稻280吨，小麦、油菜105吨，总产值超过65万元，纯收入46万元。

二、农业的根本出路在于机械化

在依靠农业科技知识实现种植的同时，刘若峥积极推行耕作机械化、规模化。2003年，京山县农机部门在全县范围内大力推广示范新型农业机械，看到农业机械大显神威，正为传统手工粗放式种植成本高、效益低而寻找出路的刘若峥怦然心动，当即购买了一台上海504型拖拉机从事农业生产，经过自己的经营，当年就获得纯利3万多元，初次尝到农业机械的甜头。为了提高机械化生产的程度，他先后投资34万元购买了插秧机、旋耕机、机动式喷粉喷药机、旱田精量播种机等农业机械29台（套）。2006年，刘若峥利用大型机械平整土地，修建田间道、电灌站等，对农田进行综合开发。目前已经形成田成方、树成行、渠成网、路相通的标准化板块，农田机械化率达到90%以上，实现了耕整、播种、栽插、收割等一条龙机械化生产作业。一个现代化的富裕农庄正在建成。

三、做构建和谐社会的带头人

刘若峥富裕起来了，他的努力得到了各级政府和农业部门的肯定。省、市、县级各类奖励源源不断而来，其先进事迹上了中央电视台新闻联播。集财富与荣誉于一身的刘若峥致富不忘集体和乡亲。他带头缴纳税费，出资1万元修建村公路，免费为贫困户进行机械耕作。2005年春耕大忙，当永兴镇杨泉村韩志远夫妇，正为自己十多亩水田的种植愁容满面的时候，刘若峥来到他们的面前，他慷慨承诺，为韩志远机整、育秧、机插水稻5亩，不收取任何费用，并保证产量。功夫不负有心人，到了收获时节，细心的韩老汉惊奇地发现，当时机插简直看不起的秧苗，每亩竟增产147斤。尝到了甜头的老韩，2005年除夕，早早把刘若峥接到家里吃年饭，并与他签订了长期的机械作业合同。此事一传开，使永兴全镇的机插面积在2007年达到5000余亩，极大地减轻了农民的劳动强度。2007年投资3万多元更新泵站设备，使苏佘畈村两千多亩地解除了无水缺水之忧，达到了旱涝保收。刘若峥成为靠种植致富的一方带头人。

参考篇目：

1. 张德华：《以村带企共建社会主义新农村》，原载《陈方柱调研写作学习丛书》之六《调研习作比较》，中国文史出版社，2017年1月。

2. 张德华：《盘活四大资源发展彭墩经济》，原载《陈方柱调研写作学习丛书》之六《调研习作比较》，中国文史出版社，2017年1月。

第四篇

环境篇

新版

调研写作分类 精讲

环境是完成所有工作任务的充分必要条件。对于调研写作来说，不仅离开不了这个充分必要条件，而且还要不断地充分优化、营造、提高环境质量，以保证调研写作及调研文化优质高效超常规发展进步。

第三十一讲　调研写作要优化环境

一、环境与调研写作环境

优化环境，是改革开放以来，我们使用频率最高的词汇之一。凡是讲到改革、开放，讲到企事业发展，尤其招商引资，优化环境好像是必讲的"公共课"之一，非讲不可。为什么呢？因为环境重要，因为任何人办任何事，都在一定的环境之中，受一定的环境制约，绝对离不开环境。毛泽东的名言："内因是变化的根据，外因是变化的条件，外因因内因而起作用。"之所以受到挑战，就是因为人类在进入信息化时代以后，地球村愈来愈小，环境制约，愈来愈成为不可忽视的因素。改革开放以来，中西部地区不少优秀中小企业，甚至大企业，就因外部环境不优，很快衰败直至倒闭。温度不能使石头孵出小鸡；同样，没有温度，鸡蛋也孵不了小鸡。"内因决定论"和"外因决定论"都是不全面的，必须把二者有机结合，把环境因素放到应有的位置上考虑问题，才是真正正确的、科学的做法。

前面30讲，几乎全部是对调研写作者及其写作的要求，讲的都是"优化内因"的问题。本讲则是反过来了，主要为调研写作者及其写作说话，向他们之外的相关人、事和社会提点要求，解决好外因的问题，以便调研写作对经济社会的发展发挥应有的，更好更大的作用。

我们讲外因，也就是讲环境。什么是环境？

所谓环境（environment）总是相对于某一中心事物而言的。环境因中心事物的不同而不同，随中心事物的变化而变化。所以，环境的解释非常多，针对不同的中心事物，有许多不同的解释。我们通常所称的环境就是指人类的环境。人类环境分为自然环境和社会环境。

自然环境是人类赖以生存和发展的物质基础。通常把构成自然环境总体的因素，划分为大气圈、水圈、生物圈、土圈和岩石圈等五个自然圈。

社会环境是指人类在自然环境的基础上，为不断提高物质和精神生活水平，通过长期有计划、有目的的发展，逐步创造和建立起来的人工环境，如城市、农村、工矿区等。社会环境的发展和演替，受自然规律、经济规律以及社会规律的支配和制约，其质量是人类物质文明、精神文明建设、政治文明、社会文明的标志之一。

什么是调研写作环境呢？

这里的中心事物是调研写作，对于该环境的讨论必须围绕调研写作这个中心事物展开。调研写作包括三个层面的含义：一是调研写作者，即从事调研写作的人；二是调研写作这件事，其实就是一项工作，专门写作调研文章的工作；三是调研文章，这是调研工作的结果，按照调研写作者的愿望，通过调研写作者的劳动取得的调研成果。我们所要讨论的调研写作环境，具体讲，就是这三个层面的外部环境。这三个层面中，人是主体，是第一位的中心事物。所以，讲调研写作环境，主要是讲调研写作者所处的环境；其次是调研写作这项工作及其结果的使用环境等。调研写作环境，是调研写作赖以存在和发展的各种社会物质条件和精神条件的总和。从广义方面讲，凡是调研写作直接或间接涉及和影响的社会生活面，和直接或间接影响调研写作存在和发展的社会生活面，统称调研写作环境。从狭义方面讲，则指具体的企业和部门的调研写作所处的社会组织结构中的地位、作用，开展调研写作能够凭靠的物质技术条件以及企业和部门调研写作劳动被承认、理解、信赖和钦佩的程度的总和。调研写作环境即是调研写作背景，同调研写作人员（主体），调研写作工作（客体），调研写作成果及其运用的情况等共同组成的调研写作人员活动的场所。也可这样说：调研写作环境包括硬件环境和软件环境两个方面：硬件环境：指调研写作人员开展写作所需要的那些衣食住行和办公现代化等物质条件、有形条件之和构筑的环境。如住宅、办公室、电脑、车辆等。软件环境：即调研写作所需要的非物质条件、无形条件之和构筑而成的人文环境。如信任、晋升、荣誉等。

二、调研写作环境的特点及其面临的问题

从我在《"调研文化"新概念解》一文中概括的"调研主体客体的广泛性"特

点看，调研写作者队伍成分相当复杂，既有各级各类领导者，有的领导有时也亲自动笔写作，又有各级各类专业和业余调研写作人员；既有体制内，包括企业内部的调研写作人员，又有体制外的调研写作人员。我们这里讨论调研写作者队伍及其环境构成，主要讲体制内的专职调研写作人员和他们的调研写作，不包括领导和业余调研写作人员及其调研写作，以免鱼龙混杂，说不清楚。

前面讲了，所谓环境，总是相对于某一中心事物而言的。由于调研写作环境的主要中心事物是调研写作者队伍，归纳一下我国近年来各级各类行政及事业企业单位调研写作人员所处环境的特点，大约主要是以下四个"对立统一"：

（一）开放性和封闭性的对立统一。体制内调研写作人员属单位和领导的文字秘书，他（她）们接触广泛，消息灵通。一般阅知上级文件在领导之前，了解下面情况，很多时候都不在领导之后；横向联系也有很多有利条件，其工作环境的开放性特征较为明显。但从另一方面看，更为突出、更能制约他们调研写作活动的却是它的封闭性特征：一是管理体制上的封闭。在我国，传统的秘书工作部门、人员都由本级领导机关单一领导，使上下左右的秘书工作部门之间，既没有领导与被领导的关系，又很少有必要的业务指导和经验交流等方面的联系，形成块块分割、自我封闭。二是职责权力上的封闭。具体到一个单位，尤其调研写作人员更无人、财、物、产、购、销的职责和权力，主要职责和任务唯有调研写作而已。三是文山会海的封闭。调研写作人员是制造"文山""会海"的法定参与者，也是无辜的受害者、"重灾户"。成年累月，他们长期奔走于文山会海之间，有时精疲力尽，心劳日拙。四是纪律的封闭。调研写作工作涉密甚多，保密规则很严，长期要求他们自觉遵守。此外，还有舆论的约束，把他们限制在狭小的天地之中，不能越"雷池"一步。开放与封闭的对立统一，构成了调研写作环境的显著特征。

（二）单一性、稳定性和复杂变动性的对立统一。古往今来的调研写作部门及其人员，不论其机关大小、层次高低、单位种类有多大差别，但从它在具体单位或企业中所处的地位和应该及其所能发挥的作用来看，大都十分相仿，明显显示出其工作环境单一性、稳定性的特征。不少调研写作人员，勤勤恳恳，任劳任怨，默默无闻几十年如一日，除了其年龄的增长，经历的加厚之外，在职务、职责、权利和工作方法、工作手段、物质待遇上相对较少，这是调研写作环境，主要是内部环境单一性、稳定性特征的佐证。从另一个侧面讲，调研写作环境，作为一个独特的系统，其复杂性和变动性的特征也更为显著。不少专业能力很强，又能吃苦耐劳，埋头苦干的调研写作人员对此认识不足，适应不了这种日益纷繁复杂的工作环境的要求。从内部环境到外部环境，小环境到大环境，从物质环境到精神环境，无不被网罗其中。调研写作环境构成复杂的因素主要是人；人的思想，人的感情，人的个性，以及由这些因素组成的人的关系，不仅千差万别，而且千变万化，构成了调研写作环境复杂多变的动态系统。正是这个动态系统，又包含着许多相对单一性和稳定性的因素，才构成了调研写作环境单一稳定性和复杂变动性对立统一的特征。

（三）客观性、自然性与人工性的对立统一。一般来说，人不可以选择环境，环境构成不一定以人的主观意志为转移，有不少本质自身的、客观的、自然形成的因素。其中，有些因素，在短时间内，不可能改变；有些人为的方面，则是可以改变的。调研写作环境就是这样：有些自然形成的环境，如地理位置、固定建筑等，有的是不可改变的；有的是不容改变，但是可以改变的。比如办公条件，就比较好改变。软件环境中，有些也不容易改变，如管理体制、行政区划等。有些是容易改变的，比如人际关系、业务分工、管理制度等，只要认真协调，是可以改变的。即使协调不成，还可选择"跳槽"、回避，甚至抗争、开展批评和自我批评等。所以，调研写作环境，不论硬件环境，还是软件环境，都既有客观的、自然形成的一面，也有人工营造的一面，是客观性、自然性与人工性的对立统一。

（四）荣誉性、优越性、安全性和风险性的对立统一。在过去很长时间以来，不少文字功底好的调研写作人员被誉为"笔杆子""秀才"的美名，颇受人们称赞和羡慕。他们既有"大树底下好乘凉"的安全性和保险性，又有"近水楼台先得月"的优越性。也因贴近领导，最能了解领导，直接接受领导的培养教育，学习领导的工作方法、工作经验和高尚品德，也最能被领导了解，提拔重用的机会一定会多些，这也是调研写作人员环境优越性的表现。人们对调研写作人员的羡慕以至于妒忌，和某些人员优越感的产生，其原因也主要在这里。从另一方面看，调研写作环境中的不利因素和风险也不少。领导和被领导是一对矛盾。调研写作人员有时也可能与领导的认识不够一致，产生矛盾。而这对矛盾的主要方面和决定因素在领导，不在下级。调研写作环境的风险性是不言而喻的。还有一种情况，有一种人，这种人在调研写作人员中也有，由于妒忌，常常离间他人与领导的关系，从中"使绊子""上签子"等，使他们妒忌的人比在"夹缝"中跳舞还难。这也成为调研写作环境中不安全因素之一。

前述调研写作环境四个对立统一的特点说明了什么呢？对立统一规律主要是讲事物内部矛盾的，讲事物内部好的方面和不好的方面两个方面对立统一的。很明显，在调研写作环境中存在着不少不好的方面，也存在不少困难和问题。结合我们当前体制内调研写作环境的实际看，主要是调研写作人员，受环境不优的影响，一方面，思想波动，队伍不稳；另一方面，不少单位的调研写作人员长期不进不出、一潭死水，两种情况都使调研写作队伍青黄不接的问题十分突出，应该值得引起高度重视和解决。其主要原因：

一是留住不放。有的领导和组织人事部门只考虑"老调研"（包括年龄偏大或在调研写作岗位工作时间较长这两种调研写作人员）情况熟，业务精，在机关内外上下都有较高的威信，留着更有利于工作，未想到这些"老调研"因年龄关系，逐步退出，由新人员予以顶替，是调研写作队伍建设和发展的一个必然过程；未想到新人员对调研写作工作的适应和成长也还有一个较长的过程，而一味强调稳定队伍，而不提更换的事，以致把不少发展前途很大的调研写作人员"稳"过了光阴，有的甚至连胡子头发都"稳"白了，还被"稳"在调研写作岗位之上。有的领导虽然也看到一些老调研年龄已不小了，身体已欠佳了，在调研岗位工作已快不适应了，但怕调走一个，牵动一群，人心不稳，也就"按令不动"，致使一些早该调出的同志没能调出，影响了调研写作队伍的新陈代谢。

二是关心不够。"老调研"见多识广，经验丰富，在出主意，当参谋，保持调研写作的连续性和稳定性上虽有许多长处，但由于调研写作是个"明轻暗重"的工作，调查研究，要经常下基层去吃"碰饭"，睡挤铺，劳累奔波；办文办会，要经常加班加点，有时甚至需要通宵达旦地奋战，废寝忘食地工作。老同志不用说，就是一些年纪不算太大，但调研写作时间较长的同志，也由于经年累月的过度劳累，难免感到精力不足，力不从心；有的甚至英年早逝；有的虽未早逝，却已早衰，很多"老调研"已深深感到这一点。不管调研写作如何繁重，尤其"老调研"们如何力不能支，有的领导也总是使用多，关心少；甚至只使用，不关心；有的还鞭打快牛，唯恐他们工作还不够繁重，任务还不够饱和，布置了一项调研任务又一项调研任务，安排了起草一个文件又一个文件材料。有的调研写作人员，尽管年岁已经不小，腿脚已经不大听使唤了，但有的领导也还是要叫他们东奔西跑，搞调查研究；有的人员尽管心劳日拙，脑子已经不大灵便，精力已经不很充沛了，但有的领导也还是要他们伏案写作，既不适当减轻他们的工作负担，更不考虑由较年轻，而又精力充沛的同志来替换他们的工作，似乎他们只是一些生产文件、文稿、报告、讲话的"永动机"，永远也无须维修保养和更新替换。

三是渠道不畅。指调研写作人员的出入口过窄，交流困难。从"入口"来看，近几年，充实青中年人员担任文字秘书工作很不容易，主要是受人员编制的限制，企业人员不能进行政事业单位；在企业内部，也有个控制行管人员编制问题。而从内部调整，无论行政事业单位，还是企业单位，都有个不愿服从安排的思想问题，以及调研写作任务重，要求高，条件差，待遇低，许多具体问题不如其他人员好解决等实际问题。从"出口"来看，调研写作人员的"出口"本来较宽，但由于人们普遍认为他们长期在领导身边和领导机关工作，什么大人物、大场合都见过，担心不好驾驭。因而，想方设法推脱；有的甚至予以抵制，致使不少本该调出的"老调研"难以调出，中青年人员也难以补充上来，使调研写作队伍出现青黄不接的严重现象。

四是毁誉不公。调研写作需要得到社会的理解，其劳动及其成果需要得到社会的承认，特别是需要舆论宣传工具为他们树立良好的形象、榜样，讴歌他们中的好人好事；帮助他们创造良好的人际关系，让人们了解、理解他们的工作，信赖、钦佩他们。但在这一方面，社会舆论却对调研写作人员毁多誉少，毁誉不公。有的人把调研写作忠诚服务领导看成是"拍马屁"；调查材料，编写简报是"吹鼓手"；利用业余时间进行文艺创作和学术研究是"不务正业""捞个人名利"，不惜把这些污泥臭水泼到他们身上，使不少调研写作人员对于自身的许多自我发现、自我发展甚至人生价值也不敢问津。这是很不公平的。

五是设施落后。调研写作的现代化装备不足，信息网络建设滞后，有的资料收集整理还靠手工，速度慢，质量差；其他办公条件落后于同等单位和人员甚远。既有资金紧缺、物资匮乏、技术落后的问题，又有用人制度、财务制度等的种种弊端，这与改革开放，发展经济对调研写作、参谋策划的要求是很不适应的。

三、优化调研写作环境的途径和办法

加强调研写作队伍建设，加快解决调研写作人员青黄不接的问题，必须着力优化环境。环境是吸引力，是竞争力，是创造力，必须在优化环境上下大力气、用硬措施，并条条落实到位。

第一，要正确认识稳定。面对有些地方调研写作人员不安心工作的情况，为了适当保留骨干，保持调研工作的连续性和稳定性，强调稳定队伍是对的。但是，稳定并不是不要调整。片面地、机械地强调稳定，对该变动的也不变动，实际上是短期行为，造成队伍青黄不接，这就给将来调研队伍的大进大出和不稳定埋下了隐患。稳定本来就包含着调整。我们所要求的稳定，是在调整、充实、提高基础上的稳定，而不是不要调整、充实、提高的机械的稳定，更不是固定不变、一潭死水的稳定。那种稳定，对调研写作工作及其队伍的建设、发展是有百害而无一利的。我们一定要提高对这个问题的认识，消除思想顾虑，大胆进行调研队伍的合理更替，良性循环。这是从根本上稳定调研写作队伍，促进调研写作发展进步的重要方面。

第二，构建人际和谐。一是领导与领导和谐。这是和谐社会、和谐环境的基础，尤其是优化调研写作环境的基础。调研写作人员贴近领导和领导班子，是直接为领导提供调研写作服务的。领导班子如不团结和谐，"城门起火，殃及池鱼"，首先会殃及调研写作人员，使他们无所适从。二是领导与群众和谐。只有领导尊重、关心、爱护群众，群众才会支持、拥护、信任领导，与领导和谐相处。领导要注重培养提高身边的调研写作力量，以身作则，带领、指导、引导他们调研写作，关心、尊重他们的劳动和劳动成果，与他们在知识、智力上建立和谐、默契的互补关系，这就为优化调研写作环境奠定了坚实的基础。三是调研写作人员内部和谐。以老带新，能者为师，互相尊重，互相学习，广泛开展比、学、赶、帮、超活动，加强协作联合，大的调研写作课题联合攻关，上下左右建立健全联系网络，和谐相处，共同提高。四是调研写作人员与体制内外非调研写作人员和谐。调研写作人员要主动尊重非调研写作人员，要谦虚谨慎，虚心向群众学习，切不可恃才傲物，盛气凌人，显摆自己的优越感和荣耀，瞧不起他人和群众。

第三，疏理交流渠道。首先是拓宽"入口"。除了直接从本单位、本系统调整外，还要深化改革，打破条块封锁和所有制性质的封锁，实行公开选聘、招聘、借

调调研写作人员等制度。即使编外人员，包括农村户口的人员，也要唯贤是举，一样对待。其次，拓宽"出口"。要教育各级、各部门、各单位干部群众正确对待调整出来的调研写作人员，要相信他们经过长期秘书工作的陶冶和领导的教育，政治思想素质是比较高的，不要歧视他们、看不起他们，应该热情欢迎他们，支持并鼓励他们同自己一道工作。

第四，加强教育培训。这要从两个方面下功夫：一是抓好党的宗旨教育和组织纪律教育，使广大干部牢固树立全心全意为人民服务的思想，增强组织纪律观念，自觉把党和人民的利益放在首位，在职务上能上能下，在工作上能彼能此，在条件上能好能差，在待遇上能升能降，达到派得进，调得出，使调研写作队伍永葆青春活力。要对服从组织，接受安排的予以表扬、鼓励；反之则进行批评，直至绳之以纪律，以维护纪律的严肃性和政令畅通。二是要加强调研写作人员与部门干部的培训工作，并丰富培训内容，使他们在精通本职的同时，通晓对方的工作和业务，在交流到新的岗位以后，能够很快适应要求，完成任务，这也是一项必须抓好的重要工作。

四、调研写作者要学会适应和优化环境

不论怎么说，什么环境都有客观性，由自然形成，并且比较稳定，不易改变的属性。环境中的任何中心事物，都应主动适应，在尽可能的情况下，也可逐步改进、优化，但首先是适应，然后才是优化。《进化论》学说中有一句名言，叫作"适者生存"，讲的就是这个道理。

调研写作人员如何学会适应和优化环境呢？

首先，学会适应。适者生存，适者发展。"适应"，就是适合客观条件和客观需要。智者格言，"不能改变它，就要适应它"。孙中山也说，顺乎时代之潮流，合乎民众之需要。调研写作，既是一项工作，也是一门科学、一门技术，主要是为领导及领导决策服务的；服务，就要讲究服从，讲究适应，服从并适应领导及领导决策的需要。有需要，有需求，才能存在，才能发展。这是市场经济规律，也是事物存在和发展的普遍规律。调研写作者，不论怎样才华出众，文章超群，你必须有人尝试，有领导需要，你才有用武之地。所以，学会适应非常重要。学会适应，主要是学会适应领导的要求、决策的要求。要时时摸清、摸准领导的思维，领导的意

图，摸清领导在不同时候，不同决策需要什么样的调研写作，并在领导决策之前，就调研好、写作好，适时、适当提供给领导参考。

其次，学会争取。争取领导关心、重视和支持优化调研写作环境。在某种意义上，所谓调研写作环境，实际就是领导环境。对一个具体部门、单位的调研写作来说，在现行管理体制下，主要领导的关心和重视就是调研写作环境。某市市委政策研究室，是专门为市委领导进行调研写作服务的。可前一任市委书记上任第一件事就是把该市委政研室撤销，人员全部合并到市委办公室各个科室，调研写作的任务由市委办公室相关科室担任，其结果可想而知。几年后，新任市委书记上任第一件事就是恢复市委政研室，人员从全市择优选调，编制按实际需要配足，硬件设备按实际需要配齐，经费按实际需要保障，班子强，力量壮，一年上一个新台阶。调研写作人员主动争取领导支持、重视十分重要。

最后，学会作为。有为才有位，有位才有威，才有优化的环境。调研写作者，含调研写作单位和个人的作为，就是又好又快写出领导和领导决策需要的精品调研文章。

调研写作者争取领导重视，争取优化环境，最重要、最有效的办法就是不怕千辛万苦，不怕千难万险，充分发挥自身优势，努力调查研究，努力创新思维，又好又快写出"适销对路"的精品调研文章。这是调研写作者为自己优化环境的捷径和坦途。

五、逆境中的调研写作

调研写作环境不论怎么调整优化、加上调研写作人员怎么主动适应和争取优化，不一定能使所有调研写作者适合，少数时候，少数真正把调研当作终身事业的人，也可能遇上逆境无所适从。在这种情况下，调研写作者应该怎么办呢？当然，调研写作人员也不能在一棵树上吊死。在不违背做人做事底线和良心的前提下，可以选择回避，可以选择沉默，还可以选择抗争，也可以选择"跳槽"和"下海"。我曾三次"跳槽"：第一次是"跳农门"，从农村"跳"进城市；第二次是"跳财门"，从清水衙门跳到有钱有物的单位，解决老婆、孩子就业等后顾之忧问题；第三次是"跳调（研）门"，把调研当作自己终身事业。选择回避沉默和抗争的事都干过。有一次，我选择回避，获得了意外的成功。

有一段时期，我们单位领导班子不全，人心动荡。市委领导提出一个"工程农业"的调研课题，让我们单位牵头，全市相关的十来个单位参加。我是农村科科长，理应参加。但我把人员组成名单一看，就冷了半头腰，我考虑到我的意见和建议很可能难以得到支持，也好像很难看到会有什么好的结果。所以就找了个省里下达的课题，把市里的课题任务给推了。

两个月以后，不出我所料，大伙忙活了一阵子的初稿被市委领导搁置下来。

四个月后，单位新领导到任，班子健全了，市委领导再次把这个课题交给我们单位，新领导专题了解了一些情况之后，一古脑儿把原调研班子搞的资料甩给我，要我先搞个初稿出来，另派一名负责人帮我协调外边的关系。

实话实说，他们前段收集的资料并不差，关键是把资料没有组织使用好，开头就把什么是工程农业没有定义好，把工程农业定义为"水稻工程、棉花工程、水果工程、鲜鱼工程、蔬菜工程等等的总和"。我的天，这怎么穷尽得了呢！所以，一万多字的材料，一盘散沙。我接手以后，按照逻辑学教材上定义的方法，本质属性=种差+邻近的属，很快就把工程农业定义为：它是以市场为龙头，以项目为主轴，用现代工业手段实现农业系统可持续发展，包括设施工程、生态工程、加工工程、流通工程、科技工程在内的新的农业发展模式。我提炼出的这五种工程可说是把工程农业的内涵搞穷尽了，没有一点遗漏。接着论证了它的五个基础、五个特点，制定了六条对策，很快得到省社科院专家评审组高度评价，获得省社会科学优秀成果二等奖，被市委、市政府在全市推广。实行两年后，我又写了一篇经验文章，在省委机关刊物《政策》杂志上发表。

附：调研写作记忆

一、我的斗室

我的斗室，是我家两厅两室半单元福利房中的那个半室，长2.7米，宽2.6米，面积7.02平方米，比摘取数学皇冠上那颗明珠的我国著名数学家陈景润当年的6平方米居室大1.02平方米！

我的斗室，净高2.8米，靠座墙是高0.9米，宽1米的封闭式阁楼，收藏着我家破烂；阁楼下是从我农村老家带来的老式木板单人床；紧靠床头的是占地0.64平方米的三层简易电脑桌，桌面下是电脑主机，桌面上是一台17英寸显示屏，桌架上是一台打印、复印、扫描、传真"四合一体机"加一部捆绑上网电话机；床尾是两张新式书柜和一张老式书柜组合，书柜内除了几部字辞工具书，大半是历年各种杂志，尤其刊登了我的文章的杂志和我的书稿合订本等；床对面1米远是一张长1.2米、宽0.8米的写字台；床与写字台中间刚好能放一张办公椅和一张电脑椅；写字台紧靠宽1米、高1.8米的铝合金玻璃窗，窗外是一个不足3米宽的豁口，两边是六层楼高墙，我家住二楼，对面紧接着一排四层建筑物，我的斗室每天只能看到一块方桌那么大的天空，只有中午可以照进一小时左右阳光。

我的斗室几经迁移、转换，配置到今天这个样子，历经了大约半个世纪。最早的斗室设置在我的农村老家一间草房前楼。那一年，17岁的我，由于偏爱文学，片面理解与工农兵结合和"耕读为本"的含义，毅然放弃县城高中学业，回乡当了农民。白天同农民一起劳动，晚上和节假日自修文学。

当时，我家三四口人挤住一栋两间40平方米草房，地面积分为客厅、厨房和两个房间，除两套床铺是正正当当放在两个房间里之外，家具、农具、用具、粮食、蔬菜和锅碗瓢盆基本上都是见缝插针放着，另有鸡猪与人混住。我的斗室只好设在前屋房间的楼上。所谓"楼"，其实只是在稀疏的楼枋上支几块木板。因为前檐低矮，木板上只好勉强塞进一张小饭桌，桌上放一盏煤油灯，充当我的书桌；桌边放一条小木凳。晚上和空闲时间，我就坐在这条凳子上读书作文。大约五年时间，我在这里，自修完了大学中文系课程，还撰写了十数首诗歌、两篇散文在省里报刊上发表，成为我跳出"农门"的资本，由县政府大院里窗明几净的办公室，取代了我的第一个斗室。

后来的40年中，我一半时间工作在乡镇，一半时间工作在城市。在乡镇工作时，虽也组合过几次斗室，但我很少待在家里，对我可说意义不大；进城后，办公、学习都主要在办公室。家里的书柜书桌书凳也有，都只是偶尔使用，未很在意。退休这十几年，这斗室对于我，可说是不可或缺；组合成现在这个样子，费了不少周折。

这套福利房坐落在市委大院1号楼203号房，分给我时，我家人口多，我的斗室被小女儿占着。孩子们都成家立户后，我才开始认真组合并移住斗室。后来装修房子，清理破烂，老伴和孩子们给斗室提了不少意见：有人要把斗室里的东西移到通房（指直通客厅和凉台）去，说那儿宽敞。我说那房吵，又没有一点阳光；有人要把斗室里的床和书柜搬走，只留电脑和写字台。我说那不方便我上网、看书、写文章，给予拒绝。

退休这十几年，我可一天也没有离开过斗室。斗室就是我的岗位、我的工作我的生活的全部，我可真比在职时还忙。我忙的时候，昼夜一整班，困了就睡，醒了就看书上网改稿写文章。莫看斗室小，我五十年调研人生的酸甜苦辣、艰辛劳累在这里结集为一部30万字的《怎样写好调研文章》专著，2007年由中国言实出版社出版发行；2009—2017年的八九年中，《陈方柱调研写作学习丛书》之《调研写作分类精讲》《创新调研写作三十六讲》《领导干部值得一读的调研类文章写作规范与例文》《调研写作能力培训速成》《调研习作比较》《调研写作学概论》《陈方柱调研文选》《调研文章撰写》《修志六难一本通》10部书稿，约500万字，均在此斗室完成，其中前六部已于2017年相继问世。莫看斗室偏僻、闭塞，当窗看不到一片蓝天和绿叶，吹不进一阵狂风，听不见一声鸟叫，我戏称它"四不见室"，但我几乎每天都在这里上网调研，下载资料，传递书稿；每天早上，我躺在床上做完床上体操后起床；白天，在坐椅上做办公室体操……我的斗室，是我生活和生命的全部，还"链接"着五湖四海、往古和未来。

二、随手录

随手录，为我首创，向来是我自制自用，自收自藏，几十年不被他人见到和知晓，如同我的隐私。只是到了近几年，几位坚持向我请教调研写作"诀窍"的年轻人穷追不舍，我才随便给它取了个名字叫"随手录"，让他们见识了我的这件"秘密武器"，惹得大家惊叹不已，争相传看。

随手录原是比手掌小一半、捏在手中看不见头尾的一个小薄本儿；有时就是一张8K或16K的打字纸，对折、对折、再对折，剪破，装订一颗钉书针就成；或者就是一张半大的纸片，装在衣袋里，临时充当。与之配套的工具，最开始，是一支很短的铅笔头；后来是用一支最短的圆珠笔；近年来，有时就是一支签字笔芯。白天，都装在我的衣袋里；夜晚，放在我的枕头底下。要用时，随手掏出，记下我头脑中突然蹦出的一些新颖的词、词组、排比式短语；有时也记录百十个字的几句话，主要为我的调研写作和调研写作理论研究服务。

我最早制作和使用随手录，是我17岁辍学归田当农民的时候。那时，我一边种地，一边自修大学中文，一边学写诗词歌赋，想当文学家。对于诗歌，我痴迷得就像《红楼梦》中的香莲姑娘，白天黑夜不忘写诗，走路、睡觉都想着怎么写出漂亮的诗句，脑子里一旦想出个新鲜的词句，马上就把它记录在小本子上。没有坐的时间和地方，就站着写；有月亮的夜晚在月亮下记录，无月亮的夜晚点灯写；睡觉时想出来，拿出手电，蒙在被子里写；尤其睡醒后脑子清醒，想得多，记得也多。有些好词好句，像天空中的流星，一闪而过，稍纵即逝；稍一懒散，一旦忘记，就再也别想记起。几年里，我随想随记，决不懒散。三下五除二，就养成了习惯，小本子成了我的影子。

跳出"农门"，当了干部，写诗词歌赋换成写调研文章，走路睡觉想问题的习惯未改，随想随记的本子不丢。有次单位"讲学讲用"，我发言介绍自己走路睡觉不忘想点子，写文章，尤其一觉醒来时，脑子最清醒，文思最畅通……谁知引起同事们哄堂大笑，后来好长时间被人挖苦讽刺："他呀，睡觉都在写文章……"我还真有点欣喜自己幸好未把这"小本子"的故事和盘托出。要不，还不知人家会怎样笑话呢！从此，小本子的事更为隐秘，简直就成了我的隐私，几十年只做不说，未被人知。

"披露"小本子的事，是在我退休以后的一段时期。那时，我年过六十，虽然算不上"功成身退"，但可算"身退工不退"，被单位返聘，继续编辑机关刊物，继读写我喜欢写的文章；隔三岔五，照样到市直单位和县市区讲讲调研写作，发表一些新论。为此，小本子继续留用。"庾信文章老更成"①，老陈文章成更老。机关内外，小有名气，不少年轻人要求我给他们讲点调研写作的诀窍。本人性格外向，跟年轻人很谈得来。古人说，六十耳顺，宠辱皆忘。性之所致，"小本子"的事，就被信口说出。当时，我正忙于搜集整理旧稿，日夜沉思在过去调研写文章的记忆之中。小本子的事被披露时，也顺便带上它的名字，谁知它竟成为我人生记忆中的一件乐事。除了赞美，再没谁挖苦取笑过。

随手录在我50多年的学习、调研、写作生涯中，大约有三个使用高峰期：第一个是我学写诗词如痴如迷的青年时期。那个时候，它为我记录了许多清词丽句；有的诗歌，差不多全篇都是首先随记在随手录中，后来才坐下来改好抄正。

第二个高峰期是我50岁前后大约10年左右时间。那时，我每年在省以上报刊发表30—40篇调研文章，好多文章的框架结构都首先在随手录中产生。如《市场"三观"》中每"观"中的3—4个观点，《农民闯市场的十大趋势》的十大趋势，《工程农业》中的5个"工程"、5个特点、6条措施等，基本上都是躺在床上想，想一条记一条，一条一条"排比""对仗"，横不缺，也不多出子项，每个框架都做到结构新颖，逻辑严谨。最难为我的是十大趋势，可说是搜肠刮肚，夜不能寐，好多次进入到"鸟宿池边树，僧敲月下门"的境界。

第三个高峰是2004年我退休以后至今这一段时期。我比在职时更忙。尤其2008年春节，是我有生以来最忙的一个春节，也是我的随手录使用频率最高的时候。尤其每次的"一觉醒来"，我都要对思考中的"下一讲"构思一番，尤其好的构思，

---

① "庾信文章老更成"，是唐朝著名诗人杜甫《戏为六绝句》第二首中的诗句，主要是赞美我国历史上南北朝时期的著名文学家庾信文章的。全句为"庾信文章老更成，凌云健笔意纵横"。

好词好句，我都要及时记下来，以免"黄鹤一去不复返，文思千载空悠悠"。《学会用好调研写作十八般武艺》一讲中，"把握大局，抓住本质、突出特点、合理布局、符合体例、文从字顺"，这6条对于调研写作有着普遍适用性的办法，原来是我对抗战课题写作的经验概括，一直记录在随手录中，现在才排上用场。2008年可能是我一生中最忙的年份之一。尽管帮三个市直单位修志很忙，但我还必须见缝插针地补充完善《调研写作分类精讲》写作。市直其他部门找我，也不可就推辞呀，不得不分别为市科技局、市科协、市社科联撰写调研文章三篇，共4万字。此后至今的10多年，它还帮我完成了《陈方柱调研写作学习丛书》10部书稿500万字的搜集整理等工作。

三、回应批评

××先生好！

谢谢你的错爱！我的书和文章都没你说的那么好。只是对付着吧。因为有点忙，所以迟复为歉！

你对当前一些华而不实文章持批评态度是对的。写文章一定不能华而不实。但是，对于讲究甚至创新文章体例、形式等不可过于指责，即使八股文等文章体例也不可全盘否定。最好是一分为二，既要看到它的弊端，也要看到其优点和一定的作用。我们有不少文章就不谋而合地采用了八股文起承转合的套路，而没有什么不好。文章形式是表达思想的载体。孔子说："言之无文，行之不远。"写文章不仅要讲究形式，还一定要大胆创新。当然首先是思想，但形式也不可忽视，也要讲究，讲究内容和形式统一。只是不能过于讲究，搞形式主义，因词害意就不好了。写文章怎样做到内容和形式统一，不是几句话讲得清楚的，更不是短时间可以解决的。必须自己长期摸索体会感悟才行。

数字语言，准确的名称叫统括手法，是修辞的一种，也要正确对待。它被大量用于调研文章，是近一二十年的事。它十分抢眼，言简意明，好懂好记；归纳、概括功能很强；有的对仗工整，音韵和谐；既庄重，又美观，应该提倡。如"三个代表"这个很普通的表达，2000年2月—2001年7月被用于中共最高决策和领袖著作之中，这就充分证明它的功能和生命力了。我从20世纪90年代中期开始在文章中探索性地使用，后来感觉愈来愈好。问题是不能为数字而数字，牵强附会，搞形式主义。

谢谢！并祝你进步！

陈方柱

2009年10月25日

四、春日与秦博士共勉

2010年春节期间，新任湖北省社会科学院副院长秦尊文博士回荆度假，荆门市委宣传部和市委政研室先后设宴款待，我被邀作陪。在觥筹交错和欢声笑语中，他不时与我叙旧谈新（心）。

秦尊文博士从20世纪80年代中期至90年代末期，与我一起在湖北省荆门市委政研室"同室操笔十五秋"，共同完成过不少大的调研课题，结下很深的友情。他调到省社科院后，在全国权威报刊、核心期刊以及其他报刊上发表学术论文、调研报告共计300多篇，出版著作10余部，主持部省级重要课题研究6项，其作品荣获湖北省人民政府颁发的二、三等奖各2项。

秦博士现已成为具有较高知名度的区域经济学者和区域规划专家，2008年应美国国务院邀请作为高级学者访问美国，2009年成为国家科技部特聘专家。席间，我祝贺他从荆门市委政研室走出10年间取得不凡成就，尤其是有一系列社科成果纳入省委、省政府决策，闻名遐迩，并荣就高职，成为荆门人民的骄傲。他祝贺我在人生的"第二春"里独创"实例法"，出版调研写作姊妹篇专著成为青年公务员调查研究的"抢手货"。我说："那可有一半是你的合作和帮助呵！"

听说我3月份要到农业部管理干部学院讲课，他打趣地说："我可还没上过部里的讲台哩！"我说："你不是不能上，你做的大学问都是纳入省和国家决策的经世致用之作。你的经历、你的作品的理论和实践价值都不是我能望其项背的。你现在要抓紧时机沿着这条大道快走，做更大贡献。"他说："我见到您就想到我到了您这个年纪，还不知能干些什么呢！""我倒正是还想给你提个建议。10年前，有朋友建议我把自己的作品结集出版，我还真的没有一点这种想法。现在看来，还觉得这是条路子。所以，我建议你现在有空的时候，可以做点这方面的准备。就凭你的经历和作品及其价值层次，现在只需稍稍留意，退下来之后，整理出来比我的东西不知要强到哪里去！"他赞同地说："那可能还是条路子！"

几天以后的一个晚上22时24分，秦博士从省城发给我一条短信："回荆看到您取得新的更大的成功，我真的为您感到自豪。我很高兴您光大调研文化，并形成自己的理论体系。"我在回复并感谢他的同时，希望他一如既往地帮助和支持我。而最好的帮助和支持是在做出新的更大成绩的同时，作好总结自己调研经历、经验的准备，为光大调研文化贡献力量，做出我想做但做不好、做不成的高层次、高水平贡献。

22时40分，他回复我说："我会把您的鼓励转化为动力的。晚安！"我说："共勉！共勉！

五、高分夺冠

2010年10月7日17时，一条未署姓名、地址的短信作者称他刚买了一本《调研写作分类精讲》（简称《精讲》），正在读，感觉很好！但发现第24页第18行掉了个"性"字。我立即请他记下全书错漏和批评意见，连同姓名、地址一并发我电子邮件。自这一日至当月底，他与我6次邮件往来，共同演绎出一则高分夺冠的精彩互动故事。

他给我的第一个邮件除继续指出《精讲》几处差错外，重点介绍他叫杨兴宇，是贵州省盘县农业局执法干部，调研新手。近因参加全县副科级领导竞岗考试，才买了本《精讲》，急用先学，快读强记，已顺利通过笔试和面试；现在面临最后一个环节是10天后的领导能力综合测试。该测试将采取实地调研和个人陈述方式进行：即应试人员需在实地调研的基础上，限时撰写、提交并陈述其调研材料，由相关领导、专家、两代表一委员及群众代表组成评委会现场听、评、打分，按照领导和专家评委占60%、两代表一委员和群众代表占40%的比例折算个人得分。要求我给他做点远程场外指导。

他所介绍的这种人才选拔办法，我是闻所未闻，更未亲历亲见。思索良久后，我建议他参考拙著《精讲·万变不离其宗》，力争达到"立足实际，以实取胜；有条理、层次；新颖、独特"三条要求。

10月24日，他满心喜悦地告诉我："经过认真学习理论和模仿《精讲》范文，在短时间内写作能力由写2000字都很困难跨越到一气可以写成5000字的文章；在昨天的现场调研、写作、阅读（陈述）调研文章的考试中，以高分获胜：在同职位竞争中考分第一，比第二名高出8.5分。感谢你的《精讲》和三条建议帮助我获得成功！"次日，我在感谢他把高分夺冠与我的《精讲》和场外指导连接到了一起的同时，怀着同样高兴的心情，请他把这次考试与《精讲》和我的建议有关的情况整理成一则小故事或经验文章发给我看看，以便今后遇到类似情况，也可给有需求的同志一些参考和启示。

几天以后，杨兴宇以《参加全县副科级选拔考试领导能力测试的情况和体会》为题，写了一篇3500字的总结回顾文章，给我一个满意的回复。

六、调研艰辛打字难

过去，我几十年的调查研究，必须口问手写；其研究，包括收集、整理资料，资料摘录、建卡、编号；其写作，从初稿到抄正，都全靠手工劳动。后来，有了油印机、复写纸，油印、复写，使抄写的速度大大提高，但劳动强度也增加了许多。

本人手笨，素来所写的字，既难看，又难认。所谓"字无百日工"，本人认真练了三个月方块字写法，好认的问题是解决了一半，好看不好看就别管它了。但于抄写，还有一个最重要的问题，我一直未能解决，那就是要写对。不知为什么，我写字，"一对一"地抄写，都往往抄错。这就难为死我了！刻写油印蜡纸，尚可以蜡油涂改；钢笔或者用复写纸抄写，如若错一个字，即使错在最末的一个，那么，整页的字都得报废重抄一遍。那个难啦，可真是调研艰辛抄写难了！

我当公社办公室主任的最后几年，办公室从解放军某部得到一部被淘汰的机械打字机。年轻的女打字员那双灵巧的手，敲打着键盘，我看着我的歪歪斜斜的钢笔字，一个一个地很快变成铅字打印字，听到那"咔嚓""咔嚓"的打字音，可真好像一支美妙的乐曲，欢呼着我和我的同行都从沉重的抄写劳动中解放出来！

刚进城的几年，我一直兼管单位打字收发工作，也算近水楼台先得月吧，我的文稿，从手写字变为打字字，后来变为电脑打字，几乎是一帆风顺，可说是调研艰辛打字乐呀！

"四十八九五十边，当个科长撞了天。"不再兼管打字员的我，调研艰辛打字就又很难了！那些年，我由于专心致志搞调研，几乎每个月都有三五篇调研文章在省及省以上报刊发表；稿费虽然不高，但每次二三十元的都会按时来。有一段时间，我的稿子照样发，可就是一张稿费单都未见着。最后一查实，那位接替我管打字收发的同志亮出一摞稿费单对我说："今后，你写的每篇文章，都在你名字后边署我一个名字，你每篇文章我都给你签字打印，稿费单一来我就给你好不好呀？"哦，原来这样，难怪我的稿子打印不及原来畅快！本来嘛，那个时候，我们著作权的法律意识都还不高，在一篇小稿子上，添上一两个同事的名字不是个什么大不了的事，可他那么说和这么做，不就是成为一种交易了吗？我笑了笑，没有说话。

后来，我的调研文稿的打印签字权上交给单位领导，其打印级别由科级上升到县级，难度可能上升到了厅级。52岁那年，我花一个星期时间写成《农民闯市场的十大趋势》一文，诚惶诚恐地去请领导签字打印，谁知领导煞有介事地前翻翻后翻翻之后，不疾不徐地说："你说这趋势那趋势，我怎么没看到什么趋势？有的才刚有点影子就是趋势？"我十分认真而又冷静地说："我是调查研究过的。也正是才刚刚出现一点影子，所以就叫趋势。"我深怕他一下子把稿子甩到废纸篓中去，又赶紧说："请你签个字，排出来看看再说吧！"领导又半睁半闭着眼睛，抖了抖我的稿子说："你写这么长，打字员打得不吃亏吗？！"我心里想，我"知天命"的人，日夜加班，才写了这四五千字，你不怜悯我吃亏；她打字员才20多点年纪，就打那么几个人写的文章，有的人还不经常写，你却叨念她吃亏了！天下哪有这种理？！然而，我还是耐着性子求他。谁知排出之后，好评如潮。当时我想，不就是一台打字机嘛，我一旦条件好转，看我不自己买一台打字机，自己打字才怪！

我57岁那年，购置电脑并学会打字。开始，孩子们有的反对说，您都快60的人了，学什么打字？有字，我们帮你打！我说，外国人说，60岁才开始；李光耀70多岁了，还能在网上冲浪，我就不信我不能学、学不会。这就可是你们谁都代替不了的！可他们谁也不知道我是冲着调研艰辛打字难而来。

我学打字，什么简单学什么。谁知学会简单的使用不简单，使用简单的又学会难。我先后学会了拼音打字法、汉王笔和二笔输入法，均因拼音不过关、写字不过关不得不放弃，回过头再来学王码五笔输入法。我自编歌诀，边念边打，昼夜加班，七天过关；接着，还学会了在网上查找、下载资料、收发邮件，进而学会了网上调研。

十几年来，电脑打字，给我60岁才开始的调研、调研写作及调研文化研究，写我喜欢写的文章，干我愿意干的事，都帮了很大的忙。虽然调研的艰辛它无法改变，打字的快乐也不全是快乐，但对比当年那种调研艰辛打字难来，却可能是另一种境界！

后　记

拙著《调研写作分类精讲》之所以能在很短时间内写成，我最要衷心感谢的老朋友、新朋友是四个人：一是中国言实出版社侯景华老师。她是为我编辑出版第一本调研写作专著《怎样写好调研文章》一书的老朋友，是她首先鼓励并提示我写作"姊妹篇"和"另一本书"；"姊妹篇"初稿发到她手上不满两天，她就热情洋溢地给我回复指导，出谋策划，又是调整结构取书名，又是指导我修改补充，当作她自己的事办。二是《秘书工作》编辑部主任郭庆同志。是他于2007年国庆期间第一个与我讨论"另一本书"的写作方案，并一直十分关注，为我快速出书打下框架基础。三是吉林《应用写作》杂志社王竹洁老师，是她给我约稿，引爆这"另一本书"的构思和写作灵感，并为本书开了个好头。四是河南省濮阳市委宣传部张玉民部长在2008年春节前夕给我贺年的同时约我讲课，大大加速了本书初稿完成，他和王竹洁老师是我的新朋友，都是我应该衷心感谢的！

2008年春节，不仅对于南中国十数省市区数亿人民，而且对于我，对于我家都有极大的纪念意义。这个春节期间，南中国十数省市区遭受到50—100年一遇的大雪灾，"南国风光，千里冰封，万里雪飘。望湖南湖北，唯余莽莽，京珠高速，顿失滔滔；京广京九，火车抛锚，千万旅客被困扰。党中央，令全国上下，斩除雪妖！"就是这个春节，是我有生以来的第65个春节，也是我有生以来最忙的一个春节。"已是悬崖百丈冰"，天天熬通宵。从腊月二十七日至正月初六，每天写一篇讲稿，每篇6000~8000字，最长的几篇均在1万~2万字。大年三十至正月初三，我都照写不停；三个女儿轮流帮我打字。

过年前一些日子，老伴就对我说："一年到头，你总是写写写，娃子们一直想同你打打牌，他们也好久不打了，三十晚上，每年都集中在我们家看春晚，玩儿玩儿的，你就同他们玩玩呗！"我有些心动，就说："到时再说吧！"

后 记

旧话说："叫花子也有三天年。"意思说，农历腊月三十日至正月初二即传统春节，无论士农工商、男女老少、军民人等，包括叫花子一类的弱势人群，都得停业关门，轻松愉快地过好三天年。

三十晚上的团年饭在我家吃。这是老规矩和早约定好的。我在这一天的写作任务是《主题提炼与材料选择》。估计小孩们早的中午后就会来，我必须在12:00以前完成草稿，下午交给四姑娘打字。否则，我这天的调研写作任务就完不成了。

三十日早上5:00多钟，我就醒了，一边做早上的"床操"，一边思考起今天的文章。当我的心灵的"鼠标"，全面"点击"过我平时对这一主题的思索之后，我的床操也做完了。我一个激灵起床，开灯，重新审视我头天晚上拟定的写作提纲，铺开稿纸，刷刷刷地写起我今天的文章。快11:00的时候，我的稿子差不多接近尾声，也确实感到有点累了，就抢在孩子们回来之前，抓紧睡一个午觉。半个小时后，我一下子醒来，记起今天的任务，又是半个把小时的紧张劳动，近7000字的初稿平放到了打字机前。简单的午餐过后，回家过年的大的小的女儿、女婿、儿子、媳妇、孙子、孙女、侄儿、侄媳、侄孙子女，也都陆续来齐。年夜饭整整坐满两桌。杯盘碗盏，觥筹交错，接着是玩牌的玩牌，看节目的看节目，放鞭炮的放鞭炮，各自乐其所乐，玩其所玩，好不快乐！然而尽管大家快乐，我的文章打字，三个女儿一起忙活，央视"春晚"开始之前，就画上了句号。

狂欢之后是清静。正月初一，儿子、侄儿，各自带上媳妇拜丈母；女儿，各自跟随女婿拜婆母。落下我和老伴在家，老伴忙忙碌碌做卫生，我就清清静静做文章。初二至初六，一个孩子做一天东道主，我除了跟上老伴去吃，剩下的时间，一天完成一讲。初六晚，我把已经完成的十几讲讲稿目录，发给河南省濮阳市委宣传部制定讲课方案。张部长看了十分满意，还热情表扬我的执着。

为了本书内容的完整详尽，也为了这个"另一本书"及"姊妹篇"中的"妹妹"尽量跟得上"姊姊"，我从整个春节假日直至正月十五，加上后来补充，一气撰写修正了20多讲，近30万字，差不多一天完成一讲。日出而作，夜以继日，干自己喜欢干的事，写自己喜欢的文章，自得其乐，乐在其中。

时值本书付梓之际，除向前述四位新老朋友深表谢意外，还向为本书提供相关资料的中共荆门市委办公室、政研室、农办、党史方志办领导和全体同志，荆门市经济开发区党工委书记、管委会常务副主任周文霞同志，湖北省荆富商贸有限公司董事长、钟祥市石牌镇彭墩村村委会主任张德华同志及所有提供其他资料的作者及关心、支持、期待本书出版的人们，包括我的家人，一并表示感谢！

限于作者水平，本书错误在所难免，敬请广大读者批评指正。

作 者

2008年8月8日于湖北荆门